BIBLIOTHÈQUE DU VOYAGEUR

MAURICE-RÉUNION-SEYCHELLES

guides Gallimard

MAURICE-RÉUNION-SEYCHELLES

ÉDITION FRANÇAISE

Traduction
Julie Kouchner, Bruno Krebs, Guihem Lesaffre, Franck Olivier-Vial, Sophie Paris

Bibliothèque du voyageur
Gallimard Loisirs
5, rue Sébastien-Bottin, 75007 Paris
tél. 01 49 54 42 00, fax 01 45 44 39 45
biblio-voyage@guides.gallimard.tm.fr

Aucun guide de voyage n'est parfait. Des erreurs, des coquilles se sont certainement glissées dans celui-ci, malgré toutes nos vérifications. Les informations pratiques, adresses, heures d'ouverture, peuvent avoir été modifiées ; certains établissements cités peuvent avoir disparu. Nous vous serions très reconnaissants de nous faire part de vos commentaires, de nous suggérer des corrections ou des compléments qui pourront être intégrés dans la prochaine édition.

Dépôt légal : Mars 2008
Numéro d'édition : 927624
ISBN 978-2-74-242237-1
Mise en pages et adaptation : Sarbacane/Cécile Reichenbach
Photogravure couverture : Mirascan, Paris
Imprimé et relié à Singapour par Insight Print Services (Pte) Ltd.

www.guides-gallimard.fr
biblio-voyage@guides.gallimard.tm.fr

À PROPOS DE CE GUIDE

Cette nouvelle édition du guide *Maurice-Réunion-Seychelles* est une traduction-adaptation de l'Insight Guide : *Mauritius, Réunion & Seychelles*, mis à jour en 2007.

Comment utiliser ce guide

Ce guide de voyage est conçu pour répondre à trois principaux objectifs : informer, guider et illustrer. Dans cette optique, il est divisé en trois grandes sections, identifiables grâce à leurs bandeaux de couleur placés en haut de page. Chacune d'elles vous permettra d'appréhender le pays, son histoire et sa population, et vous guidera dans vos visites, votre hébergement et vos diverses activités :

◆ La section **Histoire et Société**, repérable par son bandeau jaune, relate sous forme d'articles fouillés l'histoire et la culture du pays.

◆ La section **Itinéraires**, signalée par un bandeau bleu, présente sous forme de circuits une sélection de sites et de lieux incontournables ou à découvrir. Chaque site est localisé sur une carte à l'aide d'une pastille.

◆ La section **Carnet pratique**, située en fin d'ouvrage et soulignée par un bandeau orange, fournit les informations utiles pour connaître tous les aspects du pays (climat, situation géopolitique...), pour préparer son voyage (formalités, comment s'y rendre, conseils sanitaires, à mettre dans sa valise, etc.), se déplacer, se loger et se restaurer, et bien plus encore.

Tourisme sous les tropiques.

Les contributeurs

Les éditions APA, installées à Londres, ont confié la réalisation du Insight Guide Mauritius, réunion & Seychelles à **Cathy Muscat**, responsable éditoriale, et à **Emily Hatchwell**, une éditrice free-lance, qui a une équipe d'auteurs et d'experts chargés de rédiger les textes spécialisés de guide.

Maurice, Rodrigues et la Réunion

Photographes et écrivains voyageurs spécialisés dans les îles de l'océan Indien, **Katerina Roberts**, native de Maurice, et son mari, **Eric Roberts**, ont passé de longues années à explorer les Mascareignes. Aussi étaient-ils tout désignés pour écrire les articles de la section Société, les circuits des Itinéraires et de rassembler les informations pour le Carnet pratique. Ils ont aussi fourni un grand nombre des photos qui illustrent l'ouvrage.

Les articles Société, *Les Peuples de l'océan Indien*, *Les Îles face au tourisme* et *Sous le signe de l'immigration*, ont été rédigés par le professeur **Marina Carter**, qui a passé la dernière décennie à Maurice pour ses travaux de recherche sur l'histoire de l'île et son peuple. Certaines photos sont issues de ses archives personnelles.

Passionné d'ornithologie, **Carl Jones** qui joue un rôle capital dans la préservation du pigeon rose et de la crécerelle de Maurice, a pris en charge les chapitres *La faune et la flore mauricienne* et *Opération sauvetage*.

Journaliste au magazine *You & Your Wedding*, **Jane Anderson** s'est empressée de commettre l'article *Mariage romantique sous les tropiques* et de fournir les informations pratiques relatives. Quant à **Jacques Lee**, journaliste mauricien, vous éclaire sur *Les Mauriciens* et *Le Sega*.

Seychelles

Ardents défenseurs de la nature et de l'environnement, **Judith et Adrian Skerrett** passent le plus clair de leur temps aux Seychelles. Ils ont déjà signé plusieurs guides sur les seychelles, notamment l'*Insight Pocket Guide to Seychelles*, aussi publié par APA. Il n'y a donc rien d'étonnant qu'on leur doive l'essentiel des chapitres, articles, informations pratiques et photos se rapportant à ces îles.

Quant aux articles *Une Faune et une flore exceptionnelle* et *Le Monde sous-marin*, ils sont l'œuvre de **David Rowat**, biologiste marin et directeur du centre sous-marin seychellois.

Légendes des cartes

- Frontière internationale
- Frontière régionale
- Réserve, parc national
- Route maritime
- Aéroport national, international
- Gare routière
- Office du tourisme
- Bureau de poste
- Église, ruines
- Monastère
- Mosquée
- Synagogue
- Château, ruines
- Site archéologique
- Grotte
- Statue, monument
- Curiosité

Les sites des itinéraires sont signalés dans les cartes par des puces noires (ex ❶ ou Ⓐ). Un rappel en haut de chaque page de droite ou de gauche indique l'emplacement de la carte correspondant au chapitre.

MAURICE-RÉUNION-SEYCHELLES

Cartes

L'île Maurice
Port Louis **104**
Le Nord **114**
L'Est **124**
La côte sud **132**
La côte ouest et le plateau central **142**
Curepipe **152**
Rodrigues **158**
L'île de la Réunion
Saint-Denis **196**
La Réunion **202**
Saint-Pierre **210**
Le Volcan **218**
Les cirques **226**
Les îles Seychelles
Les Seychelles intérieures **284**
Mahé, Victoria et Frégate **286**
Silhouette **312**
Praslin **316**
Cousin, Cousine et Aride **326**
La Digue **332**
Bird et Denis **340**
Les Amirantes, Desroches et Alphonse **344**
Les Farquhar **348**
Le groupe d'Aldabra **350**

2e de couverture : Maurice-Réunion-Rodrigues
3e de couverture : Seychelles

SOMMAIRE

L'océan Indien

En bref **15**
les peuples de l'océan Indien **19**
Les îles face au tourisme **27**
Mariage romantique sous les ropiques **35**
La vie marine **41**

Mascareignes : Histoire

Introduction **53**
Chronologie **54**
Sous le signe de l'immigration **57**

Maurice : Société

Introduction **73**
Les Mauriciens...................... **75**
La cuisine mauricienne **83**
La faune et la flore **87**
Nautisme et ports aquatiques **93**

Maurice : Itinéraires

Introduction **101**
Port Louis **103**
Le Nord **113**
L'Est **123**
La côte sud **131**
L'Ouest **141**
Les villes du plateau central **151**
Rodrigues **157**

Anse Coco, La Digue (Seychelles)

Réunion : Histoire & Société

Introduction 169
Les Réunionnais.................. 171
La cuisine réunionnaise 176
La faune et la flore 179
Sports d'aventure............... 183

Réunion : Itinéraires

Introduction 193
Saint-Denis 195
Le littoral 205
Le Volcan et las plaines 217
Les cirques 225

Seychelles : Histoire

Introduction 239
L'origine des Seychelles 240
Chronologie 242
Histoire des Seychelles........ 245

Zoom sur...

Le «causé kréol».................... 23
Les plus belles plages
des Seychelles...................... 33
La flore des îles 46
Vie et mort du dodo 67
Le séga et ses variations 79
Les fêtes indo-mauriciennes .. 80
Opération de sauvetage 91
La pêche au gros 97
L'industrie sucrière
mauricienne........................ 138
L'architecture créole............ 175
Sur les sentiers
de grande randonnée 186
Le piton de la Fournaise 188
Circuit artistique 263
Les sites de plongée 275
Les randonnées 300
Le coco de Mer 320

Seychelles : Société

Les Seychellois 257
Une faune et une flore
exceptionnelles 265
Le monde sous-marin 271
La pêche 276
La cuisine seychelloise 279

Seychelles : Itinéraires

Introduction 285
Mahé et les îlots voisins 289
Frégate 307
Silhouette et Iêle u Nord 311
Praslin 315
Cousin, Cousine et Aride...... 325
La Digue 331
Bird et Denis 339
Les îles extérieures 343

Carnet pratique

MAURITIUS & RODRIGUES
Avant le départ 354
Comment se déplacer 358
Où loger 366
RÉUNION
Avant le départ 375
Comment se déplacer 379
Où loger 386
SEYCHELLES
Avant le départ 393
Comment se déplacer 396
Où loger 403

Petit lexique créole . . 410
Se marier au bord
de l'océan Indien 412

♦ Index détaillé du Carnet pratique, p. 353

38

La Pirogue
Mauritius
La Pirogue
Mauritius

Philippe
Hurlmann
Chef de Cuisine

RAISES
RHUM

ÎLES DE L'OCÉAN INDIEN

L'océan Indien a été un carrefour historique pour les grandes puissances maritimes que furent la France et l'Angleterre. Elles s'y affrontèrent et y laissèrent chacune leur empreinte. Aujourd'hui, par le biais du tourisme, la région reste un grand carrefour international. En effet, l'archipel des Mascareignes – composé de la Réunion, de Maurice et de Rodrigues – et les Seychelles figurent en bonne place au palmarès du tourisme international. En 2002, près de 430 000 vacanciers ont visité la **Réunion**, attirés par ses 2 500 km² de forêts, de pics et de torrents où se pratiquent les activités sportives les plus diverses, ainsi que par son patrimoine colonial. Prudentes, les autorités affirment pourtant ne pas vouloir accueillir plus de 500 000 visiteurs par an, afin de préserver la beauté de l'Île-Fleur. **Maurice** est encore plus courue : 682 000 visiteurs s'y sont pressés en 2002, contribuant à faire du tourisme la troisième source de revenus de l'île, après la canne à sucre et le textile. Le développement de l'hôtellerie, qui a entraîné l'expansion, la rénovation et l'embellissement d'un parc de quelque 10 000 chambres, a longtemps menacé l'environnement, mais les responsables politiques mauriciens assurent veiller désormais à la préservation du lagon. Cet essor commence à toucher **Rodrigues**, la troisième île de l'archipel, la plus orientale, la plus imprégnée des parfums d'Afrique aussi, qui était restée, jusqu'à une période très récente, à l'écart des grands flux touristiques. Aux **Seychelles**, la question de l'environnement a été réglée par la transformation de la moitié des terres émergées en parcs naturels, riches d'une flore et d'une faune exceptionnelles. Les plages – les plus belles de la planète aux yeux de certains – bénéficient du même soin, et les 80 000 Seychellois semblent avoir la sagesse de se contenter de 125 000 visiteurs par an.

Ces îles ont beaucoup de points communs, à commencer par leur histoire. Toutes étaient désertes quand elles furent découvertes, au XVIe siècle. Toutes furent colonisées, au XVIIe ou au XVIIIe siècle, et vouées à l'économie de plantation. Leurs habitants ont pour ancêtres des explorateurs et des colons européens, des esclaves noirs ou des immigrés venus d'Asie. À la Réunion mais aussi à Maurice et aux Seychelles, l'usage du français se maintient, même si son emploi tend à décroître. Importantes également, les différences touchant aux paysages, aux régimes politiques et aux cultures. C'est ainsi que le département français de la Réunion est volcanique ; l'île Maurice est montueuse et rappelle l'Inde par bien des aspects ; quant à l'archipel des Seychelles, il a une population très métissée. Toutes ces facettes font de cette étendue territoriale assez réduite une mosaïque géographique et ethnoculturelle d'une grande richesse.

Pages précédentes : retour de pêche aux Seychelles ; les cuisiniers de La Pirogue *présentent fièrement les richesses naturelles de l'île Maurice ; sourire seychellois et rhum parfumé ; fillettes des Seychelles aux cerfs-volants.*
À gauche, la cordialité d'un rire bien rodriguais.

LES PEUPLES DE L'OCÉAN INDIEN

En 1836, le naturaliste britannique Charles Darwin descendit du navire le *Beagle* pour faire escale à Maurice. Le théoricien de la sélection des espèces s'étonna alors de ce « mélange de peuples de toutes races qui se promènent dans les rues en offrant un spectacle fascinant ». Près de deux siècles plus tard, le touriste qui s'assoit pour la première fois à la terrasse d'un café de Saint-Denis, de Victoria ou de Port Louis éprouve le même étonnement : ce vieil homme à la peau très noire semble venir tout droit de la campagne mozambicaine, cette femme cuivrée qui relève le pan de son sari se fondrait aisément dans la foule de New Delhi, ce commerçant chinois qui allume de l'encens passerait inaperçu dans un faubourg de Canton, tandis que cet enfant blond qui court derrière son ballon n'étonnerait pas dans un village du Poitou. Dans les îles de l'océan Indien, il suffit de regarder passer les gens pour que défilent les continents.

SUR LA ROUTE DES INDES

Il faut croire que les divisions ethniques ont la vie dure : voilà quatre cents ans, en effet, que les différentes populations de la région cohabitent sans réellement se mélanger. Plus que celle du patchwork, c'est l'image de la sédimentation qui aide à comprendre cette diversité des peuples de l'océan Indien, issus de plusieurs vagues successives d'immigration.

Aux XVIIe et XVIIIe siècles, après une brève occupation hollandaise de Maurice, de petits groupes de soldats et de colons français s'installèrent dans ces îles, à la Réunion et à Maurice d'abord, puis aux Seychelles et à Rodrigues. Ils furent bientôt rejoints par des déportés, comme ces cent trente Jacobins exilés en 1801 aux Seychelles après l'attentat perpétré contre le Premier consul Napoléon Bonaparte, rue Saint-Nicaise à Paris, à la veille de Noël 1800.

Des esclaves africains et malgaches, des marins indiens et malais, accompagnés de quelques femmes, suivirent ces premiers Européens. À ces noyaux originels s'ajoutèrent progressivement des immigrants français attirés par des conditions alléchantes : allocation gratuite de terres et débouchés très rémunérateurs en Europe pour le coton, le café et les épices que l'on pouvait cultiver sous ces latitudes, sans oublier la possibilité de vendre à prix d'or les volailles et le bétail nécessaires au ravitaillement des flottes qui faisaient route vers l'Inde.

Des pirates, des proscrits et des aventuriers de tout acabit et de toutes les nationalités affluèrent dans ces îles au XVIIIe siècle, attirés par leur situation stratégique sur une route maritime de plus en plus fréquentée. Le développement du commerce avec l'Asie entraîna celui des chantiers navals, et il fallut bientôt faire venir de la côte malabaraise, dans le sud-ouest de l'Inde, une main-d'œuvre bon marché de plus en plus nombreuse.

C'est ainsi que se constitua, à la fin du XVIIIe siècle, une communauté de confession hindoue, les « Malabars ». D'autres Indiens, pour la plupart originaires du Bihar et de confession musulmane, s'employèrent comme matelots sur les navires ; ils reçurent le sobriquet de « Lascars » (du persan *laskhar*, « armée »). Ces deux termes servent encore parfois à distinguer les hindous des musulmans, mais il vaut mieux éviter de les employer, car leur usage est parfois considéré comme insultant.

Pages précédentes : joueurs de dominos, aux Seychelles. À gauche, la vie dans l'océan Indien à travers les yeux de l'artiste seychellois Michael Adams ; à droite, femmes malgaches vers 1860.

L'immigration africaine

L'agriculture se développa en même temps que les activités portuaires, et il fallut trouver de la main-d'œuvre pour assurer la bonne marche des plantations de canne à sucre qui se développaient un peu partout. On recourut d'abord à des esclaves et à des forçats de provenances aussi diverses que le golfe de Guinée, les Canaries, le golfe du Bengale, Java et Timor. À partir des années 1750, ce fut au tour de l'Afrique de l'Est, notamment de Madagascar et de l'actuel Mozambique, de fournir son lot d'esclaves, en masse cette fois, car les besoins en personnel ne cessaient de croître. Ces nouveaux arrivants formèrent bientôt le principal groupe ethnique : les Créoles.

Les Créoles et le créole, définitions

Initialement ce terme désignait l'individu de souche européenne né dans les colonies de la zone intertropicale. Puis cette dénomination fut étendue aux métis, et enfin aux descendants d'esclaves africains et malgaches. Elle recoupe aujourd'hui les deux acceptions à la Réunion, tandis qu'elle ne s'applique qu'aux Noirs et aux métis à Maurice. Quant au nom commun « créole », il désigne, dans la région, toute une variété d'idiomes nés du contact entre le français et les langues des esclaves africains, enrichis de mots et d'expressions dérivés de l'anglais, des langues indiennes et chinoises. L'adjectif, enfin, s'applique à l'ensemble des manifestations culturelles des groupes parlant créole. Notons qu'à Maurice, où l'anglais a été choisi comme langue officielle, le créole reste la langue de communication entre les diverses communautés.

La deuxième vague migratoire indienne

À la fin du XVIIIe siècle, tandis que la Réunion et Maurice se consacraient à la culture de la canne à sucre, on vit fleurir en Europe des mouvements antiesclavagistes inspirés par la Révolution française. Mais les colons refusèrent violemment de libérer leurs esclaves sans recevoir d'indemnités financières, et il fallut attendre quelques décennies pour que l'esclavage fût aboli : en 1835 à Maurice et aux Seychelles (britanniques), en 1848 à la Réunion (française).

Les planteurs durent recourir à une nouvelle population ouvrière pour remplacer les Africains : Biharis (nord-est de l'Inde) et Tamouls (sud de l'Inde) surtout, mais aussi Marathes (ouest) et Télougous (sud-est) commencèrent à immigrer en masse. Hindous pour la plupart, avec toutefois quelques minorités musulmanes et chrétiennes, ces nouveaux venus modifièrent durablement l'équilibre numérique des populations : en 1900, les Indiens formaient la communauté la plus nombreuse à l'île Maurice (256 000 sur 371 000 habitants). Ces immigrants entraînèrent dans leur sillage quelques centaines de commerçants chinois, pour la plupart venus du Guangdong à la fin du XIXe siècle. Avant d'être rejoints par leurs épouses au début du XXe siècle, ces Cantonnais s'unirent à des Créoles, ce qui explique l'existence d'une importante communauté sino-créole à Maurice et à la Réunion. Les Seychelles et Rodrigues, qui se prêtaient moins à la culture de la canne à sucre, ne connurent, quant à elles, qu'une faible immigration asiatique ; leur population est donc restée majoritairement créole.

Enfin, dernière composante de ce cocktail ethnique, les « Îlois » sont arrivés des Chagos à Maurice il y a un peu plus de trente ans, quand les Britanniques louèrent la petite île de Diego Garcia aux Américains et que ces derniers, souhaitant y aménager une base navale secrète, en expulsèrent la population.

CLIVAGES ANCIENS, SOCIÉTÉ NOUVELLE

Les Mascareignes et les Seychelles sont donc d'anciennes sociétés esclavagistes dont les trois classes et strates de peuplement successives – européenne, africaine et asiatique – vivaient jadis séparément, décourageant vivement les mariages mixtes.

Ces clivages subsistent à des degrés divers d'une île à l'autre. Ils se sont beaucoup atténués aux Seychelles, même si une élite politique et sociale d'origine européenne se maintient dans l'archipel. De même, à la Réunion, les mariages mixtes sont désormais fréquents, et les pouvoirs publics promeuvent l'égalité des chances depuis plusieurs décennies. Toutefois, l'essentiel des terres cultivables de l'île appartient encore aux descendants des premiers colons européens, et les récents assouplissements de la politique d'intégration – qui

obligea longtemps les Tamouls à adopter un prénom chrétien – contribuent, depuis une dizaine d'années, à faire resurgir le clivage ancien entre Créoles et Indiens.

On estime qu'actuellement les Indiens de confession hindoue représentent près du quart de la population réunionnaise, les Indiens musulmans 2 %, les Chinois 3 %, et les Créoles environ 40 %. Les 30 % restants sont essentiellement des « Z'oreils », c'est-à-dire des Français de métropole ainsi surnommés, disent les vieux îliens, parce qu'il leur faut tendre l'oreille pour comprendre le créole – mais peut-être faut-il voir dans cette explication une façon de se venger du rôle prépondérant qui leur revient dans la vie politique et administrative locale.

À gauche, cueillette du thé aux Seychelles ; ci-dessus, jeunes Rodriguais et jeunes Mauriciennes.

Le compartimentage ethnico-politique est plus net à Maurice. Les Franco-Mauriciens, par exemple, continuent à se marier entre eux, à moins que ce ne soit avec des Européens ou des Sud-Africains blancs. Il en va de même des Mauriciens hindous ou musulmans d'origine indienne, des Afro-Mauriciens, ou encore des Sino-Mauriciens, qui préfèrent souvent voir l'un des leurs convoler avec un étranger d'origine chinoise plutôt qu'avec un représentant d'une des autres communautés insulaires.

Aujourd'hui, 52 % des Mauriciens sont d'origine hindoue. Nombre d'entre eux sont restés fidèles à la religion et à la mode vestimentaire de leurs ancêtres. Ils ont acquis la

majeure partie des terres que ces derniers étaient venus mettre en valeur au XIXe siècle, tandis que la quasi-totalité des fonctionnaires, des médecins et des avocats de l'île appartiennent à leur communauté. Le reste de la population mauricienne se répartit comme suit : 17 % descendent des Indiens musulmans, 3 % sont des Sino-Mauriciens (généralement spécialisés dans le commerce), 26 à 27 % des Créoles (Noirs ou métis) et 1 à 2 % des Franco-Mauriciens, descendants des premiers colons.

Depuis l'indépendance, obtenue en 1968, les votes sont conditionnés par l'appartenance communautaire, si bien que ces clivages ethniques se retrouvent en politique : c'est donc la communauté hindoue, et plus précisément la caste des Vaish, originaire du nord de l'Inde, qui, à l'exception du Premier ministre Paul Berenger, tient traditionnellement les rênes du pouvoir mauricien.

VARIATIONS SUR UN MÊME THÈME

Bien que toutes ces îles aient une histoire, des langues, des musiques et des traditions communes, chacune a trouvé son propre équilibre culturel.

Ainsi, aux Seychelles et à Rodrigues, où les Afro-Créoles sont proportionnellement plus nombreux que dans les deux grandes îles desMascareignes, l'héritage africain reste bien vivant. Mais tandis qu'on danse encore volontiers au rythme du séga à Rodrigues, les jeunes Seychellois, plus tournés vers l'extérieur, sont nombreux à suivre les modes en provenance des pays anglo-saxons. C'est l'influence francophone qui prévaut à la Réunion. Le zouk antillais envahit les boîtes de nuit, et un parfum de France créolisée flotte dans les rues. À Maurice, l'influence indienne tend à dominer : de nombreuses femmes s'y promènent en sari, on y applaudit des films indiens produits à Bollywood (tandis que d'autres salles diffusent les dernières sorties françaises), et les cassettes de musique bhojpuri résonnent dans les rues en alternance avec le reggae. Les temples indiens y sont aussi nombreux que les églises, et l'on trouve également quelques mosquées ainsi qu'une douzaine de pagodes.

Bien qu'il y ait quelques tensions latentes entre les communautés et que le pavillon rouge (*jhandi*) flotte au-dessus de certaines demeures mauriciennes pour signaler des foyers hindouistes orthodoxes, les îles de l'océan Indien se caractérisent par une forme de syncrétisme où l'on voit chaque communauté participer avec plaisir aux manifestations culturelles et religieuses des autres : nombre de chrétiens et de musulmans assistent aux fêtes religieuses des Tamouls (*voir pp. 80-81*), tandis que ces derniers s'en vont fréquemment allumer des cierges dans les églises catholiques. De même, la croyance en la magie semble partout transcender les barrières de classe, de caste ou de foi. Enfin, et pour le plus grand plaisir du visiteur, ce riche héritage ethnique s'exprime dans une cuisine mêlant les influences européenne, indienne et chinoise.

À gauche, cérémonie de mariage hindoue à l'île Maurice.

« CAUSÉ KRÉOL »

Les créoles parlés à Maurice, à Rodrigues, à la Réunion et aux Seychelles ont bien plus de traits communs qu'ils n'en ont avec ceux des Antilles. Hérité de l'époque où les Mascareignes et les Seychelles portaient le nom d'« îles françaises orientales », le créole de l'océan Indien est souvent qualifié de *lingua franca.*

Le créole mascareignois s'est formé au XVIIIe siècle en réponse au besoin des esclaves africains et malgaches de communiquer entre eux et avec leurs maîtres. Il doit sa base lexicale à un français simplifié des XVIIe et XVIIIe siècles, émaillé de variantes régionales (breton, poitevin, etc.), mais il emprunte aussi des racines et des tournures syntaxiques aux idiomes africains et au malgache. Il s'est également enrichi de mots et d'expressions dérivés de l'anglais, des langues indiennes et des parlers chinois. Ainsi, le nom du jus de canne à sucre, le *frangourin*, est tiré du malgache *fangorinana.* Les feuilles aromatiques qui entrent dans la préparation des caris sont appelées *karipoulé* à Maurice, *kaloupilé* à la Réunion et *karipilé* aux Seychelles : ces mots dérivent du tamoul *kariveppilai*, « feuille de cari » (ou « curry »), qui désigne les feuilles vertes d'un arbuste proche du citronnier.

Parce qu'il est resté en contact direct avec le français de métropole, le créole réunionnais diffère sensiblement de ses cousins seychellois et mauricien, plutôt influencés par l'anglais. Il emprunte certains de ses vocables, notamment ceux du registre musical, au créole des Antilles françaises – mais ces deux créoles sont très différents.

Le créole mauricien et rodriguais doit nombre de ses mots courants aux langues du nord de l'Inde. Ainsi *paise*, qui signifie « argent », vient du hindi par l'intermédiaire du bhojpuri, un autre parler créole issu de cette langue. Le créole seychellois évoque quant à lui une sorte de psalmodie du fait des nombreux *a* qu'il comporte.

Devenu la langue maternelle de la population d'origine africaine et malgache, le créole s'est imposé avec le temps aux représentants des autres communautés insulaires, même si ces derniers parlent encore parfois entre eux la langue de leurs ancêtres. C'est ainsi qu'un jeune Indo-Mauricien parlera bhojpuri avec ses parents, anglais à l'école et créole avec ses copains afro-mauriciens.

Le statut officiel du créole varie d'une île à l'autre. À la Réunion, il est enseigné à l'université, et certains voudraient bien lui voir attribuer le statut de première langue de l'enseignement primaire. À Maurice, où l'anglais est la langue officielle et le français la langue courante, le créole est devenu celle de la rue : la presse, très largement francophone, possède ses pages en créole, et tous les hommes politiques truffent leurs discours d'expressions créoles. L'enseignement fait une plus large place aux langues indiennes – les Indo-

À droite, échange de vues et d'informations.

Mauriciens dominent la classe politique. Aux Seychelles, les médias et les institutions placent le créole, le français et l'anglais sur un pied d'égalité. Un institut dévolu au créole s'est ouvert à Mahé – ce qui n'est pas sans inquiéter les membres des classes moyennes du fait que l'importance accordée au créole (première langue) réduit les chances, pour les enfants, de bien maîtriser l'anglais et le français (leurs deuxième et troisième langues).

Ces questions de langues se résolvent très simplement pour le voyageur : il devra parler français à la Réunion, français et anglais à Maurice et aux Seychelles, et agrémenter ses conversations d'un peu de créole pour faire plaisir à ses interlocuteurs.

YAMAHA
LA PIROGUE SKI

LES ÎLES FACE AU TOURISME

Les Mascareignes (la Réunion, Maurice et Rodrigues) et les Seychelles ont des caractéristiques physiques très différentes, qui les rendent plus complémentaires que concurrentes du point de vue du tourisme.

La Réunion est une île montagneuse dominée par l'un des volcans les plus actifs du monde, le piton de la Fournaise. Si les plages y sont rares, l'île séduit les randonneurs chevronnés comme les simples promeneurs par l'étonnante diversité de ses paysages et de sa flore, tandis que son relief accidenté se révèle particulièrement propice à des activités plus extrêmes telles que le canyoning, le rafting ou le parapente.

Les amateurs de plongée, de pêche au gros ou de farniente amoureux à l'ombre des cocotiers lui préféreront sans doute Maurice ou les Seychelles, dont les hôtels de luxe, les lagons aux eaux turquoise et les nombreuses plages de sable blanc sont dignes des plus belles cartes postales.

Quant à Rodrigues, la plus petite de toutes, elle demeure relativement difficile d'accès et, si son lagon est de toute beauté, ses infrastructures hôtelières assez modestes la destinent avant tout aux amateurs de promenades tranquilles et de baignades discrètes.

D'une façon générale, dans l'océan Indien, le tourisme ne s'est développé qu'à une période assez récente. Sachant que le patrimoine naturel de ces îles constitue leur principal atout, leurs gouvernements font aujourd'hui de gros efforts pour que l'afflux des visiteurs ne porte pas préjudice à l'environnement. Aussi, même si cette politique n'est pas toujours couronnée de succès, on ne verra ni aux Mascareignes ni aux Seychelles de kilomètres de plages bétonnés ou de décharge au bord de l'eau.

UNE EXPANSION RAPIDE

Tout restait encore à faire, au début des années 1960, en matière d'exploitation touristique. On ne comptait, en effet, qu'une poignée d'hôtels disséminés dans les îles, et il fallut attendre la décennie suivante pour que des célébrités du show-business, bientôt suivies par la famille royale britannique, en fassent une destination à la mode.

Aux Seychelles, premier archipel à séduire les voyageurs occidentaux, le tourisme est devenu la principale source de revenus en 1979. Mais, tout comme à Madagascar ou aux Comores, les aléas de la vie politique locale ont considérablement ralenti le développement de cette activité. Ainsi, un coup d'État et une succession de gouvernements socialistes assez radicaux ont longtemps freiné la construction d'infrastructures touristiques. Et même si les plages de l'archipel comptent

parmi les plus belles de la planète (*voir p. 33 et 330*), l'afflux des visiteurs s'en est un peu détourné au cours des années 1980, au profit de Maurice, politiquement plus stable.

Les dirigeants mauriciens ont très vite compris le parti économique qu'ils pouvaient tirer des difficultés politiques de leurs voisins seychellois : la fréquentation de l'île atteignit la barre symbolique des 100 000 touristes par an dès 1977, pour doubler au cours de la décennie suivante. L'État a beaucoup misé sur l'image de « paradis de carte postale » que produisent ses magnifiques plages de sable immaculé, et les hôtels luxueux se sont multipliés sur le littoral mauricien au cours des vingt dernières années.

Pages précédentes : ski nautique sur la côte occidentale de Maurice. À gauche, l'hôtel Berjaya, dans la péninsule du Morne Brabant, à l'île Maurice ; à droite, véranda du Casino des îles, aux Seychelles.

L'île Maurice accueille désormais près de 600 000 visiteurs par an, contre 125 000 pour les Seychelles. Ce chiffre pourrait encore doubler d'ici une vingtaine d'années; il égalerait ou dépasserait alors celui de la population locale. Mais, outre les menaces qu'une telle augmentation fait planer sur le fragile équilibre écologique des lagons, les Mauriciens commencent à se plaindre des effets pervers du tourisme, et notamment du phénomène de privatisation des plages : alors que leur accès est officiellement libre, il faut bien souvent acquitter un droit de passage pour pouvoir traverser le domaine des palaces implantés en bord de mer.

Le gouvernement seychellois, qui gère directement l'infrastructure touristique, tente depuis une douzaine d'années de rattraper son retard. Mais, avec une population de 80 000 habitants (contre 1,2 million à Maurice), les Seychelles sont pénalisées par un coût de la main-d'œuvre nettement plus élevé que chez leur concurrente. En outre, le dynamisme des investissements y est un peu freiné par le contrôle que l'État exerce sur les salaires et les loyers du secteur hôtelier : à l'heure actuelle, malgré la beauté exceptionnelle des sites, l'offre touristique se concentre donc sur le milieu de gamme. Toutefois, l'ouverture récente à Praslin (par une chaîne hôtelière mauricienne) du luxueux complexe Lemuria, avec son terrain de golf de dix-huit trous, semble indiquer une volonté de repositionnement dans le haut de gamme.

Une offre hôtelière tournée vers le haut de gamme

Les fluctuations de la vie politique locale n'ont guère affecté la jet-set internationale, qui demeure fidèle à l'île Maurice comme aux Seychelles. Les stars désireuses d'échapper aux paparazzi choisissent en priorité les Seychelles, où elles peuvent louer des îles entières : Frégate, Félicité ou D'Arros, propriétés privées, constituent un parfait havre tropical pour ceux qui ont les moyens de s'offrir pareil luxe. Entre autres célébrités, Pierce Brosnan a séjourné à Frégate (un cadre digne de James Bond), Michael Douglas est venu croiser dans l'archipel à bord de son yacht, et Tony Blair se repose régulièrement avec sa famille à La Digue. Le sultan de Bahreïn possède une propriété aux Seychelles, et le romancier sud-africain Wilbur Smith aime à se détendre dans l'Île au Cerf, au large de Mahé, l'un des sites choisis lors de l'élection de Miss Monde 1998 : ses organisateurs vantèrent l'événement comme l'occasion unique de voir « les plus belles filles de la planète dans le plus beau décor de la planète ». Les célébrités venues du monde entier contribuent beaucoup

au prestige de l'archipel, et les agences de voyages savent miser sur ces images de papier glacé pour attirer aux Seychelles une clientèle haut de gamme de plus en plus nombreuse.

Moins bien dotée en îles privées et en plages secrètes pouvant servir de refuge aux célébrités, Maurice a su compenser ce handicap grâce à sa myriade de complexes hôteliers luxueux, dont certains comptent parmi les plus onéreux du monde. Tout y est conçu pour satisfaire les exigences d'une clientèle de privilégiés, avec des prestations de haut niveau incluant gardes du corps et chefs cuisiniers de renommée mondiale. Les magazines sont pleins de ces top-modèles, footballeurs, pop stars ou acteurs en vogue photographiés en maillot de bain au bord de la piscine ou sur la plage des hôtels les plus en vue de Maurice. Les plus célèbres, comme le Touessrok – qui sert fréquemment de décor aux films bollywoodiens–, et Le Saint Géran, quasi-résidence secondaire de la Spice Girl Jerry Halliwell, luttent contre la concurrence de nouveaux complexes, tels que les très branchés Le Prince Maurice ou La Résidence. La romancière J.K. Rowling, auteur du célèbre personnage Harry Potter, préfère descendre au Royal Palm comme le font d'ailleurs la plupart des chefs d'État. Mais pour le commun des mortels, ces palaces demeures des rêves, aussi pour se voir accorder un droit d'entrée il est indispensable de réserver une table pour déjeuner ou dîner à l'un des restaurants.

À gauche, le prince Edward fait du ski nautique. La famille royale britannique a beaucoup contribué à faire de Maurice une destination à la mode; ci-dessus, petit déjeuner au bord de l'eau.

POUR LES BUDGETS PLUS LIMITÉS

Si la fréquentation des stars et le tourisme de luxe constituent le principal credo commercial de Maurice et des Seychelles, il est néanmoins possible d'y séjourner même si l'on ne dispose pas d'un budget faramineux. On découvrira alors un milieu naturel dont la luxuriance n'a rien à envier aux plus riches constructions humaines.

À Maurice, par exemple, on peut se contenter d'un budget journalier d'une vingtaine d'euros, à condition de louer un appartement, de circuler en bus et de prendre ses repas dans des restaurants modestes. Les locations bon marché et les pensions abordables ne manquent pas dans les stations balnéaires de Grand Baie-Pereybère et de Flic en Flac. Une fois son billet d'avion payé, c'est la seule île de la région où l'on puisse vivre en dépensant moins que chez soi, et certains travailleurs saisonniers des stations balnéaires européennes viennent y passer l'hiver, en profitant des quelques mois auxquels donne droit un visa touristique. Les marchandises importées coûtent certes plus cher qu'en Europe, mais les articles de première nécessité sont subventionnés, et les produits manufacturés sont souvent assez bon marché.

On recense également nombre de petites guest houses aux Seychelles, mais leurs tarifs, fixés par l'État, restent assez élevés. Sur place, on trouve néanmoins des particuliers prêts à louer une chambre de leur maison pour une somme bien inférieure à celle que demandent les hôtels modestes. Ils peuvent même se charger d'acheter les billets d'avion de leurs hôtes (les résidants bénéficiant de tarifs préférentiels), si ces derniers désirent se rendre dans une autre île. Le gouvernement seychellois se montrant particulièrement soucieux de toucher le touriste sensible à l'environnement, des croisières de plus en plus nombreuses permettent de découvrir les îles extérieures. L'archipel dispose en outre de deux sites naturels inscrits au Patrimoine mondial de l'Unesco : le Parc national de la Vallée de Mai, à Praslin, et l'atoll d'Aldabra, à un millier de kilomètres de Mahé. Les amoureux de la nature et les randonneurs pourront y visiter de nombreux sanctuaires d'oiseaux et des vestiges de forêt primaire.

À Maurice, on a surtout mis l'accent sur les sports nautiques. L'île organise une compétition annuelle de pêche au marlin de réputation internationale, et même si les fonds marins ont beaucoup souffert d'une exploitation effrénée, le lagon reste magnifique, où il est possible de contempler une multitude de poissons colorés avec un simple tuba.

Mais il serait dommage de se limiter à l'exploration des plages et du domaine maritime. L'arrière-pays a aussi ses atouts : plantations de canne à sucre structurées en damiers géants, curiosités géologiques, réserves naturelles et pitons rocheux combleront les visiteurs, tout autant que les villes de Port Louis et de Curepipe, où se déploie la culture si particulière de Maurice.

La « beauté intérieure » de la Réunion

La Réunion, département français d'outre-mer, reste la plus onéreuse des destinations de l'océan Indien. Son économie est artificiellement soutenue par des subventions, de nombreux produits y sont importés, et les prix peuvent dépasser de 30 % ceux pratiqués en métropole. Certains Réunionnais préfèrent d'ailleurs passer leurs vacances à l'île Maurice, où le coût de la vie est bien moindre.

Si elle est fréquentée de longue date par les vacanciers français, son monolinguisme et la relative modestie de ses plages ont longtemps maintenu la Réunion à l'écart des grands circuits touristiques internationaux. Comme elle ne répondait pas aussi bien que ses voisines au cliché du paradis tropical et que nombre de vacanciers préfèrent siroter un cocktail sous les palmiers, au bord d'un lagon, à une randonnée sur les pentes d'un volcan actif, les magnifiques paysages de l'île demeurent le domaine réservé des connaisseurs français et des voyageurs les plus curieux.

Conscients des handicaps comme des atouts touristiques de l'île, les autorités locales l'ont dotée d'une infrastructure orientée vers une clientèle éprise de nature et d'émotions fortes, qui sait goûter sa « beauté intérieure ». Les randonneurs disposent ainsi d'un vaste réseau de pistes balisées et bien entretenues, de cartes détaillées et d'itinéraires jalonnés de gîtes ou de refuges de montagne. Tout est fait pour permettre aux visiteurs d'explorer ses ravines les plus secrètes ou de conquérir son point culminant, le piton des Neiges, qui dépasse les 3 000 m.

Les responsables du tourisme se sont également attachés à développer toute la gamme des sports d'aventure : l'île est équipée de multiples parcours de VTT, d'escalade, de randonnée à cheval, de canyoning et de canoë ; on y trouve même des sites de saut à l'élastique.

La Réunion a d'autre part cherché à mettre en valeur son héritage colonial, mieux préservé que celui de ses voisines. La plupart des vieilles bâtisses ont fait l'objet d'une restauration soigneuse, et certaines d'entre elles ont été transformées en musées – comme l'usine de Stella Matutina, qui présente aujourd'hui l'histoire de l'île à travers son patrimoine agricole et industriel.

Par conséquent, la Réunion apparaît comme complémentaire plutôt que concurrente des Seychelles ou de l'île Maurice : ses atouts touristiques se concentrent au cœur de l'île, même si le littoral est agrémenté de quelques plages. D'une longueur totale de 30 km, ces dernières sont regroupées sur la côte ouest. Les randonneurs peuvent s'y rafraîchir facilement, tout en assistant aux exploits des surfeurs venus chercher là l'une des plus belles « gauches » du monde (une manche du championnat du monde de surf est organisée chaque année à Saint-Leu).

Rodrigues, l'île oubliée

Rodrigues est si petite qu'on oublie souvent de la mentionner. Il n'y a d'ailleurs pas si longtemps, seul le vieux caboteur qui venait une fois par mois permettait aux voyageurs les plus déterminés – « aventuriers » attirés peut-être dans l'île par la lecture du *Chercheur d'or* ou du *Voyage à Rodrigues*, deux romans de J.-M. G. Le Clézio – d'y accéder.

De nos jours, deux navires plus modernes, le *Mauritius Pride* et le *Mauritius Trochetia* assurent deux ou trois fois par mois la liaison entre Maurice et Rodrigues, tandis qu'un petit avion relie quotidiennement les deux îles en 1 h 40 min. Les visiteurs en provenance de la Réunion doivent impérativement changer d'appareil à Maurice, voire y passer la nuit, et le voyage leur revient assez cher.

Même si les agences de voyages commencent à s'intéresser à Rodrigues, le tourisme y est encore balbutiant en raison de la faible capacité des infrastructures hôtelières. L'île conserve, de ce fait, tout son caractère. Comme les stars lui préfèrent les Seychelles et qu'elle ne possède ni les hôtels cinq étoiles de Maurice ni le volcan de la Réunion, ses dirigeants cherchent à promouvoir un « tourisme doux » à vocation culturelle, une politique qui commence à porter ses fruits.

Le visiteur s'y voit proposer des séjours chez l'habitant, des spectacles folkloriques, des randonnées, des parcours de pêche ou des croisières de plongée. Le grand lagon aux eaux claires de Rodrigues fait les délices des plongeurs. L'île attire surtout les Mauriciens, ainsi que quelques Européens et Sud-Africains désireux de découvrir la face cachée des Mascareignes. Il est cependant question d'agrandir la piste de l'aéroport pour pouvoir accueillir les gros porteurs. Il ne faut donc pas trop tarder si l'on veut profiter de ses charmes anachroniques.

À gauche, quelques produits du lagon ; à droite, représentation de séga, danse héritée des esclaves qui travaillaient dans les champs de canne à sucre.

Une activité destructrice

La flore et la faune des Seychelles et des Mascareignes sont uniques en leur genre et, comme tous les environnements insulaires, celui-ci voit son équilibre biologique menacé par l'activité touristique.

Les récifs coralliens, en particulier, sont souvent victimes des plongeurs, des marchands de souvenirs, et même des hôteliers, qui, à Maurice, n'ont pas hésité à en détruire certains pour aménager des zones de baignade.

Ils représentent pourtant la clef de voûte de tous ces écosystèmes marins qui font la richesse de la région. Formées d'édifices calcaires construits, à partir de leur squelette, par des colonies de minuscules animaux, les polypes des polypiers (*voir p. 42*), les barrières coralliennes se détériorent hélas bien plus vite qu'elles ne se régénèrent. Leur destruction met en danger la faune extraordinairement complexe qui leur est associée : poissons, crustacés, coquillages et autres animaux marins.

Pour préserver ces fragiles écosystèmes des atteintes du tourisme, le gouvernement seychellois réglemente depuis des années l'accès à un certain nombre de petites îles, le limitant

à certaines heures et à un petit groupe de visiteurs. Le gouvernement mauricien tente à son tour de réagir afin de préserver certaines zones particulièrement riches des dégâts causés par les bateaux à moteur, les pêcheurs et la pollution. Il impose désormais des permis d'accès pour certains îlots, ou en réserve l'exploitation touristique à des opérateurs « écologiquement responsables ». Il faut ainsi passer par la Mauritian Wildlife Foundation si l'on souhaite visiter, au large de Mahébourg, la réserve naturelle de l'île aux Aigrettes, qui abrite les derniers vestiges d'une forêt littorale dans laquelle prospérait jadis le dodo (*voir p. 129*). Mais ces efforts restent insuffisants, et diverses associations se battent activement pour sauver certaines espèces menacées d'extinction, comme la grande tortue de mer, la crécerelle de Maurice, le pigeon rose ou encore la perruche de Maurice. (Pour obtenir de plus amples renseignements sur les défis écologiques que doit relever Maurice, on peut consulter le site internet *www.mauritian-wildlife.org.*)

Les touristes peuvent aussi contribuer à la protection de l'environnement. Quelques gestes simples suffisent à limiter les dégâts : respecter les interdictions qui pèsent sur le ramassage des coquillages, s'abstenir d'acheter des objets en corail ou en écaille de tortue, de ramasser des plantes et des fleurs au cours de ses excursions, ou d'allumer des feux en dehors des espaces aménagés à cet effet. Enfin, si l'on pratique le VTT, le canyoning, l'équitation ou le 4 x 4, il est recommandé de ne pas s'écarter des pistes balisées.

Des îles agréables en toute saison

Le climat des îles de l'océan Indien se caractérise par l'alternance de deux saisons, inversées par rapport à celles de l'hémisphère Nord. Comme elles sont situées entre le tropique du Capricorne et l'équateur, il y fait chaud toute l'année (entre 15 °C durant les nuits les plus froides, de juin à septembre, et 30 °C au cours des journées les plus chaudes, de novembre à mars). Le coefficient de remplissage des hôtels varie de manière plus significative entre la haute et la basse saison : si l'on peut y séjourner en dehors des périodes les plus touristiques (fêtes de fin d'année à Maurice et aux Seychelles, juillet-août à la Réunion), on bénéficiera de tarifs nettement inférieurs.

Notons enfin que, même s'ils sont moins violents que dans l'Atlantique ou dans le Pacifique, des cyclones se forment régulièrement dans l'océan Indien entre novembre et avril. La région se souvient ainsi d'Hyacinthe en 1980, de Clotilda en 1987, de Firinga en 1989, et de Dina en 2002. Mais le plus destructeur de tous, Jenny, remonte à 1962. Des pluies torrentielles s'abattirent alors sur la Réunion, formant des coulées de boue et faisant des dégâts considérables. La plupart du temps, cependant, les cyclones se contentent de perturber les liaisons électriques, téléphoniques et aériennes l'espace de quelques jours ou, mieux encore, de passer majestueusement au large.

À gauche, l'une de ces piscines dont disposent de nombreux hôtels, même s'ils sont installés en bord de mer.

LES PLUS BELLES PLAGES SEYCHELLOISES

Le film *Castaway*, sorti en 1987, racontait l'histoire vécue d'un couple de Londoniens partis passer une année entière sur une île déserte des tropiques. Mais les plages de l'île en question, située entre la Nouvelle-Guinée et l'Australie, ne furent pas jugées assez photogéniques. Le réalisateur, Nicolas Roeg, se mit alors en quête du paradis tropical idéal. À peine avait-il foulé le sable d'Anse Kerlan, dans l'île de Praslin, qu'il arrêta son choix sur ce site : un superbe croissant d'un blanc d'ivoire, léché par des eaux transparentes et ceinturé par un anneau de végétation tropicale. On engagea Oliver Reed et Amanda Donohoe, mais selon la critique, une star volait la vedette aux acteurs : la plage.

En 1999, le magazine de voyages allemand *Reise & Preise* demanda à ses lecteurs d'élire les plus belles plages du monde. Des milliers de personnes répondirent au questionnaire, notant la qualité du sable, des vagues, de la baignade, la facilité d'accès du site et la propreté de l'eau. Les Seychelles remportèrent le palmarès haut la main, avec six des douze plus belles plages de la planète. L'archipel arrivait aussi en tête d'une sélection annexe concernant les plages rarement mentionnées dans les guides de voyage (deux sites sur cinq).

La lauréate de la compétition était **Anse Lazio**, suivie par sa voisine **Anse Georgette**, toutes deux à Praslin. L'île de La Digue plaçait également deux gagnantes : **Anse Source d'Argent**, en cinquième position, et **Grand'Anse**, au douzième rang. **Anse Victorin**, une plage de Frégate, arrivait à la septième place, tandis que la neuvième revenait à **Anse Intendance**, sur l'île de Mahé. **Anse Soleil**, à Mahé, et **Anse Cocos**, à La Digue, se disputaient deux accessits. Les Seychellois ont l'habitude de ce genre de lauriers. Toujours en 1999, plusieurs journaux et magazines britanniques élurent Anse Source d'Argent et Anse Lazio plus belles plages du monde.

Le sable d'un blanc virginal, les palmes frissonnant sous la brise et les eaux émeraude ou turquoise des plages des Seychelles n'ont pas manqué de hanter les rêves de bien des réalisateurs. Roman Polanski tourna certaines scènes de son film *Pirates* à Frégate, tandis que l'on a pu admirer la plastique et les jeux amoureux de Sylvia Kristel sur la plage d'Anse Source d'Argent dans *Emmanuelle au paradis*. Quand aux spots publicitaires et aux magazines de mode, ils utilisent abondamment les Seychelles pour mettre en valeur les articles qu'ils vantent.

À vrai dire, le choix entre les différentes plages de l'archipel est délicat, car chacune a son caractère. Toutefois, que l'on cherche le décor de rêve pour une promenade romantique, un site de plongée exceptionnel, une station balnéaire animée, une plage qui ne présente aucun danger pour de jeunes enfants ou celle sur laquelle on rencontrera tout juste un pêcheur mettant sa pirogue à l'eau, on est sûr de trouver ce que l'on veut aux Seychelles. Même Beau Vallon (à Mahé), la plage la mieux aménagée de l'archipel, conserve un certain caractère. Quant aux îles extérieures, elles s'offrent dans toute leur authenticité : les plages sublimes de Saint-François, de Desroches, d'Alphonse, de Farquhar et d'Assomption restent à découvrir. Ces îles figurent désormais au programme de certaines croisières et des stations balnéaires s'y développent lentement. Sans doute leurs plages ne tarderont-elles donc pas à être plébiscitées à leur tour !

À droite, Anse Lazio, sur la petite île seychelloise de Praslin, souvent considérée comme la plus belle plage du monde.

MARIAGE ROMANTIQUE SOUS LES TROPIQUES

« Nous jetâmes l'ancre, Madame / Devant l'île Bourbon / À l'heure où la nuit sent si bon / Qu'elle vous troublait l'âme. » Ce quatrain du poète français Paul-Jean Toulet (1867-1920), qui vécut une adolescence mauricienne enivrée de lecture et de marijuana, nous vient de son recueil *Les Contrerimes*.

Cette langueur des nuits tropicales, si propice à l'amour, est l'un des atouts qui ont permis à l'île Maurice et aux Seychelles de faire des cérémonies et banquets de noces un secteur à part entière de leur activité touristique. En effet, outre le fait que les hôteliers mauriciens et seychellois accueillent de longue date des couples en voyage de noces, on vient désormais des quatre coins du monde célébrer son mariage dans le cadre idyllique de ces îles. Seule la Réunion échappe à cette mode, la loi française empêchant les non-résidants de se marier sur le sol national.

UNE SPÉCIALITÉ LOCALE

Les mariages civils à la manière mauricienne ou seychelloise sont le plus souvent célébrés sous un marabout dressé au bord de l'eau ou dans les jardins d'un hôtel. Attention toutefois, aux Seychelles, seules Mahé, Praslin et La Digue offrent ce service. Par conséquent, plutôt que de payer le transport de l'officier d'état civil, de nombreux couples préfèrent s'échanger les bagues sur l'une de ces trois îles avant de passer leur lune de miel dans un paradis plus protégé. L'organisation des mariages religieux est un peu plus compliquée, un peu plus onéreuse aussi, puisqu'il faut inclure la location de l'église dans son budget.

Sur le plan de l'hébergement et de la fête, les professionnels du tourisme locaux sont parfaitement rodés aux exigences des futurs mariés. L'île Maurice s'en est fait une spécialité, et ses palaces appartenant à quatre groupes hôteliers (Beachcomber, Sun International, Naiade et Veranda Resorts) se sont transformés en paradis du mariage où le couple est littérallement pris en charge et dorloté. Les hôtels haut de gamme tels que La Résidence, Les Pavillons, Le Prince Maurice et l'ancienne exploitation de canne à sucre, le Domaine des Pailles, en font de même.

La plupart des hôteliers seychellois ont également mis au point des formules « spécial mariage ». Les établissements, souvent plus petits qu'à Maurice, jouent souvent la carte de l'intimité et du sur-mesure. C'est le cas, par exemple, du Coco de Mer, qui orne pour l'occasion son ponton de brassées de fleurs et de feuilles de bananier, mais aussi du Black Parrot Suites, de L'Archipel, de La Réserve, de l'Indian Ocean Lodge ou du Lemuria Resort, tous installés à Praslin. À Mahé, le Coral Strand, Le Northolme, le Plantation Club et les hôtels du groupe Berjaya offrent des services similaires ; alors qu'à La Digue, les principaux ténors du marché sont L'Océan et le Patatran Village, qui achemine les nouveaux mariés en char à bœufs couverts de fleurs.

Ces établissements ont su adapter leur offre à une demande en progression constante, et qui exige souvent la prise en charge du séjour des invités et l'organisation de leurs vacances. Malgré un professionnalisme croissant, leurs prestations conservent généralement un côté bon enfant, loin des « mariages de masse » célébrés dans certaines îles des Antilles anglophones ou du « mariage minute » dont des villes américaines comme Reno ou Las Vegas ont fait une industrie.

À gauche, mariage en blanc à Mahé (Seychelles) ; à droite, « statue de la fertilité » dans l'enceinte du luxueux hôtel Touessrok (île Maurice).

S'offrir un mariage dans un cadre enchanteur

Le climat et le cadre enchanteurs de ces îles de l'océan Indien peuvent à eux seuls justifier un mariage « au pays parfumé que le soleil caresse » (Baudelaire). Mais il ne faut pas négliger la dimension économique de l'événement, et nombreux sont ceux qui considèrent Maurice ou les Seychelles comme la destination qui leur permettra de combiner à moindres frais la cérémonie nuptiale et le voyage de noce.

On peut, de plus, s'autoriser là des luxes inabordables ou simplement impossibles sous

d'autres latitudes. Il est, bien sûr, plus agréable de préparer son mariage en foulant pieds nus le sable blanc d'une plage que de devoir courir à la mairie après s'être extrait des embouteillages. Mais il y a plus insolite encore, les voyagistes et les hôteliers déployant une imagination sans bornes pour séduire les couples en quête de souvenirs inoubliables. À Maurice, ces derniers peuvent s'échanger les anneaux nuptiaux en survolant en hélicoptère les gorges de la rivière Noire et l'océan, avant de rejoindre leurs invités à la Varangue Sur Morne.

On peut également se marier à bord d'un catamaran décoré de fleurs d'hibiscus, ou même sous l'eau, depuis que le Coco Beach a eu l'idée de proposer un des « musts » du genre : le mariage sous-marin !

Aux Seychelles, les jeunes mariés fortunés se voient offrir la possibilité de louer des îles entières, comme Desroches, Frégate ou Denis. Plus modestement, et pour un résultat tout aussi inoubliable, on peut opter pour le domaine des Pailles, à Maurice, et l'un de ses cinq restaurants, tel le luxueux Indra, qui sert l'une des meilleures cuisines indiennes au monde. Les couples y sont reçus avec beaucoup d'attentions, et ils peuvent même s'y rendre en calèche puisque cette reconstitution d'un domaine sucrier colonial n'est qu'à quelques kilomètres de Port Louis (*voir p. 110*). Plus authentique peut-être, on peut aussi louer l'une des dernières demeures mauriciennes de l'époque coloniale pour célébrer sous sa varangue un mariage digne d'*Autant en emporte le vent*, avant de s'embrasser sous le dais empourpré d'un flamboyant…

Cela dit, une cérémonie sur les parterres fleuris d'un grand hôtel ou dans un pavillon donnant sur le lagon demeure la solution la plus simple et la plus courante. Pas question de s'unir sur le sable, mais rien n'empêche de faire la fête sur des plages magnifiques, comme Anse Source d'Argent (Seychelles, La Digue) ou Anse Lazio (Seychelles encore, à Praslin, la plus belle plage du monde selon le couturier Giorgio Armani).

De l'utilité d'un voyagiste

La réussite d'un tel mariage – du moins celle des noces – tient à la qualité de l'organisateur auquel on décide de confier son sort. Certaines agences de voyages proposent désormais toute une palette de séjours et d'événements « spécial mariage », et elles vont même jusqu'à effectuer les démarches administratives nécessaires pour le compte des futurs mariés. Ces formalités sont d'ailleurs réduites au strict minimum. Le carnet d'adresses et le savoir-faire de l'agence de voyages seront, en outre, extrêmement utiles pour tous les à-côtés, comme le rendez-vous chez un coiffeur ou un barbier, la commande des décorations florales, des repas et du gâteau de mariage, sans parler des « petits » extras comme la location d'un bateau pour le dîner aux chandelles ou d'un orchestre pour animer la soirée.

Bref, tout est fait pour satisfaire la clientèle la plus exigeante. Mais pour éviter toute déconvenue, il convient de dresser avec les interlocuteurs retenus un inventaire très précis de ce que l'on souhaite et qui stipule bien le prix de chaque prestation. Mieux vaut établir cette liste plusieurs mois à l'avance si l'on compte se marier en novembre ou en décembre, la période la plus demandée (certains couples n'hésitent pas, en effet, à contacter les autorités de Port Louis dix-huit mois à l'avance).

Heureusement, Internet est là. Que ce soit à Maurice ou aux Seychelles, les hôtels disposent tous d'un site web, tandis que ceux des offices de tourisme fournissent quantité de renseignements fort utiles. Ainsi il est possible d'organiser son mariage à tête reposée, de comparer les prestations et les prix de chacun, et d'éviter le stress des préparatifs de dernière minute.

Côté finances, il faut compter entre 5 000 et 6 000 euros pour un séjour de quinze jours combinant cérémonie nuptiale et lune de miel. Il est possible d'obtenir des réductions de 15 % sur le prix du « kit mariage » proposé par les hôtels, à condition de réserver longtemps à l'avance.

Ultimes recommandations : ne serait-ce que pour s'acclimater, mais aussi pour s'assurer que toutes les formalités requises seront remplies à temps, il est préférable d'arriver dans l'île choisie quelques jours avant la date du mariage. Ne pas oublier de contracter une assurance qui couvre le voyage et le séjour. Et, bien sûr, éviter d'attraper un coup de soleil avant le grand jour !

À gauche, au Coco de Mer (Praslin, Seychelles) ; ci-dessus, l'incontournable photo du couple sur une plage au coucher du soleil.

LA VIE MARINE

La barrière de corail qui cerne l'île Maurice ne s'interrompt que sur sa côte méridionale, entre Le Souffleur et Souillac. De nombreuses îles des Seychelles sont également auréolées de magnifiques récifs coralliens frangeants, mais certains visiteurs affirment que ceux de Rodrigues sont encore plus étonnants.

En deçà comme au-delà de ces barrières de corail s'étend un univers étrange, qui foisonne d'une vie aux formes et aux couleurs déroutantes. À beaucoup ce « monde du silence » peut paraître aussi étranger que dangereux. Il suffit pourtant de s'équiper d'un masque, d'un tuba et d'une paire de palmes pour s'élancer à sa découverte dans les eaux chaudes et peu profondes des lagons.

LA ZONE INTERTIDALE

Le premier contact avec la vie marine tropicale peut se faire le plus simplement du monde, en marchant lentement le long de l'estran, ou zone intertidale, c'est-à-dire l'espace côtier compris entre les plus hautes et les plus basses eaux. Là, dans les multiples mares qui se forment au creux des rochers quand l'océan se retire, prolifèrent différents crustacés et poissons de taille réduite, dont la morphologie s'est adaptée à ces biotopes particuliers.

Les plus faciles à observer sont peut-être les petites blennies brunes et les gobies, poissons aux yeux proéminents dont les nageoires se sont progressivement modifiées jusqu'à former des crampons, ce qui leur permet de s'agripper aux rochers malgré le va-et-vient incessant des vagues. Il faut noter que de nombreuses variétés de crustacés ne vivent que dans ces petites mares qui paraissent si précaires. Il en va ainsi de plusieurs espèces de crabes, comme le bien nommé crabe coureur, qui se faufile de rocher en rocher en quête de nourriture.

La stratégie alimentaire des anatifes, crustacés qui vivent fixés aux rochers, se situe juste à l'opposé : plutôt que de se déplacer, ils préfèrent agiter les excroissances plumeuses qui s'échappent de leur coquille conique pour attirer jusqu'à leurs pièces buccales les particules en suspension dans l'eau.

LES ZONES SABLONNEUSES

Quand on patauge dans l'eau et que l'on regarde à ses pieds, le fond sablonneux paraît un désert comparé aux récifs voisins. Il suffit pourtant d'y prêter un peu attention pour découvrir diverses créatures marines intéressantes. Les plus visibles sont souvent les plus lentes, comme les crabes, les oursins et les holothuries, ces échinodermes au corps en forme de concombre qui ingurgitent le sable pour se nourrir des micro-organismes animaux

et végétaux qu'il contient. Ce qui leur échappe est consommé par les vers fouisseurs, généralement invisibles mais dont on détecte la présence aux petits « volcans » sous-marins que leurs rejets forment sur le fond.

Les poissons plats, comme le carrelet tropical, sont difficiles à distinguer, même de très près, quand ils reposent sur le sable : ils peuvent changer de couleur pour mieux se confondre avec leur environnement, et souvent on ne les découvre que lorsqu'ils s'éloignent en ondulant, en quête d'un nouveau refuge.

Diverses variétés de raies fréquentent également les fonds sablonneux, en particulier ceux des lagons peu profonds. Même quand

Pages précédentes : les anémones de mer hébergent un hôte fidèle, le poisson-clown. À gauche, le monde sous-marin de l'atoll d'Aldabra ; à droite, superbe holothurie, ou concombre de mer.

leur envergure atteint 2 m, il faut être un bon observateur pour repérer au fond de l'eau ces créatures ailées, car elles se cachent sous le sable dès qu'elles se posent. C'est en général leur queue en forme de fouet qui, en se dressant comme un piquet, trahit leur présence.

Le dard logé dans la queue barbelée de la pastenague n'est qu'une arme défensive. Les plongeurs n'ont donc rien à craindre de cette raie tant qu'ils ne la provoquent pas... et qu'ils ne marchent pas dessus par inadvertance. Quelques minutes passées à observer ce sélacien en train de traquer les mollusques et les crabes cachés sous le sable peuvent se révéler passionnantes.

Les raies mantas comptent parmi les plus grands poissons de l'océan Indien. Elles se nourrissent exclusivement de plancton et de petits poissons, et ne présentent aucun danger pour l'homme. Elles offrent un spectacle magnifique quand elles nagent gracieusement entre deux eaux.

Certains des animaux qui colonisent les fonds sableux ressemblent à s'y méprendre à des végétaux. Les vers tubicoles à éventail, par exemple, ont tout d'une tige charnue enracinée dans le sol et surmontée d'un plumet. Ce dernier est en réalité un ensemble complexe de bras articulés qui leur permet de capturer le plancton et autres aliments charriés par les courants.

En s'attardant au-dessus des herbiers sous-marins, on a toutes les chances d'apercevoir un petit hippocampe accroché par la queue à une algue, ou d'observer certains des poissons qui consomment ces végétaux, telles les girelles. De plus imposants herbivores, comme la tortue verte, la plus grande des deux tortues marines de la région, fréquentent aussi ces prairies aquatiques. Le repas de ces reptiles fournit l'une des rares occasions de les admirer de près. Il est également possible d'observer les femelles quand elles reviennent déposer leurs œufs sur la plage de leur naissance.

LES CÔTES ROCHEUSES

Les côtes rocheuses de l'océan Indien, tout aussi faciles d'accès, sont également colonisées par une faune et une flore très diversifiées, des anatifes et patelles aux teintes délicates aux éponges et coraux mous vivement colorés. Dans la journée, on peut voir de nombreux poissons se glisser dans les anfractuosités des récifs pour échapper à leurs prédateurs. On remarque surtout les poissons-chirurgiens venus grignoter les algues qui prolifèrent au-dessous de la zone du ressac. Ces poissons à la livrée colorée doivent leur nom aux épines venimeuses situées à la base de leur queue, aussi acérées que des scalpels, dont se méfient les pêcheurs.

LES RÉCIFS CORALLIENS

Le récif corallien est l'équivalent aquatique de la forêt tropicale : c'est le milieu marin qui présente la plus grande diversité biologique. Il est formé de minuscules animaux, les polypes. Ces invertébrés coloniaux s'abritent dans les calices en entonnoir de leur squelette calcaire, généralement cimenté à un support dur et stable (épave, roche, etc.). Le récif se construit lentement par la croissance de ces squelettes superposés, et seule sa surface est constituée d'organismes vivants.

Le développement des récifs est favorisé par une eau chaude (entre 25 °C et 28 °C), salée (ce qui exclut les estuaires), bien oxygénée et très claire, afin que les zooxanthelles, ces micro-algues qui vivent en symbiose avec les polypes, à l'intérieur des tissus de ces animaux, puissent réaliser leur photosynthèse. Les formations coralliennes les plus ramifiées se rencontrent près de la surface. C'est le cas du « bois-de-cerf » et du « bois-d'élan », dont les bras délicats forment des édifices branchus.

Les colonies s'aplatissent à mesure que la profondeur augmente et que la lumière perd de son intensité, jusqu'à devenir tabulaires. Les coraux mous, comme les gorgones, les alcyonaires et le corail noir, sont dénués de squelette calcaire enveloppant. Certains soutiennent leur corps à l'aide d'une dentelle de minuscules aiguilles de calcaire. D'autres produisent une matière cornée résistante, la gorgonine, qui se ramifie pour constituer un squelette branchu.

Les polypes coralliens sont des prédateurs qui capturent leurs proies microscopiques à l'aide de tentacules urticants. Si la plupart d'entre eux ne présentent aucun danger pour l'homme, mieux vaut apprendre à reconnaître le corail de feu, dont le venin peut infliger de vives brûlures.

LES CORAUX BLANCHIS

Depuis 1997-1998, les récifs coralliens de l'océan Indien occidental subissent les conséquences d'une élévation sensible de plusieurs degrés de la température de l'eau, attribuée au réchauffement global de la planète. Les coraux ramifiés, les premiers touchés, se sont mis à blanchir tout en perdant leurs algues symbiotiques. Beaucoup sont morts. Le phénomène de blanchiment semble toutefois s'être ralenti, et l'on assiste en plusieurs endroits à la reconquête du récif par les polypes.

LES ANÉMONES DE MER

Proches des coraux, les anémones de mer, ou actinies, sont des polypes géants dénués de squelette. Ces créatures préfèrent, en général, se dissimuler dans les anfractuosités des récifs, mais certaines espèces prospèrent sur les rochers exposés. Ce sont surtout des anémones hôtesses, presque toujours associées au poisson-clown, reconnaissable à sa livrée orange cuivré interrompue par des bandes verticales blanches. Ces deux créatures vivent en parfaite symbiose : le poisson-clown est immunisé contre le venin que sécrète l'anémone, et il se réfugie entre ses tentacules pour dormir ou échapper à ses prédateurs. En contrepartie, il apporte à son hôtesse immobile de petites proies qu'il « partage » avec elle.

LES HÔTES DES RÉCIFS

Chaque pâté corallien (dont la taille peut aller de 10 cm à plusieurs mètres) héberge quantité

À gauche, une tortue verte, aussi élégante en mer que pataude sur terre ; ci-dessus, mérou géant posé sur le sable.

d'autres créatures, formant ainsi un véritable écosystème miniature. De petits poissons, comme les gobies et les blennies, qui adoptent les couleurs de leur environnement pour se protéger, viennent se reproduire et se nourrir de zooplancton au milieu des coraux mous. Les coraux abritent dans leurs ramifications des poissons colorés, comme le grimpeur, la demoiselle et le petit poisson-scorpion. Divers crustacés, tel l'élégant crabe à taches rouges, et autres mollusques à coquille, comme les térèbres, les porcelaines et les cônes, se cachent aussi dans ces coraux. Attention, très recherchés par les collectionneurs en raison de leur beauté, les cônes sont

très dangereux. Leur piqûre peut provoquer une paralysie, voire entraîner la mort.

Ce sont les poissons les plus colorés évoluant à proximité des récifs qui retiennent en premier lieu l'attention des plongeurs. Il s'agit, d'espèces des profondeurs, qui ne remontent vers la surface que pour se nourrir du phytoplancton proliférant près des récifs. On repère vite les bancs de fusiliers (appelés « maquereaux » dans cette partie de l'océan Indien), dont le corps bleu en forme de torpille s'irise de bandes horizontales oscillant du jaune au rose.

Les espèces les plus colorées qui vivent sur les récifs mêmes sont les poissons-anges et les poissons-papillons. Ces derniers se nourrissent surtout d'algues et de coraux. Leur corps, très aplati, mesure de 8 à 15 cm de diamètre. Ils sont généralement jaune, noir et blanc. Les poissons-anges sont un peu plus grands, puisque leur taille peut atteindre 25 cm. Très bigarrés également, ils ont la particularité de changer de livrée quand ils deviennent adultes.

Autre grand visiteur des récifs coralliens, la tortue caouanne est sans doute la plus commune des tortues marines de la région. Son bec corné en forme de bec de perroquet lui permet d'arracher les morceaux d'éponge et de coraux mous dont elle se nourrit. Il arrive que l'on voie une femelle déposer ses œufs en plein jour – phénomène rare – dans le sable d'une plage des Seychelles.

Certains poissons, tels les poissons-papillons, se sont spécialisés dans la consommation des polypes; d'autres, par exemple le poisson-couteau, capturent les invertébrés qui se cachent entre les branches ramifiées des coraux. Dans ce monde où les espèces s'entre-dévorent, la couleur est parfois une arme défensive. Certains mollusques sédentaires, incapables de fuir leurs prédateurs, arborent ainsi des teintes éclatantes pour rappeler aux éventuels gourmands qu'ils n'ont pas bon goût ou qu'ils sont venimeux : mieux vaut prévenir que périr. D'autres, à l'inverse, ont imité les couleurs de leur support de manière à se fondre dans le décor.

Les vers tubicoles, dont les éventails rouges, jaunes ou violets s'agitent au-dessus du corail pour piéger des particules nutritives, figurent en bonne place parmi les champions de la couleur. Le ver « sapin-de-Noël », par exemple, exhibe des cônes jumeaux spiralés aux couleurs presque phosphorescentes. Tous ces vers sont sensibles aux variations d'intensité de la lumière : l'ombre d'un plongeur qui nage entre eux et le soleil suffit à les faire rentrer subitement dans leurs tubes.

Le grand large

Le visiteur qui sort du lagon entre dans un monde très différent. Les eaux du large et leurs courants hébergent des êtres vivants allant du plancton microscopique à certains des plus grands représentants du règne animal, comme les baleines. La densité de ces espèces étant inversement proportionnelle à leur taille, les plus imposants ne se laissent en principe observer qu'à l'occasion d'imprévisibles remontées en surface. Heureusement, certains sites les attirent plus que d'autres. Ce sont généralement des zones où prolifère le plancton, que consomment les bancs de petits poissons qui, à leur tour, servent de pâture aux dauphins.

Les visiteurs qui effectuent des excursions sur les îlots satellites des Mascareignes et des Seychelles peuvent couramment suivre les évolutions de dauphins joueurs autour de leur bateau. Les plongeurs, en revanche, ont relativement peu de chances de croiser ces mammifères marins en haute mer.

Le grand dauphin et le dauphin commun sont les plus facilement observables des différentes espèces représentées dans la région. Des espèces plus petites, comme le dauphin à long bec (identifiable à la façon dont les jeunes jaillissent de l'eau en effectuant toutes sortes d'acrobaties), préfèrent les eaux plus calmes.

Certains de ces lieux de rassemblement sont avant tout des zones dévolues à la reproduction, où les cétacés se laissent facilement approcher. Les sociétés qui organisent des croisières d'observation doivent donc respecter un code de conduite rigoureux pour assurer la sécurité de ces mammifères marins.

Certaines espèces de poissons du grand large ne sont visibles que lorsqu'elles sont débarquées par les bateaux de pêche au gros. S'ils abondent dans l'océan Indien, certains spécimens de grande taille comme le voilier, le marlin bleu, noir ou rayé, l'espadon, le barracuda et le wahoo fuient en effet systématiquement les plongeurs, et il est pratiquement impossible de les observer dans leur milieu naturel.

D'autres créatures qui vivent principalement au large, comme les méduses, sont parfois rejetées sur le rivage par les courants. Il en existe de très nombreuses espèces. Toutes présentent un corps gélatineux en forme de cloche transparente et colorée, et nombre de ces cnidaires possèdent, comme leurs cousins les coraux, une couronne de tentacules venimeux. La plupart des méduses sont inoffensives, mais certaines peuvent sécréter un venin puissant, parfois mortel pour l'homme, aussi est-il préférable d'éviter tout contact avec ces animaux.

La faune des différents écosystèmes marins de l'océan Indien présente une incroyable diversité, et, malgré les efforts constants des naturalistes passionnés, de nombreuses espèces n'ont pas encore été répertoriées. Que l'on plonge en apnée ou avec des bouteilles, ou que l'on embarque sur un bateau à fond de verre, une incursion dans ce monde merveilleux constituera, à coup sûr, l'un des temps forts du séjour.

À gauche, représentant d'une des nombreuses variétés de poissons-papillons qui vivent sur les récifs coralliens ; ci-dessus, serranidés aux lèvres protubérantes.

LA FLORE DES ÎLES

Quand les Européens débarquèrent sur les îles vierges de l'océan Indien, les forêts luxuriantes, les plantes et les fleurs aux couleurs éclatantes et aux parfums entêtants qu'ils y découvrirent leur donnèrent l'impression d'avoir atteint l'Eden. Mais cette végétation exubérante n'a

guère résisté à quatre siècles de colonisation. L'exploitation des essences précieuses et l'extension des plantations ont eu raison des forêts primaires de l'île Maurice. La Réunion et les Seychelles ont eu plus de chance : leur relief montagneux a freiné la pénétration des hommes, et de larges pans de leur manteau forestier ont ainsi été épargnés. Mais même si de nombreuses espèces végétales sont menacées, la flore des îles reste très riche. À Maurice, on recense 685 espèces indigènes, dont 311 endémiques. La Réunion est riche de 700 espèces indigènes, dont 161 endémiques. La flore des Seychelles est également très dense. Parmi les quelque 1000 espèces, près de 400 sont indigènes, dont 75 endémiques aux îles granitiques et 43 autres recensées uniquement sur l'îlet d'Aldabra.

JARDINS BOTANIQUES

Toutes les îles sont dotées de jardins botaniques bien entretenus, où les visiteurs peuvent admirer de beaux spécimens. À Maurice, on peut visiter le fameux jardin de Pamplemousses, près de Port Louis, les jardins botaniques de Curepipe et le jardin des Plantes indigènes du Pétrin, dans le Parc des Gorges de la rivière Noire. Le Conservatoire botanique national de Saint-Leu et le jardin de l'État, près de Saint-Denis, présentent la flore réunionnaise, tandis que les jardins botaniques de Mahé font l'inventaire de celle des Seychelles.

▲ *La passiflore, ou « fleur de la passion », pousse partout aux Seychelles.*

▶ *La délicate fleur de l'hibiscus ne vit qu'une journée.*

◀ *La culture des anthuriums est une activité importante à Maurice. Coupées, ces fleurs vernissées durent plusieurs semaines.*

▲ *L'une des cinq cents variétés de fleurs de lotus visibles dans le jardin de Pamplemousses, près de Port Louis.*

◀ *Le bien nommé flamboyant, fréquent aux Seychelles et dans les Mascareignes, se couvre d'une couronne de fleurs rouge vif de novembre à février.*

▼ *L'oiseau de paradis est l'une des fleurs emblématiques des tropiques. Sa tige évoque le long cou et la tête d'un oiseau, que surmonte une huppe de pétales orange.*

▲ *L'huile essentielle des pélargoniums de la Réunion est la meilleure du monde.*

LA VANILLE BOURBON

Le vanillier, originaire d'Amérique centrale, fut introduit à la Réunion en 1819. C'est un petit esclave de douze ans, Edmond Albius, qui découvrit en 1841 qu'en l'absence de leurs pollinisateurs naturels ses fleurs pouvaient être fécondées à la main. Grâce à lui, la Réunion devint vite l'un des plus gros producteurs mondiaux de vanille. Cultivées dans l'est de l'île, les gousses sont récoltées de juin à septembre. Elles sont plongées dans une eau à 65° puis étuvées. Il faut encore les sécher au soleil et au four avant de les enfermer huit mois dans des caisses étanches, où une lente alchimie leur donne tout leur arôme.

▶ *La fleur du vanillier ne s'ouvre que quelques heures le matin.*

CAPITAES QVE VIERAO O ANO DE
533
n furtado
idão
Simão da neigua
don fco coutinho
de noronha

E APOS ESTE VEO DOM PEDRO CASTELO BRAMCO O MESMO AN

LES MASCAREIGNES

Les Mascareignes étaient encore inhabitées lorsque, voici près de 500 ans, l'amiral portugais Pedro Mascarenhas y fit une courte escale et leur laissa son nom. Ces trois îles et leurs satellites ont une base culturelle commune, qui mêle les influences française, britannique, indienne et africaine. Elles n'ont pourtant ni le même âge ni les mêmes caractéristiques physiques. Rodrigues et Maurice, îles volcaniques qui se sont formées il y a plus de huit millions d'années, ont eu le temps d'adoucir leur relief, de lisser leurs plages et de s'entourer de vastes lagons cerclés de récifs coralliens. Tel n'est pas le cas de la Réunion, de formation plus récente, dont le volcan, le piton de la Fournaise, entre régulièrement en éruption.

Au cours des trente dernières années, le tourisme s'est considérablement développé dans l'océan Indien, et chacune des îles des Mascareignes entend jouer de sa spécificité pour attirer les visiteurs. Maurice est la plus fréquentée. Ses longues plages de sable fin, ses hôtels de grand standing et la singularité de sa culture dominée par les influences indiennes constituent ses plus solides atouts.

Rodrigues, qui dépend administrativement de Maurice, est bien plus petite et secrète, et sa culture plus marquée par les traditions africaines. Si ses paysages et son grand lagon semé de nombreux îlots ne manquent pas d'attrait, sa relative difficulté d'accès et la modestie de ses infrastructures hôtelières l'ont jusqu'ici protégée des méfaits du tourisme de masse.

Lorsque l'avion opère sa descente sur la Réunion, le voyageur est d'abord saisi par la majesté du panorama : des montagnes culminant à près de 3 000 m et des cirques grandioses qui ont cantonné la majeure partie des habitants le long du littoral. Dotée d'une culture à prédominance créole et française et de quelques belles plages, la Réunion est une île qui se prête avant tout à la randonnée et aux activités sportives telles que le canyoning et le parapente.

Il faut disposer d'au moins trois semaines pour découvrir les Mascareignes en un seul voyage, mais quelle que soit la destination choisie, adopter un zeste d'insouciance créole permettra de mieux en profiter.

Pages précédentes : vue aérienne du luxueux hôtel Coco Beach à Poste de Flacq (Maurice) ; flotte portugaise en route vers les Indes, en 1533. À gauche, bateau de pêche voguant vers l'île aux Cerfs, au large de Maurice.

CHRONOLOGIE

Les découvreurs

X^e^-XIIe siècle. Les navigateurs arabes dressent les premières cartes des Mascareignes.
XVe siècle. Des mappemondes mentionnent Maurice, la Réunion et Rodrigues sous leurs noms arabes : Dina Arobi, Dina Margabim et Dina Moraze.
1498. Le Portugais Vasco de Gama atteint la côte occidentale de l'Inde, ouvrant ainsi la voie à l'aventure coloniale.
1505. Premières cartes portugaises mentionnant les Mascareignes.

1513. Année supposée du passage à la Réunion et à Maurice de la flotte portugaise commandée par Pedro Mascarenhas. L'archipel reçoit son nom : les Mascareignes. Santa Apollonia désigne l'actuelle Réunion, et Ilha do Cirne, Maurice.
1528. Le Portugais Diego Rodrigues visite l'île de Rodrigues et lui laisse son nom.

Les premiers colons

1598. Les Hollandais prennent possession de l'Ilha do Cirne, qu'ils nomment Mauritius en l'honneur de Maurice de Nassau, stathouder de Hollande et de Zélande.
1600. Élisabeth Ire fonde la Compagnie anglaise des Indes orientales, East India Company.
1601. Premier accostage des Hollandais à Rodrigues.
1602. Fondation de la Vereeenigde Oostindische Compagnie (VOC), Compagnie hollandaise des Indes orientales.
1638. À Maurice, les Hollandais font de Port-Sud-Est (l'actuel Vieux Grand Port) un établissement permanent. Premier débarquement français à la Réunion.
1642. Deuxième débarquement français à la Réunion, en rade de Saint-Paul.
1649. Salomon Goubert prend possession de la Réunion et lui donne le nom d'île Bourbon.
1652. Les Hollandais fondent Le Cap.
1664. Création de la Compagnie française des Indes orientales, par Colbert.
1665. Étienne Regnault commande les premiers colons qui s'installent à Bourbon (une vingtaine de personnes).
1674. L'île Bourbon accueille les rescapés des massacres de Fort-Dauphin, comptoir français de la côte sud-est de Madagascar.
1688. Dernier témoignage connu de la présence du dodo de Maurice.
1691-1693. Le protestant François Leguat et ses compagnons sont les éphémères premiers colonisateurs de Rodrigues.

Le siècle français

1710. Les Hollandais abandonnent Maurice.
1715. Maurice passe sous le contrôle de la Compagnie française des Indes orientales et reçoit le nom d'île de France.
1735. Mahé de La Bourdonnais, nommé gouverneur des Mascareignes, s'établit à l'île de France (Maurice), qui connaît sous son égide un rapide développement.
1756-1763. Guerre de Sept Ans. Français et Britanniques s'affrontent pour le contrôle des Indes. Les seconds l'emportent.
1764. Louis XV rachète les Mascareignes à la Compagnie françaises des Indes.
1790. La nouvelle de la Révolution française parvient dans les Mascareignes.
1794. Le 4 février, le gouvernement de la Convention montagnarde abolit l'esclavage dans les colonies. Le 8 avril, l'île Bourbon devient l'île de la Réunion.
1793-1806. Les corsaires français infligent de lourdes pertes à la Compagnie anglaise des Indes orientales. Création d'assemblées coloniales dans les îles. Résistances à l'abolition de l'esclavage et régimes de quasi-autonomie.
1803. Napoléon Bonaparte, Premier consul, envoie le général Decaen reprendre en main les Mascareignes. Rétablissement de l'esclavage.

1807. À la Réunion, cyclones, vents et pluies ravagent les caféiers et les girofliers ; les planteurs commencent à se reconvertir dans la culture de la canne à sucre.

Des sociétés coloniales en mutation

1810. Attaque des Mascareignes par la flotte britannique et capitulation française. L'île de France redevient Maurice, et la Réunion, Bourbon.
1814. Le traité de Paris place Maurice, Rodrigues, les Chagos et les Seychelles sous la souveraineté britannique. La Réunion est rendue à la France de Louis XVIII.
1835. Abolition de l'esclavage dans les colonies britanniques. Des Indiens embauchés sous contrat les remplaceront bientôt.
1848. Le 20 décembre, abolition de l'esclavage à la Réunion, qui a retrouvé son nom en septembre, après la proclamation de la IIe République, en février.
1849. Premières élections au suffrage universel à la Réunion.
1862. Première ligne de chemin de fer à Maurice, entre Mahébourg et Port Louis.
1868. À la Réunion, crise économique, grand incendie de Salazie, émeutes et six mois d'état de siège à Saint-Denis.
1882. Ouverture des deux premières lignes de chemin de fer réunionnaises ; elles relient Saint-Denis à Saint-Benoît et Saint-Louis à Saint-Pierre.
1885. Arrêt de l'immigration des travailleurs indiens sous contrat à la Réunion.

Un DOM et une République

1936. Fondation du Parti travailliste mauricien (PT), d'obédience hindoue.
1946. Le 19 mars, la Réunion devient un département d'outre-mer (DOM) français.
1947. La Constitution Mackenzie-Kennedy octroie le droit de vote à tous les Mauriciens sachant lire et écrire.
1958. Nouvelle Constitution et instauration du suffrage universel à Maurice.
1968. Le 12 mars, indépendance de Maurice, au sein du Commonwealth. L'île Rodrigues lui est rattachée. Seewoosagur Ramgoolam, chef du PT, devient Premier ministre.
1982. À Maurice, après quatorze années de pouvoir, Seewoosagur Ramgoolam et le PT sont battus aux élections par une coalition de gauche réunissant le Parti socialiste mauricien (PSM) et le Mouvement militant mauricien (MMM), dont le chef, Anerood Jugnauth, devient Premier ministre.
1991. À la Réunion, émeutes de la communauté créole dans le quartier du Chaudron, à Saint-Denis.
1992. Le 12 mars, instauration de la république à Maurice.
1995. À Maurice, élection du chef du PT, Navinchandram Ramgoolam, allié au MMM, au poste de Premier ministre.
2000. À Chagos, la cour suprême de Londres déclare illégale l'expulsion, dans les années 1965-1971, des îlois par les Britanniques.

À Maurice, victoire aux législatives de l'alliance du MSM d'Anerood Jugnauth et du MMM de Paul Bérenger.
2002. Karl Offman est élu Président de la République de Maurice. L'autonomie régionale est accordée à l'île de Rodrigues.
2003. Du 3 au 11 août, tenue à Maurice des VIes Jeux des îles de l'océan Indien. Paul Bérenger devient le premier Premier ministre non Indien mais Franco-Mauricien.
2005. Navinchandram Ramgoolam reprend les rênes au poste de Premier ministre.
2007. En mai, la cour de Londres rejette l'appel du gouvernement britannique et autorisent les Chagossiens à retourner dans leur île, après 40 ans d'exil.

À gauche, l'abolition de l'esclavage à la Réunion, en 1848 ; à droite, une coalition PT-MMM remporte les élections législatives de 1995 à Maurice.

Ecrit par Hacq.

SOUS LE SIGNE DE L'IMMIGRATION

C'est une série d'éruptions volcaniques qui firent jaillir les Mascareignes de l'océan Indien. Les plus anciennes formèrent Maurice, voilà huit millions d'années, tandis que les plus récentes donnèrent naissance à la Réunion, il y a trois millions d'années, et à Rodrigues, un million d'années plus tard.

Et c'est sans doute un autre phénomène naturel, les cyclones tropicaux, qui amena sur leurs rivages déserts des bateaux de commerce arabes, puis portugais, en les déviant de leur route. Dans le sillage de ces « découvreurs », une succession de peuples divers – Hollandais, Français, Britanniques, Africains, Indiens et Chinois – allaient écrire l'histoire de ces îles et contribuer, chacun à leur manière, à forger leur identité.

Arabes et Portugais

Les Mascareignes apparaissent pour la première fois sur des documents de navigation arabes du xe siècle. Cet océan appelé Indien resta longtemps, en effet, le domaine réservé des commerçants de la péninsule Arabique, dont les boutres allaient et venaient, au gré des vents alternés des moussons, des côtes asiatiques de la mer Rouge et du golfe Persique jusqu'aux lointains rivages de l'Inde et de la Chine.

Les Européens allaient leur succéder. En 1498, Vasco de Gama ouvrit la route des Indes en doublant le cap de Bonne-Espérance. Mais le Portugais n'aurait sans doute pu accomplir cet exploit sans le concours d'un éminent navigateur arabe, Ahmed ben Majid, originaire de Ras al-Khaïmah (l'un des actuels Émirats arabes unis), dont il avait retrouvé les cartes anciennes. Trois îles ancrées à l'est de Madagascar figuraient sur ces précieux documents : Dina Moraze, Dina Margabim et Dina Arobi (îles « orientale », « occidentale » et « déserte »). Ces mêmes cartes permirent à l'explorateur portugais Pedro Mascarenhas de les découvrir à son tour, vers 1513. Il donna son nom à l'archipel des Mascareignes, nommant Maurice Ilha do Cirne (« île du Cygne »), et la Réunion, Santa Apollonia.

Les trois îles étaient désertes quand les Portugais y débarquèrent. Plus attirés par l'Orient, ils n'y installèrent aucun poste fixe. Quelques pirates commencèrent néanmoins à y mouiller, pour se cacher ou y enfouir les trésors qu'ils avaient dérobés aux navires empruntant la route des Indes. Seule Rodrigues – du nom du navigateur Diego Rodrigues, qui jeta l'ancre dans son lagon en 1528 – allait conserver son toponyme lusitanien.

À gauche, carte de l'île de France (Maurice) imprimée en 1836, année où le naturaliste et théoricien de l'évolution des espèces Charles Darwin y fit escale ; à droite, gravure illustrant l'une des scènes de « Paul et Virginie », roman inspiré à Bernardin de Saint-Pierre par le naufrage du Saint-Géran, en 1744, sur les récifs de l'île Maurice.

L'épisode hollandais

Maurice n'était donc fréquentée que par des aventuriers de passage quand débarqua une escadre commandée par l'amiral hollandais Wijbrand van Warwijck, le 17 septembre 1598. L'Ilha do Cirne changea de nom pour devenir Mauritius, en hommage au stathouder de Hollande et de Zélande, Maurice de Nassau.

Située entre la pointe méridionale de l'Afrique du Sud, où les Hollandais étaient solidement implantés, et les premiers comptoirs bataves d'Inde et d'Indonésie, Maurice revêtait une importance stratégique pour la république des Provinces-Unies, alors en plein conflit naval avec les puissances coloniales espagnole et portugaise. Elle possédait de belles forêts d'ébéniers et deux ports naturels (les baies de Mahébourg et de Port Louis), mais les Hollandais se contentèrent longtemps, à l'instar des Portugais, d'en faire une escale où s'approvisionner et radouber leurs bateaux.

Toutefois, en 1638, Cornelius Simonsz Gooyer, un envoyé de la Compagnie hollandaise des Indes orientales (VOC), fonda le premier établissement permanent à Maurice : vingt-cinq colons entreprirent d'en abattre les ébéniers, d'y élever du bétail et d'y planter du tabac. Quelques années plus tard, une centaine d'esclaves malgaches, de forçats en provenance de Batavia et de proscrits des Pays-Bas devaient les rejoindre.

Mais, en 1658, les sécheresses, les cyclones, les attaques de pirates, de déserteurs et d'esclaves « marrons » (fuyards réfugiés à l'intérieur de l'île), d'incessants conflits entre des colons livrés à eux-mêmes ainsi que la raréfaction des ébéniers finirent par avoir raison de cette première tentative de colonisation. Les Hollandais reprirent pied dans l'île en 1664, pour l'abandonner définitivement en 1710. Entre-temps, treize gouverneurs s'étaient succédé, dont Hugo, un pirate repenti, et Pieter Both, qui périt dans un naufrage en 1615 (une montagne évoquant une forme humaine, à l'est de Port Louis, porte encore son nom).

UNE ÎLE DÉVASTÉE

De nombreux voyageurs du début du XVIIe siècle avaient souligné la beauté de Maurice : forêts profondes, cascades bondissantes, cours d'eau regorgeant d'écrevisses et d'anguilles, abondance de tortues et d'oiseaux... En 1613, l'Anglais Samuel Castleton fut ainsi l'un des premiers à brosser le portrait d'une île si séduisante à ses yeux qu'il la surnomma (hommage suprême !) « England's Forest ».

Sur les dessins et gravures légués par ces visiteurs figure un oiseau jusque-là inconnu, incapable de voler, gauche et plus gros (25 kg) qu'une dinde : le dodo de Maurice (*voir p. 67*). En 1628, l'écrivain-voyageur anglais Emmanuel Altham envoya l'une de ces « étranges volailles » en Europe, mais en 1688 le dernier spécimen succombait à un ultime coup de gourdin hollandais.

Ce ne fut pas la seule victime : si la population hollandaise ne dépassa jamais une centaine de personnes, la nature insulaire avait considérablement changé quand elle évacua l'île. Les forêts d'ébéniers étaient pratiquement détruites, et maintes plantes endémiques n'avaient pas résisté à la transformation des écosystèmes. La grande tortue terrestre, auparavant répandue à Maurice, à la Réunion, à Rodrigues et aux Seychelles, ne se rencontrait plus que sur l'atoll d'Aldabra (Seychelles).

Une trentaine d'espèces d'oiseaux, dont le solitaire, cousin réunionnais et rodriguais du dodo, avaient pareillement disparu sous la pression de prédateurs importés (chiens, chats, rats, etc.) et de la chasse. Les Hollandais détruisirent en outre toutes leurs installations pour empêcher quiconque de les réutiliser. Les vestiges du fort hollandais de Grand Port, mis au jour en 1997, sont aujourd'hui l'unique témoignage de leur passage.

L'IMPLANTATION FRANÇAISE

Dans l'intervalle, l'île de la Réunion était tombée dans le giron français : Salomon Goubert en avait pris possession en 1649 après deux tentatives infructueuses, en 1638 et en 1642. Concédée à la Compagnie de l'Orient par Richelieu, elle fut rebaptisée île Bourbon en l'honneur de la dynastie régnante.

Elle accueillit en 1646 douze mutins exilés de Fort-Dauphin, établissement français de la côte sud-est de Madagascar. Puis la Compagnie française des Indes orientales, fondée par Colbert en 1664 pour succéder à la Compagnie de l'Orient, décida d'y envoyer trois femmes et une vingtaine d'hommes placés sous le commandement d'Étienne Regnault. Leur mission consistait à développer l'élevage et l'agriculture pour ravitailler les bateaux qui faisaient voile vers les Indes. En 1674, ils furent rejoints par les soixante-cinq rescapés des massacres de Fort-Dauphin, et la population atteignit bientôt une centaine de personnes.

Les guerres menées par Louis XIV contre les Hollandais (1672-1679), puis contre les Anglais (à partir de 1674) firent perdre à la marine française la possibilité de mouiller au Cap. Bourbon devint alors l'unique escale française sur la route des Indes. Les Mascareignes acquirent ainsi une importance capitale pour la Compagnie, qui accéléra son implantation à Bourbon tout en convoitant sa voisine. Le 20 septembre 1715, Guillaume Dufresne d'Arsel, capitaine du *Chasseur*, s'empara de Maurice. Il lui donna aussitôt le nom d'île de France.

Il fallut pourtant attendre 1721 pour que la Compagnie se décidât à y envoyer les premiers colons en provenance de Bourbon. Ils furent rejoints l'année suivante par un gouverneur et quelques centaines de soldats, puis par une poignée d'aventuriers venus de France et une trentaine de Malgaches.

Ces pionniers menaient une vie rude. À une nature hostile s'ajoutaient les cyclones, les maladies, les difficultés d'approvisionnement (il fallait six mois de navigation pour atteindre la métropole), sans oublier les rats, qui dévoraient les récoltes et qui étaient si nombreux qu'un voyageur surnomma l'île de France « royaume des rats ». Mais ces obstacles ne découragèrent pas un petit groupe de protestants français menés par François Leguat : stimulés par les récits enthousiastes des voyageurs, mis en danger par la révocation de l'édit de Nantes (1685), ils décidèrent en 1691 d'aller tenter leur chance à Bourbon, mais ils furent débarqués à Rodrigues... Ils y passèrent trois ans avant de gagner Maurice, achevant ainsi, symboliquement, la colonisation française des Mascareignes. Leguat tira un livre de cette aventure, *Les Naufragés de Dieu*, qui montre combien la vie était difficile pour des hommes privés de femmes dans ces îles coupées de tout et soumises aux aléas climatiques.

À gauche, l'établissement hollandais de Port-Sud-Est (Vieux Grand Port), à la fin du XVIIe siècle; à droite, Maurice de Nassau, fils de Guillaume Ier d'Orange et dirigeant des Pays-Bas.

LE CAFÉ, PREMIÈRE CLEF DU SUCCÈS

Guillaume Dufresne d'Arsel ne se contenta pas de conquérir Maurice. Ce natif de Saint-Malo était aussi, comme nombre de ses concitoyens, un employé de la Compagnie française des Indes orientales, et c'est à ce titre qu'il importa dans les îles de France et de Bourbon les premiers plans de caféiers, originaires du Yémen. Le nouveau breuvage rencontrant un vif succès en Europe, l'entreprise connut un essor rapide: la véritable colonisation des Mascareignes était lancée.

Les plantations couvrirent rapidement les basses terres du littoral, au détriment des forêts. De 1719 à 1735, 1 500 esclaves supplémentaires arrivèrent chaque année à Maurice pour assurer leur exploitation. L'esclavagisme s'institutionnalisa en 1723, avec la rédaction du Code noir. D'anciens pirates, attirés par la

nouvelle richesse de l'île, décidèrent de se reconvertir dans l'agriculture et le commerce. Les exportations de café atteignirent rapidement les 100 000 livres par an. C'est alors qu'entra en scène celui qui allait faire de l'île de France « l'étoile et la clé de la mer des Indes », comme devait le proclamer plus tard la devise de Maurice.

MAHÉ DE LA BOURDONNAIS

Malouin comme d'Arsel, marin chevronné, capitaine de vaisseau pour la Compagnie des Indes puis pour son propre compte, Bertrand Mahé de La Bourdonnais (1699-1753) avait déjà une belle carrière derrière lui lorsqu'il se vit nommer par décret royal gouverneur général des Mascareignes, à l'âge de trente-six ans. Cette nomination alla de pair avec le transfert du gouvernement des Mascareignes de l'île Bourbon à l'île de France, décision qui allait s'avérer lourde de conséquences pour la première: tout au long du XVIIIe siècle, elle fut reléguée au rang de pourvoyeuse de vivres de l'île sœur.

La Bourdonnais et sa famille s'installèrent le 4 juin 1735 dans l'île de France. Le gouverneur décida d'abord de faire de Port-Nord-Ouest (la future capitale de la république de Maurice, Port Louis), sur la côte ouest, le siège administratif de la colonie.

Mahé de La Bourdonnais consacra douze années de sa vie (1735-1746) à la transformation des Mascareignes: port, chantiers navals, voies de communication, villes, aqueduc, hôpital, première sucrerie (on peut en voir les vestiges dans l'actuel jardin botanique de Pamplemousses), il sut se montrer un bâtisseur efficace. Son œuvre d'administrateur est plus contestable, puisqu'il intensifia la traite des Noirs en provenance de Madagascar et de la côte du Mozambique. Pour nourrir les esclaves, il importa du Brésil le manioc, un arbrisseau qu'épargnaient les rats et les sauterelles et qu'il acclimata dans son domaine de Mon Plaisir, près du jardin de Pamplemousses. Il fit venir de France et d'Inde des matelots, des charpentiers, des terrassiers et d'autres ouvriers spécialisés. En envoyant, en 1742, Lazare Picault en mission d'exploration, il fut également l'artisan du déploiement français dans l'océan Indien. Picault découvrit en effet les Seychelles, dont il baptisa plus tard l'île principale île Mahé pour lui rendre hommage.

Après avoir quitté l'île de France, La Bourdonnais se distingua en Inde dans le conflit opposant la France à l'Angleterre en obtenant la reddition de Madras en 1746. Mais, ayant accepté de restituer la ville aux Anglais contre une rançon, il fut accusé de trahison par Dupleix et embastillé en 1748. Libéré et blanchi trois ans plus tard, il mourut en 1753. Si la France l'a oublié, ce n'est le cas ni de Saint-Malo ni de Maurice: sa statue inaugurée en 1859 fait face à la rade de Port Louis, et la ville de Mahébourg porte encore son nom.

En 1764, au sortir de la guerre de Sept Ans, l'État français qui avait perdu l'essentiel de ses possessions indiennes, racheta les Mascareignes à la Compagnie des Indes alors en difficulté. Il les administra directement à partir de 1767. Quelques années plus tard, la guerre d'Indépendance américaine (1775-1782) renforça encore l'importance stratégique de l'archipel : l'île de France et Bourbon devinrent des bases d'opérations pour des corsaires comme Robert Surcouf et pour les marins d'un royaume de France allié aux jeunes États-Unis contre les Britanniques.

Misère et fêtes frivoles

« Nid de pirates » pour l'Anglais, l'île de France s'enrichit alors au rythme des nombreuses prises opérées par les corsaires (plus de cent navires de 1793 à 1802), et Port Louis devint fameux dans tout l'océan Indien pour l'extravagance de sa société et la légèreté de ses mœurs. Cette réputation sulfureuse attira une foule d'aventuriers.

Nommé intendant des îles de France et de Bourbon en 1767, Pierre Poivre y acclimata diverses plantes à épices dérobées aux Indes néerlandaises, comme le muscadier, le giroflier et le poivrier. Des encouragements fiscaux favorisèrent l'essor et la diversification agricoles : au café s'ajoutèrent le riz, le coton, le blé, et surtout la canne à sucre, qui allait bientôt devenir la principale ressource insulaire. Cette politique eut aussi pour conséquence d'accélérer la destruction du manteau forestier.

Parmi les célébrités de l'époque qui visitèrent Maurice, citons l'explorateur La Pérouse, l'abbé de La Caille, qui se livra à des observations astronomiques, et Bernardin de Saint-Pierre, qui y séjourna de 1768 à 1770. Ce dernier en rapporta des notes qui lui servirent à rédiger *Paul et Virginie* – roman qui fit pleurer l'Europe en exploitant le naufrage du *Saint-Géran*, survenu en 1744 – et *Voyage à l'isle de France*. Cette œuvre, qui stigmatise la corruption et l'iniquité de la société coloniale, comprend des « réflexions sur l'esclavage » qui débutent ainsi : « Je ne sais pas si le café et le sucre sont nécessaires au bonheur de l'Europe, mais je sais bien que ces deux végétaux ont fait le malheur de deux parties du monde. On a dépeuplé l'Amérique afin d'avoir une terre pour les planter ; on dépeuple l'Afrique afin d'avoir une nation pour les cultiver. »

Bernardin de Saint-Pierre relève aussi les entorses faites au Code noir, qui réglemente le traitement réservé aux esclaves : « Cette loi favorable ordonne qu'à chaque punition, ils ne recevront pas plus de trente coups, qu'ils ne travailleront point le dimanche, qu'on leur donnera de la viande toutes les semaines, des chemises tous les ans ; mais on ne suit point la loi. »

À gauche, la dure condition des esclaves noirs au XVIIIe siècle, contre laquelle Bernardin de Saint-Pierre s'éleva dans son « Voyage à l'isle de France » ; ci-dessus, Mahé de la Bourdonnais, gouverneur des Mascareignes de 1735 à 1746, entouré des siens.

Révolution, révolte et marronnage

Un recensement effectué en 1767 indique que l'île de France abritait alors 18 773 personnes, dont 3163 Européens et 587 « Noirs libres » (des Indiens pour l'essentiel) : tous les autres étaient des esclaves.

Ce petit monde fut frappé de stupeur lorsque, par un matin de janvier 1790, un navire porteur d'une grande nouvelle accosta à Port Louis : la Révolution française venait de débarquer, avec ses idéaux d'égalité, de liberté et de fraternité. L'interdiction portant sur les mariages interraciaux fut pour un temps levée. Les idées abolitionnistes com-

mencèrent à circuler. En 1793, l'île Bourbon se transforma en île de la Réunion (en référence à la réunion des Marseillais et des gardes nationaux, le 10 août 1792) et gagna, comme l'île de France, un surcroît d'autonomie qui distendit les liens entre les deux îles sœurs.

L'enthousiasme suscité par les principes révolutionnaires retomba en 1796, quand deux agents du Directoire effectuèrent une tournée aux Mascareignes afin de faire appliquer le décret de 1794 abolissant l'esclavage. La réaction des colons fut sans appel : à l'île de France comme à la Réunion, les envoyés furent reconduits à leur navire *manu militari*.

L'avènement de Napoléon Ier entraîna la nomination, en 1803, du général Charles Decaen au poste de gouverneur – avec les pleins pouvoirs – des Mascareignes et le rétablissement officiel de l'esclavage. Mais on ne se débarrasse pas des idées aussi facilement que des hommes, et l'esprit de révolte commença à souffler parmi les esclaves. Le marronnage s'amplifia, et de violents soulèvements d'esclaves et de Noirs marrons marquèrent les années 1810 à 1815 (comme en 1811 à Saint-Leu, dans l'île de la Réunion).

C'est sous l'administration Decaen que le Code Napoléon fut adopté à Maurice (où il demeure en vigueur) et que Mahébourg fut fondé, sous le nom de Port-Impérial. La valse des toponymes avait, en effet, repris : île Bonaparte pour la Réunion, Port-Napoléon pour Port Louis.

L'invasion britannique

En un siècle, la culture du café, des épices et de la canne à sucre avait provoqué une spectaculaire métamorphose démographique et économique des Mascareignes françaises. Mais le tourbillon des guerres napoléoniennes et l'invasion britannique de 1810 allaient changer la donne.

La conquête britannique fut relativement rapide. En juillet 1810, une armada venue du Cap et de Bombay enleva l'île Bonaparte en quatre jours. En revanche, le mois suivant, la Royal Navy subit une cuisante défaite devant Grand Port, sur la côte orientale de Maurice (c'est là l'unique victoire navale française, dans l'océan Indien, des guerres napoléoniennes, et elle est inscrite sur l'Arc de Triomphe à Paris). Les Britanniques, échaudés, revinrent en novembre avec soixante-dix vaisseaux et 10 000 hommes commandés par le général Abercrombie. C'en était trop pour Decaen, qui signa une honorable capitulation le 3 décembre 1810. Les deux îles recouvrèrent leurs noms de Bourbon et de Maurice. En 1814, le traité de Paris restitua la première à la France, ce qui fit dire à Louis XVIII : « Vous nous avez rendu le volcan et vous conservez le port. »

La domination anglaise préserva une bonne part de l'héritage culturel français à Maurice. Le premier gouverneur britannique, Robert Farquhar, entré en fonction en 1810, maintint l'administration civile et judiciaire en place, et ne chercha nullement à réformer les lois, les coutumes et les pratiques religieuses. Surtout, la population put continuer à parler le français, même après que l'anglais eut été érigé en langue officielle, en 1827.

L'abolition de l'esclavage

Tout allait s'accélérer, pour les Noirs de Maurice, après la conquête britannique. Le mouvement abolitionniste était alors puissant à Londres. En 1832, le juge John Jeremie arriva dans l'île en qualité de procureur général pour faire abolir l'esclavage sans accorder d'indemnités aux planteurs. La grève générale qui s'ensuivit le contraignit à rembarquer, comme ses prédécesseurs français. Finalement, les colons acceptèrent d'émanciper leur main-d'œuvre servile contre un confortable dédommagement (2 millions de livres), et l'esclavage prit fin en 1835.

Cette émancipation intervenait alors que Maurice était en pleine conversion à la monoculture sucrière et que la Réunion mettait aussi l'accent sur cette production, les catastrophes naturelles de 1807 ayant détruit caféiers et girofliers. Il fallait des milliers de bras pour défricher, planter et récolter la canne. Les esclaves affranchis préférant vivre chichement que de trimer pour des salaires de misère, les planteurs se tournèrent vers l'Asie pour les remplacer.

D'une iniquité l'autre

Maurice lança le mouvement en 1835. L'idée était d'embaucher sous contrat des travailleurs

en Inde, avant de les amener par bateau, pratique qui fut systématisée deux décennies plus tard. Ainsi que l'explique V. S. Naipaul, prix Nobel de littérature d'origine indienne, « ces émigrants avaient été recrutés, à compter des années 1860, principalement dans l'est de la plaine indo-gangétique, puis réunis dans des dépôts à Calcutta, d'où ils partaient remplir des contrats de cinq ans dans les plantations de diverses parties de l'Empire britannique » (*L'Inde, un million de révoltes*).

Près de 500 000 Indiens furent ainsi amenés à Maurice dans la seconde moitié du XIXe siècle (aucune autre possession britannique n'en accueillit autant). Ils y formèrent bientôt le groupe ethnique le plus nombreux.

À Bourbon comme dans les autres possessions françaises, la libération fut un peu plus tardive, puisque le décret d'émancipation fut signé à Paris le 27 avril 1848, après la révolution de février et l'avènement de la IIe République. Le 20 décembre 1848, le commissaire de la République Sarda Garriga débarquait dans l'île (redevenue la Réunion en septembre) pour faire appliquer la loi, et plus de 60 000 esclaves devinrent ainsi les égaux en droit de 35 000 hommes libres.

À gauche, Robert Surcouf, le « roi des corsaires », s'emparant du navire de guerre britannique le «Kent», en 1800, dans le golfe du Bengale; ci-dessus, travailleurs indiens sous contrat.

Grâce à eux, l'île devint la première colonie sucrière de la Grande-Bretagne victorienne.

La Réunion suivit le mouvement en recrutant des travailleurs sous contrat dans le sud de l'Inde (les « Malabars »). Des Chinois et des Indiens de confession musulmane (les « Z'arabes ») commencèrent à affluer spontanément à la fin du XIXe siècle, se rendant bientôt maîtres du commerce insulaire. Parallèlement, les deux îles continuèrent à importer de la main-d'œuvre malgache, comorienne et mozambicaine. Dans les années 1850, des Africains arrachés aux derniers navires négriers par la marine britannique furent débarqués à Maurice et aux Seychelles. Seule

Rodrigues resta à l'écart de ces grands flux migratoires.

Le système du travail sous contrat était presque aussi inique que l'esclavage qu'il avait remplacé : mal payés et astreints à d'interminables journées de labeur, les Indiens n'avaient guère plus de droits que les esclaves noirs de jadis. Toutefois, des commissions d'enquête se penchèrent sur la question, en 1872 à Maurice et en 1877 à la Réunion, et les conditions de vie s'améliorèrent peu à peu.

L'immigration des travailleurs sous contrat cessa en 1885 à la Réunion et en 1909 à Maurice. Mais alors seuls 2 % de la population mauricienne avaient le droit de vote et pouvaient participer à l'élection du Conseil législatif instauré en 1885. Cette même année 1909, une commission royale formula des propositions de réformes politiques et sociales à Maurice, tandis qu'un avocat indien d'Afrique du Sud, Mohandas Gandhi (le futur Mahatma Gandhi, 1869-1948) visitait l'île. L'un de ses confrères s'y installa pour syndiquer les travailleurs des plantations.

Le déclin économique

La timide évolution sociale des dernières décennies du XIXe siècle se déroula sur fond de désastres de tous ordres. La concurrence de la betterave à sucre et l'effondrement des cours du sucre qui en résulta mirent à mal l'économie locale. De nombreux planteurs firent faillite, tandis que les cultures de diversification comme le vétiver, l'ylang-ylang, la vanille, le géranium, le thé, le tabac, le cacao et le manioc se révélaient moins lucratives que prévu. En 1869, la mise en service du canal de Suez détourna des Mascareignes une part considérable des flux commerciaux maritimes.

Une série de catastrophes s'ajoutèrent à ces difficultés : cyclones (1 260 morts à Maurice en 1892), éruptions volcaniques, incendies, émeutes à la Réunion (six mois d'état de siège à Saint-Denis en 1868), puis épidémies (variole, choléra, typhus et même peste). La paupérisation générale de la région qui s'ensuivit aviva encore les tensions sociales entre la riche minorité blanche et la foule misérable des Indiens et des Noirs.

L'indifférence de la métropole vis-à-vis de la Réunion grandit après la conquête de Madagascar, en 1895, et son annexion, en 1896. Les petits planteurs réunionnais commencèrent à quitter leur île, au bord de la faillite, pour aller cultiver le café et la vanille sur la grande île voisine.

Après la Première Guerre mondiale, à laquelle prirent part des contingents de Réunionnais, de Mauriciens et de Rodriguais, la remontée des cours du sucre ramena une relative prospérité aux Mascareignes. Cependant, des soulèvements et des grèves continuaient à secouer sporadiquement ces sociétés insulaires profondément inégalitaires. La Seconde Guerre mondiale mit un nouveau coup d'arrêt au développement : Maurice redevint une base navale britannique et le régime de Vichy valut à la Réunion de subir un dur blocus. Ce dernier prit fin en novembre 1942, quand un bâtiment des Forces françaises libres, le *Léopard*, vint libérer l'île.

La Réunion, une île assistée

Les chemins, déjà divergents, des deux îles s'écartèrent un peu plus au lendemain de la guerre. Le 19 mars 1946, l'État français décida de transformer la Réunion en un département d'outre-mer pour tenter de sortir la petite colonie de son sous-développement. Cette intégration au territoire national se traduisit par des plans de développement et de modernisation : éradication du paludisme, construction d'infrastructures et de logements sociaux, mise en place de programmes éducatifs. En 1986, les lois sur la défiscalisation des investissements dans les DOM-TOM donnèrent un coup de fouet à la croissance locale, mais sans faire taire les revendications égalitaires, bientôt mêlées d'affirmations identitaires – même si l'activisme indépendantiste ne dépasse pas les limites du discours.

En 1991, des émeutes éclatèrent quand l'émetteur de Télé-Free-Dom, une chaîne locale pirate, fut confisqué à la demande du Conseil supérieur de l'audiovisuel. Le quartier du Chaudron connut une série de mouvements de grève et de protestation (pillages de supermarchés, incendies, etc.) qui firent une dizaine de morts. Ces événements témoignent de la persistance de profondes inégalités dans cette colonie devenue département, où le PIB par habitant n'atteint pas la moitié de la moyenne de l'Union européenne, où le taux de chômage est le plus élevé de France (plus de 40 %) et la proportion d'allocataires du RMI cinq fois plus forte qu'en métropole.

Instituée Région en 1983, la Réunion bénéficie des mesures du traité d'Amsterdam destinées à aider les « régions ultra-périphériques » (les quatre départements français d'outre-mer, les Açores, Madère et les Canaries) et à favoriser la coopération entre ces « avant-postes de l'Union sur d'autres continents » et les États voisins. Le montant des fonds structurels européens par habitant atteint son maximum dans les DOM, et une enveloppe de plus de 1,5 milliard d'euros a été allouée à l'île pour la période 2000-2006. La Réunion est donc une île sous perfusion, dont le tourisme constitue désormais l'activité économique la plus dynamique.

À gauche, immigrantes chinoises, vers 1910 ; ci-dessus, célébration de la fête nationale mauricienne, le 12 mars (jour anniversaire de l'indépendance), à Port Louis, la capitale.

La renaissance mauricienne

À l'orée des années 1960, nombre d'observateurs prédisaient un avenir catastrophique à l'île Maurice : le sucre représentait 99 % de ses exportations, et l'on prévoyait que sa population allait passer de 600 000 personnes à 3 millions en l'an 2000. Aujourd'hui, la république de Maurice reste, certes, l'un des pays les plus densément peuplés du monde, avec 1,2 million d'habitants pour 2 000 km², mais elle est aussi devenue un cas d'école en matière de réussite économique.

L'indépendance fut acquise le 12 mars 1968, à l'issue d'un processus pacifique étalé sur une vingtaine d'années. Un régime démocratique stable s'instaura aussitôt. Il permit aux hindous, les plus nombreux, de prendre une revanche sur l'histoire : unis au sein du Parti travailliste (auquel appartenait sir Seewoosagur Ramgoolam, « père de l'indépendance » et Premier ministre de 1968 à 1982), ce sont eux qui pèsent

désormais le plus lourd dans la vie politique de l'île, devant les Créoles et les Franco-Mauriciens, rassemblés au sein du Parti mauricien social-démocrate, et les musulmans, regroupés dans le Comité d'action musulman.

Après l'indépendance, l'État adopta une série de mesures fiscales favorables aux investissements étrangers, qui permirent de diversifier progressivement l'activité économique. Elle repose aujourd'hui sur le textile, le tourisme (785 000 visiteurs en 2006, une progression de 15 % par rapport à 2002), les services financiers et le sucre. Les zones franches créées en 1971 contribuent à nourrir la croissance.

Aujourd'hui membre d'une vingtaine d'organismes internationaux, Maurice fait également partie de plusieurs groupements économiques régionaux (Marché commun d'Afrique orientale et australe, Communauté de développement d'Afrique australe, Association régionale de coopération des riverains de l'océan Indien), qui lui permettent de jouer un rôle important dans la diplomatie et le commerce mondiaux.

Une démocratie équilibrée

Le poids prépondérant des hindous dans la vie politique ne s'est jamais traduit par la marginalisation des autres groupes. Les quatre partis principaux – Parti travailliste, Mouvement socialiste militant (MSM), Parti mauricien social-démocrate (PMSD) et Mouvement militant mauricien (MMM) du Franco-Mauricien Paul Bérenger – permettent aux diverses communautés de participer au pouvoir par le jeu des coalitions.

Une alliance MSM-MMM remporta les élections de 1991 et proclama la république le 12 mars 1992. En 1995, c'est une alliance du MMM et du Parti travailliste mené par le fils de Ramgoolam (Navin) qui prit le pouvoir, avant qu'une nouvelle coalition MSM-MMM ne remporte les législatives de 2000.

Des nuages s'amoncellent pourtant depuis quelques années. Le 21 février 1999, le chanteur créole Kaya était retrouvé mort dans sa cellule, et les émeutes des cinq jours qui suivirent écornèrent l'image d'harmonie pluriethnique de l'île. Elles exprimaient le malaise d'une population créole qui se sent laissée pour compte par la majorité indienne et les riches minorités franco-mauricienne et chinoise.

Sur le plan économique, la concurrence des pays à bas salaire menace le textile, la filière sucrière est en crise, et les chefs d'entreprise investissent de plus en plus dans l'agriculture et le textile à Madagascar et en Afrique orientale. Gouvernements et responsables économiques tentent de répondre à ces incertitudes par un surcroît de libéralisme et par le développement de l'éducation, du tourisme et des technologies de la communication. Preuve de la robustesse de la démocratie mauricienne, une presse au ton très vif rend compte de tout cela, dans des titres le plus souvent francophones : au XXIe siècle, les Mascareignes n'ont toujours pas oublié leur héritage français.

Cassam Uteem, le premier président de la république de Maurice, élu pour son premier mandat en 1992. Il ne sera remplacé qu'en 2002 par Karl Auguste Offmann.

VIE ET MORT DU DODO

Animal emblématique de l'île Maurice, le dronte, ou dodo (du néerlandais *dodoors*, « paresseux »), était un gros oiseau au bec allongé et crochu et aux ailes atrophiées, de la stature d'un dindon. Cette espèce apparentée au pigeon s'est éteinte à la fin du XVIIe siècle, devenant le triste symbole des destructions opérées par l'homme sur la planète.

On découvrit le dodo en Europe quand des marins hollandais rapportèrent de Maurice des spécimens vivants, racontant que cette étrange créature ne craignait pas l'homme, que sa maladresse et son poids l'empêchaient de courir et de voler, et que sa stupidité lui ôtait toute conscience du danger. En ces temps prédarwiniens, le dodo apparut comme la manifestation d'une erreur divine, puis plus tard, comme un « raté » de l'évolution. Dans son *History of Mauritius*, publiée en 1801 en Grande-Bretagne, Grant le décrit comme une « tortue à plumes », proie toute désignée des chasseurs.

Pendant de nombreuses années, illustrations et descriptions constituèrent l'unique source d'information sur ce gros pigeon : des spécimens rapportés en Europe ne subsistaient qu'une griffe et de menus restes. Certains naturalistes en vinrent à penser que cette créature était le fruit de l'imagination de marins troublée par les vapeurs du rhum. Mais, vers le milieu du XIXe siècle, on déterra le squelette fossilisé d'un dodo à la Mare aux Songes (sur le site actuel de l'aéroport), ce qui permit d'en faire des reconstitutions, bientôt exhibées dans différents musées du monde. Lewis Caroll put en admirer un exemplaire au musée de l'université d'Oxford et l'immortaliser dans son *Alice au pays des merveilles*.

Enfin convaincus que le dodo avait existé, les naturalistes étudièrent plus soigneusement les récits anciens de voyageurs, les traditions locales et le squelette dont ils disposaient. À Rodrigues, ils découvrirent les ossements d'un volatile fossile similaire, mais doté de pattes plus longues, qu'ils baptisèrent solitaire. Ces nouveaux éléments venaient corroborer les dires d'un huguenot français, François Leguat (*voir p. 59*), dont on avait relégué le récit aux oubliettes depuis deux siècles.

Les savants obtinrent aussi la preuve qu'avait vécu à la Réunion un gros oiseau disparu assez semblable au dodo mauricien et au solitaire de Rodrigues, mais apparenté à l'ibis et non au pigeon comme eux.

L'obésité et la maladresse du dodo s'expliquèrent quand on comprit qu'il ne se nourrissait qu'à certaines périodes de l'année et qu'il pouvait se montrer véloce et svelte quand il jeûnait. Une nouvelle représentation du dodo, plus conforme à la réalité, est maintenant exposée dans plusieurs musées. Les Hollandais ont également été absous du crime d'avoir exterminé le dernier dodo. Les hommes sont bien responsables de son extinction, mais indirectement : ce sont les cochons, les rats et les singes qu'ils avaient introduits à Maurice qui dévorèrent les derniers œufs et poussins de drontes.

C'est sur l'île aux Aigrettes, au large de la côte sud-est de Maurice, que se serait éteint le dodo. Depuis 1987, la MWF (Mauritian Wildlife Foundation) travaille à reconstituer les écosystèmes originels de l'île, tandis qu'au Royaume-Uni des savants essayent de recréer le dodo en mettant à profit les progrès de la génétique. Peut-être verrons-nous un jour cet oiseau réapparaître dans ce qui reste de son habitat naturel. Mais pour l'heure, le dodo n'est rien d'autre que l'animal disparu le plus célèbre au monde.

À droite, le dodo, une espèce éteinte depuis la fin du XVIIe siècle.

G149

76

MAURICE

Avec ses plages de sable blanc ourlées de cocotiers, ses hôtels de luxe et son lagon bleu turquoise, l'île Maurice représente pour bon nombre une sorte de paradis, qui accueille les jeunes tourtereaux pour leur lune de miel et tous ceux qui ont fui momentanément le stress de la vie citadine. Son littoral reste le véritable centre d'attraction touristique de l'île. C'est la côte mauricienne, la magie de ses couleurs et le mouvement nonchalant de ses vagues qui bercent les souvenirs de ses visiteurs, qu'ils préfèrent se dorer sur une plage, explorer les fonds marins ou encore pêcher le marlin. Beaucoup d'estivants profitent de la douceur de ses côtes sans jamais s'aventurer à l'intérieur des terres.

Pourtant, si l'île se montre plutôt avare en sites touristiques aménagés (à quelques exceptions près, comme ses jardins botaniques et ses belles maisons de planteurs), ses villages de l'intérieur et son verdoyant plateau central, ancien socle d'un gigantesque volcan dont l'éruption laissa des formations rocheuses spectaculaires, offriront aux visiteurs des atmosphères et des spectacles inoubliables. D'abondantes pluies y alimentent de nombreux cours d'eau qui à leur tour irriguent les champs de cannes à sucre recouvrant la majeure partie des terres arables.

La mosaïque que forment les ethnies – créole, franco-mauricienne, indo-mauricienne, sino-mauricienne – laisse entrevoir une réalité socio-culturelle complexe, même si les brochures touristiques se plaisent à vanter l'intégration harmonieuse de chacun de ces groupes sociaux dans le creuset national. En tout cas, la juxtaposition des cultures a de quoi surprendre. Dès l'aéroport, le visiteur se trouve plongé dans un brouhaha multilingue où le créole mauricien se mêle à l'anglais, au français, au bhodjpuri indien et au mandarin. Les chauffeurs de taxi, qu'ils soient d'origine africaine, chinoise, indienne ou européenne, passent d'une langue à l'autre avec une facilité déconcertante. Il ne s'écoule guère de semaine sans qu'une fête religieuse soit célébrée quelque part : Teemeedee (marches sur le feu) ou Cavadee (pénitence par des aiguilles et des crochets) pour les Tamouls, pèlerinages catholiques, ou encore danses du dragon au Nouvel An chinois. Cette diversité et le caractère accueillant des insulaires contribuent grandement à faire de l'île Maurice un lieu attachant.

Pages précédentes : retour de pêche, au milieu des champs de canne à sucre. À gauche, les beautés de Maurice ne se résument pas à son littoral : à l'intérieur, les pitons rocheux d'origine volcanique alternent avec les plaines verdoyantes.

LES MAURICIENS

Salim habite avec son épouse, Manisha, et son fils, Roy, à Baie du Tombeau, au nord de Port Louis, dans un quartier composé de petits immeubles en béton dont les portes et fenêtres sont grillagées pour décourager les voleurs. La cohabitation de plusieurs générations sous un même toit n'est plus très courante à Maurice, où le modèle de la famille nucléaire s'est répandu au gré de la croissance économique et de l'occidentalisation des mœurs.

Que le couple n'ait qu'un enfant n'est pas plus surprenant. La politique de planning familial et l'évolution du statut de la femme ont permis d'abaisser le taux de croissance démographique à environ 1 %, soit quatre fois moins qu'en 1960. C'était un impératif, puisqu'avec 588 habitants au kilomètre carré Maurice affiche l'une des densités de population les plus élevées du monde.

L'appartement se compose d'une chambre pour le couple et d'une pièce principale où l'on prend les repas et où dort l'enfant. Un rideau sert à masquer le coin cuisine, tandis qu'un réduit situé à l'extérieur abrite les toilettes. Dans la grande pièce, un poste de télévision trône sur un meuble bas en bois verni, près d'un ordinateur posé sur une table et destiné à Roy, âgé de douze ans.

Le gouvernement, qui entend faire de Maurice une « cyber-île », investit massivement dans les nouvelles technologies de l'information et des communications. Telecom Plus, qui réunit France Telecom et Mauritius Telecom, compte 40 000 abonnés à son service internet. Salim en fait partie, de manière à offrir « tout le savoir nécessaire » au petit Roy. Cette soif d'apprendre est sensible dans toute l'île, à travers les pages d'annonces dans la presse pour des cours particuliers, les longs débats autour de la politique scolaire ou la profusion des sites web à vocation pédagogique.

LA CLASSE MOYENNE MAURICIENNE

Cet ordinateur place Salim et les siens un peu au-dessus de la classe moyenne, à laquelle ils appartiennent. Il y a un autre objet sur lequel on invite le visiteur européen à porter le regard : un coffre en bois où brillent des têtes de clous dorés. Ils en sont fiers, car voilà le premier objet purement décoratif qui entre dans leur foyer.

Salim a pu l'offrir à sa femme grâce à une très bonne semaine, 72 heures de travail pour le compte d'une équipe de télévision. C'est beaucoup plus que les 41 heures de travail hebdomadaire effectuées en moyenne par les Mauriciens. Mais Salim n'y trouve rien à redire. Il est chauffeur de taxi, à 1 000 roupies la journée (35 euros). Même après déduction de tous ses frais, dont le remboursement de l'emprunt souscrit auprès de la Mauritius Commercial Bank pour l'achat de sa Toyota Corolla, il gagne plus qu'un instituteur (10 000 roupies par mois, 335 euros), qu'une ouvrière du textile (5 000 roupies) ou que les serveurs du grand hôtel voisin (110 roupies par jour, le prix d'un paquet de cigarettes américaines dans cet établissement). En fait, ses revenus d'environ 20 000 roupies (665 euros par mois, un montant à mettre en rapport avec les 3 000 roupies (100 euros) du loyer mensuel de son deux-pièces, le situent au niveau d'un comptable.

À gauche, jeune femme se rendant à la fête hindoue tamoule de Cavadee, où les dévots se transpercent le corps de clous et d'aiguilles ; à droite, sur la route du marché.

Son épouse, Manisha, exerce les fonctions d'aide-puéricultrice dans une institution privée. Elle valorise ainsi le savoir-faire qu'elle a acquis en Suisse et au Royaume-Uni alors qu'elle était jeune fille au pair. Comme elle, de nombreux jeunes Mauriciens n'hésitent pas à s'expatrier pour apprendre un métier ou se perfectionner, aidés dans leur démarche par des parents ou des amis établis un peu partout dans le monde.

UNE HARMONIE PRÉCAIRE

Mais il suffirait de peu de choses pour compromettre l'aisance toute relative de la famille de Salim. Que son taxi, par exemple, soit endommagé par des émeutiers, comme cela aurait pu lui arriver le 21 février 1999. La veille, l'Afro-Créole Joseph Reginald Topize, dit Kaya, populaire chanteur de seggae (mélange de séga et de reggae) âgé de trente-neuf ans, se produisait dans la localité de Rose Hill, quand il alluma sur scène un joint de marijuana, ce qui lui valut d'être arrêté par la police. Le 21 au matin, on le retrouvait mort dans sa cellule, à la prison centrale de Port Louis. Des émeutes de Créoles embrasèrent aussitôt l'axe principal de l'île, de Rose Hill à Port Louis. Voitures et bâtiments incendiés, magasins pillés par des groupes, armés de gourdins : la « riotte » (de l'anglais *riot*, « révolte ») gronda soixante-douze heures durant, faisant trois morts. L'île Maurice se réveilla stupéfaite.

« Cet épisode inattendu montre à quel point notre société est fragile », déclara le Premier ministre Anerood Jugnauth, au pouvoir depuis l'automne 2000. Il écornait ainsi l'image d'une cohabitation pluriethnique harmonieuse, entretenue pendant près de quarante ans par un pouvoir qu'accaparent, par le jeu des coalitions et de l'alternance des partis, les communautés hindoue, musulmane et franco-mauricienne. Ces affrontements, les plus sévères depuis l'indépendance, révélèrent d'un coup le malaise jusque-là silencieux d'une minorité afro-créole défavorisée, descendant d'esclaves, et qui peine à s'intégrer au « miracle économique » mauricien.

Gare, pourtant, aux conclusions hâtives. Pour de nombreux observateurs, en effet, ces événements traduisaient, plutôt qu'un conflit interethnique, simplement le ras-le-bol de la population face aux bavures répétées de sa police (Kaya était la troisième personne à mourir en prison en peu de temps), sentiment que certains avaient exploité pour tout saccager.

UNE SOCIÉTÉ À PLUSIEURS VITESSES

Quel que soit le motif véritable de ces émeutes, force est de constater que dans la république de Maurice perdure une société à plusieurs vitesses.

Une part importante des terres arables appartient encore aux quelque 12 000 Mauriciens de souche européenne, notamment aux fameuses « quatorze familles franco-mauriciennes » issues de la noblesse française. Les Indo-Mauriciens (68 % de la population), pour la plupart descendants des « travailleurs sous contrat » du XIXe siècle (*voir pp. 63-64*), accaparent quant à eux les postes administratifs, dans les ministères, les entreprises et les principaux services publics.

La minorité sino-mauricienne, qui ne représente que 3 % de la population nationale, prospère, elle, dans le commerce et les affaires. Que ce soit dans l'agriculture, dans le textile ou dans le tourisme, ne restent donc aux 27 % de Mauriciens d'origine africaine que les emplois faiblement qualifiés, une inégalité sociale chronique que les émeutes de 1999 n'ont fait que rappeler.

Logiques communautaires

Le maintien de ces disparités révèle le fonctionnement secret de la société mauricienne. Car si la prééminence des Indiens dans la fonction publique résulte d'une sorte de marchandage antérieur à l'indépendance (à eux le secteur public, aux autres le privé), le cloisonnement de la société mauricienne est aussi le fruit d'une logique communautariste qui perdure en dépit des lois et des campagnes officielles. Pour travailler dans telle entreprise ou telle administration, mieux vaut en effet appartenir au même groupe social que ceux qui la dirigent. *Sak zako bizin protez so montan* (« Chaque singe doit protéger sa montagne »), dit un proverbe créole.

De ce fait, la stratégie scolaire et professionnelle qu'adoptent les jeunes Mauriciens est conditionnée par leur appartenance communautaire. L'école tente pourtant de faire tomber ces cloisons interethniques. C'est elle, et non la famille, qui constitue le véritable creuset du « melting-pot » mauricien : les couples mixtes, en effet, qu'ils soient interreligieux ou interethniques, ne représentent guère plus de 10 % des unions.

À gauche et ci-dessus, à Port Louis comme à Curepipe, les modes de consommation et les pratiques culturelles sont très largement occidentalisés.

Tous deux d'ascendance indienne, Salim et Manisha font partie de cette frange. Salim est musulman, comme ses ancêtres venus du Bihar et comme 17 % de la population. L'arbre généalogique de Manisha remonte à une famille de brahmanes du Maharashtra, le grand État de l'ouest de l'Inde dont Bombay est la capitale. Manisha est donc hindoue, comme la moitié des Mauriciens.

Leur a-t-il été facile de se marier ? La question suscite d'abord chez eux ce demi-sourire qui en Asie exprime la gêne. Puis le mot « non » finit par franchir doucement leurs lèvres. Il leur a fallu, en effet, franchir trois obstacles : parents, voisinage, puis communauté. Depuis, certains musulmans rejettent Salim, certains hindous dédaignent Manisha.

Syncrétisme religieux

Mais leur union était un mariage d'amour, ce qui demeure également rare, même si on le voit de plus en plus souvent dans l'île, sous l'influence conjuguée des médias occidentaux (films américains, chaînes de télévision françaises, etc.) et de la libération des mœurs.

Le bon côté des choses, souligne Manisha

À gauche, offre variée de plantes médicinales au marché central de Port Louis.

en souriant, c'est qu'ils ont fait deux mariages ! Le premier s'est déroulé à la mode hindoue : sari de cérémonie pour elle, turban étoilé d'un diamant de verre et tunique blanche pour lui, suivi de trois jours de festivités gourmandes, avec samoussas (beignets salés), *dholl puri* (crêpes aux légumes) caris et autres daubes. Ce fut ensuite le mariage musulman (*nikah*), une fête au cours de laquelle les deux époux, en costumes occidentaux agrémentés de dorures et de rubans de satin, durent se tenir immobiles pendant de longues heures assis dans de lourds fauteuils dorés, tandis que l'assistance se gobergeait de *biryani* (plat typiquement musulman du nord de l'Inde) et de *chapati* (galettes) arrosés de Coca Light.

Ce syncrétisme s'étend d'ailleurs au-delà du mariage, puisque le couple célèbre aussi bien Noël que les grandes fêtes des calendriers musulman et hindou. Leur famille ne se distingue pas, en cela, de la majorité des Mauriciens, qui sont nombreux à participer aux manifestations culturelles ou religieuses des diverses communautés. C'est ainsi que des gens de confessions diverses se mêlent au grand pèlerinage catholique organisé depuis 1864 les 8 et 9 septembre à Sainte-Croix, dans les faubourgs de Port Louis, en l'honneur du père Laval, figure tutélaire de la communauté noire (*voir p. 110*).

La croyance dans les phénomènes surnaturels transcende elle aussi les religions établies. Les « longanistes », par exemple, version locale des sorciers, exercent une attraction sur l'ensemble de la population. Le 18 novembre 2001, la publication *5-Plus Dimanche* faisait sa une sur le cas d'un longaniste revenu *cotte so bon dié* (« auprès du bon Dieu »). Ce Créole confessait n'avoir aucun pouvoir surnaturel, alors qu'il avait passé vingt ans à emmener ses clients se livrer à des cérémonies occultes aux abords des *kalimaye* (des « sanctuaires » hindous, parfois une simple pierre faisant office d'autel sous un arbre ou dans une grotte), dans les cimetières ou aux croisées des chemins. « Tous les longanistes sont comme moi, ils manipulent leurs clients », concluait le repenti.

Dans le même registre, signalons la psychose du loup-garou qui s'empara de l'île en 1994. Il fallut rien de moins qu'une intervention du président de la République pour tordre le cou à une rumeur qui avait pris des proportions alarmantes.

Pèlerinages et longanistes dans la « cyberîle » : ce mélange de spirituel et de technologies constitue l'un des traits particuliers de Maurice. Il y en a un autre, la langue. Les langues, plutôt : le français qui domine, l'anglais de l'administration, l'idiome de l'ethnie (les Sino-Mauriciens parlent le cantonais et le hakka, les Indo-Mauriciens recourent au bhojpuri, version locale du hindi), et le chantant créole. On les mêle allégrement, même dans les médias et les discours politiques. Et cette autre mixité est peut-être pour beaucoup dans l'agilité avec laquelle les Mauriciens s'adaptent au changement tout en conservant leurs particularismes.

LE SÉGA ET SES VARIATIONS

Nombreux sont les hôtels de l'île Maurice qui proposent à leurs clients « une soirée séga par semaine ». Pour la plupart des touristes, la découverte de cette forme d'expression qui allie musique, chant en créole et danse n'ira pas plus loin que cette reconstitution folklorique édulcorée suivie d'une « initiation » à sa chorégraphie. Le séga est pourtant bien plus que cela pour les habitants des Mascareignes : s'il plonge ses racines dans un douloureux passé, c'est aussi un mouvement musical populaire vivant, ouvert à de nombreuses influences et qui a rencontré le succès bien au-delà des rivages de l'océan Indien.

L'origine du séga remonte au moins au début du XVIIIe siècle. Au terme d'une longue semaine de travail forcé dans les plantations de cannes, les esclaves noirs se réunissaient autour d'un feu en buvant du rhum, et, gagnés par la griserie, se mettaient à chanter et à danser. Ils s'accompagnaient d'un triangle, d'une « maravane », une boîte ou un tube rempli de graines sèches, d'une « ravane », ce tambourin au son grave fait d'une peau de chèvre tendue sur un cercle de bois, et d'autres instruments de fortune.

Les chants qui accompagnent la danse sont souvent émaillés de formules à double sens et de sous-entendus grivois. Ils permettaient jadis aux esclaves d'exprimer avec humour leurs joies et leurs peines quotidiennes et de se venger de leurs maîtres en les tournant en ridicule.

Si ses rythmes lancinants ont d'évidentes racines africaines, le séga s'est aussi inspiré de danses de salon et de genres musicaux européens (quadrille, valse, polka, mazurka) pour donner naissance à une forme d'expression particulière aux Mascareignes et aux Seychelles.

Le *séga typique* est une danse de couple sensuelle, à la charge érotique indéniable, mais jamais obscène. Ce sont les femmes qui ouvrent le bal. Vêtues d'un boléro et d'une jupe longue dont elles tiennent le volant à deux mains pour pouvoir l'agiter, elles balancent des hanches sur le tempo saccadé des percussions, invitant les hommes portant une chemise ample et un pantalon corsaire à les rejoindre. À mesure que les amateurs investissent la piste, la danse se mue en une sorte de parade nuptiale. Les femmes se font provocantes et changent plusieurs fois de cavalier avant d'arrêter leur choix sur un danseur. Les couples se forment et les corps se frôlent en s'inclinant d'avant en arrière sans jamais se toucher, au rythme crescendo des tambours, avant de s'arrêter brutalement.

Longtemps considéré comme dévergondé par de nombreux Mauriciens, le séga sortit lentement de son carcan dans les années 1950 et 1960, quand Alphonse Ravaton, dit Ti-Frère, sacré « roi du séga » en 1964 et mort en 1992 à quatre-vingt-douze ans, remit le « séga typique » à l'honneur. « Le séga de Ti-Frère n'est jamais mièvre, il n'a que faire des ritournelles de vacances. Il est âpre et vrai, sensuel et païen », écrit J.-M. G. Le Clézio dans la notice de présentation de l'album *Hommage à Ti-Frère* (Ocora Radio France, C 560019). À partir des années 1960, et sous l'influence d'autres musiques de bal, l'orchestre s'étoffa et s'électrifia (accordéon, violon, guitare, basse, batterie, synthétiseur, etc.). Après avoir pris une couleur politique dans les années 1970, le séga donna naissance, à la fin des années 1980, au seggae. La paternité de ce mélange entre séga et reggae revient à Joseph Reginald Topize, dit Kaya (mort en 1999, *voir p. 76*). C'est ce guitariste rasta qui, le premier, sut associer les rythmes ternaires du séga à ceux, binaires, du reggae (écouter l'album *Seggae Man*, sous label AB). Ces dernières années sont également nés le séga-jazz, le séga-rock et le seggaemuffin, un cocktail séga-raggamuffin.

À droite, démonstration de séga « folklorique » au domaine des Pailles, près de Port Louis.

FÊTES INDO-MAURICIENNES

Le calendrier des fêtes mauriciennes est bien rempli. Ces manifestations colorées, qui attirent des foules considérables, sont, pour la plupart, des cérémonies religieuses d'origine indienne. **Cavadee** (ou Thai Poosam), que les Tamouls et les hindous célèbrent en janvier ou en février

(en fonction du calendrier lunaire), est l'une des plus spectaculaires. Elle honore Muruga, divinité martiale. Après dix jours de jeûne et d'abstinence, les fidèles vont se purifier dans un cours d'eau avant de porter au temple en procession un *cavadee* – structure en bois fleurie contenant une effigie de Muruga et supportant deux pots à lait en cuivre qui seront offerts à la divinité. Certains font pénitence en marchant sur des braises, d'autres en se transperçant les joues, la langue, le torse ou le dos de broches et de crochets. **Holi**, fête joyeuse et bon enfant, célèbre Krishna et le renouveau de la vie en février ou en mars. On s'amuse à s'asperger d'eau et à se jeter au visage de la poudre colorée, et l'on brûle l'effigie du démon Holika sur un grand feu de joie. En août ou en septembre, les hindous fêtent la naissance de Ganesha, le dieu à tête d'éléphant qui « enlève les obstacles », protégeant étudiants, commerçants et voyageurs. Lors de ce **Ganesha Chaturthi**, on promène des effigies du dieu avant de les immerger dans la mer. Fêtée par une nuit sans lune d'octobre ou novembre, **Divali** célèbre la victoire de Rama (incarnation de Vishnou) sur le démon Ravana. Lanternes, ampoules électriques et bougies illuminent alors les rues, les jardins et les maisons, dont les baies ouvertes diffusent un halo mystique dans l'obscurité. On prie pour obtenir réussite et richesse des dieux tandis que des feux d'artifice et des pétards chassent le mauvais sort.

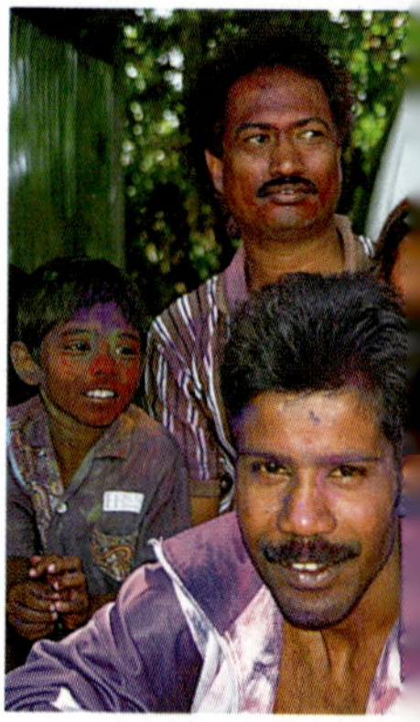

▲ *Maints sanctuaires s'élèvent sur la rive du Grand Bassin, considéré comme une résurgence du Gange.*

▶ *Avant de marcher sur des sabres, rituel de pénitence généralement observé en avril-juin, les Tamouls font bénir ces armes.*

◀ *Le jour de Cavadee, des processions qui partent d'une rivière et aboutissent à un temple traversent les villes mauriciennes.*

▲ *Pour se mortifier, les dévots se transpercent la peau du cou, du torse et du dos de broches et d'hameçons sur lesquels sont fichés des citrons.*

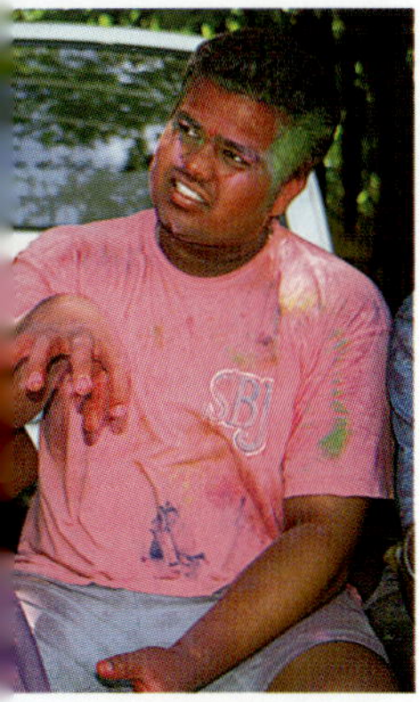

◀ *La poudre rouge dont les Mauriciens s'aspergent lors de Holi symbolise le renouveau de la vie. Mieux vaut ne pas tenir à ses vêtements si l'on prend part à la fête !*

▼ *De petites buvettes installées autour des temples servent des friandises et des rafraîchissements à ceux qui ne jeûnent pas.*

▲ *Lors de la fête tamoule du Teemeedee, entre décembre et février, les pénitents marchent sur des charbons ardents pour implorer la clémence divine.*

LE PÈLERINAGE AU GRAND BASSIN

En 1898 un sage rêva que le dieu Shiva versait de l'eau sacrée du Gange dans le Grand Bassin, lac que les hindous ont rebaptisé depuis Ganga Talao, le « lac du Gange ». Lors de **Maha Shivaratree**, en février-mars, près de 500 000 fidèles viennent y honorer Shiva, « porteur du Gange ». Après une nuit de veille, les pèlerins, vêtus de blanc, descendent vers le lac en portant sur leurs épaules des sanctuaires en bambou (*kanvar*) décorés de fleurs multicolores et de clochettes. Puis ils se baignent dans l'eau du lac (censée laver tous les péchés) et en versent sur le *lingam* de Shiva avant d'en emporter un peu chez eux.

LA CUISINE MAURICIENNE

Pour les habitants des Mascareignes, dont les ancêtres sont venus d'Europe, d'Afrique, d'Inde ou de Chine, la cuisine est affaire d'improvisation, d'imagination et de coup de main. Depuis sa « découverte », au XVIe siècle, Maurice a vu les puissances coloniales se succéder en lui léguant, chacune, une part de leur patrimoine culinaire. Les Portugais débarquèrent dans l'île singes et cochons, les Hollandais y introduisirent le cerf de Java, les Français y acclimatèrent arbres fruitiers et épices. Les esclaves africains apprirent à se nourrir des fruits et des légumes sauvages, et à tirer leurs protéines du poisson, du cochon sauvage ou des chauves-souris. Les Chinois et les Indiens importèrent leurs recettes à base de riz et de curry. Ces diverses traditions se sont mêlées pour donner une cuisine originale, à dominante indienne, à l'image de la population insulaire.

Les bases

À Maurice, le riz est de tous les repas, qu'ils soient pris à la maison ou dans un restaurant chic. Blanc, cantonnais ou pilaf, il trône sur toutes les tables. Il cède parfois la place à des pâtes – du *meefoon* (vermicelle), idéal pour calmer une petite faim, au *mine frit* (nouilles sautées), plus consistant.

Comme on peut s'y attendre sur une île tropicale, poissons et crustacés sont à l'honneur, et ils sont préparés et présentés de manière à satisfaire l'œil autant que les papilles. Grosses crevettes (« camaron »), calamars, cordonnier (poisson-chirurgien à la chair ferme), cateau (poisson-perroquet) et licorne sont cuits à la vapeur, dans une pâte de curry, pochés ou frits. La carangue, le bourgeois et la vieille rouge sont simplement grillés après avoir mariné dans du jus de citron vert (« limon »). Le capitaine, quant à lui, livre toute sa saveur en bouillabaisse ou cuit au four avec quelques épices.

La viande est accommodée de la même façon : bœuf, poulet, cabri et saucisses marinent ou mijotent à l'envi. Ils sont souvent servis avec des achards (condiment à base de fruits ou de légumes macérés dans du vinaigre épicé). Viande de cerf en cari ou en daube, « cochon marron » (sanglier) rôti accompagné de patates douces ou de légumes de saison figurent parfois au menu des repas de fête.

À gauche, étalage de poissons frais au marché de Port Louis ; à droite, préparation de la pâte à beignets avant le déjeuner.

Au restaurant

Les visiteurs de Maurice disposent d'une large palette de restaurants, de bars, de cafés, et même de fast-foods. Les restaurants ferment en général vers 23 heures, et il est rarement nécessaire d'y réserver sa table. L'atmosphère y est le plus souvent détendue, et le service de qualité. Presque tous les établissements servent des plats indiens, créoles, chinois et français à prix modique. À la carte figurent le *vindaye,* poisson ou viande marinés dans du vinaigre relevé de moutarde, de safran ou de curcuma, avec des oignons, de l'ail, du gingembre pilé et du piment, avant d'être mis à revenir ; le *biryani*, ou *briani*, un plat typique de l'Inde musulmane à base de viande ou de poisson mariné dans du yaourt avec de la menthe, de la coriandre et des épices et cuit au four avec des pommes de terre et du riz basmati parfumé à la cannelle et à la cardamome ; le « bol renversé », plat créole mêlant du porc, des saucisses épicées ou du poulet au paprika à du riz et des poivrons ; le *fooyong*, une omelette chinoise à la mode mauricienne, truffée de homard, de crabe ou de crevettes ; le rou-

gail, ragoût de viande ou de poisson mijoté dans une préparation à base de tomates (appelées « pommes d'amour »), d'oignons, d'ail, d'herbes et de gingembre ; la daube, une version moins épicée du rougail. Parmi les spécialités locales figure également la « salade du millionnaire », à base de cœur de palmiste. En accompagnement sont généralement servies diverses sortes de haricots, des « brèdes » (épinards et autres feuilles de légumes bouillies ou cuites à la vapeur) ou des courges.

Les Mauriciens achètent volontiers leur déjeuner dans la rue. Les vendeurs ambulants proposent des beignets épicés, tels les « gâteaux piment » à base de lentilles, des samoussas

(feuilletés triangulaires fourrés à la viande, au poisson ou aux légumes), des *dholl puri* (crêpes épicées à base de lentilles jaunes) et toute une gamme de soupes et de nouilles servies bouillantes. Mieux vaut prévoir un ou deux jours d'adaptation avant de goûter à ces délices si épicés qu'ils sont parfois difficiles à digérer.

Cuisine maison

La cuisine créole étant presque toujours accompagnée de riz, le *rice cooker* asiatique est presque aussi banal à Maurice que le four à micro-ondes en Europe. Il voisine dans les cuisines avec le *wok* chinois, une grande poêle hémisphérique dans laquelle on fait sauter à peu près tout : champignons, soja ou pousses de bambou.

Moins banale dans les offices depuis que les épices s'achètent prêtes à consommer au supermarché, la pierre à cari, équivalent indien du mortier, sert à préparer le *massala*, une pâte à base de coriandre, de poivre noir, de gingembre, d'ail, de curcuma, de noix de muscade et d'une profusion de piments – lesquels se retrouvent partout, en plat ou en accompagnement (à consommer avec modération si l'on veut éviter l'incendie généralisé).

Se faire inviter chez l'habitant permet de goûter une cuisine plus authentique qu'au restaurant et qui peut, de surcroît, réserver quelques surprises : marlin fumé, civet de lièvre ou tripes de bœuf à la mode créole.

Douceurs

Héritage français oblige, les Mauriciens ont coutume d'acheter du pain frais tous les jours. Outre les classiques miches de pain, les boulangers de l'île proposent toute une gamme de choux et de viennoiseries, ainsi que des gâteaux indiens à base de lait. En général, les Mauriciens se contentent pour le dessert des fruits de leur jardin : papayes, goyaves, mangues, litchis, longanes, ananas, pastèques, caramboles, pommes cannelles, sans oublier les délicieuses petites bananes gingli.

Boissons

Maurice importe du raisin pour alimenter sa production locale de vin blanc et rosé, commercialisée sous des étiquettes comme Château Bel Ombre, Eurêka ou Saint Nicholas, mais les palais délicats préféreront certainement les vins sud-africains ou australiens, proposés à des prix raisonnables dans les restaurants. Les vins français, plus chers, ne supportent pas toujours bien le voyage. Les amateurs se tourneront avec bonheur vers les bières brassées sur place, désaltérantes et de bonne qualité, comme la Phoenix, la Stella ou la Blue Marlin, plus forte.

Les Mauriciens ne dédaignent pas le whisky, même s'ils boivent plus volontiers du rhum (et plébiscitent le Green Island), notamment sous forme de cocktails et de punchs.

Pepsi règne en maître sur les sodas, mais on trouve sans peine des jus de fruits frais ainsi que différentes boissons désaltérantes à base de yaourt et d'eau glacée, comme le savoureux *lassi* indien, parfois parfumé à la rose.

Le thé mauricien (commercialisé sous la marque Bois Chéri) est souvent aromatisé à la vanille et servi avec du lait et du sucre. La plupart des hôtels et des restaurants proposent en outre café filtre, cappuccinos et expressos. Le café produit à Chamarel est savoureux, mais onéreux. Les petits restaurants et les snack-bars ne servent que du café instantané.

SPÉCIALITÉS RODRIGUAISES

La pêche au poulpe (appelé « ourite » à Rodrigues) relève d'une longue tradition sur cette petite île déshéritée : frit, grillé, mijoté ou servi en cari, il figure à la carte de tous les son frais, pêché dans le lagon et cuisiné à la chinoise, avec du gingembre et de l'ail, réveillera les palais les plus blasés.

La volaille n'étant pas encore élevée en batterie dans cette petite île, les fins gourmets se régaleront du plat rodriguais par excellence, le cari de poulet aux grains, à la chair savoureuse, accompagné de haricots rouges, d'une purée de maïs et de riz blanc. Les cochons, qui circulent aussi librement dans l'île que les poules, donnent un excellent jambon. Les Rodriguais ont pris l'habitude de remplacer le bacon des Britanniques par du porc boucané.

Oignons, limons et piments constituent la base des fameux et incendiaires *chatini* (ou

restaurants de Port Mathurin – comme à celle de nombreux restaurants mauriciens. Vaste vivier naturel, le lagon rodriguais regorge de homards et de crabes, que l'on déguste grillés ou simplement cuits à la vapeur. Les crevettes sont souvent accompagnées d'une sauce tomate pimentée. Le *cono-cono*, sorte de bulot finement haché, agrémenté d'échalotes, d'herbes aromatiques, de « pommes d'amour » et de petits citrons verts, est un vrai délice quand il est servi en salade, tandis que le pois-

À gauche, assortiment de pâtisseries comme on peut en voir dans la plupart des restaurants des grands hôtels ; ci-dessus les vendeurs des rues proposent toutes sortes d'en-cas très épicés.

chutneys, mélanges d'épices et de condiments écrasés) et des achards qui accompagnent à peu près tous les plats. Dans les potagers de Rodrigues poussent en effet certains des piments les plus dévastateurs de la planète ; conservés en bouteille, certains d'entre eux sont si forts que Mauriciens de la grande île et Réunionnais font spécialement le voyage pour en rapporter chez eux.

Et si le bon café fait souvent défaut dans les restaurants locaux, on se rattrapera avec les gâteaux sucrés à souhait, dont certains ne sont qu'une variante créole du bon vieux pudding britannique : pain frit, gâteau patate (à base de patate douce), gâteau manioc (à la farine de tapioca) et pudding maïs.

LA FAUNE ET LA FLORE MAURICIENNES

Alors que Maurice et Rodrigues étaient jadis le royaume des oiseaux aptères, des tortues géantes et des lézards nains, l'arrivée de l'homme, il y a cinq siècles, provoqua un cataclysme écologique qui bouleversa irrémédiablement l'équilibre des espèces insulaires.

À l'origine, la vie dut arriver là sur des radeaux (amas de débris flottants), à la nage ou par la voie des airs. Pour mieux s'adapter à leur environnement, de nombreuses espèces se sont peu à peu transformées, devenant endémiques, c'est-à-dire propres à ce territoire.

Comme la masse de terre la plus proche, Madagascar, se trouve à 855 km à l'ouest, les seuls mammifères à avoir pu coloniser ces îles sont des chauves-souris et des animaux marins. L'absence de gros prédateurs terrestres permit aux reptiles et aux oiseaux d'y prospérer à leur aise. Ce sont ces derniers, probablement, qui apportèrent les graines d'où sortirent les épaisses forêts qui couvraient Maurice et Rodrigues avant l'installation de l'homme.

LA FAUNE TERRESTRE

Le seul mammifère indigène (présent sur l'île avant l'arrivée de l'homme) est la roussette de Maurice, une chauve-souris frugivore géante (son envergure approche le mètre) dont la fourrure varie du brun foncé à un superbe roux doré. La nuit, environ 20 000 de ces chauves-souris se dispersent à travers l'île pour se nourrir dans les jardins et les forêts. Dans la journée, elles se regroupent par centaines pour dormir suspendues aux arbres qui poussent dans les gorges ou à flanc de montagne. On peut observer l'un de ces dortoirs du point de vue aménagé dans le Parc des Gorges de la rivière Noire (*voir p. 146*).

La plupart des mammifères terrestres que l'on rencontre à l'île Maurice y ont été introduits par l'homme. C'est le cas du sanglier, ou « cochon marron », et du cerf de Java, importés par les Hollandais pour leur viande et qui vivent à l'état sauvage dans les forêts du centre de l'île. Les cerfs de Java sont également élevés pour la chasse.

L'un des plus intéressants parmi ces mammifères est sans doute le tenrec. Ce gros insectivore nocturne (3 kg), cousin du hérisson, a été amené de Madagascar. Il est particulièrement prolifique : jusqu'à 32 petits par portée. On le voit souvent traverser les routes... sur lesquelles il se fait régulièrement écraser.

On évalue à 60 000 le nombre de macaques, originaires de Java, qui vivent à Maurice. Ces primates sont devenus une véritable nuisance, car ils s'attaquent aux plantes indigènes et aux nids. Ils sont parfois chassés pour leur viande. On peut les observer facilement au bord du Grand Bassin, le lac sacré des hindous. Ils viennent y dérober les offrandes déposées par les pèlerins au temple de Hanuman (*voir p. 148*).

À gauche, la roussette de Rodrigues, surnommée roussette blonde en raison de la fourrure qui couvre sa tête, a été sauvée de l'extinction par le naturaliste Gerald Durrell dans les années 1970 ; à droite, gecko diurne dans la réserve naturelle de Macchabée.

DES HÔTES INDÉSIRABLES

Le rat noir, les chats harets et la mangouste sont responsables des plus gros ravages infligés par les nouveaux venus à la nature mauricienne. En grimpant aux arbres pour piller les nids, les rats malmènent les essences indigènes. Le chat tabby aux oreilles rousses, proche du chat sauvage africain, s'en prend, quant à lui, aux oiseaux, dont il est l'un des principaux prédateurs, avec la petite mangouste. Cette dernière fut introduite en 1900 pour lutter contre les rats qui dévastaient les champs de canne à sucre. Les seize mâles et trois femelles importés d'Inde se sont multipliés, et leurs descendants n'ont pas tardé à éradiquer plusieurs espèces d'oiseaux.

La découverte d'une jeune crécerelle de Maurice (ou « faucon mangeur de poule ») dans l'estomac d'une mangouste a révélé que ce petit mammifère était l'un des obstacles à la survie de cet oiseau menacé. Le régime alimentaire de la mangouste comprend aussi des insectes et des lézards, et elle a un faible pour les crapauds (elle ne craint pas le venin de ces batraciens, à la différence de la plupart des autres carnivores).

scinques). Six sont indigènes ou endémiques et cinq ont été importées (de Madagascar, de Java ou d'Inde). On rencontre également un caméléon exotique originaire de Java. Les geckos diurnes sont les plus beaux des lézards. Ils arborent une robe vert vif semée de taches rouges, bleues ou jaunes.

Contrairement à une opinion assez répandue, Maurice abrite plusieurs espèces de serpents, mais aucun n'est venimeux. Il s'agit de couleuvres et des deux seuls représentants de la famille des bolyériidés (ou boas des Mascareignes) : deux serpents de petite taille, dépourvus de ceinture pelvienne, dont l'un est fouisseur et l'autre arboricole.

Tortues géantes et petits lézards

Maurice abrite une quinzaine d'espèces de reptiles. Les deux espèces indigènes de tortues terrestres géantes furent malheureusement exterminées par les premiers colons. Elles ont été remplacées par des tortues géantes d'Aldabra (*voir p. 264*), que l'on croise dans les parcs et dont certaines ont deux cents ans et pèsent 300 kg. Ces nouvelles venues furent importées des Seychelles à la requête de la reine Victoria, convaincue par Charles Darwin de la nécessité de protéger les derniers représentants de l'espèce.

On dénombre dans l'île plusieurs variétés de lézards (geckos du genre phelsume et

Oiseaux rescapés

On recense onze espèces d'oiseaux terrestres endémiques dans les îles du sud-ouest de l'océan Indien, dont sept sont confinées à Maurice. Les plus connues sont la crécerelle de Maurice (dont il ne restait plus que quatre représentants en 1974), le pigeon rose (dix individus en 1990) et la perruche de Maurice (douze spécimens au début des années 1980, dont seulement trois femelles), car depuis vingt-cinq ans elles bénéficient toutes trois de programmes de protection (*voir p. 91*). Les autres rescapés sont la salangane des Mascareignes, l'hirondelle des Mascareignes, l'échenilleur de Maurice, le bulbul de Maurice, le foudi de Maurice, le tchitrec de paradis, ainsi que deux espèces de zostérops.

Petit oiseau à plumage brun, ailes longues et queue fourchue que l'on voit parfois voler en groupe, la salangane des Mascareignes niche dans les tunnels de lave. Sa population ne cesse de diminuer depuis plusieurs années, car le nid qu'elle cimente de sa salive entre dans la composition du potage aux « nids d'hirondelle », un mets très recherché des Asiatiques. Il ne reste que de 2000 à 4000 représentants de cette espèce à Maurice.

L'hirondelle de Maurice fréquente surtout le sud-ouest de l'île. On peut la voir s'activer en fin de journée quand elle part chasser les insectes volants. Le seul oiseau endémique que l'on peut observer dans toute l'île est le zostérops des Mascareignes, ou « pic-pic », un minuscule oiseau gris au croupion blanc qui vit en petites bandes. Les autres – tous des passereaux – ne sont plus visibles que dans les zones protégées, comme la forêt du Parc national des Gorges de la rivière Noire.

La plupart des oiseaux colorés qui fréquentent les jardins des hôtels et des maisons sont des espèces introduites par l'homme. Les plus prolifiques sont le mainate des Indes, le petit foudi rouge de Madagascar, le tisserin gendarme, de couleur jaune, et le bulbul orphée, ou merle de Maurice.

Les bois qui bordent la rivière de la cascade Pigeon et la forêt de Solitude, à Rodrigues, abritent quant à eux deux des oiseaux les plus rares du monde : la rousserolle de Rodrigues, dont on ne compte plus que vingt-cinq couples, et le foudi de Rodrigues, au plumage rouge et jaune, dont il subsiste deux cents couples.

La faune côtière

Des fous, des sternes fuligineuses et des noddis, ainsi que plusieurs espèces de pétrels nichent sur les îlots satellites de Maurice. L'un des plus beaux, l'élégant phaéton à brins rouges, niche sur les falaises de l'île Plate et de l'île Ronde, tandis que son cousin plus petit, le phaéton à bec jaune, ou « paille-en-queue », peut être observé du point de vue aménagé dans le Parc des Gorges de la rivière Noire.

Quatorze espèces de cétacés fréquentent les eaux des Mascareignes. On peut observer des dauphins à long bec et des grands dauphins depuis le rivage ou au-delà du récif qui protège la baie de Tamarin. À l'occasion d'une croisière au large de la côte occidentale, on apercevra peut-être des cachalots. En juillet-août, une petite colonie de mégaptères, ou baleines à bosse, regagne les eaux qui séparent

À gauche, une harde de cerfs de Java ; ci-dessus, le tisserin jaune, l'un des nombreux oiseaux colorés visibles aux abords des maisons.

Maurice de l'île Ronde, probablement pour se reproduire.

Des dugongs peuplaient jadis les lagons de Maurice et de Rodrigues, dont ils broutaient les herbes marines. Parfois pris pour des sirènes par les matelots ivres, ces mammifères furent pratiquement exterminés au début du XXe siècle. Les derniers représentants de l'espèce se sont réfugiés dans le canal du Mozambique, au large de Madagascar.

Une flore menacée

Les forêts primaires de l'île Maurice sont désormais confinées sur les sommets montagneux et dans le fond des gorges, seuls sites où leur exploitation n'était pas rentable. Elles n'occupent plus que 5 % du territoire, et seule une infime portion présente encore un aspect convenable.

C'est le cas de la forêt qui couvre une partie des 6 575 ha du Parc national des Gorges de la rivière Noire, dans le sud-ouest de l'île. On y trouve une bonne part des 685 espèces de plantes indigènes qui peuplent l'île, dont 311 sont endémiques. La plupart de ces végétaux sont très menacés. Certains figurent même parmi les plus rares du monde. Ainsi, le jardin botanique de Curepipe abrite le dernier spécimen de palmier de l'espèce *Hyophorbe amauricaulis*. L'ultime plan de « café marron » (*Ramosmania heterophylla*) est conservé à Rodrigues, mais le glas a déjà sonné pour le pandanus pyramidal, dont le dernier spécimen a été abattu en février 1994 par le cyclone Hollanda.

Nombre des espèces indigènes ont disparu du fait de la concurrence de végétaux introduits, comme le goyavier de Chine, la corbeille-d'or (*Lantana camara*), le filao (ou casuarina), importé de Malaisie, ou encore l'énorme banian aux racines pendantes, si caractéristique des forêts tropicales, qui avait été acclimaté par les Indiens.

L'espoir subsiste...

Au cours des cinquante dernières années, les écologistes ont fourni un travail considérable pour sauver ce qui restait de la nature indigène, et l'on peut aujourd'hui apprécier les fruits de leurs efforts dans de petites zones aménagées pour protéger les vestiges de la forêt tropicale primaire, tel le Parc national des Gorges de Rivière Noire.

Certaines associations s'efforcent aujourd'hui d'aménager de nouveaux refuges pour les espèces mauriciennes en voie d'extinction. La plus active est la MWF (Mauritian Wildlife Foundation, ex-Mauritian Wildlife Appeal Fund), créée en 1984 par feu Gerald Durrell et d'autres naturalistes.

Déclarée réserve naturelle stricte en 1965, l'île aux Aigrettes (*voir p. 129*), au large de Mahébourg, sur la côte orientale de Maurice, a ainsi été débarrassée de ses rats musqués et de beaucoup de ses mauvaises herbes et autres végétaux introduits. La MWF s'efforce depuis 1985 d'y replanter des plantes indigènes comme le « bois de fer » et le « bois de chandelle », et d'y relâcher des oiseaux et des reptiles endémiques (crécerelle de Maurice, scinque de Telfair, gecko de Guenther, etc.).

L'île Ronde, ancrée au large de la côte nord (*voir p. 119*), est elle aussi classée réserve naturelle stricte depuis 1965, et il faut désormais une autorisation du ministère de l'Agriculture pour pouvoir s'y rendre. Cet îlot de 169 ha constitue ainsi la plus grande réserve naturelle du territoire mauricien. C'est l'unique refuge des deux espèces de boas des Mascareignes. Elle héberge d'autres variétés de reptiles indigènes, dont trois scinques et deux geckos, notamment le gecko de Durrell.

À gauche, deux noddis noirs sur l'île aux Cocos.

OPÉRATION DE SAUVETAGE

L'île Maurice est connue pour sa faune aviaire, et notamment pour ses espèces rares, voire disparues. Tout le monde a entendu parler du dronte, ou dodo, ce gros oiseau exterminé au XVIIe siècle et qui est devenu l'emblème de l'île (*voir p. 67*). Mais il faut savoir que se sont aussi éteints un perroquet noir aptère (le plus grand ayant jamais existé), un pigeon bleu, plusieurs variétés de canards, de rapaces nocturnes, de perroquets et d'autres oiseaux indigènes. En fait, les spécialistes ne savent pas exactement combien d'espèces ont disparu.

Depuis le milieu des années 1970, des équipes placées sous la responsabilité de l'ornithologue Carl Jones et du Jersey Wildlife Preservation Trust, fondé par Gerald Durrell (1925-1995), ont pu en sauver trois de l'extinction : la crécerelle de Maurice, le pigeon rose et la perruche de Maurice.

La crécerelle de Maurice (*Falco punctatus*) est un petit faucon qui fréquente les gorges et les montagnes boisées, se nourrit de geckos diurnes et niche dans des trous de falaise. En 1974, il ne restait que quatre de ces oiseaux à l'état sauvage, dont un seul couple reproducteur. Plusieurs années durant, les ornithologues prélevèrent les œufs pondus par la femelle de ce couple sauvage, qui se hâtait de pondre de nouveau, augmentant ainsi sa « productivité ». Certains jeunes furent relâchés dans la nature après avoir été élevés en captivité. On leur fournit nourriture et nichoirs afin de mieux les protéger contre des prédateurs comme les mangoustes et les chats harets. Ils ne tardèrent pas à se reproduire et, de 1984 à 1994, 331 crécerelles de Maurice furent ainsi réintroduites dans les gorges de la rivière Noire et dans des zones boisées qui n'avaient plus accueilli aucun de leurs semblables depuis des décennies. À l'heure actuelle, leur population se situe entre 500 et 800 individus.

D'aucuns considéraient le pigeon rose (*Nesoenas mayeri*) comme une espèce éteinte quand, au cours des années 1970, l'on en découvrit une petite colonie dans un bois isolé près de Bassin Blanc. En 1990, il ne restait que dix pigeons roses à l'état sauvage, mais l'élevage d'individus en captivité, puis leur réintroduction dans leur milieu naturel allaient permettre une augmentation sensible des effectifs, d'autant que les prédateurs (chats harets, rats et mangoustes) faisaient parallèlement l'objet d'un programme de contrôle. On recense aujourd'hui plus de 370 pigeons roses, mais l'espèce n'est pas encore hors de danger...

Le sauvetage de la perruche de Maurice (*Psittacula echo*) a posé de plus gros problèmes. Cette perruche vert émeraude – à la queue plus courte, aux ailes plus arrondies et à la livrée plus foncée que celles de la perruche à collier, une espèce introduite – était encore récemment le perroquet le plus rare au monde. Au début des années 1980, il n'en restait que douze spécimens, dont trois femelles. L'écueil majeur à leur conservation tenait à leur faible taux de reproduction. Sous l'égide de la MWF (*voir p. 90*), on tenta d'élever les jeunes et les œufs qui paraissaient les plus menacés. Beaucoup moururent avant que les biologistes ne comprissent qu'ils réclamaient des fruits et des légumes frais en abondance, de l'eau filtrée et une hygiène scrupuleuse. On fournit également de la nourriture aux perruches sauvages. On protégea les couvées des prédateurs et l'on procéda régulièrement au nettoyage et à la désinsectisation des loges de nidification pour venir à bout des mouches qui suçaient le sang des poussins. La population augmente lentement et à présent, quelque 120 perruches de Maurice évoluent en liberté dans le Parc national des Gorges de la rivière Noire.

À droite, crécerelle de Maurice.

NAUTISME ET SPORTS AQUATIQUES

Les Mauriciens ne sont pas des nageurs très enthousiastes : pour eux, le bord de mer est avant tout un lieu où l'on se rend en famille le week-end, pour pique-niquer à l'ombre des filaos avec tout le matériel indispensable à une journée de farniente au bord du lagon. Il n'en demeure pas moins que l'on peut pratiquer dans l'île toute une gamme de sports nautiques et aquatiques.

Si la plongée autonome, la pêche au gros et le parachute ascensionnel sont des activités payantes, en revanche la plupart des grands hôtels du littoral mauricien fournissent gratuitement à leurs clients des planches à voile, des skis nautiques et des dériveurs. Il est possible de varier les plaisirs à bord d'un canoë, d'un kayak de mer ou d'un pédalo, tandis que les promenades en bateau à fond de verre permettent d'observer les fonds marins en toute sécurité. Enfin, ceux que le silence des profondeurs effraie trouveront dans les eaux paisibles et translucides des lagons les conditions idéales à la pratique de la plongée avec un masque et un tuba.

L'obstination et l'audace, ces qualités essentielles du pêcheur au gros, trouveront bien mieux matière à s'employer à Maurice qu'à la Réunion ou aux Seychelles (*voir p. 97*). Au-delà de la barrière de corail, les marlins, les thons, les requins et les voiliers évoluent librement dans le grand bleu. Ces poissons se connaissent peu d'ennemis, mais la ruse, la puissance et la vitesse du marlin bleu ne suffisent pas toujours face au plus acharné de ses prédateurs, l'homme.

LES MEILLEURS SITES DE PLONGÉE AUTONOME

Les eaux littorales de Maurice, quoique passablement dépeuplées, recèlent encore un certain nombre de sites sur lesquels le plongeur autonome pourra observer des bancs de petits poissons récifaux, comme le poisson-ballon à taches noires, le vivaneau à raies bleues ou le poisson-écureuil ; en s'aventurant un peu plus au large, il aura de meilleures chances de croiser un requin-marteau, une raie manta ou un barracuda.

Les meilleurs sites de plongée se trouvent à une heure de bateau de Flic en Flac, sur la côte occidentale de l'île (*voir p. 143*). Y reposent plusieurs belles épaves, comme celles du *Kei Sei 113* et du *Tug II*, coulés dans les années 1980 pour former des récifs artificiels. Elles servent de refuge à une population nombreuse de poissons récifaux et à quelques murènes géantes.

Les vents dominants qui balaient régulièrement la côte orientale limitent les explorations sous-marines aux abords immédiats des

passes récifales. Certains grands hôtels, comme le Saint Géran, le Belle Mare Plage, l'Ambre et le Touessrok, n'en possèdent pas moins d'excellents centres de plongée. Quand les conditions météorologiques sont trop défavorables dans ces parages, ces clubs acheminent leurs clients jusqu'à Grand Baie, d'où ils peuvent facilement accéder en bateau à une douzaine de sites intéressants, comme l'épave du *Silver Star*, coulé en 1992.

Les débutants trouveront toute l'année des conditions optimales dans le lagon protégé de Blue Bay, sur la côte sud-est de l'île Maurice, où abondent les coraux et les poissons récifaux. Au-delà de la barrière, les plongeurs confirmés ont le choix entre plusieurs sites,

À gauche, plongée libre près d'un bateau de pêche dans l'eau tiède et transparente d'un lagon mauricien ; à droite, parachute ascensionnel au-dessus de l'île aux Cerfs.

dont les grottes et les tunnels attirent des langoustes, des bancs de barracudas et des requins corail.

Tous les centres de plongée des hôtels sont affiliés à la CMAS (Confédération mondiale des activités subaquatiques), à la PADI (Professional Association of Diving Instructors), au NAUI (National Association of Underwater Instructors) et au BSAC (British Sub-Aqua Club). Les accidents de plongée sont rares, mais en cas de problème sérieux, les plongeurs sont dirigés rapidement vers le caisson de recompression du centre des gardes mobiles (Special Mobile Force) de Vacoas, à une heure de route de la côte.

la transparence de l'eau. Le spectacle n'en reste pas moins captivant pour le néophyte qui se livre à la plongée libre, avec un masque et un tuba (sans oublier de revêtir un tee-shirt léger pour éviter les coups de soleil). La température agréable de l'eau permet de passer des heures à glisser silencieusement au-dessus des récifs pour observer leurs hôtes.

Les hôtels mauriciens fournissent volontiers à leurs clients l'équipement nécessaire, mais il n'est pas toujours en excellent état et il peut se révéler préférable d'acheter son propre matériel. Masques, palmes et tubas de bonne qualité sont en vente dans toutes les stations balnéaires.

Plongée avec tuba

Les autorités mauriciennes ont pris des mesures strictes pour protéger le lagon : la pêche à la dynamite et au harpon, le ramassage des coquillages et l'extraction des coraux y sont désormais interdits. Mais la prise de conscience de la fragilité des écosystèmes marins a été bien tardive, et les fonds de l'île, jadis célèbres pour leur beauté, ont souffert d'une fréquentation et d'une exploitation excessives. Une quantité considérable de coraux a été arrachée par les touristes à titre de « souvenir » et par les commerçants locaux pour être transformée en colliers, tandis que l'augmentation de la pollution nuit à

Marche sous-marine

La marche subaquatique, inventée aux Bahamas en 1948 et importée à l'île Maurice en 1990, est une façon plutôt insolite d'observer la vie sous-marine. Encouragées par le succès du premier organisateur spécialisé, Captain Nemo's Undersea Walk (tél. 263 7819), à Grand Baie, plusieurs agences, comme Aquaventure (tél. 480 2641), à Trou d'eau Douce, l'ont imité. Ce mode d'exploration digne d'un roman de Jules Verne s'adresse aux personnes de tout âge et de toute condition physique, y compris aux enfants (à partir de 7 ans) et à ceux qui ne savent pas nager. Le port de lunettes de vue ne pose aucun problème.

Un bateau transporte les amateurs jusqu'à une plateforme amarrée près de la barrière de corail. Avant de descendre dans le lagon par une échelle, le « marcheur » est lesté d'une ceinture de plomb et coiffé d'un casque en acier à visière de verre, relié à un compresseur par un tuyau qui l'alimente en oxygène. Cet équipement peut paraître encombrant, mais on oublie son poids dès qu'on entre dans l'eau. Des guides expérimentés conduisent ensuite les promeneurs par 3 à 5 m de fond à travers un spectaculaire jardin composé de coraux, de palourdes géantes et de bouquets d'anémones de mer. Les poissons zébrés viennent manger dans la main des visiteurs.

Particulièrement adapté à une promenade en famille, *Nessie* est un semi-submersible qui se loue par l'intermédiaire de son hôtel ou d'une agence de voyages. La bulle fixée sous sa coque permet de voir défiler les fonds marins en toute sécurité.

ACTIVITÉS NAUTIQUES

Presque tous les hôtels mettent des Hobie Cat, des planches à voile et des kayaks à la disposition de leurs clients. Les personnes qui désirent franchir la barrière de corail et goûter aux embruns du large peuvent embarquer sur un catamaran ou un yacht de croisière barré

SAFARIS SOUS-MARINS

Le sous-marin offre un autre moyen d'explorer le fabuleux monde des coraux, en restant bien au sec, cette fois. On peut se joindre à une excursion d'une heure à 30 m de fond organisée par Blue Safari (tél. 263 3333) à partir de Grand Baie – à moins qu'on ne préfère réserver l'appareil pour une sortie en groupe ou pour une exploration nocturne. Cet appareil a même servi à la célébration de nombreux mariages.

À gauche, plongeurs autonomes à bord du « Charming Lady » ; ci-dessus, ski nautique sur le lagon mauricien.

UNE ARME MORTELLE

Le poisson-pierre (*Synanceia verucosa*) appelé « laff » à l'île Maurice, est sans doute le poisson le plus venimeux au monde. Tapi comme un anatife de basalte parmi les coraux, les galets ou sous le sable du lagon, il se nourrit des poissons et crustacés qui passent à sa portée. Ses épines dorsales cannelées, raccordées à des glandes à venin, infligent des blessures extrêmement douloureuses et durables, voire mortelles, à l'infortuné qui marche dessus. Aussi est-il impératif d'être chaussé quand on patauge dans l'estran ou qu'on se baigne dans le lagon.

par un équipage expérimenté pour une excursion d'une journée, avec déjeuner et rafraîchissements inclus dans le forfait.

RODRIGUES

Moins abîmée que celle de l'île Maurice, la barrière de corail qui ceinture Rodrigues l'emporte également, aux dires de nombreux plongeurs confirmés, sur celles des Seychelles. Son bon état de conservation ne tient pas seulement à une plus faible fréquentation touristique et à une moindre pollution : Jacques Degremont, instructeur à Pointe Coton, invoque aussi le rôle d'El Niño qui, en 1998, provoqua le réchauffement des eaux de l'océan Indien et, à proximité de Maurice, le blanchiment des coraux. Située à plusieurs centaines de kilomètres à l'est de sa grande sœur, Rodrigues échappa aux effets les plus dévastateurs de ce phénomène climatique.

« SHOALS OF CAPRICORN »

Shoals of Capricorn est un programme d'étude des hauts fonds lancé par la Royal Geographical Society en 1996. Les océanographes britanniques ont entrepris d'étudier le plateau des Mascareignes et de sensibiliser les populations riveraines à la protection de leurs écosystèmes. Ce plateau qui s'étend sur 115 000 km² entre l'île Maurice et les Seychelles est l'une des rares zones immergées du globe qui soient clairement visibles de l'espace. Si l'on séjourne à Rodrigues, on pourra visiter l'observatoire doublé d'un centre éducatif installé près des pêcheries de Pointe Monier, à l'ouest de Port Mathurin.

Les deux principaux clubs de plongée de Rodrigues sont le Cotton Dive Centre (tél. 831 6000) de Pointe Coton et le Bouba Diving Centre (tél. 832 3063), qui dépend de l'hôtel Mourouk Ebony. Tous deux sont affiliés à plusieurs fédérations internationales de plongée. Ils louent le matériel nécessaire à leurs clients et proposent aux néophytes des initiations en piscine animées par des instructeurs diplômés. Les tarifs sont un peu plus élevés qu'à l'île Maurice, mais les stages réunissent de plus petits groupes. L'île ne disposant d'aucun caisson de recompression, les plongées ne dépassent pas 30 m de profondeur, avec paliers de décompression obligatoires au-delà de 12 m.

Les clubs de plongée rodriguais organisent des sorties sur une vingtaine de sites, dont trois dans le lagon. Les amateurs affectionnent particulièrement celui de L'Aquarium, près de Pointe Coton, où il suffit de se laisser glisser du bateau pour découvrir de magnifiques patates de corail autour desquelles évoluent des nuées de poissons récifaux. On voit passer des bancs de licornes et des barracudas, parfois suivis de carangues et de tortues de mer, dans les canyons que forme la barrière de corail au niveau de la passe Aquarium. Des sorties nocturnes, très spectaculaires, sont également proposées aux amateurs.

On peut se livrer à Rodrigues aux mêmes activités sportives qu'à l'île Maurice, exception faite du parachute ascensionnel et du ski nautique (compte tenu de la faible profondeur du lagon). Les vents réguliers qui soufflent plus de trois cents jours par an sur cette petite île en font un véritable paradis pour les véliplanchistes et les kite-surfeurs. Les amateurs de glisse trouveront du bon matériel et des conseils avisés au Club Nathalie Simon, installé dans les locaux de l'hôtel Mourouk Ebony. La période la plus favorable à la pratique de ce sport s'étale de juin à septembre.

À gauche, on peut affréter l'« Isla Mauritia », un élégant voilier du XIXe siècle, pour effectuer une croisière côtière.

LA PÊCHE AU GROS

La pêche au gros est devenue l'un des principaux rouages de l'industrie touristique mauricienne. Et même si, sous l'effet de la surpêche et de l'influence du phénomène climatique El Niño, le nombre et la taille des prises ont considérablement diminué au cours de ces dernières années, les eaux de l'île restent suffisamment riches pour satisfaire les pêcheurs les plus exigeants.

À Rodrigues, en revanche, cette activité demeure embryonnaire avec cinq bateaux équipés. Les prises n'en sont que plus belles, les eaux de l'île attirant bon nombre de thons jaunes, de barracudas, de bécunes, de bonites et de marlins.

La meilleure saison pour la capture des marlins bleus ou noirs s'étend d'octobre à avril. Avec une prise de 648 kg, Maurice détient le record mondial de pêche du marlin bleu. Ce poisson majestueux, d'une résistance et d'une puissance hors du commun, peut livrer combat plusieurs heures durant et sa prise constitue à coup sûr un exploit sportif pour tout pêcheur amateur.

Les bancs de thons jaunes, dont certains individus atteignent 90 kg, visitent traditionnellement les eaux mauriciennes en mars et avril. Les wahoos, quant à eux, viennent y croiser en septembre. Le poids de ce voilier (45 kg en moyenne) et sa vélocité en font l'un des poissons les plus excitants à pêcher. Chassent également dans ces parages des bonites et toutes sortes de squales : requins bleus, requins-marteaux, requins corail, requins-tigres, makos et requins-léopards.

Les pêcheurs amateurs peuvent embarquer sur des bateaux de 12 à 15 m de long, équipés de moteurs de 200 à 300 cv, de baudriers et d'une batterie de moulinets et de cannes. Les grands hôtels possèdent généralement leur flottille et certains centres nautiques de l'île Maurice organisent des parties de pêche en mer. Les plus grosses flottes sont celles du Corsaire Club de Trou aux Biches et de l'hôtel-club Centre de Pêche de Grande Rivière Noire, tandis qu'il suffit de vingt minutes de traversée pour rallier les zones de pêche à partir du ponton de l'hôtel Le Paradis, dans la péninsule du Morne Brabant, sur la côte sud-ouest. Il est également possible d'embarquer sur les bateaux de pêche au gros en tant que simple spectateur : les ponts sont aménagés de manière à permettre à ceux qui le désirent d'assister au combat que les pêcheurs livrent à leurs proies sans gêner leurs manœuvres.

Les prises reviennent généralement aux organisateurs de pêche au gros – la plupart d'entre eux arrondissent leurs fins de mois en vendant le poisson sur les marchés locaux. Il faudra donc se contenter d'immortaliser ses exploits en prenant une photo sur le port ou verser une somme rondelette si l'on souhaite relâcher le poisson à l'eau ou récupérer sa peau et recourir aux services d'un taxidermiste mauricien… puis patienter jusqu'à six mois avant de pouvoir exposer son trophée chez soi. On se fera une idée du résultat en admirant le remarquable spécimen qui est accroché aux poutres du restaurant Blue Marlin, à l'hôtel Le Paradis.

Les fumoirs de Grande Rivière Noire permettent de goûter aux produits de cette pêche. La saveur et la texture de la chair du marlin (à déguster avec un zeste de citron et une pincée de poivre) se rapprochent de celles du saumon fumé. On peut aussi demander au cuisinier de son hôtel de préparer ses prises, à condition toutefois qu'elles aient une taille raisonnable !

À droite, pêcheur fier d'avoir capturé un thon jaune de 23 kg.

ITINÉRAIRES À MAURICE

À l'île Maurice on n'a que l'embarras du choix quand il faut décider du lieu de sa villégiature. Les stations balnéaires les plus fréquentées s'étendent sur la côte nord-ouest – notamment Grand Baie, où se succèdent les centres commerciaux, les boîtes de nuit, les chambres à louer et les hôtels de luxe. À côté, Trou aux Biches, lieu de baignade prisé par les habitants de Port Louis, accueille également beaucoup de touristes. Les stations de la côte ouest sont moins fréquentées, bien qu'elles offrent les meilleures conditions aux plongeurs et aux amateurs de sports nautiques, et qu'elles soient réputées pour la douceur de leur climat et pour leurs couchers de soleil. Flic en Flac, Wolmar et la péninsule du morne Brabant recèlent de très belles plages. Non loin de là, le Parc national des Gorges de la rivière Noire conserve ce qui reste de la forêt originelle de Maurice.

Si on aime la tranquillité, on ira plutôt sur la côte orientale, où, face à l'une des plus belles parties du lagon, les longues plages de sable sont séparées par des criques sauvages. Les meilleurs hôtels – dont les célèbres Touessrok et Le Saint Géran – sont regroupés autour des plages de Belle Mare et de Trou d'Eau Douce. On pourra également loger dans l'une des charmantes pensions de famille des environs de Mahébourg, dans le Sud-Est et en profiter pour visiter le musée naval.

Exposée aux pluies et aux vents, la côte sud, la plus froide de l'île, ne s'est dotée que d'un seul hôtel, à pointe aux Roches. Le meilleur moyen pour explorer ses paysages sauvages, jalonnés de villages de pêcheurs, de plages désertes et de vieilles maisons coloniales est de louer une voiture.

Mais c'est dans la capitale, Port Louis, aux rues encombrées, hérissées de grands édifices, que bat le cœur d'une île qui se veut moderne. De fait on y recherchera moins les monuments historiques que l'ambiance d'une vie palpitante et cosmopolite.

Enfin, il serait dommage de quitter l'île sans avoir grimpé sur son plateau central, où les villages succèdent aux champs de cannes à sucre.

La petite île de Rodrigues, située à plus de 560 km au nord-est de Maurice, est restée en dehors des circuits touristiques et respire le parfum de l'authenticité : on n'y trouvera pas le luxe de la villégiature de l'île mère, mais une terre âpre au caractère franchement africain.

Pages précédentes : les sommets déchiquetés de la montagne du Rempart vus du village de Tamarin. À gauche, l'entrée de la mosquée Jummah.

PORT LOUIS

Plan
p. 104

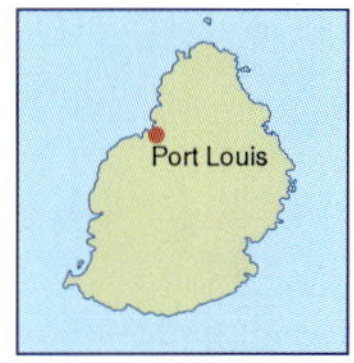

Il n'y a pas si longtemps, quand les employés de bureau rebouchaient leurs stylos, à 16 heures, et qu'ils quittaient la moite fournaise de la capitale pour regagner la relative fraîcheur des hautes terres, Port Louis se transformait en une ville fantôme. Pour trouver un peu de vie, il fallait alors se risquer dans les salles de jeux fréquentées par les Sino-Mauriciens et les marins fraîchement débarqués.

Depuis, la ville a subi une véritable cure de jouvence – un « lifting », comme disent les Mauriciens – et son atmosphère a bien changé, surtout grâce avec la construction du Caudan, sur le front de mer, dont les boutiques de prêt-à-porter, les terrasses de cafés, le casino ouvert jour et nuit, les cinémas et les restaurants font aujourd'hui le bonheur des Port-Louisiens… comme des touristes.

Mais, à moins de ne pouvoir se passer du lèche-vitrines, on trouvera probablement plus intéressant en ville : le mélange hétéroclite de tours de verre et d'acier et de vieux immeubles décrépis, de mosquées, de temples hindous et d'églises catholiques, le charme particulier des quartiers chinois et musulman, le champ de course et le casino, et par-dessus tout le vieux marché central, toujours animé, offriront au promeneur de quoi passer une très agréable journée, surtout s'il peut éviter les chaleurs suffocantes des après-midi d'été, de novembre à avril.

PORT LOUIS DANS L'HISTOIRE

Port-Nord-Ouest naquit en 1722, quand la Compagnie française des Indes délaissa l'ancien établissement hollandais de l'actuel Vieux Grand Port, sur la côte sud-est (*voir p. 126*), pour transférer son quartier général sur ce site portuaire de la côte nord-ouest. Bertrand François Mahé de La Bourdonnais, nommé gouverneur général des Mascareignes en 1735, donna à la ville son nom actuel en hommage à Louis XV. Il en fit le siège administratif de la colonie, la dotant d'un plan d'urbanisme, d'un hôpital, d'édifices publics et d'infrastructures portuaires modernes inspirées de son Saint-Malo natal. Idéalement placé sur la route des Indes, peuplé d'aventuriers, de marins, de marchands et de femmes de petite vertu que l'on avait fait venir pour soutenir le moral des hommes, le naissant Port Louis n'était, aux dires d'un voyageur du XVIIIe siècle, qu'un « refuge de faillis, de filous et de bandits du pire acabit ».

Passée officiellement sous tutelle britannique en 1814, la ville prospéra jusqu'à la fin du XIXe siècle. Après l'ouverture du canal de Suez, en 1869, l'escale mauricienne perdit de son intérêt, et les maladies comme l'épidémie de paludisme qui sévit en 1865 poussèrent de nombreux citadins à lui préférer le plateau central et son climat plus sain.

Aujourd'hui, un simple coup d'œil sur les cargos et les porte-conteneurs

À gauche, le Caudan, orgueil de la capitale, est une copie du front de mer de la ville du Cap, en Afrique du Sud. On y trouve une multitude de bars, de restaurants, de cinémas et de boutiques de souvenirs. Ci-contre, shopping dans les rues de Port Louis, où l'on peut acheter pléthore de vêtements bon marché, de fabrication locale.

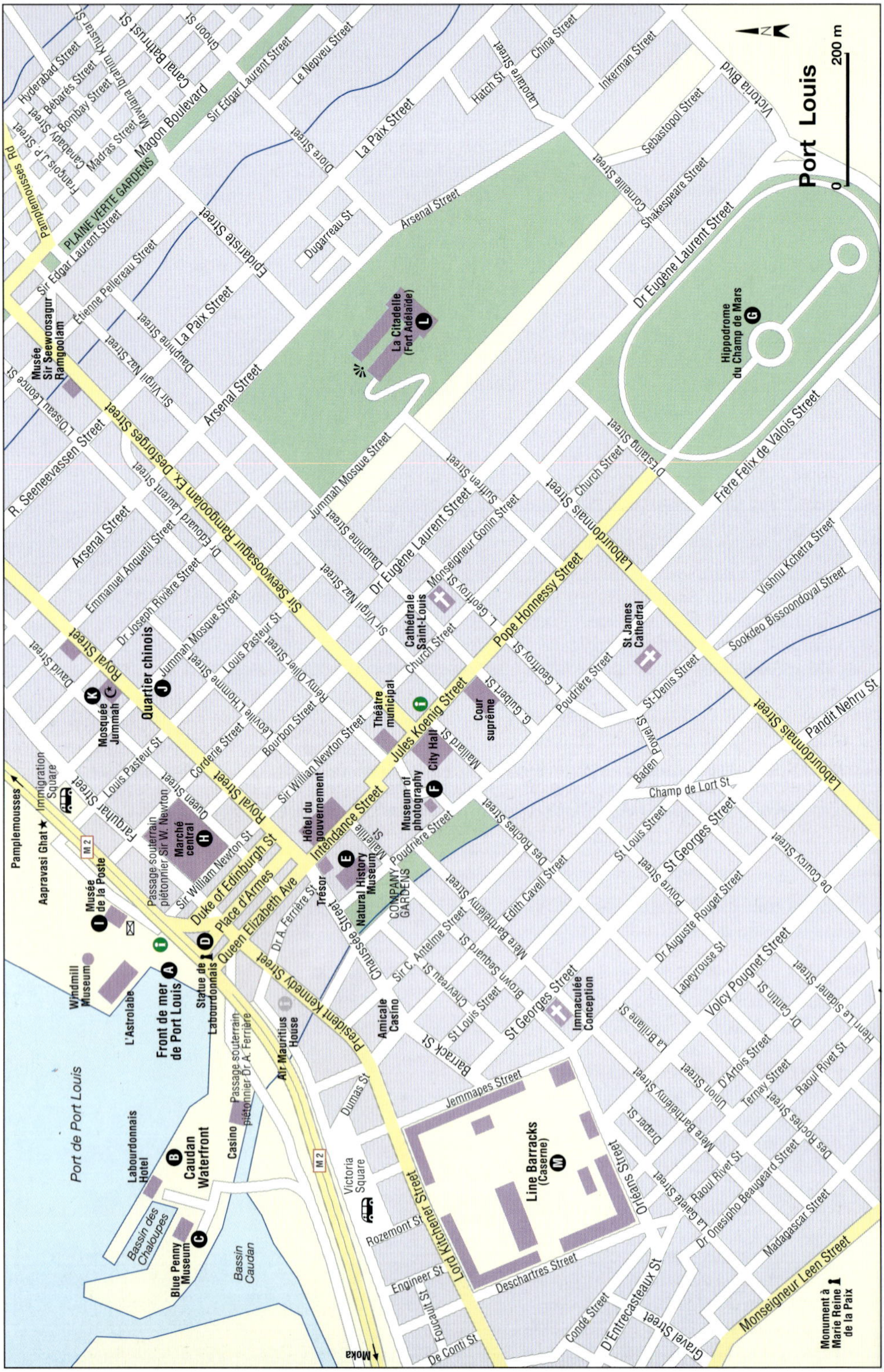
Port Louis
0
200 m
Port de Port Louis
Bassin Caudan
Bassin des Chaloupes
Caudan Waterfront
Front de mer de Port Louis
Labourdonnais Hotel
Blue Penny Museum
Casino
Windmill Museum
L'Astrolabe
Musée de la Poste
Aapravasi Ghat
Immigration Square
Pamplemousses
Statue de Labourdonnais
Place d'Armes
Passage souterrain piétonnier Sir W. Newton
Passage souterrain piétonnier Dr A. Ferrière
Marché central
Mosquée Jummah
Quartier chinois
Hôtel du gouvernement
Trésor
Natural History Museum
COMPANY GARDENS
Museum of photography
City Hall
Théâtre municipal
Cathédrale Saint-Louis
Cour suprême
St James Cathedral
Immaculée Conception
Air Mauritius House
Amicale Casino
Victoria Square
Line Barracks (Caserne)
La Citadelle (Fort Adélaïde)
Hippodrome du Champ de Mars
Musée Sir Seewoosagur Ramgoolam
PLAINE VERTE GARDENS
Monument à Marie Reine de la Paix
Moka
M2
Royal Street
Sir Seewoosagur Ramgoolam Ex. Desforges Street
Jules Koenig Street
Pope Hennessy Street
Intendance Street
Queen Elizabeth Ave
Duke of Edinburgh St
President Kennedy Street
Lord Kitchener Street
Labourdonnais Street
Dr Eugène Laurent Street
Arsenal Street
La Paix Street
Magon Boulevard
Canal Bathurst St
Sir Edgar Laurent Street
St Georges Street
Monseigneur Leen Street
Frère Felix de Valois Street
Victoria Blvd
Jemmapes Street
Deschartres Street
Orléans Street
D'Entrecasteaux St
Farquhar Street
Louis Pasteur St
Sir William Newton Street
Corderie Street
Bourbon Street
Jummah Mosque Street
Church Street
Champ de Lort St
Pamplemousses Rd
Shakespeare Street
Sebastopol Street
Inkerman Street
China Street
Volcy Pougnet Street
Edith Cavell Street
Poudrière Street
Barrack St
Dumas St
Rozemont St
Engineer St
Foucault St
De Conti St
Gravel Street
Condé Street
Madagascar Street
Pandit Nehru St
Vishnu Kchetra Street
Sookdeo Bissoondoyal Street

qui encombrent le bassin du Caudan rappelle la vieille vocation portuaire et commerciale de Port Louis. Des milliers d'employés de bureau descendent chaque matin de Curepipe, de Rose Hill et de Beau Bassin, embouteillant les rues de cette ville de 160 000 habitants, que l'océan et la chaîne de Moka emprisonnent dans une cuvette d'à peine 10 km^2.

Sur les quais

Le front de mer est régi par deux entités : privée pour le grand Caudan et gouvernementale pour le petit **front de mer de Port Louis** Ⓐ, où l'on trouvera la galerie commerciale L'Astrobale et plusieurs café. L'office du tourisme (President John Kennedy Street ; ouv. du lun. au ven. de 9h à 16h ; tél. 208 6397) se trouve de l'autre côté du métro, au rez-de-chaussée de l'Air Mauritius House.

La principale curiosité du quartier se trouve au **Windmill Museum** (ouv. du lun. au ven. de 10h à 12h et de 13h à 15h ; entrée libre). Cette reconstruction moderne du moulin à vent, érigé à l'origine par les Français au XVIIIe siècle, dispose d'un mécanisme – également offert par la France –, qui continue de fournir le grain moulu durant les démonstrations. Le musée présente une collection de photographies anciennes et un film vidéo y retrace la rénovation du front de mer.

Au-delà des boutiques et des restaurants du **Caudan** Ⓑ s'élève le **Labourdonnais Hotel**, un hôtel pour hommes d'affaires, où l'on peut passer une agréable soirée surtout si on a gagné quelques roupies au casino.

Pour jouir d'une belle vue d'ensemble de la capitale, il suffit d'embarquer sur l'une des vedettes de croisière qui sont à quai devant l'hôtel. Du large, on découvre la ligne des pitons volcaniques qui dominent Port Louis : de droite à gauche, la montagne des Signaux, la crête du Pouce qui émerge de la chaîne de Moka à la manière d'un doigt pointé vers le ciel, et la silhouette vaguement humaine du Pieter Both, du nom de l'amiral hollandais qui se noya au large en 1615. Plus près se découpe la Citadelle, couronnée par les ruines du vieux fort Adélaïde (*voir p. 109*).

Toujours sur le front de mer, à l'ouest du Caudan, le **Blue Penny Museum** Ⓒ (ouv. du lun. au sam. de 10h à 17h ; tél. 210 8176 ; entrée payante) abrite une très belle collection de trésors nationaux, dont des peintures, des photos, des cartes, des pièces de monnaie, des cartes postales et des timbres anciens. Une grande partie du fonds a été léguée par des collectionneurs privés.

La place d'Armes

Du front de mer Caudan, un passage souterrain ménagé sous la voie rapide permet de gagner la **place d'Armes** Ⓓ, où se dresse la **statue de Bertrand Mahé de La Bourdonnais**. Les Port-Louisiens semblent prendre plaisir à bavarder sous les palmiers royaux de la place, malgré le tintamarre de la circulation.

Promenade en petit train sur le front de mer.

À Port Louis, le manque de place et les besoins croissants en bureaux ont favorisé la construction de tours dont la silhouette, résolument moderne, écrase un peu les constructions anciennes.

Statue de la reine Victoria, dans la cour de l'hôtel du Gouvernement.

Tout au bout de l'esplanade trône l'**hôtel du Gouvernement**, élégante construction coloniale dotée d'une large véranda, d'une gracieuse colonnade et d'une toiture en bardeaux. Cet édifice, le plus ancien de la ville, fut érigé par La Bourdonnais en 1738 pour y recevoir les puissants de passage. Dans la cour fermée par des grilles en fer forgé et protégée par un magnifique flamboyant, la statue en marbre de la reine Victoria côtoie celle du gouverneur William Stevenson, qui administra l'île de 1857 à 1863. En face, à l'angle d'Intendance Street et de la Chaussée, se dressent les bâtiments du **Trésor** (1883), restaurés en 2004 pour abriter les bureaux du Premier ministre.

L'édifice de l'Amicale Casino, dans Chaussée Street, remplace l'original, détruit par un incendie lors de la « riote » de 1999 au cours de laquelle sept personnes périrent. Aujourd'hui, ce minable et enfumé établissement est ouvert au public mais surtout fréquenté par des insulaires tentant leur chance au blackjack, à la roulette ou aux machines à sou.

Le Mauritius Institute, dans Poudrière Street, abrite le **Natural History Museum** E (ouv. du lun. au mer. et ven.). Ce qui fut, à partir de 1831, une collection botanique et zoologique exceptionnelle peut de nos jours décevoir : un malheureux dodo empaillé dans une vitrine poussiéreuse, quelques tortues géantes d'Aldabra, des collections de coquillages, quelques oiseaux des Mascareignes naturalisés et un requin passablement éprouvé par sa longue station sous les poutres. Rien n'empêche de glisser un petit mot dans la boîte placée près de la sortie pour suggérer une rénovation complète des collections.

Le **Company Gardens**, de l'autre côté de la rue, mériterait également une petite cure de jouvence, ce dont semblent peu se soucier les prostituées qui arpentent ses allées et la foule des employés qui se pressent, à l'heure du déjeuner, sous les banians géants et les palmiers bouteille.

L'un des nombreux temples hindous de Maurice.

Plan
p. 104

DE LA PLACE D'ARMES À L'HIPPODROME

Cette promenade dans Intendance Street, permet de voir les principaux bâtiments historiques de la ville, en commençant par le **théâtre municipal**. Édifiée en 1822 dans Jules Kœnig Street, c'est la plus ancienne salle de spectacles de l'océan Indien. Son heure de gloire remonte aux années 1930, quand les riches planteurs pouvaient y applaudir les troupes venues de France ou les opéras en vogue comme *Madame Butterfly*. Tombée en décrépitude dans les années 1950, cette vieille maison a rouvert ses portes en 1994, après avoir fait l'objet d'importants travaux de rénovation. Les spectacles (opéra, jazz et théâtre) y alternent désormais avec les meetings politiques et les mariages huppés. Dans la journée, il est possible d'y entrer librement pour admirer ses chandeliers de cristal et sa belle coupole peinte.

De l'autre côté du théâtre, le **Museum of Photography** Ⓕ (horaires variables ; tél. 211 1705 ; entrée payante) s'élève rue du Vieux-Conseil, ruelle pavée qui relie Jules Kœnig Street à Poudrière Street. Le photographe Tristan Bréville, qui a réuni cette collection d'appareils et de clichés anciens, notamment des daguerréotypes et des vues de la Maurice coloniale, doit lutter pour maintenir le musée ouvert contre vents et marées.

Un détour à l'est conduit à la **cathédrale Saint-Louis**. Consacrée en 1770, elle fut relevée par trois fois, la dernière en 1932, après le passage dévastateur de cyclones. Dénuée de charme, elle renferme les cendres de Mme Mahé de La Bourdonnais et de son fils. Sur la gauche, on appréciera les jolies colonnades du **palais de l'évêché**, érigé au XIXe siècle.

Un autre important édifice religieux, **St James Cathedral**, se dresse à l'ouest dans un cadre verdoyant, non loin de Poudrière Street. Cette ancienne poudrière-prison, construite par les Français, fut reconvertie en lieu de culte par les Britanniques. Elle a également servi aux Port-Louisiens d'abri anticyclone.

Pope Hennessy Street, qui prolonge Jules Kœnig Street, est bordée de quelques maisons coloniales. Elle aboutit au **Champ de Mars** Ⓖ, hippodrome dominé par l'arc verdoyant de la chaîne de Moka. Probablement inspirés par la majesté du site, les soldats français puis britanniques l'utilisèrent longtemps comme terrain de manœuvres et de parade. Les Mauriciens y célèbrent désormais leur indépendance, le 12 mars. Le reste du temps, ils viennent y assister à l'un de leurs spectacles favoris, les courses de chevaux. Une invitation dans la tribune du Mauritius Turf Club – vue imprenable sur le paddock – lors des épreuves tels la Gold Cup et le Grand Prix du Maiden ne peut se refuser.

SUR LA ROUTE DES ÉPICES

Le **marché central** Ⓗ (ouv. tlj. de 6h à 18h), ou Bazar Central en créole, au

Les Mauriciens sont grands amateurs de courses hippiques. La saison bat son plein de mai à novembre.

Les premières courses hippiques furent organisées par le Mauritius Turf Club, fondé en 1812 par le colonel Draper. Ce gentleman, joueur invétéré, eut l'idée originale de réunir ainsi Français et Anglais avec un fair-play tout britannique.

nord-est de la place d'Armes, justifie à lui seul la visite de Port Louis. Les commerçants de tous les continents se donnent rendez-vous tous les jours depuis cent cinquante ans dans ce grand marché couvert, appelé « bazar central » en créole. Aujourd'hui encore Indiens, Créoles et Chinois s'y disputent le chaland. Quelques échoppes de la rue centrale proposent aux touristes des tee-shirts, des paniers et des épices (qu'il ne faut surtout pas hésiter à marchander, poliment mais fermement), mais c'est dans ses murs que bat le véritable cœur du marché.

Tout en prenant garde aux pickpockets, dont le marché est le terrain de prédilection, il ne faut pas hésiter à plonger dans la cohue des allées où se succèdent avec bonheur les étalages de viande et de poissons, les pyramides d'épices, de fruits et de légumes, parmi les ménagères qui palabrent avec les « tisaneurs » sur les mérites de telle feuille, racine ou écorce supposée guérir tous les maux. Quelques roupies suffiront pour goûter un *dholl puri* (galette relevée) ou un samoussa, dont les épices mettent parfois l'estomac à rude épreuve. Les plus audacieux se laisseront peut-être tenter par le bombli, un poisson salé dont la puanteur défie l'imagination.

Non loin de là, le petit mais charmant **musée de la Poste** (Postal Museum) ❶ expose du matériel postal du XIXe siècle, comme des télégraphes et un distributeur automatique de timbres, ainsi qu'une belle collection de timbres, de tampons et de plaques d'impression originales. Le philatéliste passionné y découvrira pinces, loupes, premiers jours d'émission et planches commémoratives d'événements spéciaux, telle celle éditée en 1999 pour le 400e anniversaire du débarquement hollandais.

Au nord-est du musée de la Poste, s'étendent les jardins d'**Aapravasi Ghat**. C'est dans ce bâtiment surnommé « Coolie Ghat » que transitaient jadis les Indiens venus remplacer les esclaves noirs dans les plantations de canne à sucre. Des panneaux muraux en bronze évoquent la dure condition de ces immigrés. Un poème dédié à l'Immigrant inconnu rappelle dans un style fleuri comment « de la pierre, il fit naître de vertes prairies d'or ».

Le marché central occupe quatre halles couvertes au centre de Port Louis. Chaque jour, des centaines de commerçants tentent d'accaparer l'attention des ménagères en quête de fruits, de légumes, de poisson ou de plantes curatives. C'est au cœur de ce marché que l'on sent le mieux l'atmosphère populaire de la ville.

LES QUARTIERS CHINOIS ET MUSULMAN

Réparti sur quelques pâtés de maisons à l'est du marché couvert, le **quartier chinois** Ⓙ offre un spectacle haut en couleur avec ses petites boutiques aux comptoirs garnis d'épices, de poisson séché, d'herbes médicinales, d'outils et d'appareils en tout genre qui débordent sur les trottoirs. Des échoppes, curieusement dénommées « hôtels », vendent quantité de petits plats bon marché, tel l'omniprésent bol de *mine frit* que les Mauriciens avalent bouillant en moins de cinq minutes. Des charrettes installées au coin des rues proposent des « gâteaux piment », des samoussas croustillants et autres mets étranges, comme l'ananas à la sauce au piment rouge.

La **mosquée Jummah** Ⓚ, dans Royal Street, fut édifiée en 1852 par une communauté musulmane alors en pleine expansion. Elle n'est ouverte aux touristes qu'à certaines heures, mais son principal intérêt réside dans son portail en teck sculpté et dans la riche ornementation de son enceinte. **Plaine Verte**, le quartier musulman du nord de la ville, accueille la fête de Ghoons qui réunit chaque année la minorité chiite, mais il ne retient l'attention que par ses petites maisons de thé et le sympathique bric-à-brac de ses échoppes de tissus.

PLACES FORTES

L'ascension de la **Citadelle** Ⓛ (ouv. du dim. au ven. de 9h à 16h, le sam. de 9h à 12h) se justifie surtout pour la vue panoramique que le vieux fort Adélaïde offre sur la ville, le port et les montagnes de Moka. Les Port-Louisiens n'aiment guère cette obscure forteresse, symbole de l'occupation britannique baptisé du nom de l'épouse de Guillaume IV et tante de Victoria. Ses échoppes d'artisanat local présentent peu d'intérêt.

Tout aussi dénué de charme, le **temple chinois** très coloré, au pied de la citadelle, à l'angle de Generosity et de Justice Streets, mérite néanmoins une visite pour le panorama sur la ville qu'il offre du premier étage. Les amateurs d'architecture et de religion chinoises se rendront au Kwan Tee (rond-point de Caudan Waterfront), le plus vieux temple de la ville, dédié à une divinité guerrière œuvrant pour la justice ; ainsi qu'à l'agréable pagode **Thien Thane**, installée dans un cadre serein au pied de la montagne des Signaux, au sud-ouest de la ville.

Les amateurs d'insolite ne manqueront pas de faire un crochet par **Line Barracks** Ⓜ, l'énorme caserne des forces de police port-louisiennes. Derrière le fastueux et très

Plan p. 104

Le minaret de la mosquée Jummah.

Dans le quartier chinois.

Plan p. 104

controversé portail doré, ils découvriront quelques exemples d'architecture coloniale et une prison baptisée « Alcatraz ». À quelques pas de là, la « Porte de la Discipline », dont le revêtement de carreaux bleus ne déparerait pas une salle de bains, conduit au parking des forces de l'ordre.

Les environs de Port Louis

Dans le quartier Sainte-Croix, faubourg nord-est de la capitale, s'élèvent l'**église** et la **tombe du père Laval**. L'abnégation de ce missionnaire normand, débarqué à Maurice en 1841, peu après l'abolition de l'esclavage, lui permit de gagner rapidement la confiance des Noirs. Il mourut en 1864, et sa sépulture ornée de son effigie et d'une couronne de fleurs, fait l'objet d'un culte fervent. Nombre de Mauriciens croient aux pouvoirs de « l'apôtre des Noirs », et des centaines de gens de toutes confessions défilent chaque jour pour poser la main sur la pierre du tombeau avant de s'en caresser le visage ou le corps en demandant une guérison miraculeuse. Béatifié par le pape Jean-Paul II en 1979, le père Laval, s'il était canonisé, deviendrait le premier saint de l'île. Le pèlerinage qui aboutit chaque année à l'église, dans la nuit du 8 au 9 septembre, attire toujours une foule considérable. La cure voisine du sanctuaire ne manque pas d'élégance.

Le **Domaine des Pailles** (ouv. tlj. de 10h à 17h30; entrée payante; tél. 286 4255) à une dizaine de minutes en voiture au sud de la capitale. Ce complexe, composé de quatre restaurants, un casino, le futuriste Swami Vivekananda Conference Centre – qui accueille conférences internationales et salons professionnels ainsi qu'un parc de quelque 1 200 ha à découvrir –, attire tant les touristes que les travailleurs qui cherchent à fuire le brouhaha de la capitale.

L'attraction la plus populaire, surtout au près des enfants, est le circuit guidé d'une heure en petit train ou en calèche qui a pour objectif de faire comprendre la production de sucre, de rhum et des épices. La visite conduit le visiteur à travers une exploitation sucrière du XVIIIe-XIXe siècles en activité, en passant du moulin à sucre à la distillerie de rhum, et du jardin d'épices au musée du masque.

Pendant que les enfants feront une balade équestre ou pataugeront dans la piscine, les parents pourront s'élancer, en 4x4 ou en mountain bike, sur les 11 km de pistes (prévoir 2 heures) qui sillonnent les collines à la végétation luxuriante. Avec un peu de chance, on pourra surprendre des cerfs sauvages, des singes et des lièvres.

Accroché au flanc de la **montagne des Signaux**, au sud-ouest de la capitale, le site paisible du **Monument à Marie Reine de la Paix** offre une vue saisissante sur Port Louis et ses environs. En 1989, des milliers de Mauriciens affluèrent sur ce lieu de pèlerinage pour assister à une messe célébrée par le pape Jean-Paul II.

Ci-contre, l'hôtel du Gouvernement, qui vit se succéder, au gré de l'histoire mauricienne, les émissaires de la Compagnie française des Indes, des rois de France, de la République, de l'Empire, puis de la Couronne britannique. À droite, préparation de végétaux destinés au travail de vannerie, sur le domaine des Pailles.

LE NORD

Le climat très doux et les splendides plages de la côte nord-ouest ont fait de Trou aux Biches et de Grand Baie les principaux lieux de concentration touristique de Maurice. Hôtels, pensions de famille et bungalows à louer s'y pressent en rangs serrés, et de nouveaux établissements surgissent chaque année de terre sur des sites moins accessibles du littoral, entre Trou aux Biches et Port Louis.

Les plages les plus belles et les mieux entretenues de la région sont celles des grands hôtels, qui en font payer l'accès quand ils ne le réservent pas à leurs clients. Les plages publiques de Trou aux Biches, de Mont Choisy et de Pereybère, très animées le week-end mais assez calmes en semaine, donnent l'occasion de se mêler aux Mauriciens.

L'arrière-pays est aussi plat que celui du Sud est montagneux. Ses vastes plaines, que ponctuent de rares et douces collines de basalte, n'ont rien de spectaculaire, mais elles se prêtent admirablement à de longues promenades à bicyclette dans le labyrinthe géométrique des champs de cannes à sucre.

TOMBES, TORTUES ET ÉPAVES

L'autoroute M1, qui raccorde **Port Louis ❶** à Grand Baie, permet de rejoindre rapidement Trou aux Biches et les stations balnéaires plus proches de la capitale. Mais, à moins d'être extrêmement pressé, on lui préférera la route côtière, bien plus pittoresque.

Passé les faubourgs de Port Louis apparaît **Roche Bois ❷**, avec son cimetière chinois aux pierres tombales rouges, couleur associée au bonheur, à la richesse et à la longévité. Outre des Sino-Mauriciens, cette localité abrite une vaste communauté créole qui vit dans le plus extrême dénuement. En 1999, l'un de ses enfants, le populaire chanteur Kaya, fut arrêté pour avoir fumé du cannabis au cours d'une manifestation en faveur de la libéralisation de cette drogue douce. Le lendemain, quand on le retrouva mort dans la cellule du commissariat où il avait passé la nuit, de violentes émeutes embrasèrent les rues de Roche Bois et de Port Louis.

La **baie du Tombeau ❸**, à quelques kilomètres au nord de Roche Bois, doit son nom à une autre tragédie : en mars 1615, un cyclone drossa quatre navires de la Compagnie hollandaise des Indes orientales en provenance de Batavia sur les récifs qui affleurent au large. Tous les hommes d'équipage périrent, et avec eux l'amiral Pieter Both, premier gouverneur général des Indes hollandaises, qui regagnait la métropole.

Près du petit village de Baie du Tombeau, qui somnole au sud de la baie, s'étend une jolie plage déserte. Son accès n'est pas facile à trouver, mais les ruines d'un vieux fort français, envahies par les broussailles, serviront de point de repère.

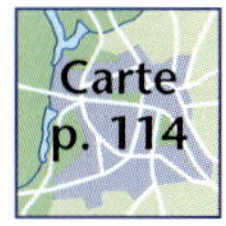

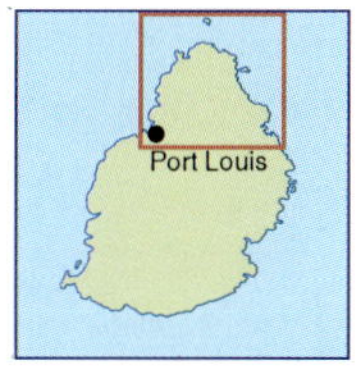

À gauche, farniente au cap Malheureux, théâtre de nombreux naufrages. Ci-contre, l'un des vendeurs de rabanes qui arpentent les plages de Trou aux Biches et de Grand Baie.

Le Nord
0
2 km
N
OCÉAN INDIEN
OCÉAN INDIEN
Coin de Mire
12
Île Plate
13 Îlot Gabriel
Île d'Ambre
16
Pointe aux Canonniers
Le Canonnier Hotel
9
Colonial Coconut Hotel
Pte Église
Pte d'Azur
Royal Palm Hotel
10
Pte l'Hortal
Cap Malheureux
11
Pereybère
Pavillon
Pte Butte aux Sables
Anse la Raie
Pte Madras
Butte à l'Herbe
Pte aux Roches
Barachois
Pte Oscome
Pte Bernard
Petite Pointe
Pte Bernache
Anse Bonserjent
Grande Pointe
Pte Orientale
Bassin Goëmons
Bassin Humbert
Grand Baie
Grand Baie
8
Petit Paquet
St-François
Grand Gaube
Germain
Roche Terre
Madame Azor
Petit Raffray
Réunion Maurel
Mamzelle Jeanne
Goodlands
14
St-Antoine
Poudre d'Or
15
Rivière du Rempart
The Vale
Forbach Hill 101
Cottage
Espérance Trébuchet
Forbach
Labourdonnais
Poudre d'Or Hamlet
Mapou
Panchvati
Pointe des Lascars
Pte Lascars
Baie la Rivière
Pte Bonhomme
Pte de l'Embarcadère
Pte de Roche Noire
Roches Noire
Rivière du Rempart
Sucrerie
Plaines des Roches
Mon Loisir
Belle Vue Maurel
La Clémence
Amitié
Gokoola
L'Espérance
Piton
Beau Séjour
Mt Piton 267
The Mount
Antoinette
Barlow
Amaury
Bois Jacot
Phoolyar Nagar
Mon Songe
Plaine des Roches
Laventure
Flacq
Pte Lafayette
Poste Lafayette
Pte Radeau
Bras de Mer
Belcourt
Pte d'Esny
Prince Maurice Hotel
Poste de Flacq
St Géran Hotel
Belle Mare Plage Hotel
Pte de Puits
Françoise
Poste de Flacq
Pont Blanc
Camp Poorun
Providence
Centre de Flacq
Constance
Bois d'Oiseaux
Grand Retraite
Mare d'Australia
Grand Bois Fond
Bon Accueil
Belvédère
Brisée Verdière
Pont Prasin
Ville Bague
Petite Julie
Grande Rosalie
Petite Rosalie
Mon Goût
Temple Maheswarnath
Mt Virer 70
Mont Choisy
7
Trou aux Biches
5
Triolet
6
Plaine des Papayes
Fond du Sac
Bois Mangue
Belle Vue Harel
Morcellement St-André
Solitude
Pamplemousses
Beau Plan
The Mount 162
Madame Cayeux
Pamplemousses
17
Jardin botanique
Calebasses
Camp de Embrevades
D'Epinay
Camp Créole
Belvédère
Congomah
18
La Nicolière
Nicolière Mts
Salazie
Moka
Camp Bestel
Pointe aux Piments
The Oberoi Hotel
Maritim Hotel
Citrons
Balaclava
4
Baie aux Tortues ou de l'Arsenal
Petit Gamin
Arsenal
L'Espoir
Khoyratty
Bois Pignolet
Notre Dame
Baillache
Valton
Ruisseau Rose
Les Mariannes
Robinson
Calebasses 632
Malenga
R. du Tombeau
Baie du Tombeau
3
Bois Marchand
Terre Rouge
Le Hochet
Ste-Croix
Long Mtn
Abercrombie
Priest's Peak
Caroline
Baie du Tombeau
Pte Roche Noire
La Cocoterie
2
Roche Bois
Port Louis
1
Port Louis
Signal Mtn
Curepipe
Grand River Bay
Pointe aux Sables
Pte aux Sables
Petit Verger
Black River
M1
M1
M1
A1
A2
A2
A2
A4
A4
A5
A5
A6
A6

À **Arsenal**, lieu-dit dont le nom évoque une citadelle française des environs de Balaclava détruite en 1774 – et non le célèbre club de football londonien, comme le laisse croire le magasin *Gunners Store* – on peut bifurquer vers l'intérieur et le jardin botanique de Pamplemousses (*voir p. 120*) ou continuer à remonter la côte en direction de Grand Baie.

Plusieurs hôtels de luxe se sont construits aux abords de la **baie aux Tortues** (ou baie de l'Arsenal) ❹, entre l'estuaire de la rivière Citrons et le petit village de **Balaclava**. C'est ainsi que le Maritim Hotel s'est installé sur les ruines de l'arsenal qui approvisionnait en matériel de guerre les navires de Louis XV faisant route vers les Indes.

Certains s'inquiètent de voir la multiplication de telles constructions menacer l'équilibre écologique de cette baie réputée pour la beauté de son récif corallien. Les tortues qui la fréquentaient jadis et remontaient la rivière Citrons l'ont depuis longtemps désertée, mais de nombreux plongeurs viennent encore de Grand Baie à bord de l'*Isla Mauritia* en explorer les fonds. Au nord de Balaclava, la route file à travers les cannaies pour rejoindre la côte à la sortie de Pointe aux Piments.

TROU AUX BICHES

Avec sa plage frangée de filaos, qui déroule son ruban de sable fin au bord d'un lagon d'un bleu profond, **Trou aux Biches** ❺ a tous les attraits d'une station balnéaire de carte postale. À l'extrémité de ce ruban de sable long de 3 km, près de la station de bateaux, les pêcheurs se rassemblent sous les filaos pour bavarder ou jouer en créole. On trouvera ici plusieurs restaurants et le supermarché Chez Popo où l'on peut louer des vélos.

Tous les hôtels proposent des activités telles que le ski nautique, la planche à voile, la plongée, le snorkling, et organisent des sorties en mer en bateau à voile ou à fond de verre. Le week-end, le vacarme des *speed boats* vient rompre la tranquillité du lagon. Des pêcheurs circulent à vélo sur la route littorale pour vendre leur poisson frais aux passants, tandis que sur la plage des colporteurs à l'intarissable bagout proposent des coquillages, des paréos et des maquettes de voiliers. Les vendeurs de fruits frais ne sont pas en manquent non plus et de les voir tailler un ananas à la machette est un pur spectacle.

TRIOLET ET MONT CHOISY

Triolet ❻ est sans doute l'agglomération la plus étendue (et pourtant l'une des moins attrayantes) de Maurice. La bourgade a toujours joué un rôle majeur dans la vie politique depuis l'indépendance car elle est la circonscription du tout premier Premier ministre de Maurice. Elle abrite également la plus forte concentration d'Indo-Mauriciens et le plus grand temple hindouiste de l'île, le **Maheswarnath**, situé der-

Carte p. 114

La divinité hindoue Kali.

Le Maheswarnath, près de Triolet, forme le plus vaste complexe hindouiste de l'île Maurice. Les cloches suspendues au-dessus des portes servent à éloigner les démons de ces lieux dédiés aux divinités du culte shivaïte, tels Parvati, parèdre de Shiva, Ganesha, leur fils aîné à tête d'éléphant, et le taureau Nandi, monture du dieu.

L'« *Isla Mauritia* », amarré à Grand Baie, emmène les plongeurs sur les meilleurs sites.

rière le poste de police de Trou aux Biches. Construit en 1857, ce temple, défraîchi par la pluie et les vents, aurait besoin d'une couche de peinture pour retrouver ses couleurs vives d'antan. Tout à côté pousse un énorme banyan où un panneau accueille les pèlerins.

La construction de ce complexe installé derrière le poste de police de Trou aux Biches, remonte à la fin du XIXe siècle, comme en témoigne le colossal banian qui s'élève près de l'entrée. Les petits temples coiffés de dômes ainsi que le temple principal autour duquel ils s'ordonnent auraient besoin d'un bon coup de restauration pour redonner aux stucs leur polychromie. Il convient de se déchausser à l'entrée du sanctuaire (et de ne pas porter de cuir) si l'on veut le visiter.

Le week-end et les jours fériés, toute la région semble se donner rendez-vous sur la plage publique de **Mont Choisy** ❼, magnifique croissant de sable blanc comme le sucre (3 km) léché par une eau turquoise. Les matrones indo-mauriciennes s'installent à l'ombre pour sortir des bols de riz et de cari de leurs énormes paniers (« tentes »), tandis que les enfants jouent sur une ancienne piste d'atterrissage transformée en terrain de football : un monument y commémore le premier vol Maurice-la Réunion, accompli par des pilotes français en 1933. En semaine, Mont Choisy est l'endroit idéal pour une baignade tranquille ou une promenade en bateau à fond de verre sur le lagon.

Le Saint-Tropez créole

Grand Baie ❽ est *la* station balnéaire mauricienne : hôtels de luxe, pensions bon marché, restaurants, bars, boîtes de nuit, supermarchés et boutiques de mode constituent une chaîne ininterrompue de constructions tout autour de son immense baie en forme de fer à cheval. La transformation anarchique

de ce petit village de pêcheurs en un centre touristique tapageur lui a valu le surnom de « Côte d'Azur créole », et rien ne freine son succès : nombre de Mauriciens aisés y ont leur résidence secondaire, et les touristes y affluent toujours plus nombreux. En effet, l'unique station balnéaire mauricienne se dote de supermarchés, de complexe résidentiels et hôteliers, d'une pléthore de bars et de restaurants, de compagnies de location de voitures et d'agences de voyages qui proposent des excursions dans toute l'île, et même à Rodrigues.

L'essentiel des activités se concentre sur Royal Road, autour de Sunset Boulevard, une galerie commerciale (ouv. aussi le dim.) installée face à un alignement de supermarchés, de restaurants et de fast-foods. C'est dans ce secteur que sont établies les agences qui organisent des sessions de parachute ascensionnel sur le lagon, des « marches subaquatiques » et des virées en sous-marin.

Il est illusoire de penser trouver un bout de grève paisible dans cette baie, qui a parfois tout d'un parking pour bateaux à moteur. Mieux vaut se diriger vers la plage publique de la Cuvette, aménagée à l'entrée nord-est de la baie. De l'autre côté des rochers basaltiques semés au nord de celle-ci s'étendent les sables blancs de l'**hôtel Royal Palm**. Comme la plupart des palaces de Maurice, ce refuge pour vedettes du grand écran et milliardaires réserve un accueil médiocre à celui qui souhaite installer sa serviette auprès de celles de leurs clients fortunés, mais avec un peu de chance et un portefeuille bien garni, on pourra obtenir une table au restaurant.

Grand Baie possède également la plus forte concentration de boîte de nuit – et donc de prostituées – de l'île. Pour une soirée tropicale on se rendra au Banana Bar pour boire un cocktail et écouter de la musique live ou au night-club du Stardance, le rendez-vous de la jeunesse dorée.

Carte p. 114

Nombreux sont les hôtels et les agences de voyages locales qui organisent des promenades avec scaphandre au fond du lagon.

L'hôtel Le Canonnier.

Les Indo-Mauriciennes se rassemblent dans la profonde anse de la Raie (à dix minutes de voiture de Grand Baie), lors de certaines fêtes comme le Ganga Asnan. Vêtues d'amples saris roses, elles déposent des offrandes de nourriture sur des feuilles de bananier devant un petit temple dressé au bord de l'eau.

POINTE AUX CANONNIERS

La route qui mène à la **Pointe aux Canonniers** ❾, à l'ouest de Grand Baie, est bordée d'énormes flamboyants qui se parent en été de leurs magnifiques fleurs écarlates. La Pointe des Canonniers, située à l'extrémité de la péninsule fut longtemps occupée par une garnison française chargée de prévenir toute invasion anglaise. Ces précautions n'empêchèrent guère les Britanniques de s'emparer de l'île en 1810 et de transformer par la suite la caserne en lazaret.

Plusieurs hôtels de luxe côtoient de nos jours les villas cossues construites sur cette presqu'île ourlée de belles plages par des familles de la grande bourgeoisie mauricienne. Dans les jardins du **Le Canonnier Hotel**, une batterie de canons du XVIIIe siècle et les ruines d'un phare du XIXe siècle règnent encore sur les récifs (qui causèrent la perte de dizaines de navires) et les îlots ancrés au large.

Pêcheurs créoles au large du Coin de Mire, l'un des nombreux îlots proches de la côte nord. Réputées pour la beauté de leurs fonds marins, mieux préservés qu'ailleurs, certaines de ces îles servent de refuge à des espèces animales en voie d'extinction.

PEREYBÈRE

Pereybère ❿, que seuls deux petits kilomètres séparent de Grand Baie, n'en vit pas moins à un rythme plus paisible, et les prix y sont un peu plus abordables. Cette villégiature traditionnelle de la communauté sino-mauricienne s'efforce cependant de rattraper sa voisine, et des complexes hôteliers, parfois disgracieux, s'y construisent chaque année pour accueillir les touristes auxquels se mêlent les vacanciers de Grand Baie qui souhaitent changer de cadre, paresser sur sa jolie plage ou explorer le lagon en plongée libre.

Le week-end, comme à Trou aux Biches et Mont Choisy, les Mauriciens viennent pique-niquer sur la plage et les marchands ambulants de glaces, de plats chauds, de boissons et de fruits frais font recette.

On trouvera dans les allées qui partent de la grande route des *boutiks* vendant paréos, palmes et tubas à des prix moins élevés que sur la plage, ainsi que quelques restaurants bon marché.

CAP MALHEUREUX

Pointe septentrionale de l'île, le **cap Malheureux** ⓫ devrait son nom, selon les interprétations, aux nombreux navires qui sombrèrent au large ou aux troupes britanniques qui y débarquèrent en décembre 1810. Le village du même nom, à 1 km à l'est du cap, doit beaucoup de son charme à sa pimpante église au toit de bardeaux rouges qui sert d'amer aux pêcheurs. Nanti d'une petite plage, d'une station-service, de quelques restaurants bon marché et de modestes hôtels, il semble ne sortir de sa torpeur que vers 16 heures, quand les pêcheurs rentrent de mer vendre leurs prises.

À l'est de Cap Malheureux, la route coupe à travers les cannaies pour rejoindre le littoral à **Grand Gaube**, 5 km plus loin. Ce paisible village de pêcheurs créoles est réputé pour son chantier de construction de pirogues en bois de jaquier. On

Carte p. 114

pourra admirer la vue sur la baie au luxueux Legends Hotel ou déguster un encas au Paul et Virginie Hotel, un peu plus loin.

Les îlots côtiers

Plusieurs agences de Grand Baie et des environs organisent, quand les conditions météorologiques le permettent, des excursions à la journée à destination des îlots côtiers du Nord. Les bateaux jettent l'ancre dans des baies abritées, laissant à leurs passagers toute latitude pour se baigner, plonger ou prendre un bain de soleil sur le pont.

Coin de Mire ⓬, situé à 3 milles de la côte, possède des fonds marins spectaculaires, mais l'île, érigée en réserve naturelle, ne se visite pas – d'ailleurs, ses éboulis volcaniques dissuadent d'y accoster. Rien n'empêche, en revanche, de pique-niquer sur l'**île Plate** ⓭ ou sur l'**îlot Gabriel**, dont les plages et les récifs coralliens ravissent baigneurs et plongeurs. L'armée mauricienne a investi l'ancien lazaret de l'île Plate – construit en 1856, quand une épidémie de choléra faillit rayer Port Louis de la carte. Mais on peut passer la journée à explorer les sentiers qui vagabondent entre le phare et le cimetière.

Il faut une autorisation écrite du ministère de l'Agriculture mauricien pour accoster et pour pouvoir visiter l'**île Ronde** et l'**île aux Serpents**, deux réserves naturelles ancrées à 13 milles au large de Maurice et ceinturées de falaises qui rendent l'accostage difficile. La végétation de l'île Ronde (169 ha) abrite nombre d'espèces menacées, en particulier deux variétés de boas des Mascareignes et des lézards endémiques comme le gecko de Guenther et le scinque de Telfair (*voir aussi p. 90*). Si elle constitue un sanctuaire pour les oiseaux, l'île aux Serpents n'abrite, en revanche, aucun serpent. De même, on n'a repéré aucun pigeon sur l'îlot baptisé le **Pigeonnier**, au nord de l'île Plate !

Fabrication de maquettes de bateaux à Goodlands.

Par un chaud dimanche, à Pereybère.

BATEAUX MINIATURES

La bourgade populeuse de **Goodlands ⓮**, à 5 km au sud de Grand Gaube, n'a guère de caractère, mais on peut y visiter **Historic Marine**, l'une des principales fabriques de maquettes de bateaux de l'île. La boutique du rez-de-chaussée est ouverte tous les jours et l'atelier, à l'étage, en semaine seulement. On ne manquera pas d'y admirer la patience minutieuse avec laquelle les artisans réalisent leurs délicats chefs-d'œuvre.

Au sud-est de Goodlands, la route rejoint le littoral à **Poudre d'Or ⓯**. C'est au large de ce joli village que le *Saint-Géran* fit naufrage dans la nuit du 17 au 18 août 1744, inspirant quarante ans plus tard à Bernardin de Saint-Pierre son célèbre roman *Paul et Virginie*. Un mémorial a été érigé au bout de l'avenue Paul-et- Virginie en souvenir des victimes. En 1966, une expédition française explora l'épave du navire et recouvrit des reliques, à présent exposées au Musée naval de Mahébourg (*voir p. 128*).

L'**île d'Ambre ⓰**, un îlot inhabité qui doit son nom au précieux ambre gris qu'on y récoltait jadis, se trouve à 30 minutes de bateau de la jetée de Poudre d'Or. Les pêcheurs acceptent volontiers, pour une somme modique, d'y emmener les touristes et d'aller les rechercher quelques heures plus tard.

Les plages sauvages et ventées, semées de roches volcaniques, de **Roches Noires** et de **Poste Lafayette** sont le plus souvent désertes. Les vagues et les courants pouvant réserver de mauvaises surprises aux nageurs imprudents, on n'y rencontre guère que quelques pêcheurs patrouillant sur les hauts-fonds.

Nénuphars géants du jardin botanique de Pamplemousses.

LE JARDIN BOTANIQUE DE PAMPLEMOUSSES

De Poudre d'Or, on peut rejoindre le **jardin botanique de Pamplemousses ⓱** (ouv. tlj. de 6h à 18h), dont le nom officiel est Jardin Botanique Sir Seewoogasur Ramgoolan, en hommage à l'ancien Premier ministre de Maurice, qui y fut incinéré. Le jardin se trouve également à une demi-heure de route de Port-Louis et de Grand Baie. Certes, il mériterait des soins plus attentifs, mais une visite s'impose, ne serait-ce que pour la tranquillité et la présence de spécimens rares, aux couleurs éclatantes.

Ce domaine de 25 ha doit son nom au village voisin, où l'on cultive le pamplemousse. Le nom français de ce fruit importé de Java par les Hollandais, au XVIIe siècle, est dérivée du tamoul *bambolma*.

Certains guides officiels et agences de voyage, vous proposent des visites un peu trop rapides du jardin. Or il faut deux bonnes heures pour explorer le labyrinthe d'avenues ombragées qui sillonnent le jardin, magnifiquement fleuri de décembre à avril. Il est préférable de s'adresser aux guides les plus âgés, qui prendront davantage le temps de révéler les secrets du jardin et de ses hôtes.

L'idéal est de se perdre, le plan dans la poche (disponible au guichet à l'entrée principale), dans les allées où prospèrent plus de 500 espèces végétales, dont 80 variétés de palmiers et 40 essences nobles comme l'ébénier, l'acajou et le teck.

A l'entrée de l'avenue Pope Hennessy, sur un plan d'eau, s'épanouissent de superbes lotus blancs ou jaunes, fleurs sacrées des hindous et des bouddhistes. A l'extrémité de l'avenue de La Bourdonnais s'étend le célèbre **bassin aux nénuphars**, presque entièrement couvert par les feuilles géantes (de 1 m à 1,50 m de diamètre) de la *Victoria amazonica*. Quand elles éclosent, les fleurs de ce nymphéa, d'un délicat blanc crème se teintent de rose au soir du deuxième jour, puis se fanent.

Entre les avenues Telfair et Cossigny pousse une autre curiosité du jardin, des palmiers talipots. Reconnaissables à leurs immenses palmes en éventail, ces arbres originaires d'Asie tropicale fleurissent une seule fois, au terme de 40 à 60 années de vie, et meurent juste après.

Le jardin botanique de Pamplemousses est en fait l'ancien potager du château de **Mon Plaisir** que Mahé de La Bourdonnais avait fait construire en 1735 puis cédé à la Compagnie des Indes en 1737, avant que Pierre Poivre, botaniste français et intendant du roi ne le réaménage en 1768. Il y acclimata nombre de plantes à épices ou à parfums, comme des gingembres, des muscadiers, des poivriers, des girofliers ou encore des camphriers, des eucalyptus, des caneliers, des santals, etc.

La grosse maison coloniale construite au XIXe siècle par les Anglais en lieu et place du château, dans l'angle nord-est a été restaurée et transformée en bureaux administatifs.

Près de l'entrée, ont été aménagés un parc aux cerfs et un enclos aux tortues. Dans ce dernier s'ébattent des tortues terrestres géantes, importées en 1875 de l'archipel d'Aldabra, aux Seychelles, car elles étaient menacées de disparition. Une reconstitution d'un moulin à sucre se dresse à côté.

LA ROUTE DU PIETER BOTH

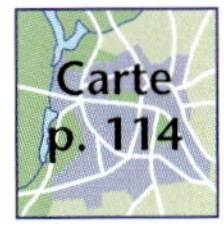

De l'A2, qui relie Pamplemousses à Centre de Flacq et la côte orientale, on peut apprécier l'un des plus beaux paysages de l'île : une mer verdoyante de cannes à sucre derrière laquelle se découpent les étranges arêtes des montagnes de Moka.

La route dessert **Grande Rosalie** où la première plantation fut aménagée en 1743. Le domaine est fermé au public, mais depuis le **lac de La Nicolière** ⓲ on en a une vue d'ensemble. La route s'élève dans les montagnes avant de redescendre à travers bois vers des villages endormis. Par temps clair, le hameau de **Malenga** offre un excellent point de vue sur le **rocher de Pieter Both** (821 m). Dans la lumière rasante de la fin de journée, cette montagne coiffée d'un rocher rond ressemble à un homme assis et méditatif qu'aurait sculpté Alberto Giacometti. De Malenga, la B34 rejoint l'autoroute au niveau de Terre Rouge.

Les plus violents cyclones n'ont jamais pu ébranler le rocher posé en équilibre instable au sommet du Pieter Both, ci-contre. La légende veut que le jour où le rocher tombera, une catastrophe ait raison de l'île entière.

L'EST

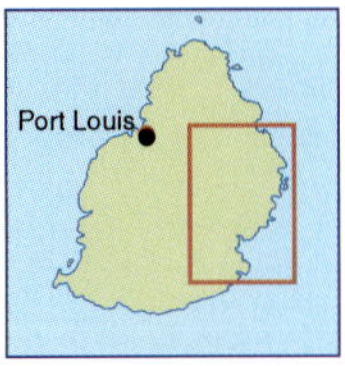

Alors que la fureur touristique s'est emparée des côtes nord et ouest de Maurice, le littoral oriental de l'île a su préserver sa sérénité, même si les hôtels commencent à se multiplier autour de Belle Mare. Mais les activités envisageables s'y limitent peu ou prou aux sports nautiques et, du fait de la faiblesse du réseau routier, rejoindre le Nord ou l'Ouest demande un certain temps. Si ce littoral orné de criques sauvages est un lieu de villégiature idéal pour les amateurs de tranquillité, ceux qui souhaitent visiter toute l'île se contenteront sans doute d'y effectuer un court séjour.

LA PLAINE DE FLACQ

Le nom du district qui recouvre la portion nord du littoral oriental, **Flacq**, est une déformation de l'appellation hollandaise Groote Vlakte (« Grande Plaine »). De fait, il s'agit d'une vaste plaine qui se prête tout particulièrement à l'agriculture. Ses immenses champs de cannes, qui alternent avec des cultures vivrières (oignon, tomate, cacahuète, aubergine et piment), appartiennent presque tous à de grands domaines sucriers, tels que le FUEL (Flacq United Estates Limited), plus important planteur mauricien.

La principale bourgade de la région est **Centre de Flacq**, que domine un palais de justice construit par les Britanniques au XIXe siècle. Sa foire dominicale en est le principal pôle d'attraction, et de nombreux bus la relient à Port Louis, à Mahébourg et aux villages côtiers de l'Est.

BELLE MARE

C'est au nord et au sud de **Belle Mare ❶**, à dix minutes en voiture de Centre de Flacq, que se concentrent les plages et les hôtels de la région. L'épaisse forêt de filaos qui frange la meilleure des plages publiques, Belle Mare, abrite les vestiges des anciens fours à chaux, obtenu à partir du corail. Du sommet des ruines s'offre une vue magnifique sur les champs de cannes et la côte. Bordant les hôtels Belle Mare Plage et Coco Beach, la partie nord de Belle Mare est soigneusement entretenue.

En se dirigeant vers le sud, on remarquera enfouies dans la dense végétation environnante les statues très colorées de dieux hindous. S'ensuit une enfilade de luxueux hôtels, dont La Résidence, une imposante demeure de style coloniale, et Le Palmar, reconnaissable à ses villas aux toits de chaume.

TROU D'EAU DOUCE

Piquant vers le sud, la route contourne un temple hindou pour longer le littoral et quelques hôtels à l'esthétique assez discrète. Le petit village de pêcheurs de **Trou d'Eau Douce ❷** contraste par sa rusticité avec cette chaîne de complexes touristiques : un labyrinthe de ruelles

À gauche, lever de soleil à Belle Mare, dont la plage publique, régulièrement balayée par le vent, est très appréciée des planchistes. Les hôtels qui s'égrènent le long de la dizaine de kilomètres de plages séparant Pointe de Flacq de Trou d'Eau Douce louent également des kayaks et des dériveurs (ci-contre).

L'Est
0 2 km
N
OCÉAN INDIEN
OCÉAN INDIEN
Moka
Flacq
Grand Port
Pont Praslin
Pamplemousses
Mare d'Australia
La Nicolière
Monts Nicolière
Salazie
Brisée Verdière
Grand Retraite
Bois d'Oiseaux
Bon Acceuil
Belvédère
Grand Bois Fond
Lalmatie
Françoise
Poste de Flacq
Poste de Flacq
St Geran Hotel
Belle Mare Plage Hotel
Pont Blanc
Camp Poorun
Constance
Providence
St-Remy
Belle Vue Allendy
Centre de Flacq
Camp Bouillon
Pte de Puits
Belle Mare
Pte du Puits des Hollandais
Mare la Chaux
Mare du Puit
Pte aux Boeufs
Le Palmar Hotel
Camp Garreau
St-Julien
Union Flacq
Isidore Rose
Quatre Cocos
Rich Fund
Sucrerie de FUEL
Camp Bonnemere
Bramsthan
Mare Tatos
Camp Thorel
Camp Ithier
Palmar
R. du Poste de Flacq
Coignard
Queen Victoria
Ecroignard
Île Vacoas
Quartier Militaire
St-Julien d'Hotman
l'Unite
Camp de Masque Pavé
West Peak 433
Montagne Fayence
Pte Quatre Cocos
Trou d'Eau Douce
Mont Ida
Bel Étang
Camp de Masque
Petit Bois
Île de la Batterie
A 7
Medine
Providence
Mare Jacot
La Caroline
Îlot Lievres
Bel Air (Rivière Sèche)
Touessrok Hotel
Moka
Petite Cabane
Île de l'Est
Hermitage
Clemence
Belle Rose
Ernest Florent
Montagne Blanche
Mt Blanche 532
Trois Îlots
Île aux Cerfs
Pte Grand Vacoas
Melrose
Petit Paquet
Beau Champ
Françoise ou du Boucan
Montagne Blanche
Pellegrin
Deep River
Île aux Chats
Grande Rivière Sud Est
Lesur
Deux Frères
Île Camisard
Sebastopol
La Nourrice
Anse Cunat
Pte de la Batterie
Sans Souci
Olivia
Quatre Soeurs
Clavet
Bois d'Oiseaux
Pte St-Lain
L'Étoile
La Commune
Marie Jeanne
Pointe aux Feuilles
Grande Rivière Sud-Est
Kewal Nagar
Mt Bambou 626
Pte aux Feuilles
Grande Rivière Sud-Est
Grand Sable
Anse du Grand Dable
Îlot Flamants
Pic Grand Fond 521
Montagnes Bambou
Pointe aux Roches
Pte aux Roches
Île aux Oiseaux
Anse du Petit Sable
Petit Sable
Pointe du Diable
Pte du Diable
Montagnes Créole ou Monts des Hollandais
Anse Bambou
Domaine du Chasseur
Bambous Virieux
Pte Corail
Champagne
Nyon
Anse Jonchée
Pte Bambou
Anse Jonchée
Providence
Pte Masulipatan
Le Val
Monument aux Hollandais
Lion Mt 480
Le Val Nature Park
Ste-Madeleine
Ferney
Vieux Grand Port
Bois des Amourettes
St-Hubert
Le Vallon
Pavillon du Grand Port
Eau Bleue (Rama)
Cent Gaulettes
Anse Colas
St-Hilaire
Salles d'Armes
Treize Cantons
Île Marianne
Rocher des Oiseaux
Mare Chicose
Île aux Singes
Île aux Fous
R. des Créoles
Mt des Créoles 369
La Terre Rouge
Trou Beloute
Riche en Eau
Rivière des Créoles
Pte Brocus
Astroea
Camp Jardin
Îlot Vacoas
Île aux Fouquets
Île de la Passe
Pte de la Colonie
Deux Bras
La Chaux
Petit Bel Air
Biscuiterie H. Rault
Ville Noire
New Grove
Grand Bel Air
Mahébourg
Anse des Courants
Rau Copeau
La Rosa
Musée naval
Port Louis
A 10
Île du Hangard
Île aux Aigrettes
Mare d'Albert
La Rampe
le Moirt
Preskil Beach Resort Hotel
Pte D'Esny
A 10
Beau Vallon
M 2
Pointe D'Esny
Aéroport international Sir Seewoosagur Ramgoolam
Plaine Magnien
Pte des Deux Cocos
Gros Bois
Blue Bay
Union Vale
Shandrani Hotel
Pte Corps de Garde
Île des Deux Cocos
Trois Boutiques
Mon Trésor-Mon Désert
Le Chaland
Pte Vacoas
A 2

bordées de cabanons, des femmes qui font la lessive au bord de la rivière et des bateaux de pêche qui dansent dans la baie. La plupart des touristes y passent sans s'arrêter, pressés de rejoindre le prestigieux hôtel Touessrok ou l'île aux Cerfs, quoique quelques « boutiks » et restaurants fassent leur possible pour les retenir.

L'île aux Cerfs

L'**île aux Cerfs** ❸ est depuis longtemps l'un des buts d'excursion favoris des Mauriciens comme des touristes. Cet îlot inhabité dépend du Touessrok, mais il est ouvert au public – contrairement à l'îlot Mangenie, exclusivement réservé aux résidants. Sans moyen personnel de transport, il faut s'adresser soit au tours operators de Grand Baie qui organisent des excursions à la journée – même en catamaran –, soit aux compagnies de Trou d'Eau Douce qui assurent un service en ferry depuis l'embarcadère. Attention, seuls les golfeurs avec réservation pour un parcours sur l'île peuvent utiliser le parking gratuit du Touessrok. Sinon, une solution beaucoup plus pittoresque est d'affréter un bateau de pêcheurs pour traverser le lagon.

L'île aux Cerfs est couverte de 285 ha de forêts et ceinturée de plages magnifiques. Le site se prête à la plongée libre, et l'on peut louer tout le matériel nécessaire à la pratique du ski nautique, de la planche à voile et du dériveur. Une multitude de boutiques et de restaurants prospèrent sous les arbres – voire *dans* les arbres. L'ambiance est bon enfant, mais, selon la période, il faut aimer les bains de foule ! Il suffit alors de s'éloigner de quelques centaines de mètres pour rejoindre de longues plages à l'atmosphère plus sereine. L'île abrite un parc aux tortues, et quelques sentiers balisés permettent d'y faire d'agréables promenades et de découvrir de petites criques désertes – du moins le matin.

De l'île aux Cerfs, des bateaux font l'aller-retour jusqu'à l'estuaire de Grande Rivière Sud-Est, le plus long cours d'eau de Maurice. On voit parfois les jeunes du village s'élancer du sommet des hautes falaises basaltiques, espérant attirer l'admiration – et quelques ruppies – des touristes.

La Route des Hollandais

La route littorale B28, qui relie Trou d'Eau Douce à Mahébourg, possède l'un des plus agréables tracés de l'île. Après un détour par Bel Air, dans les terres, on rejoindra la côte en prenant la direction de Beau Champ, au fond de l'estuaire de Grande Rivière Sud-Est, près de jolies gorges agrémentées de cascades. La route enjambe l'estuaire pour traverser ensuite une agréable série de villages et de hameaux de pêcheurs coincés entre les montagnes Bambous et l'océan.

Passé Pointe aux Feuilles, commence le **district de Grand Port**, où l'on rencontrera plusieurs monuments commémoratifs et des vestiges des XVIIe et XVIIIe siècles, mal-

Carte p. 124

La plus célèbre citoyenne de l'île aux Cerfs demeure une tortue géante qui aurait dans les 200 ans.

Ci-contre, cours de plongée dans la piscine du Touessrok, un des hôtels les plus réputés de la côte est. À défaut de louer l'une de ses très onéreuses chambres, on peut aller y boire un verre pour profiter de son cadre exceptionnel.

heureusement très négligés. C'est en effet sur la côte sud-est de Maurice que les Hollandais s'installèrent et que les Français fondèrent par la suite leur premier établissement.

C'est sur l'emplacement de **Vieux Grand Port** ❹, au pied de la montagne du Lion, que les Hollandais débarquèrent sur l'île en septembre 1598 et que la Compagnie hollandaise des Indes orientales (VOC) établit ses quartiers en 1638. C'est aussi là que les premiers colons français se fixèrent en 1721, aménageant des défenses sur les vestiges du fort hollandais, qui avait été incendié en 1695 par des esclaves marrons. Il ne reste pratiquement rien de ces installations, mais des archéologues ont exhumé en 1997 de la vaisselle ainsi que des porcelaines chinoises du XVIIe siècle. Ces découvertes sont exposées, avec une maquette du fort originel, au **Frederik Hendrik Museum** (ouv. du lun. au sam. de 9h à 17h, le dim. de 9h à 12h ; tél. 634 4319 ; entrée libre), où un documentaire retrace l'histoire de la VOC en précisant le rôle qu'elle joua à Maurice.

Les gentilshommes français se battaient en duel dans une petite grotte, dite **Salle d'Armes**, qui donne sur la mer et à laquelle on accède en se frayant un chemin à travers les champs de cannes qui s'étendent au sud-est du village. Ces incorrigibles soldats remontaient ensuite la côte est pour rejoindre l'élue de leur cœur à **Bois des Amourettes**. Moins poètes, les Britanniques y installèrent une réserve de carburant pour leurs navires durant la Seconde Guerre mondiale, comme en témoignent les restes de citernes qui émergent des cannes.

Sur la route entre Vieux Grand Port et Mahébourg, deux **mémoriaux** en pierre évoquent le débarquement des Hollandais, en 1598, et leur introduction de la canne à sucre, en 1639. Ces monuments restèrent des années dans l'indifférence totale jusqu'à la visite officielle de la couronne hollan-

Sur les terres du domaine du Chasseur.

daise en 1998 lors de la célébration du 400e anniversaire du débarquement.

LE DOMAINE DU CHASSEUR

Le **domaine de l'Ylang Ylang** (ouv. tlj. ; tél. 634 5668) consacré à la distillation de cette fleur au parfum réputé, est installé à Anse Jonchée, au pied des collines qui dominent Vieux Grand Port.

Niché un peu plus haut, au creux des montagnes, le **domaine du Chasseur** ❺ (ouv. tlj. de 9h à 17h; tél. 634 5097) offre de très belles vues sur la baie où, en 1810, la marine française remporta sa plus grande victoire navale des guerres napoléoniennes. Ce domaine privé de 900 ha, jadis réputé pour ses parties de chasse privées, attire à présent les écotouristes avides d'explorer les derniers vestiges de la forêt primaire mauricienne. Ils arpenteront les 30 km de sentiers à travers une sylve d'ébéniers, palmiers, canneliers et autres arbres à épices, et d'orchidées sauvages. Outre les cerfs, il est également possible de surprendre dans la réserve de 160 ha des sangliers, des singes et de nombreux oiseaux endémiques, telle la crécerelle de Maurice (*voir p. 91*), que les guides attirent vers 14h avec de la nourriture. Le domaine propose un hébergement en bungalows, rustiques mais peu onéreux.

MAHÉBOURG

Ainsi nommé en hommage au gouverneur français Mahé de La Bourdonnais, **Mahébourg** ❻ s'étend sur le rivage méridional de l'immense baie de Vieux Grand Port. Le port aménagé en 1803 par le gouverneur Decaen était déjà florissant quand les Britanniques construisirent une voie ferrée (aujourd'hui abandonnée) pour le relier à Port Louis. Les rues en damier de la bourgade reflètent encore cette prospérité coloniale. Mais l'épidémie de paludisme de 1865 chassa une bonne partie de sa population vers les hauts plateaux.

Carte p. 124

Au marché de Mahébourg.

Mahébourg est aujourd'hui un gros bourg poussiéreux de 16000 habitants, où prospèrent épiciers et marchands de saris. Malgré un lifting réalisé en 2003, la gare routière dépare un peu la rue des Hollandais. Le front de mer, avec son monument commémorant la bataille de Grand Port et les bateaux pêchant autour de Mouchoir Rouge, offre une promenade des plus plaisantes. Dans les ruelles derrière le port, les femmes frottent encore leur linge sur la pierre du lavoir, dans une ruelle adjacente. On peut acheter des légumes, du poisson frais, des fruits exotiques, des herbes et des épices variées, ainsi que des vanneries sur le marché qui se tient chaque matin dans la rue Flamant.

Le Musée naval

Le **Musée naval** (ouv. lun., mer. au ven. de 9h à 16h, du sam. au dim. de 9h à 12h ; fermé j. fér. ; tél. 631 9329) occupe un manoir construit en 1771 dans les faubourgs du sud de Mahébourg par Jean de Robillard, commandant du port. Il servit d'infirmerie aux Britanniques comme aux Français lors de la fameuse bataille navale de Vieux Grand Port, en 1810. La collection se compose de meubles, de vaisselle, de cartes, d'objets de marine et autres « trésors » des périodes coloniales hollandaise, française et britannique. Aux murs sont accrochés des portraits du prince Maurice de Nassau, de Pieter Both, de Pierre Poivre et du corsaire Robert Surcouf.

Dans une salle du rez-de-chaussée est exposée la cloche du *Saint-Géran*, bâtiment qui sombra sur les récifs de Poudre d'Or en 1744. Une coupure de journal relate le sort tragique du *Trevessa*, navire britannique qui fit naufrage à plusieurs centaines de milles de Maurice en 1923. Les rescapés accostèrent à Bel Ombre, sur la côte sud de l'île, après vingt-cinq jours de mer avec des biscuits pour seule nourriture.

Barque de pêcheur à l'ancre près de l'îlot du Mouchoir Rouge. Seule une poignée d'artisans de Grand Gaube, de Mahébourg et de Trou d'Eau Douce construisent encore des pirogues en « bois pays ». Il faut trois mois pour fabriquer une de ces embarcations traditionnelles dont la durée de vie est de trente ans.

Autour de Mahébourg

La route pour **Blue Bay** ❼, au sud de Mahébourg, traverse des banlieues très pauvres avant d'atteindre Pointe d'Esny, une bourgade privilégiée où de hautes palissades clôturent les villas en front de mer. En route, on passe devant Le Preskil Beach Resort, un club-hôtel avec plage privée. Cet agréable cadre offrant de belles vues sur la montagne ravira les voyageurs solitaires. en quête de calme. Il faut pousser jusqu'à la plage de Blue Bay pour découvrir un lagon aux eaux turquoise dont les fonds, à présent protégés, comptent parmi les plus attrayants de l'île. On peut louer un bateau à fond de verre pour observer la vie corallienne du Blue Bay Marine Park et naviguer devant l'île des Deux Cocos, une retraite exclusive pour mariages et autres fêtes privées.

De l'autre côté de la baie s'étendent les 30 ha de jardins de l'hôtel Shandrani, une oasis pour millionnaires. Sur la route de l'hôtel, un dodo en ciment signale l'endroit où l'on découvrit, en 1865, le squelette presque entier d'un de ces oiseaux disparus, désormais exposé au British Museum de Londres.

À Ville Noire, au nord-ouest de Mahébourg, la **Rault Biscuit Factory** (ouv. du lun. au ven. de 9h à 11h et de 13h à 15h; tél. 631 9559; entrée payante) produit depuis les années 1870 des biscuits à la farine de manioc.

De Ville Noire, la B7 traverse des champs de cannes pour rejoindre le joli village de **Riche en Eau**. Cette région fourmillait jadis de petites plantations familiales, comme en témoignent les hautes cheminées, classées, des sucreries désaffectées.

Le Val Nature Park ❽ (ouv. du lun. au ven. de 9h à 16h; tél. 633 5051; entrée payante) près de Sainte Madeleine, est sensé expliquer comment les planteurs de canne à sucre ont diversifié leur production, mais l'absence de guide en limite un peu l'intérêt. Ce parc de 33 ha mérite toutefois la visite pour ses cressonnières, ses plantations de « brède songe » et son cadre.

L'ÎLE AUX AIGRETTES

Ouvert au public depuis 1998, la réserve de l'**île aux Aigrettes** ❾ (ouv. tlj. de 9h à 17h; tél. 631 2396; navettes au Preskil Beach Resort) développe l'écotourisme. Un guide de la Mauritian Wildlife Foundation mène le long de sentiers balisés des groupes de 20 personnes maximum pour admirer les 18 espèces de plantes endémiques et les oiseaux en voie de disparition, comme la crécerelle de Maurice, le pigeon rose et le cardinal mauricien. Cette fondation a pour objectif de régénérer l'habitat primitif de l'île car durant la Seconde Guerre mondiale, les Britanniques ont détruit une bonne partie de la forêt qui couvrait cet îlot de 27 ha pour y installer des batteries de canons et y poster des troupes en prévision d'une attaque japonaise – qui ne vint jamais.

L'île de la Passe abrite, pour sa part, des vestiges d'édifices défensifs français du XVIIIe siècle, dont une poudrière très bien conservée.

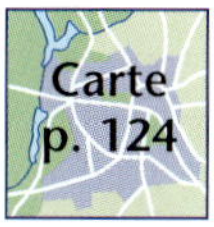
Carte p. 124

Un pigeon rose, représentant d'une espèce rare de l'île aux Aigrettes.

Femmes lavant leur linge dans la rivière des Créoles.

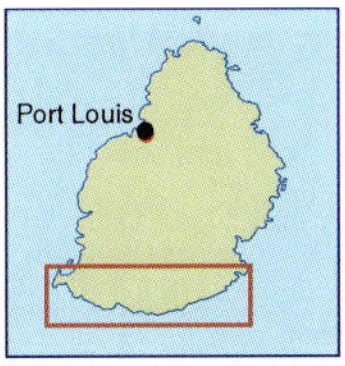

LA CÔTE SUD

On ne peut qu'être séduit par l'âpre beauté des paysages du Sud. De plus, sur cette côte, on a le sentiment de découvrir une île Maurice authentique, loin, très loin du modernisme d'importation, d'autant que les infrastructures hôtelières – et touristiques en général – en sont encore à leurs premiers balbutiements.

En se jetant directement dans la mer, les montagnes Savanne réduisent le littoral sud-ouest à un étroit ruban, tandis que dans le Sud-Est ondulent de vastes plantations de canne à sucre ponctuées par les vieilles cheminées de sucreries désaffectées. Les nombreuses rivières qui descendent du plateau central ont empêché les coraux – qui n'aiment pas l'eau douce – d'ériger une barrière continue le long de cette côte. Aussi les vagues poussées par les alizées du sud-est viennent-elles en maint endroit fouetter rageusement ses imposantes falaises basaltiques. Les rares plages sur lesquelles on peut se baigner en toute sécurité sont généralement désertes en semaine.

Si l'on dispose d'un véhicule, la découverte du Sud ne demande que quelques heures, surtout si l'on séjourne dans un hôtel de la côte ouest ou sud-est. On peut même envisager d'inclure à son programme la visite du Parc national des Gorges de la rivière Noire (*voir p. 146*). Nombreux sont les hôtels mauriciens qui proposent des excursions d'une journée sur la côte méridionale, avec visite d'une plantation et déjeuner dans sa « grand'case » (maison de maître).

ENTRE PLAGES ET PLANTATIONS DE CANNE À SUCRE

Cet itinéraire débute au sud-ouest de la péninsule du Morne Brabant, sur la belle plage paisible de **Baie du Cap** **1**. Les pêcheurs viennent y réparer leurs filets tandis que les enfants jouent sous les arbres. Avec ses petites cases en tôle colorées et égayées de fleurs et ses quelques « boutiks » chinoises, le village ressemble à tous ceux de la région. Mais il se distingue par son commissariat de police, construit par un planteur local avec l'épave d'un navire qui fit naufrage dans les parages au XIXe siècle.

La bourgade de **Bel Ombre** **2**, à 4,5 km à l'est de Baie du Cap, est le grand centre sucrier du Sud. Charles Telfair, un philanthrope fraîchement débarqué de Grande-Bretagne, y racheta une plantation de canne en 1816, avec la ferme intention d'en faire une exploitation modèle. Il s'attira bientôt les foudres de ses voisins planteurs en ménageant à ses esclaves des conditions à leurs yeux trop favorables.

Bel Ombre continue de vivre au rythme de la canne, et ses rues s'animent au moment des récoltes, quand les camions chargés de gerbes de cannes et les minibus bondés d'ouvriers agricoles convergent vers la raffinerie de la compagnie sucrière qui a

À gauche, famille indo-mauricienne posant devant l'une des nombreuses cannaies de la région de Souillac ; ci-contre, sur les falaises basaltiques de Gris Gris, à la pointe méridionale de Maurice.

Carte pp. 132-133

tales en voie de disparition.

Preskil Beach Resort (tél. 604 1066) organise une visite guidée qui comprend le transport ainsi qu'un déjeuner à l'Andrea ou à L'exil. Sinon, il est possible de faire une halte si l'on est dans la région pour visiter la réserve de crocodiles.

La Vanille Crocodile Park

Signalé depuis la bourgade animée de Rivière des Anguilles on peut visiter individuellement **La Vanille, Réserve des Mascareignes Crocodile Park** ❼ (tél. 626 2503 ; ouv. tlj. ; entrée payante) un parc de 6 ha aménagé au fond d'une vallée densément boisée. Séduit par ce reliquat de forêt tropicale humide, le zoologue australien Owen Griffiths décida d'y installer un élevage de crocodiles du Nil. Il importa un mâle et quatre femelles de Madagascar en 1985. La famille ne tarda pas à s'agrandir jusqu'à former une charmante colonie de monstres mangeurs d'hommes. Ces sauriens, gardés dans des enclos, ne se réveillent qu'à l'heure des repas pour refermer leurs mâchoires, dans un bruit terrifiant, sur des poulets fraîchement abattus.

Un sentier nature serpente à travers la forêt, passe à proximité d'une troupe de tortues terrestres géantes d'Aldabra, des roussettes de Maurice (roussettes frugivores géantes, *voir p. 87*), des sangliers, des macaques, ainsi que des iguanes, des caméléons et des geckos aux couleurs fluorescentes. Il est préférable de s'enduire copieusement de lotion antimoustiques avant la promenade.

En continuant vers le nord sur la A9, on longe l'une des dernières importantes plantation de sucre du sud, la **Britannia Sugar Estate** ❽ aux pelouses et aux champs d'ananas superbement manucurés. Elle est toujours très active avec ses vénérables maisons de pierre et son école.

Pour se rendre à Mahébourg, on peut emprunter la B8, une route peu fréquentée qui dessert les hameaux du littoral. La bifurcation qui part vers la droite, juste avant le poste de police de l'**Escalier**, rallie Le **Souffleur** ❾, un geyser maritime. On y accède en traversant la plantation de sucre Savinia, mais il faut pour cela demander la permission au bureau de la plantation situé près du poste de police à l'Escalier. À marée haute, quand la mer est un peu agitée, les vagues qui se fracassent au pied de la falaise s'engouffrent dans cette cheminée façonnée par l'érosion pour rejaillir avec la force d'un geyser. Les jours de grand vent, le jet peut s'élever jusqu'à 30 m de haut. Mais le plus souvent on ne distingue qu'un nuage de vapeur bien moins spectaculaire. Il suffit de longer la côte sur quelques mètres pour discerner assez nettement la brèche dans la barrière de corail qui laisse passer les vagues.

Un peu plus loin, l'écroulement du plafond d'une grotte a formé un étonnant **pont naturel**.

Ci-contre, ces ouvrières agricoles qui s'en retournent des champs croiseront peut-être des touristes attirés par les sauriens de La Vanille Crocodile Park (à droite).

LA CÔTE SUD

On ne peut qu'être séduit par l'âpre beauté des paysages du Sud. De plus, sur cette côte, on a le sentiment de découvrir une île Maurice authentique, loin, très loin du modernisme d'importation, d'autant que les infrastructures hôtelières – et touristiques en général – en sont encore à leurs premiers balbutiements.

En se jetant directement dans la mer, les montagnes Savanne réduisent le littoral sud-ouest à un étroit ruban, tandis que dans le Sud-Est ondulent de vastes plantations de canne à sucre ponctuées par les vieilles cheminées de sucreries désaffectées. Les nombreuses rivières qui descendent du plateau central ont empêché les coraux – qui n'aiment pas l'eau douce – d'ériger une barrière continue le long de cette côte. Aussi les vagues poussées par les alizées du sud-est viennent-elles en maint endroit fouetter rageusement ses imposantes falaises basaltiques. Les rares plages sur lesquelles on peut se baigner en toute sécurité sont généralement désertes en semaine.

Si l'on dispose d'un véhicule, la découverte du Sud ne demande que quelques heures, surtout si l'on séjourne dans un hôtel de la côte ouest ou sud-est. On peut même envisager d'inclure à son programme la visite du Parc national des Gorges de la rivière Noire (*voir p. 146*). Nombreux sont les hôtels mauriciens qui proposent des excursions d'une journée sur la côte méridionale, avec visite d'une plantation et déjeuner dans sa « grand'case » (maison de maître).

ENTRE PLAGES ET PLANTATIONS DE CANNE À SUCRE

Cet itinéraire débute au sud-ouest de la péninsule du Morne Brabant, sur la belle plage paisible de **Baie du Cap ❶**. Les pêcheurs viennent y réparer leurs filets tandis que les enfants jouent sous les arbres. Avec ses petites cases en tôle colorées et égayées de fleurs et ses quelques « boutiks » chinoises, le village ressemble à tous ceux de la région. Mais il se distingue par son commissariat de police, construit par un planteur local avec l'épave d'un navire qui fit naufrage dans les parages au XIXᵉ siècle.

La bourgade de **Bel Ombre ❷**, à 4,5 km à l'est de Baie du Cap, est le grand centre sucrier du Sud. Charles Telfair, un philanthrope fraîchement débarqué de Grande-Bretagne, y racheta une plantation de canne en 1816, avec la ferme intention d'en faire une exploitation modèle. Il s'attira bientôt les foudres de ses voisins planteurs en ménageant à ses esclaves des conditions à leurs yeux trop favorables.

Bel Ombre continue de vivre au rythme de la canne, et ses rues s'animent au moment des récoltes, quand les camions chargés de gerbes de cannes et les minibus bondés d'ouvriers agricoles convergent vers la raffinerie de la compagnie sucrière qui a

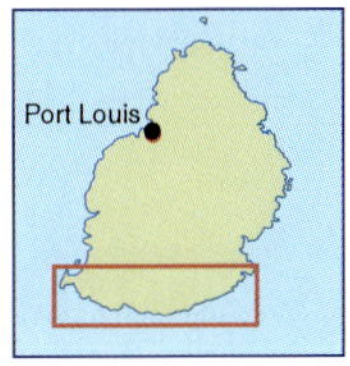

À gauche, famille indo-mauricienne posant devant l'une des nombreuses cannaies de la région de Souillac; ci-contre, sur les falaises basaltiques de Gris Gris, à la pointe méridionale de Maurice.

Œufs de crécerelle de Maurice.

NOTEZ-LE

Dans la forêt de Val Riche, essayez de débusquer, sur le site d'une ancienne usine à sucre, les ruines d'un vieux moulin, des plantes et des essences d'arbres endémiques et des troupeaux de daims. Réservez votre trek chez le tour operator Valriche, tél. 623 5615.

donné son nom au hameau. Si l'on obtient de la direction de l'usine l'autorisation de visiter l'exploitation, on comprendra mieux les problèmes que posent la plantation, l'irrigation et la récolte de la canne sur des pentes qui présentent une déclivité de 45°. On aura peut-être aussi l'occasion de repérer des cerfs sur la piste qui longe la rivière Jacotet en direction de la forêt du Val Riche.

Du promontoire sablonneux qui s'étend en face de la raffinerie de Bel Ombre, de l'autre côté de la route littorale, part un fort agréable sentier côtier. Il vagabonde entre l'océan et les champs de canne à sucre frangés de bananiers sur 5 km, jusqu'à **Beau Champ**. Derrière la plage, de petits sentiers se faufilent parmi des potagers plantés de haricots, de tomates, de piments et d'oignons.

À 3 km à l'est de Beau Champ, une bifurcation sur la gauche permet de rejoindre Chamouny et Chemin Grenier, village d'où part un sentier empierré qui monte jusqu'au lac de cratère de **Bassin Blanc**. Avec beaucoup de chance et de patience, on pourra y observer une crécerelle de Maurice ou une élégante petite perruche verte baptisée « l'éclatante ». Des chemins de randonnée conduisent de Bassin Blanc jusqu'au Parc national des Gorges de Rivière Noire.

Sable blanc et rochers noirs

La route côtière B9 à l'ouest de **Pointe aux Roches** ❸ longe une plage publique dont l'extrémité orientale est en cours de développement touristique. Les férus de nature profiteront des randonnées organisées sur les 2 400 ha du Domaine Saint Felix, et les amoureux du nautisme auront plaisir à descendre en bateau Rivière des Galets. Plus à l'est, cinq kilomètres de plages sauvages s'étendent entre le belvédère de la pointe aux Roches et Trou d'Esny. Les courants sont assez traîtres sur la plage de **Pomponnette**. Aussi, pour leur pique-nique dominical, les familles mauriciennes lui préfèrent-elles l'immense plage de sable blanc de **Riambel** (toponyme dérivé du malgache pour « plages ensoleillées ») .

Souillac

Le port de pêche de **Souillac** ❹, situé sur l'estuaire conjoint des rivières Savanne et Patates, et plus grosse

bourgade de la côte méridionale, doit son nom au vicomte de Souillac, qui administra l'île de 1779 à 1787. Au XIXe siècle, à l'apogée de l'industrie sucrière, des navires à vapeur venaient y charger la production de la raffinerie de Saint-Aubin avant de remonter la côte jusqu'à Port Louis. Mais les infrastructures portuaires tombèrent en désuétude quand le rail et la route se substituèrent au transport maritime, et Souillac n'est plus qu'une grosse bourgade endormie.

Des investissements ont été réalisés dans les années 1990 pour réhabiliter le quartier du vieux port et le promouvoir comme destination touristique, mais, même si les environs se prêtent à d'agréables promenades, le projet paraît un peu trop optimiste. La plupart des visites guidées se terminent au **Batelage**, un entrepôt à sucre vieux de deux siècles transformé en un bar-restaurant. La terrasse ombragée de l'établissement bénéficie d'une jolie perspective sur l'estuaire.

Du **jardin municipal Telfair**, qu'agrémentent d'énormes badamiers et de vénérables banians, on aperçoit le cimetière marin perché sur les hauteurs de la falaise, de l'autre côté de l'estuaire.

LE POÈTE DU CIMETIÈRE MARIN

Le **cimetière marin** de Souillac est l'un des plus impressionnants de l'île Maurice. L'érosion menace en permanence ses sépultures, dont la plupart remontent au XIXe siècle. Certaines sont parfois emportées par les lames.

L'une des plus vieilles tombes porte le nom de Thomas Étienne Bolgerd (1748-1818), un notable de Souillac, propriétaire de plusieurs centaines d'esclaves, qui fut capturé par les Anglais en 1809 et libéré... en échange d'un troupeau de chèvres. Quelques mètres plus loin reposent le baron Marie Claude Antoine Marrier d'Unienville (1766-1831) et le poète **Robert Edward Hart** (1891-1954).

Auteur du *Cycle de Pierre Flandre*, vaste saga romanesque commencée en 1928 avec *Le Mémorial*, R. E. Hart est le plus célèbre poète mauricien. D'origine franco-irlandaise, il écrivait aussi bien en français qu'en anglais, ce qui lui valut d'être salué par l'Académie française comme par la Couronne britannique. Il passa les onze dernières années de sa vie près de Souillac, dans une maison en maçonnerie de corail appelée *La Nef*, que l'État acheta en 1963 pour

Carte pp. 132-133

Récolte de la canne à sucre.

la convertir en musée, le **Robert Edward Hart Museum** (tél. 625 6101 ; ouv. lun., mer.-ven. de 9h à 16h, sam.-dim. de 9h à 12h)

À la pointe sud de l'île

De *La Nef*, un sentier suit le littoral jusqu'aux falaises du **Gris Gris** ❺, qui constituent la pointe sud de l'île. Ce site réputé pour les séances de magie noire – *gris-gris* en créole – qui s'y déroulent évoque plus la Bretagne que les tropiques, avec ses filaos tordus par le vent. La plage publique, en contrebas, ne manque pas de charme, mais la baignade y est dangereuse.

Le chemin qui longe les falaises vers l'est permet de rejoindre en un quart d'heure **la Roche qui Pleure**, un promontoire battu par la mer et le vent où, en s'engouffrant dans les anfractuosités du basalte, les vagues paraissent émettre des sanglots. Le panorama sur l'océan et la côte sauvage n'en est que plus spectaculaire !

Les chutes de Rochester

Du nord de Souillac, une route secondaire semée d'ornières traverse les champs de canne à sucre pour rejoindre la rivière Savanne à 5 km de son embouchure, au niveau des **chutes de Rochester** (Rochester Falls, signalées par un panneau).

Le courant de la rivière Savanne a dégagé les colonnes d'un orgue basaltique haut de 10 m, du sommet duquel une cascade alimente un bassin propice à la baignade. Les jeunes Mauriciens ont pris l'habitude d'y effectuer des plongeons acrobatiques pour impressionner les touristes (et surtout en obtenir un peu d'argent).

En chemin, on passe devant un petit temple hindou jaune vif, le **Mariamen Kovil**. Ce sanctuaire érigé en 1811 s'anime en janvier ou février, quand les Tamouls viennent y célébrer Cavadee (*voir p. 80*). Un peu plus loin se dresse la cheminée classée d'une des plus vieilles usines sucrières de l'île. Construite en 1820,

Les chutes de Rochester.

Carte pp. 132-133

cette **sucrerie Terracine** cessa toute activité en 1947.

SAINT-AUBIN

Des fort belles maisons coloniales disséminées sur la côte sud, seules quelques-unes se visitent en circuits organisés. La visite commence par une dégustation de thé au Domaine les Aubineaux à Curepipe, l'ancienne résidence d'un planteur de thé, et s'achève à **Saint-Aubin ❻**, à 5 km au nord-est de Souillac, par l'A9, où l'on aura tout loisir de se promener sous les arbres centenaires de la propriété et dans les plantations de vanille et d'anthuriums qui s'étendent autour de l'élégante demeure (1819), avant de se restaurer dans sa salle à manger que prolonge une vaste et rafraîchissante varangue.

BOIS CHÉRI

À partir de Saint-Aubin, on pourra aller visiter la **manufacture de thé de Bois Chéri**, située à 5 km au nord par l'A9, à Grand Bois.

La production de thé de Bois Chéri est limitée, mais on peut se faire expliquer les différentes étapes de la culture et suivre celles du conditionnement à l'usine. La visite se termine par une dégustation de thé parfumé à la bergamote ou à la vanille au « pavillon de thé », un chalet construit près d'un petit lac, au cœur des plantations de théiers.

Pour un changement de décor, il est recommandé de descendre dans l'une des deux élégantes demeures coloniales construites par des barons du thé franco-mauriciens, l'Andrea ou L'Exil, respectivement résidence d'été et pavillon de chasse. L'**Andrea** campe sur une falaise verdoyante qui plonge sur l'estuaire de la rivière des Anguilles, tandis que **L'Exil** surplombe la rivière Savanne et offre des vues panoramiques sur la réserve naturelle de Combo où un guide explique au visiteur quelles sont les espèces animales et végé-

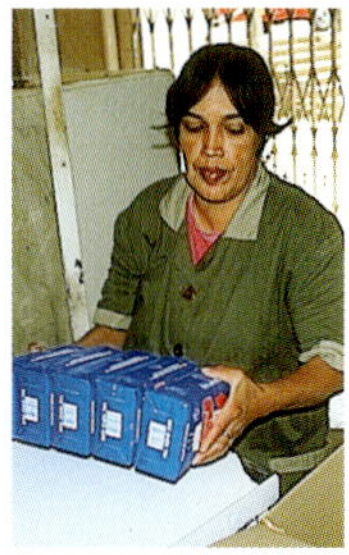

Empaquetage du thé à Bois Chéri.

La maison coloniale de Saint-Aubin.

Carte pp. 132-133

tales en voie de disparition.

Preskil Beach Resort (tél. 604 1066) organise une visite guidée qui comprend le transport ainsi qu'un déjeuner à l'Andrea ou à L'exil. Sinon, il est possible de faire une halte si l'on est dans la région pour visiter la réserve de crocodiles.

La Vanille Crocodile Park

Signalé depuis la bourgade animée de Rivière des Anguilles on peut visiter individuellement **La Vanille, Réserve des Mascareignes Crocodile Park** ❼ (tél. 626 2503 ; ouv. tlj. ; entrée payante) un parc de 6 ha aménagé au fond d'une vallée densément boisée. Séduit par ce reliquat de forêt tropicale humide, le zoologue australien Owen Griffiths décida d'y installer un élevage de crocodiles du Nil. Il importa un mâle et quatre femelles de Madagascar en 1985. La famille ne tarda pas à s'agrandir jusqu'à former une charmante colonie de monstres mangeurs d'hommes. Ces sauriens, gardés dans des enclos, ne se réveillent qu'à l'heure des repas pour refermer leurs mâchoires, dans un bruit terrifiant, sur des poulets fraîchement abattus.

Un sentier nature serpente à travers la forêt, passe à proximité d'une troupe de tortues terrestres géantes d'Aldabra, des roussettes de Maurice (roussettes frugivores géantes, *voir p. 87*), des sangliers, des macaques, ainsi que des iguanes, des caméléons et des geckos aux couleurs fluorescentes. Il est préférable de s'enduire copieusement de lotion antimoustiques avant la promenade.

En continuant vers le nord sur la A9, on longe l'une des dernières importantes plantation de sucre du sud, la **Britannia Sugar Estate** ❽ aux pelouses et aux champs d'ananas superbement manucurés. Elle est toujours très active avec ses vénérables maisons de pierre et son école.

Pour se rendre à Mahébourg, on peut emprunter la B8, une route peu fréquentée qui dessert les hameaux du littoral. La bifurcation qui part vers la droite, juste avant le poste de police de l'**Escalier**, rallie Le **Souffleur** ❾, un geyser maritime. On y accède en traversant la plantation de sucre Savinia, mais il faut pour cela demander la permission au bureau de la plantation situé près du poste de police à l'Escalier. À marée haute, quand la mer est un peu agitée, les vagues qui se fracassent au pied de la falaise s'engouffrent dans cette cheminée façonnée par l'érosion pour rejaillir avec la force d'un geyser. Les jours de grand vent, le jet peut s'élever jusqu'à 30 m de haut. Mais le plus souvent on ne distingue qu'un nuage de vapeur bien moins spectaculaire. Il suffit de longer la côte sur quelques mètres pour discerner assez nettement la brèche dans la barrière de corail qui laisse passer les vagues.

Un peu plus loin, l'écroulement du plafond d'une grotte a formé un étonnant **pont naturel**.

Ci-contre, ces ouvrières agricoles qui s'en retournent des champs croiseront peut-être des touristes attirés par les sauriens de La Vanille Crocodile Park (à droite).

L'INDUSTRIE SUCRIÈRE MAURICIENNE

Maurice produit le meilleur sucre non raffiné du monde, dont elle exporte la majeure partie vers l'Union européenne. À la fin du XIXe siècle, la culture de la canne accaparait 90 % des terres arables de l'île et l'essentiel de sa main-d'œuvre agricole. Depuis, la mécanisation des exploitations, l'essor du tourisme et de l'industrie textile ont conduit nombre d'ouvriers agricoles à remiser leur machette et leur combinaison pour exercer un travail moins pénible dans un bureau, une usine ou un hôtel. Les grandes firmes sucrières n'en demeurent pas moins le troisième employeur de Maurice et ceux qui sont restés fidèles à cette industrie en tirent maints avantages : logement, soins médicaux et transport scolaire gratuits, sans parler des infrastructures sportives et des associations de loisirs. Nombre de compagnies offrent aussi des bourses à leurs employés pour leur permettre de se former et à leurs enfants d'entrer dans des écoles techniques.

LES SOUS-PRODUITS DE LA CANNE

La transformation de la canne génère différents produits. Les résidus ligneux de l'extraction du jus, ou bagasse, servent de combustible aux usines et le surplus alimente le réseau électrique national. La mélasse, résidu sirupeux de la cristallisation du sucre, entre dans la fabrication de médicaments, de parfums et du vinaigre. L'alcool de canne se transforme en rhum, tandis que les longues feuilles de la plante servent d'aliment au bétail. Même les déchets accumulés au cours du processus de purification sont recyclés : leurs composants organiques fournissent un excellent engrais.

▶ *Dix-sept grandes compagnies sucrières se partagent un peu plus de la moitié des terres arables de l'île, et 30 000 petits planteurs le reste.*

▲ *« Le paradis fut créé à l'image de Maurice », affirme Mark Twain, sur les bouteilles de rhum Green Island.*

▲ *Les machines effectuent désormais l'essentiel du travail en plaine, mais des équipes de coupeurs de cannes œuvrent encore dans les régions les plus accidentées de l'île.*

◀ *Durant la récolte, nombre d'ouvriers dorment sur place, dans des cabanes comme celle-ci.*

▼ *Entre juin et septembre, l'air se charge des effluves émanant de la canne fraîchement coupée.*

▲ *Les bœufs qui actionnaient les meules des moulins à sucre furent remplacés par des machines vers le milieu du XIXe siècle.*

▼ *Après une lente purification, le jus de canne se transforme en de multiples produits allant de la mélasse au sucre raffiné.*

◀ *Des camions et des tracteurs se sont substitués aux bêtes de somme et aux charrettes pour le transport des gerbes de cannes.*

LE DÉCLIN DES GÉANTS

Les Hollandais importèrent la canne à sucre de Jakarta en 1639. À l'arrivée des Britanniques, en 1810, les plantations couvraient déjà des milliers d'hectares. Elles allaient régir la vie de maintes générations de Mauriciens, prodiguant richesses à certains, infligeant souffrances et pauvreté à d'autres. Avec la concentration de l'industrie sucrière, dans les années 1980, on vit diminuer le nombre des domaines. Sur les centaines d'usines qui prospéraient jadis, seule une poignée est encore en activité, mais les cheminées, désormais classées, des sucreries désaffectées font encore partie intégrante du paysage. Pour voir le jus brunâtre de la canne broyée se transformer en cristaux de sucre, on peut visiter le domaine des Pailles, à quelques kilomètres au sud de Port Louis.

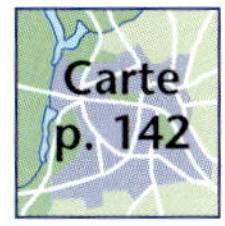

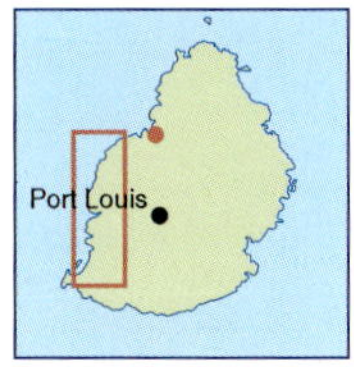

L'OUEST

Le littoral qui s'étend de Port Louis, au nord, à la péninsule du Morne Brabant, au sud, offre au voyageur une succession de longues plages, de salines et de paisibles villages de pêcheurs adossés aux reliefs de la Tourelle du Tamarin, du Corps de Garde, du Rempart, de Trois Mamelles et de la Rivière Noire. La côte ouest a beau bénéficier d'un climat plus chaud et plus sec que le reste de l'île et être réputée pour son lagon propice aux sports nautiques, elle est mieux préservée des excès du tourisme que la côte nord. L'A3 et quelques routes secondaires permettent d'en explorer aisément tous les recoins.

AU SUD DE PORT LOUIS

Si la tentation est grande de traverser d'une traite la banlieue méridionale de la capitale pour rejoindre les plages de l'Ouest, celle-ci n'en abrite pas moins quelques monuments dignes d'intérêt.

Ainsi, avant l'embranchement de l'A3 en direction de Flic en Flac, l'A1 traverse **Grande Rivière Nord-Ouest**, faubourg où se trouvent les ruines d'un hôpital du XVIIIᵉ siècle. L'embranchement de la B31, qui mène à **Pointe aux Sables ❶**, offre une vue magnifique sur l'estuaire de Grande Rivière Nord-Ouest. On peut se contenter du panorama, car les plages de Pointe aux Sables sont assez médiocres. La proximité de la capitale n'en attire pas moins une foule nombreuse… et quelques prostituées qui contribuent à la mauvaise réputation de cette localité. Passé Petit Verger, la B31 croise la B78, qui mène à la **pointe aux Caves ❷**. L'ascension du phare érigé au début du XXᵉ siècle permet de découvrir toute la région, des montagnes à la mer.

L'A3 traverse une vaste plaine fertile limitée à l'est par les villes du plateau central et, à l'ouest, par les petites falaises qui surplombent le lagon.

Dans les champs de canne qui s'étendent au nord de **Bambous ❸**, bourgade animée aux jolies maisons, se cache le **cimetière Saint-Martin**. Certaines tombes rappellent la tragique odyssée vécue lors de la Seconde Guerre mondiale par 1 580 réfugiés juifs d'Europe de l'Est. S'étant vu refouler de Palestine, ayant ensuite été embarqués sur un bateau à destination de Maurice par les Britanniques en 1940, ces immigrants y attendirent la fin de la guerre dans un camp de réfugiés, et cent vingt-sept d'entre eux succombèrent aux difficiles conditions de vie qui leur étaient réservées.

FLIC EN FLAC

Le toponyme de **Flic en Flac ❹** dériverait de Fried Landt Flaak (« terre libre et plate » en néerlandais), appellation que les Français auraient déformée. Mais rares sont ceux qui, aujourd'hui, cherchent à en connaître l'étymologie.

À gauche, saline près de l'estuaire de la rivière Noire. La production de sel de la côte ouest suffit à la consommation du 1,16 million de Mauriciens. Ci-contre, le sommet du morne Brabant dissimulé derrière les nuages.

La côte ouest et le plateau central
0 2 km
N
OCÉAN INDIEN
Port Louis
Moka
Black River
Plaines Wilhems
Grand Port
Savanne
Pointe aux Sables
Petit Verger
Pte aux Caves
Petite Rivière
Pte Petite Rivière
Camp Créoles
Gros Cailloux
Baie de la Petite Rivière
Albion
Canot
Pte Moyenne
La Mecque
Cimetière Saint-Martin
Réservoir de La Ferme
Bambous
Eau Bonne
Mt St-Pierre 446
Flic en Flac
Palmyre
Casela Nature & Leisure Park
Beaux Songes
Cascavelle
La Pirogue Hotel
Sugar Beach Resort
Wolmar Nature Reserve
Wolmar
Sofitel Imperial Hotel
Hilton Mauritius Resort
Taj Exotica Hotel
Pte Sud Flic en Flac
Barachois
Baie du Tamarin
Tamarin
Pte du Tamarin
Tamarin Estate
Rivière du Rempart
Mt du Rempart 545
Trois Mamelles
Papayes
Yemen
Tourelle du Tamarin 548
Boucan
La Mivoie
La Preneuse
Island Sports Club
Martello Tower
Grand Rivière Noire
Grande Rivière Noire Bay
Hotel Club
Les Salines
Îlot Fortier
Baie de Petite Rivière Noire
Petite Rivière Noire
Îlot Malais
Petite Case Noyale
Grande Case Noyale
Île aux Bénitiers
La Gaulette
Chamarel
Cachette
Coteau Raffin
Terre des 7 couleurs
Le Morne Brabant
Piton du Fouge 596
Rivière du Cap
Cascade Chamarel
St Denis
Valriche
Piton de la Petite Rivière Noire 828
Belvédère des Gorges de la Rivière Noire
Plaine Champagne
Parc national des Gorges de la Rivière Noire
Chutes Alexandra
Mt Cocotte 771
Bassin Blanc
Patates
Savanna Mountains
Piton Savanne 704
Beau Bois
Visitor's Centre
Grande Rivière Noire
Gorges de la Rivière Noire
Centre d'informations
Le Pétrin
Grand Bassin
702
Cratère de Kanaka
Rivière du Poste
Grand Bois
Usine de thé
Bois Chéri
Rivière des Anguilles
Réservoir de Mare Longue
Mare aux Vacoas
Réservoir des chutes de Tamarind
Chutes de Tamarind
Tamarin
Simonet 632
Monts Vacoas
Camp Roches
Camp la Savanne
Camp Mapou
Henrietta
Glen Park
La Marie
Seizième Mille
Curepipe Point 686
Camp Caval
Les Casernes
Forest Side
Curepipe
Floreal
Holyrood
Quinze Cantons
Vacoas
La Caverne
Engrais Martial
Engrais Cathan
Mesnil
Phoenix
Camp Fouquereaux
St-Antoine
Hermitage
Highlands
Cinq Arpents
Valentina
Petit Camp
Candos Hill 484
Carreau la Liane
Palma
la Source
Corps de Garde
Corps de Garde 720
Quatre Bornes
Belle Terre
Bagatelle
L'Assurance
Côte d'Or
Ebène
Rose Hill
Stanley
Plaisance
Beau Bassin
Chateau du Réduit
Telfair
Folk Museum of Indian Immigration
Helvetia
Circonstance
Verdun
Mont Fleury
L'Avenir
L'Agrément
St-Pierre
Roselyn Cottage
Moka
Eureka House
Mount Ory
Chebel
Richelieu
Belle Étoile
Grande Rivière Nord-Ouest
Domaine Les Pailles
Pailles
Les Guibies
Le Pouce 811
La Laura
Pieter Both 823
Mont Signal
Priest's Peak
Abercrombie
Baie de la Grande Rivière Nord-Ouest
Pte aux Sables
M1
M2
A1
A3
A7
A8
A10
A11

Carte p. 142

Si Grand Baie (*voir p. 116*) s'avère être la côte d'Azur créole, alors Flic en Flac est la Costa del Sol créole. Elle est facilement accessible en transports en commun depuis Port Louis, les villes du plateau (45 min) et des gorges de la rivière Noire. Cette station balnéaire, qui ne manque nullement de petits hôtels en front de mer – tels les Villas Caroline, dont la terrasse donne sur l'extrémité nord de la longue plage publique – de boutiques à la mode, de bars et de restaurants, voit à présent s'élever en arrière-plan des complexes résidentiels, là où hier encore poussaient les cannes à sucre. Ceux-ci conviennent parfaitement aux touristes indépendants, mauriciens ou étrangers, attirés par la superbe plage et la trépidante vie nocturne.

Si Flic en Flac jouit d'une relative tranquillité en semaine, sa plage en forme de croissant est bondée le week-end. Toutefois, contrairement à Grand Baie, aucun engin motorisé ne vient gêner les véliplanchistes et les baigneurs qui s'ébattent dans le lagon. On trouve certains des meilleurs sites de plongée de l'île aux abords du récif (*voir p. 93*). Le club de plongée de l'hôtel La Pirogue propose d'excellents stages aux débutants, tandis que les Villas Caroline offrent un choix plus vaste de sites aux plongeurs confirmés.

Wolmar ❺ n'est plus guère qu'une extension de Flic en Flac depuis qu'hôtels, résidences locatives et restaurants ont colonisé les 2 km de côte qui séparent les deux localités. Ses palaces, tels le Sugar Beach, La Pirogue (avec son casino), le Sofitel Imperial et le Hilton Mauritius Resort, – les plus luxueux de la côte ouest –, Taj Exotica et Sands Resort Hotel offrent des prestations bien meilleures (et bien plus onéreuses) que celles des établissements de Flic en Flac. Tous profitent des superbes couchers de soleil sur le lagon, avec leurs longues traînées cotonneuses aux nuances de pêche et de rose.

Stand vendant des jus de fruits frais sur la plage de Flic en Flac.

La plage de l'hôtel La Pirogue.

DEVINETTES CRÉOLES

Les *sirandanes* sont des devinettes qui animent les veillées et se transmettent de génération en génération. Elles s'enracinent dans la tradition orale africaine et témoignent du caractère imagé de la langue créole.

Devinette	Solution
« Lamin sémé, lizié rekolté ? »	« Krir av lir »
La main sème, les yeux récoltent :	Écrire et lire
« Mo marse, li marse ; mo arete, li marse ? »	« Mo mont »
Je marche, elle marche ; je m'arrête, elle marche :	Ma montre
« Mo dibouté, li alonze ; mo alonze, li dibouté ? »	« Lipye doumoun »
Je suis debout, il s'allonge ; je m'allonge, il se met debout :	Le pied
« Blan napa capav travay san nwar ? »	« Plim bizwin lank »
Le Blanc ne peut pas travailler sans le Noir :	La plume a besoin de l'encre

Casela et Tamarin

Le **jardin aux Oiseaux de Casela** ❻ (Casela Nature and Leisure Park, tél. 452 0693 ; ouv. tlj. de 9h à 17h ; entrée payante), à moins de 5 km à l'est de Flic en Flac, abrite des tortues terrestres géantes d'Aldabra, des tigres et des lémuriens, mais il doit surtout sa richesse à ses quelque 2 000 oiseaux exotiques (142 espèces). Perruches, perroquets alexandrins, cacatoès, ibis sacrés et aigles des mers y chantent allégrement dans d'immenses volières. Les 10 ha du parc, qui s'étagent au flanc de la montagne du Rempart, offrent une vue imprenable sur les cannaies de la plaine littorale.

Il est possible d'opter pour une visite guidée à thème : safari photo avec observation d'antilopes, d'autruches, de cerfs, de zèbres et de sangliers ; parcours nature en quad ou en mountain bike sur le domaine de la plantation Yemen voisine ; ou escalade du mont Manzel Zabet. Tout l'équipement est fourni mais apportez de bonnes chaussures.

La route continue au sud en direction de la Tourelle du Tamarin (548 m), sur laquelle semble s'appuyer la silhouette massive du morne Brabant, tandis que les montagnes du Rempart et le piton de la Petite Rivière Noire (828 m) barrent l'horizon au sud-est. La route rejoint le littoral à 6 km au sud de Casela, à hauteur de **Tamarin** ❼, village dont le nom évoque les tamariniers que les Hollandais y acclimatèrent au début du XVIIe siècle.

La localité, que domine la montagne du Rempart, est réputée pour ses salines, mais le tourisme s'y développe un peu plus lentement qu'ailleurs. Ses petites pensions proposent un gîte agréable à prix modique, et son atmosphère est bien plus paisible que celle de Flic en Flac. En été, la floraison rouge vif des flamboyants contribue à faire de Tamarin l'un des plus beaux villages de la côte ouest. Le Tamarin Hotel,

La plupart des hôtels de Wolmar et de Flic en Flac proposent des activités nautiques variées : initiation à la plongée, pêche au gros, planche à voile ou ski nautique.

installé sur sa longue plage, met un peu d'animation au bourg avec ses nuits jazz (jeu.), tandis que le Riverland Sports Centre, avec sa grande piscine, se tennis, sa salle de gym et son agréable restaurant est ouvert au non-résidants. Le projet Tamarin Golf Estate, achevé en novembre 2007 et doté d'un 18 trous par 72, a permis aux étrangers d'investir, pour la première fois, dans l'immobilier. Construites au pied de la montagne du Rempart sur un domaine de 200 ha, les luxueuses villas ouvrent toutes sur la baie de Tamarin.

En revanche, les rivières du Boucan et Tamarin ont ouvert des brèches dans le récif, faisant de leur estuaire conjoint un excellent spot de surf : les vagues atteint parfois les 2 m en juillet et en août. Ces eaux sont également réputées pour les dauphins à long bec (*Stenella longirostris*) et les céphalorhynques noirs (*Cephalorhynchus eutropia*) et les habitants proposent des sorties en mer pour les observer.

Les chutes de Tamarin

Il faut disposer d'une demi-journée au moins pour effectuer la randonnée aller-retour jusqu'aux **chutes de Tamarin** ❽ (Tamarind Falls), plus connues sous le nom des Sept Cascades, où un réservoir proche du village de Henrietta sur le plateau central approvionne en eau les cultures irriguées ainsi que la centrale hydroélectrique, située 200 m plus bas. Lorsqu'on aime les sensations fortes, il faut louer les services de Yemaya Adventures (*tél. 283 8187*) qui vous permettra d'accéder aux chutes en rappel, harnaché de baudrier et de corde (des cours sur surface sèche sont prodigués aux débutants). Les experts pourront tester leur adresse en négociant des ruptures de 45 m ainsi que des cascades de moindre importance, avant de s'attaquer à la remontée ardue.

On peut aussi rejoindre les chutes par un sentier au départ de Henrietta ou à partir du Pétrin, dans le

Carte p. 142

LES TOURS MARTELLO

Au début du XIXe siècle, les Britanniques édifièrent cinq tours Martello aux endroits les plus exposés de la côte ouest de l'île Maurice. Il en reste quatre : une à Pointe aux Sables (*voir p. 141*), une autre à L'Harmonie, une aux Salines, au sud de Grande Rivière Noire, et la dernière à La Preneuse, à 2 km au sud de Tamarin, transformée en musée *(tél : 493 66 48)*

Ces ouvrages défensifs s'inspiraient des tours génoises que les Anglais n'avaient pu prendre lors de leur tentative d'invasion de la Corse en 1794, et leur nom est une déformation de celui d'un village corse, Mortella. Leur mur, épais de 3 m, devait leur permettre de résister aux boulets tirés par les navires ennemis. Les tours abritaient une poudrière, un magasin et les quartiers de vingt soldats. Un canon à longue portée, capable de pivoter à 360°, était posté sur leur toit. Seule une échelle descendue du premier étage permettait d'y pénétrer, rendant tout assaut pratiquement impossible.

De 1796 à 1815, les Britanniques édifièrent quelque deux cents tours Martello à travers tout leur empire, de l'Irlande aux Bermudes et aux îles de l'Ascension.

Flamboyants en pleine floraison dans une rue tranquille de Tamarin.

Le point de vue des gorges de la rivière Noire.

Parc national des Gorges de la rivière Noire (*voir page suivante*). Mais aucune de ces options ne sont recommandées sans guide. À ceux que les longues marches rebutent, signalons que la cascade est visible de la route qui vient de Vacoas, sur le plateau central (*voir p. 154*).

Grande Rivière Noire

Entre Tamarin et **Grande Rivière Noire ❾**, village campé sur l'estuaire de la rivière du même nom, l'A3 longe de vastes salines. La rivière Noire irrigue l'une des régions les plus sauvages, l'habitat se résumant à quelques villages et hameaux afro-créoles. Considérée il y a encore quelques temps comme la zone la plus déshéritée de Maurice, Rivière Noire voit à présent affluer de riches expatriés qui se font construire de luxueuses villas. De ce fait, le complexe Ruisseau Créole, tout aussi ostentatoire, a ouvert ses portes avec ses boutiques de designers et ses restaurants chic. Mais on appréciera néanmoins les restaurants bon marché installés le long de l'A3, aux abords de Grande Rivière Noire.

La bourgade est surtout le principal centre de pêche au gros de la côte ouest. De septembre à mars, marlins, voiliers, wahoos, thons jaunes et différentes variétés de requins viennent se nourrir juste au-delà du récif, dont le tombant atteint les 600 m (*voir p. 97*). Des sorties en mer sont organisées par l'Island Sports Club et l'Hôtel Club Centre de Pêche, non loin de Grande Rivière Noire.

Le Parc national des Gorges de la rivière Noire

Les hauteurs densément boisés du sud-ouest de l'île ont longtemps fourni un refuge sûr aux esclaves fugitifs (ou « marrons »). Le **Parc national des Gorges de la rivière Noire** (Black River Gorges National Park), créé en 1997 afin de préserver les derniers vestiges de la forêt primaire mauricienne, permet aujourd'hui de découvrir ces reliefs tourmentés. Ce sanctuaire de 6575 ha séduit les randonneurs confirmés aussi bien que les simples promeneurs. Quelques routes empierrées permettent d'y circuler en voiture.

On a recensé dans la forêt de montagne du parc 150 espèces végétales et 9 espèces d'oiseaux endémiques, dont le pigeon rose, le « faucon mangeur de poule », ou crécerelle de Maurice, et l'échenilleur de Maurice.

Il est possible de rejoindre la partie nord du parc en prenant, à gauche, la route qui s'embranche sur l'A3 au sud de Grande Rivière Noire, près du restaurant chinois le Pavillon de Jade. Elle suit le cours de la rivière sur 5 km, à travers les champs de cannes, pour aboutir sur le parking voisin du **centre d'accueil du parc ❿**, où l'on peut se procurer un topoguide et connaître l'état des sentiers de randonnée. De là, on peut explorer la forêt de basse altitude ou grimper en suivant le cours de la Grande Rivière Noire sur 16 km jusqu'à la crête pour rejoindre le Parakeet

La cascade Chamarel, extrêmement spectaculaire les lendemains de forte pluie.

Trek, un sentier qui mène à Plaine Champagne, ou le Macchabee Forest Trek, en direction du Pétrin.

On peut aussi accéder au parc en longeant le littoral jusqu'à Grande Case Noyale,, et bifurquer à gauche, après l'église Mater Dolorosa (1839), pour grimper vers le plateau boisé de **Plaine Champagne** – un itinéraire idéal si l'on veut se limiter à une balade en voiture. La route rejoint Le Pétrin, autre centre d'accueil du parc (*voir p. 148*).

LES TERRES DE SEPT COULEURS DE CHAMAREL

De Grande Case Noyale, la route s'élève en virages serrés à travers les collines boisées jusqu'au village de **Chamarel** ⓫, en offrant des vues magnifiques sur la côte et le piton de la Petite Rivière Noire, point culminant de l'île (828 m). La commune est réputée pour sa production de café, ses chutes et ses curiosités géologiques.

La **cascade Chamarel**, au sud du village, est alimentée par la rivière Saint-Denis, elle se déverse dans un cratère verdoyant profond de 83 m, ce qui en fait la plus haute et la plus spectaculaire de Maurice. Il faut parcourir 1,5 km pour découvrir, dans une vaste clairière, les **terres de sept couleurs de Chamarel** (ouv. tlj. de 9h à 17h ; entrée payante). Les géologues sont depuis longtemps fascinés par cet ensemble de dunes qui se parent, selon la lumière, de teintes grises, ocre bleues ou violacées. Ce phénomène unique au monde serait dû au refroidissement brutal mais irrégulier d'une coulée de lave. Les couleurs, celles des oxydes libérés par les cendres volcaniques, n'ont jamais perdu de leur éclat malgré des précipitations torrentielles et les milliers de touristes qui ont piétiné le site.

À l'issue de cette visite, on pourra retourner à Chamarel pour se diriger vers Le Pétrin ou suivre la route dans l'autre sens pour rallier Baie du Cap (*voir p. 131*), sur la côte sud.

Carte p. 142

Les terres de sept couleurs de Chamarel.

Au centre d'information du Pétrin, on peut se procurer des topo-guides et demander des conseils sur les possibilités de randonnée offertes par les 50 km de sentiers balisés qui sillonnent le Parc national des Gorges de la rivière Noire. On peut également louer les services d'un guide.

Le jardin botanique du Pétrin

À l'est de Chamarel, les broussailles qui bordent la route limitent la visibilité sur le plateau de Plaine Champagne. Nombre d'automobilistes s'arrêtent au belvédère **des gorges de la rivière Noire** ⓬ (Black River Gorges Viewpoint) pour apprécier le splendide panorama sur une vallée verdoyante que baignent plusieurs cascades. Quelques kilomètres plus à l'est s'embranche une mauvaise piste qui mène aux **chutes Alexandra** (Alexandra Falls), mais le point de vue est décevant et l'on entend la cascade bien plus qu'on ne peut la voir.

La route vire brusquement à gauche pour mettre cap sur le nord et le **centre d'accueil du Pétrin** ⓭, seconde porte d'accès au Parc national des Gorges de la rivière Noire. Tout à côté, le **jardin botanique du Pétrin** (Pétrin Native Garden) présente des espèces indigènes, telles la « patte poule piquant », une plante utilisée pour soulager les maux d'estomac et de foie, le « pot de chambre du singe », la « boucle d'oreille », fleur emblématique de l'île, ou encore le bois de natte, un arbre en forme de parapluie colonisé par les fougères, les orchidées sauvages et les lichens.

Grand Bassin

À 2 km à l'est du Pétrin, au cœur d'une forêt qui retentit des cris des singes, s'étend le vaste lac de cratère **Grand Bassin** ⓮, dont la signification religieuse, plus que la beauté naturelle, donne lieu à des rassemblements considérables. Le volcan, appelé Ganga Talao par les Hindous, est surmonté de la statue du dieu Shri Mangal Mahadev, la plus haute de l'île (32 m). C'est parce que le dieu Shiva, qui survolait l'île, y aurait versé une goutte d'eau du Gange, mère sacrée de l'Inde, que le lac est devenu un lieu de pèlerinage hindouiste. Lors de la fête annuelle de Maha Shivaratree, qui se tient en février-mars (*voir p. 81*), des centaines de milliers d'hin-

Autel dédié à Krishna et à sa favorite Radha, au Grand Bassin, centre de pèlerinage hindou.

dous vêtus de blanc viennent prendre un bain purificateur dans le lac sacré et honorer Shiva.

À 5 km au nord-est du Grand Bassin, au milieu des plantations de thé, pointe le cône volcanique du **mont Kanaka** (180 m), que seuls les bons marcheurs peuvent escalader s'ils veulent scruter le cratère endormi.

LE MORNE BRABANT

La **péninsule du Morne Brabant** ⓯, qui marque la pointe sud-ouest de l'île, est dominée par l'abrupte masse de basalte de la montagne éponyme. Cette éminence qui culmine à 556 m servit de refuge à de nombreux esclaves fugitifs. On raconte que lorsque des soldats en firent l'ascension en 1835 pour annoncer à ces « marrons » que l'esclavage venait d'être aboli, certains préférèrent se jeter dans le vide plutôt que d'affronter ceux qu'ils prenaient pour les membres d'une expédition punitive. Aujourd'hui réserve de chasse privée, elle se visite sur rendez-vous, en 4 x 4 ou à pied.

Plus bas, seulement cinq complexes hôteliers de luxe se disputent les abords de l'attrayante plage publique, longue de 5 km, du village du Morne. Il est vrai qu'il s'agit sans doute là du plus beau site balnéaire de l'île. D'ailleurs, la seule vue du lagon donne envie de plonger à la découverte des poissons multicolores qui peuplent ses fonds préservés. De même, la pointe Sud-Ouest, très ventée, est le paradis des planchistes.

Si le samedi et le dimanche les plages ivoirines de la péninsule sont plutôt fréquentées, en semaine seuls le sifflement des caddies traversant le green et le vrombissement des hélicoptères qui déposent les touristes débarqués de l'aéroport viennent troubler de temps à autre la quiétude de ce site paradisiaque.

Des bateaux rallient l'**île aux Bénitiers**, dans la baie du Morne, dont la plage de sable blanc invite à de délicieuses baignades.

Carte p. 142

Le morne Brabant.

L'hôtel Le Paradis organise des parties de pêche dans le lagon.

LES VILLES DU PLATEAU CENTRAL

Jusqu'au début du XIXe siècle, le haut plateau qui occupe le centre de l'île Maurice échappa à la colonisation, constituant un refuge idéal pour les esclaves évadés des plantations. Seuls de rares Européens s'y risquaient, tel l'Allemand Wilhem Lechenig que les Français retrouvèrent en 1721, vivant à moitié nu dans une misérable hutte d'ermite.

De nos jours, c'est dans ces **plaines Wilhems** que se concentrent les agglomérations les plus importantes de l'île après Port Louis : Beau Bassin, Rose Hill, Quatre Bornes, Vacoas, Phoenix et Curepipe, soit 30 % de la population nationale. Ces localités ont pris leur essor dans les années 1860, quand les incendies, les cyclones et une terrible épidémie de malaria poussèrent les habitants de Port Louis et des basses terres à chercher refuge sur le plateau central. Aujourd'hui, les Mauriciens aisés y trouvent de meilleures conditions de vie et un climat plus salubre que sur le littoral.

Le voyageur, lui, aura un peu de mal à différencier ces agglomérations qui, à première vue, se confondent et ne présentent guère d'intérêt, hormis leurs nombreuses boutiques hors taxe. On y découvre cependant un autre visage de Maurice, fait de marchés pittoresques et de commerces modernes, et une fraîcheur bienvenue quand une chaleur accablante s'abat sur la côte.

Des plans détaillés des villes du plateau central sont disponibles à l'office de tourisme de Port Louis. L'autoroute et la Voie Royale (« Royal Road » ou A1, assez souvent embouteillée) permettent d'y accéder facilement.

BEAU BASSIN-ROSE HILL

Tout comme Vacoas et Phoenix plus au sud, les agglomérations de Beau Bassin et de Rose Hill, dotées de la même municipalité depuis 1896, forment une seule agglomération. **Beau Bassin** (16), qui recèle quelques maisons coloniales fort bien conservées, en particulier dans le secteur d'English Quarter, ancien quartier résidentiel de l'aristocratie britannique. Ainsi, au fond d'un parc magnifique, dans Swami Sivananda Street, se cache le **Mont Thabor**, ou manoir de la Tour Blanche. Cette demeure majestueuse, construite en 1835 par un ingénieur anglais et léguée par sa dernière propriétaire aux Bénédictins, sert aujourd'hui de centre diocésain et ne se visite pas. Les allées du parc ont vu défiler d'illustres personnages, tel Charles Darwin, qui s'exclama en 1836 qu'il passerait bien là le restant de sa vie. Dans la même rue s'étend le **jardin de Balfour** (ouvert tous les jours sauf mercredi, de 6 h à 18 h), d'où l'on aperçoit les montagnes de Moka, par-delà les chutes de Sorèze.

Rose Hill (17) doit son nom aux couchers de soleil qui empourprent

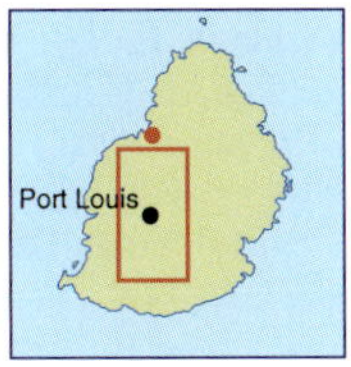

À gauche, la spectaculaire fête annuelle de Cavadee, qui réunit une foule colorée et bruyante autour des nombreux temples hindous de Maurice, comme ici à Quatre Bornes. Ci-contre, l'église catholique du Sacré-Cœur, à Rose Hill.

On peut faire d'agréables balades dans les montagnes qui dominent Moka. Le Pouce (812 m) offre par temps clair des vues à couper le souffle sur toute l'île.

la montagne du Corps de Garde voisine. Mais on est particulièrement frappé par le contraste entre les ternes édifices de bureaux en béton, égayés néanmoins par des échoppes colorées, et les infrastructures routières ultramodernes qui mènent au siège de Cyber City, à l'est d'Ebène. Ce complexe rutilant symbolise la ferme volonté mauricienne de devenir le leader de l'information technologique dans l'océan Indien.

Le samedi, il ne faut pas manquer le grand marché couvert d'**Arab Town**, qui bat son plein face à l'imposant bâtiment victorien de la poste. On peut aussi passer une heure à flâner dans les magasins de Royal Road où s'entasse tout un fouillis de marchandises hétéroclites (des rouleaux de cotonnade ou de brocart destinés à la confection des saris aux statues de la Vierge et de divinités hindoues serrées entre des flacons de shampoing).

L'architecture créole du **Plaza**, le théâtre abrité dans l'hôtel de ville de Rose Hill, mérite une visite car ses rares spectacles ne donnent que trop peu d'occasions de l'apprécier.

DE MOKA À EURÊKA

La ville universitaire de **Moka** ⓲ se trouve à moins de 4 km au nord-est de Rose Hill, au nord de l'A7. On y visitera l'institut Mahatma Gandhi et son **musée ethnographique de l'Immigration indienne** (Folk Museum of Indian Immigration), qui retrace la vie quotidienne des ouvriers indiens dans les plantations de cannes au XIXe siècle.

Outre son quartier résidentiel aux artères bordées de cocotiers et de quelques splendides demeures coloniales, Moka abrite le **château du Réduit**, résidence officielle du président de la République mauricienne. Cette résidence princière fut érigée en 1748 sur un promontoire situé au confluent de deux rivières pour servir de refuge aux femmes et aux enfants du personnel de la Compa-

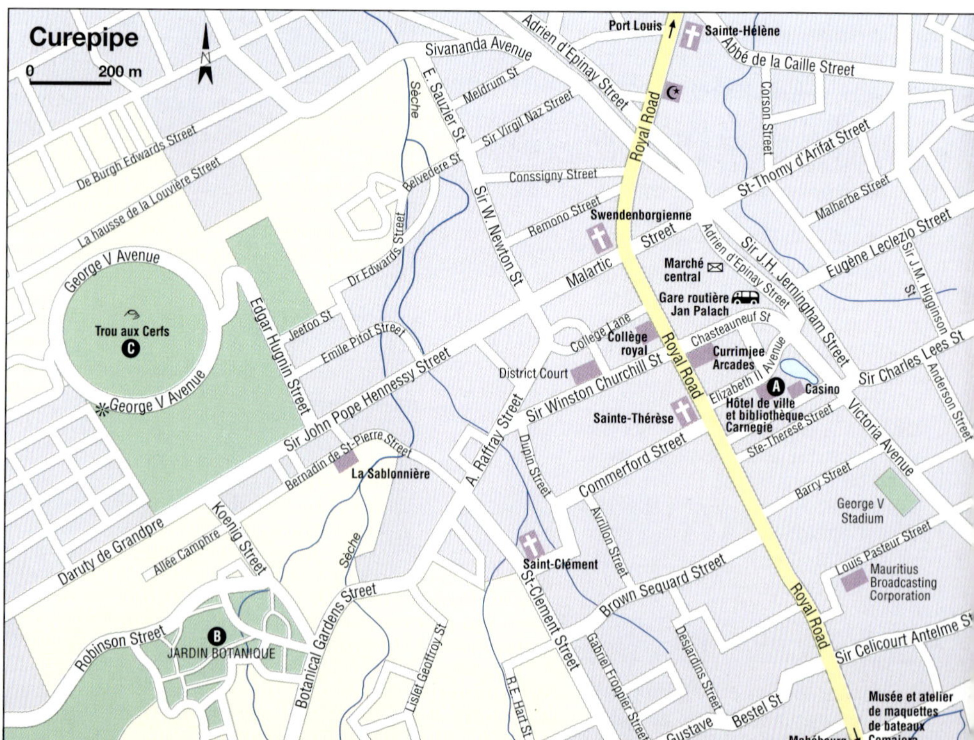

gnie française des Indes en cas de débarquement britannique. Mais, à partir de 1770, les gouverneurs successifs de l'île y donnèrent surtout des fêtes somptueuses, dont se souviennent peut-être les arbres de son parc à la française, ouvert au public deux jours par an, en mars et en octobre.

Au nord de Moka se visite la **maison Eurêka** ⓳, une demeure coloniale bâtie dans les années 1830 par un Anglais et rachetée en 1856 par Eugène Le Clézio. « Eurêka ! » se serait écrié l'ancêtre de l'écrivain J.-M. G. Le Clézio, quand il découvrit ce paradis que son fils Henri passa sa vie à restaurer.

La propriété a été vendue et transformée en musée en 1975. La maison de maître, tout en bois précieux, recèle quelques beaux meubles de la Compagnie des Indes, des cartes de marine et des photographies anciennes. L'office, installé dans un pavillon de pierre indépendant (pour éviter les incendies) a été doté d'une batterie de cuisine d'époque. On peut déjeuner ou prendre le thé sous la varangue – ou bien à l'annexe nommée Le Ravin –, et se promener dans le parc. Un guide attend généralement près de la cascade et de l'aire de pique-nique ceux qui veulent explorer la ravine au fond de laquelle coule la rivière Moka.

QUATRE BORNES

La ville résidentielle de **Quatre Bornes** ⓴ tire son nom des bornes qui délimitaient jadis les deux grands domaines sucriers des plaines Wilhems. Au sud de la ville s'élève la colline du Candos, base d'entraînement des forces de police et théâtre de diverses manifestations sportives et, à l'ouest, la montagne du Corps de Garde. Le temple tamoul accroché à son flanc accueille de nombreux pèlerins en janvier ou en février, à l'occasion des fêtes de Cavadee (*voir p. 80*).

Carte p. 142

Dodo de pierre, dans le parc de la maison « Eurêka ».

La maison « Eurêka », ancienne propriété de la famille Le Clézio.

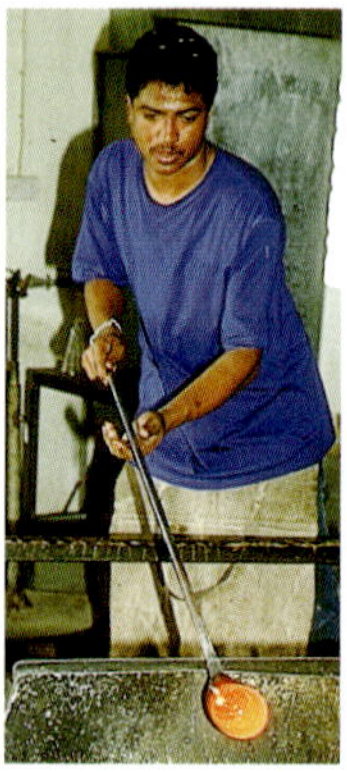

Souffleur de verre, à Phoenix.

La Grande Route Saint Jean, qui coupe la ville en deux, n'offre guère d'intérêt, mais d'élégantes villas coloniales se cachent dans les rues adjacentes, au fond de vastes jardins fleuris. Le jeudi et le dimanche, une foire aux tissus déploie ses étals colorés dans le centre-ville.

VACOAS-PHOENIX

Les deux villes de Vacoas et de Phoenix ne forment plus qu'une seule agglomération régie par le même conseil municipal.

En dehors de sa gare routière et de son marché, on chercherait en vain un centre à **Vacoas** ㉑. Certains évoquent avec nostalgie le « bon vieux temps » de la colonisation britannique, quand y résidaient les fonctionnaires de l'Empire. En témoignent son ancien terrain de polo transformé en parcours de golf et le **musée de la Force mobile spéciale** (Special Mobile Force Museum). Ce dernier occupe une église presbytérienne de Port Louis, qui fut transformée en entrepôt de rhum avant d'être démontée pierre par pierre et remontée à Vacoas.

Phoenix ㉒ abrite plusieurs verreries et les **Mauritius Breweries**, où est brassée l'une des bières nationales, la Phoenix Beer.

CUREPIPE

Curepipe ㉓ se trouve à mi-chemin entre Port Louis et Mahébourg. Elle doit son origine et son nom au relais de postes où les voyageurs et les soldats qui traversaient l'île au XVIIIe siècle prenaient quelque repos et curaient leur pipe... Plus haute ville du plateau (de 550 m à 605 m d'altitude, selon les lieux), Curepipe détient le record de pluviométrie de l'île : quand il pleut, ce qui arrive presque tous les jours, elle se drape d'un manteau gris déprimant. Cela ne l'a pas empêchée de demeurer jusqu'à la fin des années 1970 le bastion de l'aristocratie franco-mauricienne.

Le Trou aux Cerfs, à Curepipe.

Carte p. 142, plan p. 152

De somptueux manoirs se cachent encore au fond de parcs ombragés ceints de hautes haies de bambous dans des rues anonymes du centre et dans les banlieues de Floréal et de Forest Side.

Le plus bel édifice public de Curepipe, l'hôtel de ville du XIXe siècle et sa **bibliothèque Carnegie** Ⓐ, fréquentée par les étudiants depuis les années 1920, s'élève sur Elizabeth Avenue, près du marché. Le **Jardin botanique** Ⓑ aménagé dans l'ouest de la ville ne peut rivaliser avec celui de Pamplemousses, mais il ne manque pas de charme. La principale curiosité locale est sans doute le **Trou aux Cerfs** Ⓒ. Ce cratère verdoyant de 300 m de diamètre s'est formé il y a plusieurs milliers d'années. Son nom vient des grandes battues aux cerfs que les aristocrates organisaient au XIXe siècle autour de son petit lac.

Mais ce sont les magasins hors taxe de Curepipe qui attirent le plus grand monde. Quelques boutiques de vêtements occupent les **Arcades Currimjee**, au coin de Royal Road et de Chateauneuf Street. Dans Pope Hennessy Street, un édifice colonial flanqué d'une tour Eiffel miniature, **La Sablonnière**, a été transformé en centre commercial : chaque jour, autocars et taxis y déposent les touristes désireux d'acheter des meubles, des objets d'art et des tapis orientaux en détaxe. Le chineur impénitent sera plus avisé d'aller faire un tour du côté de Floréal et de Forest Side.

La plupart des maquettes de bateau vendues à Curepipe sortent des ateliers de **Comajora**, installés route de la Brasserie, dans le faubourg de Forest Side. Le musée attenant à l'entreprise présente une centaine de ces voiliers miniatures. Le propriétaire, féru de marine à voile, en organise la visite.

Le **Musée textile de Floréal**, sur Floreal Square, dans le faubourg du même nom, retrace l'histoire de la dynamique industrie textile mauricienne de manière interactive et ludique (on peut toucher les étoffes, s'amuser à deviner leur nature ou s'exercer sur une tricoteuse). La galerie commerciale installée sous le musée propose de la confection de qualité en cachemire, coton ou soie.

ÉCHAPPÉES VERS LE SUD

De Curepipe, on peut rejoindre facilement Le Pétrin et le Parc national des Gorges de la rivière Noire (*voir p. 146*) en suivant la B70 jusqu'à La Marie, puis en prenant à gauche la B3 en provenance de Quatre Bornes. La B3 traverse une belle forêt de montagne et longe l'immense plan d'eau de **Mare aux Vacoas**.

Faute de temps, on peut se limiter à une courte escapade jusqu'aux **chutes de Tamarin** ❽ (*voir p. 145*), en passant par La Marie et Glen Park. Il faut garer sa voiture à **Henrietta** et faire une promenade de quinze minutes à travers les cannaies pour rejoindre un belvédère qui domine les chutes, le barrage qu'elles alimentent et la côte ouest.

Statue de Paul et Virginie, couple romantique emblématique de l'île, dans le parc de l'hôtel de ville de Curepipe.

MAURITIUS PRIDE

RODRIGUES

Carte p. 158

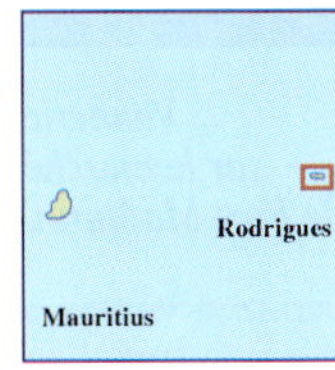

Lovée dans son immense lagon, à 560 km au nord-est de l'île Maurice, à laquelle elle appartient, Rodrigues est de loin la plus petite des Mascareignes : 18 km de long sur 8 km de large. Une succession de collines, entaillée de profondes vallées, la traverse d'est en ouest. Tout le charme de cette île ouverte depuis peu au tourisme réside dans sa beauté sauvage et sans apprêt et dans l'accueil chaleureux de ses habitants. Les capacités d'hébergement se limitent aux 250 lits que se partagent ses pensions de famille et chambres d'hôtes auxquelles s'ajoutent une poignée d'hôtels de standing, mais on peut aussi planter sa tente un peu partout.

UNE CAPITALE MINUSCULE

Même s'il se contenta de faire escale dans l'île, en 1528, le navigateur portugais Diego Rodrigues lui laissa son nom. Les Hollandais l'occupèrent de 1601 à 1611, puis François Leguat et quelques huguenots qui avaient fui la France après la révocation de l'Édit de Nantes s'y installèrent en 1691. Mais, incapables de supporter plus longtemps les cyclones, la solitude et l'absence de femmes, ils gagnèrent Maurice au bout de deux ans.

En 1725, les Français fondèrent la petite colonie de Port Mathurin : quatre officiers encadrant une vingtaine d'esclaves noirs et malgaches chargés de chasser la tortue pour le compte de la Compagnie française des Indes orientales. Puis les Britanniques s'emparèrent de Rodrigues en 1807 et ils s'en servirent comme base d'opération pour l'invasion des autres Mascareignes. L'île resta propriété de Sa Très Gracieuse Majesté de 1810 à l'avènement de l'indépendance mauricienne, en 1968. Les rues de **Port Mathurin** ❶ furent alors baptisées d'après les différents administrateurs britanniques, mais en 2006, dans un mouvement d'autonomisme, elles furent renommées. Mais nombre d'insulaires les appelle toujours par leurs anciens noms. Au dernier recensement, le chef-lieu ne comptait que 5 390 habitants. Dénué de monuments remarquables, il séduit avant tout par son charme désuet et par son rythme de vie paisible.

On peut commencer la visite de la ville sur sa **jetée**, où s'élève le monument aux morts des deux guerres mondiales. C'est là qu'a lieu, deux ou trois fois par mois, l'un des événements majeurs de la vie rodriguaise : l'arrivée du *Mauritius Pride,* saluée par une foule bruyante venue accueillir un proche ou réceptionner des biens de consommation en provenance de Maurice.

Le **marché** qui se tient le mercredi et le samedi matin dans Wolfert Harmensz Street (ex-Fishermen Lane), près de la gare maritime, est l'autre grande attraction locale. Il vaut mieux s'y rendre de bonne heure, car les Rodriguais quittent leur village des collines en pleine nuit pour pouvoir monter leur étal ou marchander les meilleurs produits dès 6 heures ;

À gauche, le « Mauritius Pride » relie Maurice à Rodrigues deux à trois fois par mois. Les Afro-Créoles forment le groupe ethnique majoritaire à Rodrigues, une petite île, dont le relief accidenté (ci-contre) ne s'est jamais beaucoup prêté à la culture de la canne à sucre.

vue magnifique sur l'**anse aux Caves**, au fond de laquelle se niche le village de **Grand Baie**. Un sentier abrupt relie la plage de Grand Baie à celle, généralement déserte, de **Baladirou**. On peut aussi accéder à cette crique sablonneuse en bateau. La promenade part de Port Mathurin et dure une quarantaine de minutes.

De l'autre côté de Port Mathurin, à 2 km vers l'ouest, s'ouvre la grande **baie aux Huîtres** ❸, dominée par des collines verdoyantes. Les Rodriguais s'y rendent les vendredis et samedis soir pour boire un verre et danser au Vibra Son, au son du disco ou d'un orchestre live de séga. En journée, on peut monter jusqu'au hameau d'**Allée Tamarin** pour profiter du panorama sur la baie et sur Port Mathurin.

Vers l'intérieur

De la gare routière et station de taxis de Port Mathurin, la route grimpe en lacet à l'assaut des collines pour relier les petits villages de l'intérieur. Si l'on veut jouir d'une vue exceptionnelle sur Port Mathurin et le lagon, on peut rejoindre en bus, en voiture ou en stop la station météorologique perchée sur la **pointe Canon**. À côté d'un canon britannique de la Seconde Guerre mondiale braqué vers le large se dresse la « Reine de Rodrigues », une statue de la Vierge au pied de laquelle les Rodriguais viennent célébrer la fête du Travail, le 1er mai.

La **forêt de Solitude** s'étend à 2 km au sud de Port Mathurin, sur la route de Mont Lubin. Cette épaisse forêt d'eucalyptus cernée de vallées encaissées abrite des peuplements de manguiers et de cognassiers. Au crépuscule, les roussettes de Rodrigues, une espèce unique au monde, viennent se gorger de leurs fruits.

Le mont Limon (398 m), point culminant de l'île, se trouve à 500 m à l'est de **Mont Lubin** ❹. Ce petit village animé abrite un **Centre national de l'artisanat** qui commercialise des paniers en feuilles de vacoa.

Les grottes de Caverne Patate, où l'on découvrit les restes d'un oiseau fossile, le solitaire.

VOYAGES ET AVENTURES

Les premiers occupants de Rodrigues furent des huguenots français qui s'étaient réfugiés en Hollande pour échapper aux persécutions religieuses avant de prendre la mer en quête d'une terre vierge à coloniser. Poussés par des récits de voyage à faire voile vers la Réunion, ils mirent pied sur le rivage encore inhabité de Rodrigues en 1691. Ils allaient passer deux ans dans l'île, sous la conduite de François Leguat, se nourrissant d'« aliments très sains et délicieux qui ne causèrent jamais la moindre maladie ». Au cours de ce séjour, Leguat rédigea *Voyages et aventures*, un « guide » qui donne un bon aperçu de la faune et de la flore locales. Il décrit, notamment, le solitaire et les tortues de plus de 130 kg qui fréquentent alors les plages rodriguaises en si grand nombre qu'il faut marcher sur les carapaces pour atteindre le rivage.

Il manquait pourtant quelque chose à ce paradis terrestre : une présence féminine. « Préférant Chimène à… Rodrigues », Leguat et ses compagnons débarquèrent à Maurice le 29 mai 1693. Ironie du sort, ils se retrouvèrent vite en butte à l'hostilité du gouverneur hollandais. Arrêtés et internés sur un îlot désert au large de Grand Port, ils ne furent libérés qu'en 1696 et se retrouvèrent en Hollande huit ans après leur départ sans avoir atteint la Réunion.

On peut faire un détour par le hameau de **Saint-Gabriel** pour admirer son église, la plus vaste de l'île. Édifiée en 1939, elle peut accueillir 1 580 fidèles. Sa reconstruction mobilisa une armée de volontaires pour acheminer à dos d'âne le sable, le ciment, la chaux, le corail, la tôle et le bois nécessaires par les sentiers étroits de la montagne. Elle est ouverte tous les jours et se remplit de couleurs, de musique et de chants quand y est célébrée, à 7 heures et à 9 heures, la messe dominicale.

La route, qui vagabonde sur 5 km entre les hameaux de Petit Gabriel, de Quatre Vents et de Mangues, permet de belles échappées sur les champs en terrasses verdoyants et les savanes brunes de l'île ainsi que sur son lagon couleur d'émeraude.

La **cascade Pistache** s'épanche dans la rivière Pistache des hauteurs d'un vaste cirque verdoyant, à 2 km à l'ouest de **La Ferme**. Le pape Jean-Paul II y célébra une messe en 1989. La belle route qui descend de La Ferme vers la baie du Nord et longe la côte jusqu'à Port Mathurin passe près de cases éclatantes de couleurs grâce à la floraison des poinsettias, des hibiscus et des soucis et s'approche des jetées reconquises par la mangrove de la baie Malgache.

LE SUD-OUEST

De La Fourche, au sud de La Ferme, la route redescend vers l'aéroport et la côte sud-ouest. La piste qui part du village de pêcheurs de Plaine Corail vers l'anse Quittor, à l'est, dessert la carrière de corail fossile de Petite Butte. On peut assister à la découpe des blocs qui servent à la construction.

La visite des ténébreuses galeries hérissées de stalactites et de stalagmites de **Caverne Patate** ❺, à la pointe sud-est de l'île, est déconseillée aux claustrophobes ! Mais ce réseau qui s'étend sur 500 m de long, à une centaine de mètres sous la surface du plateau calcaire, fascine les naturalistes depuis qu'un soldat fran-

Monument en l'honneur du solitaire, oiseau aux ailes atrophiées disparu comme son cousin le dodo.

Sur la route de Port Sud-Est.

Carte p. 158

çais y découvrit des ossements de dodo, en 1786. En 1894, des scientifiques britanniques y trouvèrent de nouveaux squelettes et confirmèrent ainsi l'existence du solitaire, cousin du dodo (*voir p. 67*). Selon les premières descriptions, les grottes renferment de « splendides concrétions d'une infinie variété de formes et de couleurs », rebaptisées depuis « Gâteau de la Mariée », « Dos du Chameau » ou « Winston Churchill »

Le mystère reste entier quant à l'origine de ces formes étranges. La visite s'impose, ne serait-ce que pour l'explication du garde officiel : selon lui, deux Anglais se perdirent dans la caverne et n'en revinrent jamais... Il faut un permis du bureau de l'Administration centrale, à Port Mathurin, pour pouvoir explorer les grottes soi-même. Mieux vaut donc se joindre à une visite organisée (lampe torche et chaussures antidérapantes indispensables).

A la sortie, quelques rodrigais propose à la vente des bagues en corail.

Les vents forts et réguliers qui soufflent trois cents jours par an sur l'anse Mourouk, au sud de l'île, en font l'un des « spots » préférés des véliplanchistes. À droite, le vendredi soir, des orchestres de séga se produisent dans les petits clubs de Rodrigues.

Le Sud-Est

La route de 6 km qui relie Mont Lubin à **Port Sud-Est** ❻ est l'une des plus belles de l'île : à chaque virage s'offre une sublime perspective sur le lagon chatoyant et sur ses îlots.

Le village de Port Sud-Est vit au rythme de la pêche. Certains matins à l'aube, les pêcheurs grimpent dans leur pirogue pour aller relever sur le lagon leurs casiers à langoustes, à homards et à crabes. De Port Sud-Est, on peut effectuer une magnifique balade à travers les collines dénudées jusqu'à la charmante plage de **Petit Gravier**.

Pointe Coton et l'Est

La plus belle randonnée à pied que l'on puisse faire à Rodrigues mène de Petit Gravier à **Pointe Coton** ❼, en suivant le littoral sud-est. Cette promenade de 6 km demande moins de deux heures, mais comme elle longe les plus belles plages de l'île (Anse Bouteille, Trou d'Argent, Saint-François), elle prendra sans doute plus de temps ! Par endroits, les rochers glissants rendent la progression difficile. À **Grand'Anse**, le sentier bifurque vers l'intérieur des terres et traverse la forêt de **Tasman** et rejoint la baie de l'Est. La longue plage de sable de Pointe Coton, bordée de filaos et cernée de petites falaises de corail blanc, est l'une des plus agréables de l'île.

Les îlots du lagon

L'**île aux Cocos** ❽, ancrée à 11 km à l'est de Port Mathurin, abrite une réserve d'oiseaux, dont certains pensionnaires ont disparu de Rodrigues. Hormis des colonies de fouquets, et de goélettes blanches, on n'y croise guère que ses deux gardes, qui vivent un peu comme Robinson et Vendredi. Pour s'y rendre, il faut un permis de l'Administration centrale, en passant par une agence de Port Mathurin. Les pêcheurs de Port Sud-Est proposent des excursions sur l'**île de l'Hermitage** (25 mn de traversée).

EBONY
NIGHT CLUB
SOIREE TRADITIONELLE
LES VENDREDIS

LA RÉUNION

L'ancienne île Bourbon naquit il y a plus de 3 millions d'années d'une série d'éruptions sous-marines. Deux volcans ont façonné son relief. Le plus ancien couvre près des deux tiers de sa superficie, dans la partie nord-ouest de l'île. Les 3 069 m de son point culminant, le piton des Neiges, en font le sommet le plus élevé des Mascareignes. L'effondrement et l'érosion de ses flancs ont creusé trois vallées encaissées au relief tourmenté, nommées cirques de Salazie, de Mafate et de Cilaos. Le sud-est de l'île est quant à lui dominé par un volcan beaucoup plus jeune, le piton de la Fournaise. Ses éruptions régulières en font l'un des plus actifs au monde. L'aridité de ses pentes dénudées contraste avec la luxuriance tropicale du reste de l'île.

On va à la Réunion pour admirer ses deux volcans et ses trois cirques verdoyants, aux paysages spectaculaires, mais aussi sa plaine des Sables déserte, ses Hautes Plaines, ses rivières encaissées, ses forêts tropicales, ses villes côtières et ses côtes déchiquetées. L'île, trop jeune pour être bordée de lagons, ne possède pas d'aussi belles plages que Maurice ou les Seychelles, mais celles qui agrémentent sa côte ouest ne sont pas pour autant dépourvues de charme. Son histoire, qui imprègne un patrimoine architectural bien préservé – qu'il s'agisse de cases modestes ou de vastes demeures créoles –, est mise à l'honneur dans ses musées et ses fabriques de sucre ou de vanille.

Placée sous le tropique du Capricorne, l'île ne connaît que deux saisons, et les températures oscillent généralement entre 18 et 30 °C, hormis en montagne où elles descendent parfois au-dessous de zéro. Du fait de son relief et de sa position géographique, on peut y pratiquer un très grand nombre d'activités sportives : randonnées pédestres, équestres ou à VTT, canyoning, rafting, varappe, plongée, planche à voile, pêche au gros, parapente, Deltaplane, ULM ou même parachutisme.

Jeune, dynamique et très métissée, la population plonge ses racines en Europe, en Afrique, en Inde et en Chine. Ce brassage a produit une culture chaleureuse et accueillante où prévaut le sentiment d'appartenance à la culture créole.

Pages précédentes : entre le ciel et le cratère Commerson, jeux d'ombre et de lumière sur une côte battue par les vents et les flots. À gauche, vue de la région marécageuse des environs de Saint-Paul.

LES RÉUNIONNAIS

Le recensement de janvier 2004 faisait état de 766200 habitants à la Réunion (282 hab/km^2). La population de l'ancienne île Bourbon a donc doublé depuis 1960, ce qui en fait le département français d'outre-mer le plus peuplé. Le taux d'accroissement démographique, qui était de 3,3 % par an en 1971, est redescendu à environ 1,5 % en 2000. S'il se maintient à ce niveau, on devrait compter en 2020 deux fois plus de résidents dans l'île qu'en 1999. Cette population est jeune : un Réunionnais sur trois a moins de quinze ans, et un sur deux moins de trente ans. En dépit de la grande diversité des origines ethniques et sociales des Réunionnais, cette population est aussi très largement métissée, un vrai *zambrocal* (« mélange » en créole).

Le brassage racial qui caractérise la société réunionnaise a débuté avec la colonisation de l'île par la Compagnie des Indes, dans la seconde moitié du XVIIe siècle. Sont d'abord arrivés quelques exilés français avec leurs serviteurs malgaches et indo-portugais, puis des forbans et des colons européens, des esclaves africains et, après l'abolition de l'esclavage en 1848, des « engagés » indiens, chinois, comoriens, mahorais, yéménites et même australiens. La loi de départementalisation de 1946 a donné à toutes ces populations la même identité, française et ultramarine. Cependant, on a vu ressurgir, ces vingt dernières années, la volonté d'affirmer des particularismes religieux et culturels, surtout parmi les minorités non chrétiennes.

Par ailleurs, les revendications indépendantistes des années 1970 semblent avoir fait long feu. Leur principal porte-parole, le président du Parti communiste réunionnais (PCR), Paul Vergès – frère de l'avocat Jacques Vergès et fils de Raymond Vergès (1882-1957), grande figure de la vie politique locale dans la première moitié du XXe siècle –, occupe aujourd'hui le siège de président du conseil régional. Et le petit mouvement culturel d'obédience créole Parnouminm (« Par nous-mêmes »), qui milite depuis 1997 en faveur de la « reconnaissance de la nation réunionnaise », obtient des résultats infimes lors des consultations électorales locales.

À gauche, dame créole de Salazie, dans les Hauts de l'île; à droite, le temple tamoul de Bois-Rouge, qui appartient à la commune de Saint-André, sur le littoral nord-est.

L'UNITÉ DANS LA DIVERSITÉ

Si elles parlent toutes le créole, les populations qui ont fait souche à la Réunion ne se sont pas pour autant fondues dans le creuset insulaire au point de constituer un seul « peuple ». On peut, en effet, distinguer plusieurs groupes.

Les Créoles sont majoritaires : ils représentent 40 % de la population et ont joué un rôle déterminant dans l'affirmation d'une identité culturelle locale. À la Réunion, le terme « créole » désigne tous les habitants qui ne sont pas noirs, indiens, chinois ou métropolitains, soit tous les descendants des premiers colons européens et les métis.

On distingue trois sous-groupes. Les « petits Blancs », ou « Yab », sont les Créoles les plus pauvres. Ils descendent des colons européens qui n'ont pas su ou pu, faute de moyens, prendre place dans l'économie de plantation et qui ont dû se replier au XIXe siècle dans les Hauts de l'île et tirer leur subsistance de maigres parcelles cultivables arrachées aux flancs des cirques volcaniques.

Les « gros Blancs » ont pour aïeux les grands propriétaires fonciers qui ont assis leur fortune au XIXe siècle sur la monoculture sucrière. Certains sont encore planteurs, d'autres se sont tournés vers le commerce d'import-export ou la banque et ils constituent encore l'aristocratie insulaire.

Les Métis appartiennent aussi à ce groupe, quelles que soient leurs origines. La plupart d'entre eux travaillent dans l'administration et l'agriculture.

Les Noirs, ou Cafres (de l'arabe *kafir*, « infidèle », terme qui demeure péjoratif), sont les descendants des esclaves importés en masse d'Afrique de l'Est et de Madagascar du XVIIIe siècle (en 1761, 17 906 des 22 300 habitants de Bourbon étaient des Noirs) jusqu'à l'abolition de l'esclavage, en décembre 1848. Tout comme les « marrons » (esclaves fugitifs) avant eux, les affranchis de 1848 furent nombreux à s'établir dans les Hauts, souvent en qualité de forgerons ou de charbonniers.

Nombre de Créoles sont issus du métissage entre Cafres et p'tits Blancs des Hauts. Les Cafres représentent 5 % à 10 % de la population, et ils constituent une part importante des travailleurs les moins qualifiés dans l'agriculture comme dans l'industrie.

Avant même l'abolition de l'esclavage, la colonie ultramarine fit appel à des Indiens pour les travaux agricoles (*voir pp. 63-64*). Quand il prit fin en 1882, le recrutement d'« engagés » indiens avait drainé près de 120 000 immigrants. Les uns venaient de la côte de Malabar, dans le sud-ouest du Deccan, les autres étaient des Tamouls du sud-est de l'Inde, mais tous furent et sont encore appelés Malabars. Ces descendants du prolétariat indien des plantations se retrouvent dans toutes les strates du tissu économique et social, et ils s'imposent comme le deuxième groupe au sein de la population (25 % des Réunionnais). On recruta également plusieurs milliers de travailleurs sous contrat à Madagascar, au Mozambique, aux Comores, au Yémen et parmi la communauté chinoise de Malaisie.

À la fin du XIXe siècle, les navires amenèrent d'Asie d'autres immigrants, prêts à se lancer dans le négoce. Certains avaient laissé derrière eux l'Inde du Nord-Ouest (le Gujarat et le Maharashtra en particulier). Ils étaient de confession musulmane, ce qui leur valut, par une méprise des insulaires, d'être baptisés « Z'arabes ». Bien qu'ils ne soient guère plus de 35 000 (soit 5 % des Réunionnais), leur esprit d'initiative et leur sens des affaires leur ont permis d'acquérir une stature économique et politique non négligeable.

Les autres étaient originaires de Chine méridionale, Cantonnais et Hakkas pour l'essentiel. Ces « Sinois », qui représentent 7 % de la population insulaire, ont fait montre de la même inclination pour le commerce et les activités de service que les Z'arabes. Comme ces derniers, frappés d'un certain ostracisme à leur arrivée, ils sont très soudés et ne se mêlent guère aux autres communautés.

Le reste de la population est constitué de Malgaches, de Mahorais et de Comoriens, issus d'une immigration récente, et des Métropolitains, ou « Métros », encore appelés « Z'oreilles » – peut-être, parce qu'ils mettent la main en cornet à leur oreille pour tenter de mieux saisir les mots créoles. Ces derniers viennent goûter le charme de l'île et les avantages salariaux et fiscaux que vaut cette semi-expatriation, notamment aux fonctionnaires. Nombre d'entre eux finissent par se fixer sur place, tant et si bien qu'il y aurait environ 50 000 Z'oreilles (7 % de la population). Il faut aussi mentionner les Z'oréoles, fruits d'unions entre Z'oreilles et Créoles.

La situation d'inégalité sociale et de dépendance de ce département d'outre-mer envers la métropole est bien connue. La Réunion affichait un taux de chômage de 36,8 % en 1999 et une proportion d'allocataires du RMI cinq fois supérieure à celle de la France continentale, entité avec laquelle s'effectuent les deux tiers des échanges commerciaux de l'île. Des émeutes, comme celle du quartier du Chaudron en 1991, rappellent périodiquement cette situation. Le niveau de vie relativement élevé auquel Paris et Bruxelles ont fait accéder l'île par leurs transferts financiers (investissements dans les infrastructures, emplois dans la fonction publique, prestations sociales) ne favorise guère la compétitivité, car il est synonyme de coûts du travail élevés. En revanche, la Réunion peut s'appuyer sur ses infrastructures (énergie, transports, télécommunications) comme sur le haut niveau de formation et la jeunesse de sa population pour valoriser sa position de carrefour dans le bassin indo-océanique. Elle confère à la France des droits d'exclusivité économique sur une vaste zone maritime... dont les eaux sont pillées par les chalutiers étrangers.

Religions et croyances

La diversité ethnique qui caractérise la société réunionnaise et la tolérance qui préside aux échanges intercommunautaires se prolongent dans le domaine religieux. Le christianisme, l'islam, l'hindouisme, le bouddhisme, le taoïsme et le culte des Ancêtres font bon ménage dans l'île. Une large partie de la population adhère également à des croyances populaires qui s'enracinent dans les cultures africaines, malgache et indienne.

Le catholicisme fut introduit par les premiers colons européens, comme en témoignent les noms de saints donnés aux localités du littoral. Dès le XVIIe siècle, tous les nouveaux arrivants, y compris les esclaves, reçurent le baptême, puis nombre d'immigrants indiens du XIXe siècle se convertirent de plein gré.

Ce catholicisme est vivace : croix, chapelles et statues pieuses se dressent un peu partout dans l'île ; on va rendre hommage à des légions de saints et de saintes dans les églises et les cimetières, et les pèlerinages organisés lors des grandes fêtes du calendrier liturgique drainent des foules immenses.

Il s'est aussi paganisé, comme en témoigne le culte de saint Expédit. Rome ne reconnaît pas ce saint « vengeur » que les insulaires invoquent « pour toutes les affaires urgentes ». Il s'agirait d'un légionnaire romain mort en martyr en 303 pour avoir refusé de renier le Christ. Alors qu'il est tombé dans l'oubli en Europe, son culte se répandit à la Réunion après la Première Guerre mondiale. On recense quelque 350 oratoires érigés en son honneur, au bord des routes, dans les cimetières ou les cours des maisons et jusque sur des sites autrefois consacrés à la Vierge. Ces constructions de la taille d'une niche sont toutes peintes en rouge, et elles débordent de fleurs en plastique, de bougies, de cigarettes et d'ex-voto.

La Vierge fait l'objet d'un culte assidu sur plusieurs sites de l'île, associés à des légendes pieuses. Ainsi, l'oratoire de la Vierge noire de Rivière-des-Pluies fut aménagé dans les années 1850 pour commémorer une apparition de la Vierge qui aurait protégé un esclave fugitif. On vient chaque jour demander à la statue assistance et protection.

Les protestants sont peu nombreux, environ 20 000. Ils se divisent entre tenants de l'Église

réformée de France et dissidents de la foi luthérienne, pentecôtistes, adventistes et membres de l'Église évangélique. Ces groupes font montre d'un infatigable prosélytisme, trait qu'ils partagent avec d'autres mouvements, comme les témoins de Jéhovah.

L'hindouisme vient au deuxième rang des religions de l'île, numériquement et chronologiquement. Les dieux du sud de l'Inde sont en effet arrivés avec les immigrants malabars et tamouls « engagés » par les planteurs. Huit grands temples et une centaine de petits autels rassemblent ces croyants. Un certain syncrétisme s'est d'ailleurs opéré entre catholicisme et hindouisme. La déesse Mariamman (ou Mariammen) est révérée en Inde du Sud

À gauche, les jardins de Cilaos en fleur ; à droite, les oratoires dédiés à saint Expedit sont parfois érigés dans des lieux très retirés.

comme la mère et matrice de toute manifestation du monde physique. On la représente vêtue d'un blanc manteau et on l'implore quand on cherche à guérir d'une maladie. Ces deux traits la rapprochent de la Vierge, et les hindouistes réunionnais assimilent fréquemment les deux cultes. Il arrive aussi à ces derniers de célébrer la naissance de Krishna (divinité la plus révérée du panthéon hindou) en même temps que celle de Jésus et de voir en saint Expédit « le rouge » une manifestation de Kali « la noire », la « destructrice ».

Outre Mariamman, Mourougane (divinité de la Jeunesse et de la Guerre), Draupadi (épouse d'Arjuna, le héros du *Mahabharata*), Kali

(manifestation de Parvati, épouse du dieu Shiva, dont elle exprime le pouvoir destructeur), le dieu-singe Hanuman (l'un des héros du *Ramayana*), le dieu-éléphant Ganesh (fils de Shiva et de Parvati), Vishnou et Shiva figurent parmi les divinités les plus révérées.

De plus, les Réunionnais d'origine tamoule célèbrent leurs rites funéraires traditionnels (*samblani*) et les grands festivals hindous. En janvier, Pandialé offre ses scènes de marche sur les braises, ses défilés de chars et l'émouvant spectacle des offrandes remises à l'océan. En janvier ou février, c'est Cavadee (*voir p. 80*). Mariamman est honorée en mai ; puis, en août, le festival de Kali donne encore lieu à des sacrifices de cabris et de poulets.

Environ 5 % des Réunionnais se réclament de l'islam sunnite, introduit dans l'île à partir de 1850. La petite minorité chiite est née d'une vague d'immigration comorienne et mahoraise plus récente. Les fidèles observent les règles fondamentales de l'islam, disposent d'une douzaine de mosquées et célèbrent toutes les grandes fêtes du calendrier musulman.

La majeure partie des Sino-Réunionnais se sont convertis au catholicisme, mais certains révèrent encore les divinités du panthéon bouddhique et du taoïsme dans les pagodes. Tous restent fidèles au culte (privé) des ancêtres, et les Hakkas rendent une fois l'an hommage à leurs défunts à la pagode de Saint-Pierre.

Enfin subsistent diverses croyances superstitieuses. La tombe présumée du pirate Olivier Le Vasseur, dit la Buse, dans le cimetière marin de Saint-Paul, fait l'objet d'une dévotion populaire qui lui vaut des offrandes de rhum, de fruits, de cigarettes, etc. À Saint-Pierre, la tombe de Sitarane offre le même tableau. Pourtant, ce journalier mozambicain fut décapité en 1910 pour s'être livré, en compagnie d'un Créole et d'un métropolitain qui se disait sorcier, à des meurtres rituels ! On touche là à tout ce qui relève de la sorcellerie, or cette pratique reste bien vivace dans toutes les communautés du département ultramarin.

Folklore réunionnais

On découvrira une autre facette de la culture populaire insulaire en assistant à un combat de coqs, ou *batay coqs* (ambiance assurée pour celui que le spectacle ne rebute pas), à un *batay kréol* (ou « moringue », discipline à mi-chemin entre chorégraphie et art martial) ou aux danses du *jaco malabar* (croque-mitaine, qui parcourt les rues, grimé en Hanuman).

La culture réunionnaise se signale aussi par l'effervescence de sa scène musicale. Né des chants et danses des esclaves malgaches et mozambicains, le *maloya* (« j'en ai marre » en malgache) s'apparente au séga typique mauricien (*voir p. 79*) et au *moutya* seychellois. Interdit dans les années 1960 parce que trop contestataire, il revit depuis les années 1980 et anime d'innombrables *kabars* (« fêtes populaires » créoles). De jeunes artistes locaux ont su marier ses sonorités soul avec le reggae, le rock le jazz et même le rap.

À gauche, préparation de Cavadee, la grande fête tamoule.

L'ARCHITECTURE CRÉOLE

Le patrimoine architectural des îles de l'océan Indien est en train de disparaître au profit de constructions en béton bien moins séduisantes. Il faut donc prendre le temps d'admirer les charmes des dernières maisons de la période coloniale, qu'il s'agisse d'humbles cases créoles ou d'imposantes demeures de planteurs.

Les « ti' cases créoles » sont de petites maisons dont le style s'est formalisé au XVIIIe siècle. Aux abris de branchages à deux pans et aux paillotes à couverture de palmes ou d'herbe des premiers colons se substituent alors des cases-blocs à ossature et cloisons de bois, à façade en planches ou en essentes (lames de bois) et à toiture en bardeaux, édifiées par des charpentiers de marine. Les essences choisies, souvent du bois de tamarin, doivent être robustes, imputrescibles et résistantes aux termites. Les toits, le plus souvent à quatre pans, doivent pouvoir résister à des vents violents, tandis que des auvents protègent les façades des pluies battantes comme de la chaleur. Ces cases créoles s'agrandissent avec les besoins de la famille, et leurs auvents cèdent la place à des varangues, ou vérandas.

L'expansion du commerce maritime, au XVIIIe siècle, permet aux négociants enrichis de se faire bâtir des versions luxueuses de ces cases, qui se détachent au fond de coquets jardinets protégés par des murs en pierre et des portails auxquels sont fixées des grilles ouvragées. On en voit encore dans la capitale mauricienne et à Saint-Denis de la Réunion. La décoration de ces cases est toujours soignée : façades d'un blanc immaculé ou peintes dans des couleurs vives, frontons ornés de panneaux géométriques, auvents soulignés de lambrequins, ces festons en bois ou en métal découpé dont les motifs varient d'une région – voire d'une maison – à l'autre. La villa *Folio*, à Hell-Bourg (la Réunion), illustre à merveille ce style créole. Elle est de surcroît agrémentée d'un de ces petits kiosques surélevés, appelés « guetali », qui permettent d'observer la vie de la rue… sans être vu.

Avec le déplacement des populations aisées vers l'intérieur des terres, au XIXe siècle, les jardins s'agrandissent et l'architecture créole gagne en raffinement. Les grands planteurs se font bâtir d'imposantes résidences au cœur de leurs immenses domaines. Tourelles, frontons et balustrades néoclassiques rehaussent les façades pour témoigner de l'opulence des occupants. De vastes varangues flanquent la demeure sur deux ou trois côtés. Certains barons du sucre et de la vanille se font même construire de véritables « châteaux » de pierre.

Les villes de Rose Hill et Curepipe, sur le plateau central mauricien, abritent encore nombre de ces « grand'cases » coloniales. La plupart, privées, ne se visitent pas, mais le domaine de Saint-Aubin, dans le sud de l'île, et la maison *Eurêka*, près de Moka, sont ouverts au public. Aux Seychelles, on peut séjourner à l'Auberge de Bougainville, un manoir de Mahé qui donne sur la mer, ou encore au Château Saint-Cloud, à La Digue, un bel édifice de l'époque napoléonienne qui domine une plantation de vanille.

À droite, façade d'une case créole d'Hell-Bourg.

Souvent monumentaux et austères, les bâtiments administratifs, les hôpitaux et autres édifices publics sont bâtis en pierre, à l'instar de l'hôtel de ville de Saint-Denis ou du Réduit, résidence officielle du président de la République mauricienne.

Avec le temps, les matériaux naturels ont cédé la place au métal et au béton. Ce sont peut-être les boutiques traditionnelles qui illustrent le mieux l'évolution de l'architecture créole, avec leurs façades gaiement colorées, leurs enseignes peintes à la main et leurs toits de tôle ondulée.

La cuisine réunionnaise

Même si le « café au lait-croissant », le croque-monsieur et la bouillabaisse figurent au menu de maints bistrots de Saint-Denis et de Saint-Gilles-les-Bains, il ne faut pas croire que la restauration française règne sans partage sur l'île. Le melting-pot insulaire trouve un prolongement dans les assiettes, où se mêlent des produits et des recettes venus d'Europe, d'Afrique, d'Asie et d'Océanie. Fruit original de ce cocktail coloré, la gastronomie créole révèle toutes ses saveurs dès qu'on quitte le littoral pour monter vers les Hauts.

Caris et rougails

La préparation de base de la cuisine créole est le cari (ou curry) : piments, oignons, curcuma, ail, gingembre, thym et safran. Dans ce fond de sauce mijote le plus souvent de la viande de poulet, de bœuf, de porc ou des saucisses, mais on sert aussi des caris de chevreau (le « cabri massalé », fort prisé), de poisson, de langouste, de poulpe (« z'ourite ») ou de crevettes.

Les caris sont généralement accompagnés de riz blanc ou jaune (parfumé au safran), de « grains », ou légumes secs (fèves, haricots, lentilles ou pois), d'achards (légumes émincés et confits dans du vinaigre épicé) et de rougail (condiment à base de piment rouge ou vert, d'ail, d'oignon et de gingembre pilés et, au choix, de tomate, de citron, de mangue verte, d'aubergine, d'arachides, etc.). Au fil du temps, salades, gratins, beignets, daubes, civets et desserts ont pris place, dans la gastronomie réunionnaise, aux côtés de ce plat complet.

La « charcuterie-pays »

La cuisine créole fait la part belle à la charcuterie. Outre de rougail saucisses, que l'on peut déguster dans la plupart des restaurants, les Réunionnais se régalent de gratons (couenne frite servie à l'apéritif ou en cari), de pieds de porc, de pâté de tête, de tripes et d'andouille.

Les trésors d'une île-jardin

La gastronomie insulaire doit beaucoup de sa richesse à la variété des légumes que l'on trouve sur les marchés locaux. Nombre d'entre eux sont d'ailleurs inconnus en Europe, tels la « tomate arbuste » ou le « cœur de palmiste » (cœur d'un palmier de sept ans servi sous forme de « salade de millionnaire » ou en gratin). Le légume roi est sans doute le « chouchou », une cucurbitacée originaire du Mexique dont le goût rappelle celui de la courgette. Connu en Guadeloupe sous le nom de « christophine », il pousse un peu partout à la Réunion. Débité en cubes ou en lamelles, il se cuisine en cari, en gratin, en daube, en salade, en gâteau et en confiture. Ses feuilles sont également préparées au four ou simplement cuites à l'eau. On les trouve notamment dans les tartes « aux brèdes chouchou ».

La patate douce, le manioc, le « songe » (sorte de taro), l'igname et autres tubercules accompagnent les rôtis. Quand ils ne sont pas cuits à l'eau, ils se cuisinent en gratin, sous forme de croquettes, de boulettes, de beignets ou de gâteau. Les Réunionnais consomment aussi beaucoup de « brèdes », ou « feuilles bonnes à manger » de différents choux, de patate douce, de citrouille, de songe, etc.

Laitages et gourmandises parfumées

L'île produit des yaourts et quelques fromages. La carte des desserts locaux se limite peu ou prou aux gâteaux à base de tubercules, aux beignets d'ananas ou de banane, aux salades de fruits et aux sorbets. Mais le verger réunionnais est si prodigue que ces deux derniers mets réservent souvent des surprises aux palais européens en leur donnant l'occasion de découvrir, selon la saison, des fruits originaires d'Amérique du Sud, d'Océanie ou d'Asie, comme le corossol et la bibasse (nèfle du Japon), au goût acidulé, ou encore le jamalac, au parfum de rose.

La Réunion figure parmi les premiers producteurs mondiaux de vanille. Il n'est donc guère étonnant de retrouver la saveur des gousses de vanille dans les sauces, les plats cuisinés, les desserts, les thés, les cafés, sans oublier les liqueurs à base de rhum, tel le Pause Café.

La cuisine de la rue

Dans la rue, au marché, au bord de la route ou à proximité des plages de la côte ouest, on trouve de nombreux marchands d'amuse-gueules : « bouchons » (raviolis à la vapeur d'origine chinoise), nems vietnamiens, galettes de poulet, « bonbons piment » (beignets pimentés), samoussas (beignets triangulaires farcis de légumes, de viande ou de poisson), *brinjal* (aubergines frites) et autres délices relevés d'origine indienne (*voir p. 84*).

Rhum, punch et vin

La canne donne du sucre, certes, mais aussi de la mélasse. Distillée, cette dernière produit du rhum. Les Réunionnais le dégustent parfois pur, mais le parfument plus volontiers de fruits (goyave, mangue, litchis, etc.), d'épices et de vanille, qu'ils laissent macérer pendant de longs mois. Ces « rhums arrangés » sont délicieux, mais ils peuvent se révéler un peu traîtres ! Moins fort, le punch créole est un rhum agrémenté de fruits frais, d'épices, de sirop de canne et de jus de fruit.

Le cirque de Cilaos est l'unique région viticole de la Réunion. Ses vins de table, à base de côt, de pinot noir ou de chenin, tendent à s'améliorer. Le chai de Cilaos, une petite coopérative qui expédie du vin en métropole depuis 1991, propose des dégustations. Reste à goûter l'isabelle, un vin blanc ou rouge très sucré que l'on savoure en apéritif.

Les tables d'hôtes

On trouve à la Réunion nombre de tables d'hôtes, dont les propriétaires rivalisent d'enthousiasme pour concocter les spécialités créoles. Un menu type coûte une quinzaine d'euros. Il comprend une entrée (gratin de brèdes), un plat (cari de poisson ou canard à la vanille) et un dessert (pourquoi pas un parfait au chocolat ?). Il est recommandé de réserver par téléphone.

À gauche, de nombreuses commerçantes du marché de Saint-Paul cultivent les fruits et les légumes qu'elles vendent ; ci-dessus, assortiment d'amuse-gueules créoles.

LA FAUNE ET LA FLORE RÉUNIONNAISES

Même si les impressionnants reliefs volcaniques de la Réunion abritent encore de larges pans de forêt primaire, sèche ou humide, la faune et la flore insulaires sont loin de présenter la diversité qui suscita l'admiration des premiers voyageurs. Les naturalistes s'expliquent mal, d'ailleurs, pourquoi certaines espèces animales, comme le pigeon rose, la crécerelle de Maurice, la perruche de Maurice, la roussette et le foudi de forêt, ont disparu de la Réunion alors qu'elles se sont perpétuées à Maurice et à Rodrigues, deux îles qui ont perdu la majeure partie de leur manteau forestier. Pour certains chercheurs, les habitudes culinaires des Français sont pour beaucoup dans l'extinction de nombreuses espèces...

Quelques grands disparus

Les espèces animales qui occupaient les zones marécageuses et les savanes côtières ainsi que les forêts de basse altitude, rapidement abattues pour laisser place aux cultures, disparurent les premières. La plus célèbre d'entre elles est le dodo blanc, ou solitaire, un gros oiseau maladroit et incapable de voler qu'on apparenta longtemps, à tort, au dodo mauricien et rodriguais. De récentes découvertes ont montré qu'il s'agissait, en réalité, d'un ibis endémique aux ailes atrophiées, de la taille d'une dinde. Parmi les autres grands disparus, signalons la tortue de Bourbon, la huppe de Bourbon, que l'on a observée pour la dernière fois au milieu du XIXe siècle, et un superbe perroquet brun roussâtre à tête lilas, le perroquet mascarin, qui fut exterminé à la fin du XVIIIe siècle. On peut voir des restes et des reproductions de ces animaux au Muséum d'histoire naturelle de Saint-Denis (*voir p. 199*).

Des mammifères d'importation

Les cétacés qui fréquentaient les parages de l'île furent longtemps les seuls mammifères à l'approcher, et seules cinq espèces de chauves-souris – dont deux insectivores ont survécu – s'y étaient installées avant l'homme. Les autres mammifères que l'on rencontre à la Réunion y ont été introduits, souvent à des fins alimentaires, comme les sangliers et les lièvres, qui continuent de prospérer dans les forêts, ou les lémuriens et les écureuils, qui ont à présent disparu. Les cerfs de Java débarqués en 1761 pour les besoins de la chasse furent exterminés dès 1793. Ils ont (malheureusement) été réintroduits au cours des années 1980, dans la plaine de Chicots et dans la forêt de Bébour, où ils dévorent les jeunes pousses des plantes indigènes et nuisent à la régénération de la végétation.

L'un des mammifères les plus intéressants est le « tangue », ou tenrec (*Tenrec ecaudatus*), un insectivore qui rappelle le hérisson, importé de Madagascar pour sa chair. La musaraigne

indienne, un grand omnivore que l'on rencontre également à Maurice et à Rodrigues, se nourrit de reptiles et d'invertébrés. Elle a colonisé presque toutes les régions de l'île, dont elle est devenue l'un des principaux prédateurs, avec les rats et les chats harets, semblables au chat tabby africain.

Les oiseaux indigènes

Bien que les rats pillent leurs nids et que les chats harets les chassent à l'affût, on recense encore à la Réunion un certain nombre d'oiseaux indigènes, dont certains sont assez faciles à observer, en particulier à la Roche Écrite et dans la forêt de Bébour.

À gauche, au cœur de la forêt humide de moyenne altitude ; à droite, tenrec, ou « tangue ».

Le plus commun d'entre eux est le traquet de la Réunion, ou « tec-tec » (surnom qu'il doit à son cri), à la livrée blanc, beige et roux : il se montre un peu partout, hormis dans les zones littorales du Nord et de l'Ouest. Tout aussi commun, le gobe-mouches de paradis est repérable à sa tête violette ; on le surnomme « oiseau-la-vierge » car une légende créole affirme qu'il peut voir la Vierge Marie.

Le merle de la Réunion, ou bulbul de Bourbon, et deux zostérops, le « zoiseau blanc » et le « zoiseau vert », ou oiseau-lunettes vert, sont également assez répandus. Il en va tout autrement de la salangane des Mascareignes : on l'aperçoit assez rarement, sinon en fin

d'après-midi, quand elle part chasser les insectes volants.

L'hirondelle des Mascareignes, dont l'habitat se limite aux falaises de la côte orientale, est encore moins répandue. Mais c'est au « tuit-tuit », ou échenilleur cuisenier, encore surnommé « oiseau couillon », que revient le triste honneur d'être l'oiseau le plus rare de l'île, et l'un des plus rares du monde puisqu'il n'en reste que 160 spécimens, tous regroupés dans la forêt de la plaine des Chicots, au-dessus de Saint-Denis.

Le busard de Maillard, ou « papangue », est le seul rapace et l'oiseau le plus spectaculaire de l'île. Son envergure (1,20 m) lui permet de planer pendant des heures au-dessus des ravines, surtout entre 500 m et 1 500 m d'altitude, en quête de tenrecs, de rats, d'oiseaux et d'invertébrés. Le plumage du mâle est gris, blanc et noir, celui de la femelle, brun.

Enfin, on a longtemps cru que le pigeon de Madagascar était d'origine malgache, mais la récente découverte d'ossements subfossiles a permis de démontrer qu'il s'agissait en fait d'une espèce indigène.

Les nouveaux venus

Certains oiseaux des champs, dont trois espèces de cailles, deux perdrix et un coq sauvage, ont été importés par les colons pour servir de gibier. Le martin, quant à lui, a été introduit en 1760 pour lutter contre les sauterelles.

Les oiseaux les plus colorés que l'on peut admirer dans les jardins descendent généralement d'oiseaux d'ornement échappés de leurs cages. C'est le cas de nombreux passereaux, tels le capucin damier et le foudi rouge, ou cardinal, un petit oiseau rouge vif qui sautille un peu partout dans les parcs en compagnie des superbes tohis jaune-vert et de la petite géopélie zébrée, grise et peu farouche, aux agréables roucoulements.

Les oiseaux de mer

Seule une demi-douzaine d'oiseaux de mer nichent à la Réunion. L'île est réputée pour ses deux pétrels endémiques fort rares, le pétrel de Barau et le pétrel noir. Le premier fut identifié en 1963. Ses sites de nidification ont été localisés depuis au piton des Neiges, alors que ceux du pétrel noir restent à découvrir. Le pétrel de Barau peut être observé près de la plage de Saint-Gilles en fin d'après-midi, et dans les cirques et les ravines où il passe la nuit. Au nombre des endémiques figure aussi le puffin d'Audubon, un petit oiseau marin blanc et noir qui niche sur les falaises et se nourrit de poisson et de calamar. L'île abrite en outre des colonies de puffins fouquets.

C'est dans les cirques, les gorges et les falaises que l'on pourra repérer l'oiseau emblématique de la Réunion : le splendide phaéton à bec jaune, ou « paille-en-queue », reconnaissable à sa longue queue ondulante formée de deux plumes caudales.

Petite-Île, l'unique îlot satellite de la Réunion, ancrée au large de sa côte sud, abrite trois cents couples nicheurs de noddis bruns, trois cents noddis noirs non nicheurs et quelques gygis blanches.

Des geckos colorés

Outre divers geckos nocturnes, parfaitement inoffensifs, qui fréquentent les jardins et les maisons, la Réunion abrite deux geckos diurnes endémiques, dont la beauté mérite quelques efforts d'exploration.

Le premier, *Phelsuma inexpectata*, à la robe verte couverte de taches rouges, ne se rencontre que dans la région de Manapany ; on peut l'y voir un peu partout, lézarder sur les feuilles des bananiers ou escalader les troncs des cocotiers et des pandanus. Le second, *Phelsuma borbonica*, vert-bleu avec des bandes rouges sur les flancs, est plus difficile à repérer car il vit dans les forêts du Nord-Est et de l'Est, entre 300 m et 1 000 m d'altitude. Son aire de répartition ayant été coupée en deux par des coulées de lave, deux sous-espèces distinctes sont apparues.

Le magnifique caméléon panthère, importé de Madagascar dans la région de Saint-Paul, est la seule espèce introduite désormais protégée. Il se multiplie un peu partout dans l'île, se nourrissant d'insectes, comme les blattes, et d'araignées « babouks » aux proportions parfois impressionnantes.

Tamarins et orchidées

La Réunion compte plus de 60 000 ha de forêt naturelle, gérés par l'Office national des forêts (ONF). Rares sont les vestiges de la végétation littorale d'origine ; la plupart des espèces côtières ont été importées. Il en va de même de la savane, qui s'étage jusqu'à 200 m d'altitude, sur la côte ouest, et de la forêt sèche. La forêt humide de basse et moyenne altitude, dite aussi forêt de bois de couleur, s'étage jusqu'à environ 800 m. Elle regroupe une cinquantaine d'essences, de haute et de moyenne stature, comme les « mapous », le « tan-rouge », le « tan-maigre », le benjoin, le camphrier, le bois savon, le bois de fer et le bois noir. Des épiphytes, dont un large éventail d'orchidées (on compte sept variétés endémiques) et divers types de fougères poussent à profusion sur les troncs.

Au-dessus de 800 m d'altitude, cette formation cède la place à la forêt humide de montagne, moins riche, dont la composition évolue avec l'altitude jusqu'à se transformer, à plus de 2 000 m, en une végétation naine. En certains endroits, cette forêt de montagne est dominée par le tamarin des Hauts, une espèce endémique de la famille des acacias qui se reconnaît à son tronc noueux et torturé. Il pousse souvent en association avec le « calumet », un bambou endémique.

À gauche, le « paille-en-queue », oiseau de mer emblématique de la Réunion ; ci-dessus, lupins sauvages à Mafate.

SPORTS D'AVENTURE

Les paysages somptueux de la Réunion ont été modelés par l'évolution de ses deux volcans. Ainsi, le piton des Neiges (3 070 m d'altitude) est le point culminant d'un gigantesque volcan bouclier qui s'est endormi il y a vingt mille ans. Ce vieux massif s'est plusieurs fois effondré sur lui-même et l'érosion des flancs de sa caldeira a entraîné la formation de trois gorges en amphithéâtre connues sous le nom de « cirques » : Salazie, Cilaos et Mafate. Ces reliefs majestueux, leurs forêts et leurs cascades sont parfaitement adaptés à la randonnée et aux sports d'aventure comme le canyoning, le rafting, la varappe, le Deltaplane et le parapente.

Les Hautes Plaines (plaine des Palmistes et plaine des Cafres), qui s'étagent de 400 m à 2 000 m, entre les cirques et les pentes du piton de la Fournaise, sont d'un accès plus facile. Couvertes de forêts et de pâturages vallonnés, sillonnées de pistes et de sentiers balisés, elles se prêtent particulièrement bien à la randonnée à vélo, à cheval ou à pied.

Quant au piton de la Fournaise, c'est l'un des volcans les plus actifs et les plus beaux de la planète. Les sentiers balisés qui gravissent ses flancs et contournent son cratère offrent à tout un chacun le loisir d'observer de près ses manifestations.

Chacun peut donc trouver à la Réunion une activité de plein air qui réponde à ses envies et soit compatible avec son budget et sa condition physique.

BIEN PRÉPARER SES EXCURSIONS

Qu'on opte pour la marche, le cheval, le VTT, le canyoning, l'ULM ou pour tout autre sport, qu'on envisage de passer une nuit dans un refuge de montagne ou une semaine dans un gîte rural, il convient de préparer minutieusement ses excursions. On trouvera tous les renseignements nécessaires sur les activités envisagées et les infrastructures d'hébergement dans les maisons de la Montagne de Saint-Denis et de Cilaos. On peut y consulter les cartes de l'Institut géographique national à l'échelle 1 : 25 000 (séries 4401RT à 4406RT) et celles des guides de randonnée de l'Office national des forêts, réserver ses nuitées, se faire établir un circuit personnalisé ou recommander un guide accompagnateur certifié.

Les mois de mai à novembre, les plus frais et les plus secs de l'année australe, sont les plus propices à la pratique de maintes activités sportives. En altitude, la température oscille à cette période entre 12 °C et 18 °C le jour, pour descendre parfois jusqu'à 0 °C la nuit. Compte tenu de la rapidité avec laquelle le temps peut changer en montagne, il est impératif de s'informer par téléphone, juste avant de se mettre en route, des prévisions météorologiques pour la journée et de vérifier auprès de l'ONF ou de la maison de la Montagne que les sentiers sont praticables (*voir les « Informations pratiques »*).

À gauche, parapente à flanc de montagne ; à droite, canoë dans les rapides.

Pour assurer la sécurité des sportifs dans les Hauts, la maison de la Montagne a établi une charte appelée « Les dix commandements du Papangue astucieux » (le papangue étant le nom vernaculaire du busard de Maillard, *voir p. 180*) : ne jamais partir seul ; avertir ses proches du trajet que l'on compte faire et de l'heure de retour envisagée ; bien s'informer de la difficulté de l'itinéraire choisi et se munir d'une carte ; s'équiper de bonnes chaussures de randonnée, prévoir des vêtements chauds et imperméables et une protection contre le soleil ; ne pas s'éloigner des sentiers balisés ; ne pas paniquer si l'on se perd ; se rappeler que le signal de détresse s'effectue en levant les bras en V ; ne jamais laisser seule une personne blessée et attendre les secours; engager un guide quand on ne connaît pas la montagne; ne pas jeter ses déchets dans la nature. Comme ces précautions ne suffisent pas toujours à éviter les accidents, des hélicoptères survolent régulièrement les cirques et les crêtes pour repérer les sportifs en difficulté : chaque année, près de cent cinquante personnes, souffrant pour la plupart de fractures ou d'entorses, sont secourues.

Une bonne infrastructure hôtelière

On recense dans l'île de nombreux gîtes ruraux, refuges de montagne, chambres d'hôtes et plusieurs auberges de jeunesse. Les conditions d'hébergement sont généralement simples, mais l'ambiance est chaleureuse. Les gîtes affichent parfois complet plusieurs semaines à l'avance, aussi faut-il réserver sa nuitée auprès de la maison de la Montagne ou d'un office de tourisme le plus tôt possible.

Si la plupart des gîtes et des chambres d'hôtes proposent également le couvert (un dîner souvent pris en commun autour d'une longue table en bois), certains se contentent de mettre une cuisine à la disposition de leurs clients, qui doivent apporter leur ravitaillement. Attention, on ne trouve pas d'épicerie dans tous les îlets (villages) ! Là encore, mieux vaut se renseigner avant de partir.

Rares sont, à la Réunion, les terrains de camping homologués. Cependant, si l'on dispose du matériel nécessaire (tente, sac de couchage, batterie de cuisine et vivres), il est possible de bivouaquer en certains endroits sur les itinéraires de randonnée.

La voie des airs

Le survol en hélicoptère du piton de la Fournaise ou des cirques de Salazie et Mafate revient assez cher, mais le spectacle qu'offrent les profondes ravines, les hameaux isolés et les abords du volcan est particulièrement grandiose. Les appareils décollent notamment de Saint-Denis, de Saint-Gilles-les-Bains ou de Saint-Paul et peuvent accueillir huit passagers à leur bord. Le vol, commenté, s'effectue de préférence tôt le matin, avant que les nuages ne masquent les cimes, et dure de vingt-cinq minutes à une heure.

Une option moins onéreuse consiste à faire une balade en ULM à partir de Saint-Denis ou de Saint-Pierre. Conçus pour une ou deux personnes, ces appareils très légers permettent de survoler les cirques, le piton Maïdo ou les lagons.

Mais les amateurs de silence préféreront peut-être faire une sortie en planeur, en deltaplane ou en parapente. Des sites de toute beauté bénéficiant d'excellentes conditions aérologiques, comme les Hauts de Saint-Paul, sont connus des amateurs de vol libre. Plusieurs prestataires de services proposent également des baptêmes de l'air dans les meilleures conditions. On peut voler presque tous les jours.

En eaux vives

Rivières dévalant les ravines, cascades s'épanchant du haut des falaises : toutes les conditions sont réunies pour la pratique du canyoning. Protégés du froid et des chocs par des combinaisons renforcées, les adeptes de ce sport « extrême » descendent les cours d'eau à la nage et les chutes qui jaillissent dans les cirques en rappel. Îlet-Fleurs-Jaunes et Îlets-du-Bois-Rouge, dans le cirque de Cilaos, figurent, avec Trois Cascades, au nombre des parcours les plus fréquentés. Tout aussi sportif, le rafting consiste à franchir des rapides – comme ceux de la rivière des Marsouins – dans de grands bateaux gonflables et insubmersibles. Le kayak, quant à lui, se pratique un peu plus bas, sur le cours apaisé de la rivière des Roches par exemple, dans le nord-est de l'île. Les débutants peuvent s'initier à ces différents sports grâce aux clubs et aux agences de tourisme qui proposent des stages d'initiation sur les parcours les plus faciles.

À VTT

L'île compte sept centres de VTT agréés : au Maïdo, à Entre-Deux, à Saint-Philippe, à Sainte-Rose, à Cilaos et dans les Hautes Plaines (deux stations), et de nombreuses boutiques de location de matériel. Les amateurs peuvent emprunter, avec ou sans guide, près de 1 000 km de pistes cyclables balisées par la Fédération française de cyclisme et classées en fonction de leur difficulté et de leur beauté.

À gauche, canyoning dans une cascade, expédition en VTT; ci-dessus, randonnée à cheval.

À cheval

De la balade d'une heure à l'excursion étalée sur plusieurs journées, la randonnée à cheval est aussi un excellent moyen de découvrir la Réunion. La ferme équestre du Grand Étang (*voir pp. 222-223*), par exemple, propose des circuits de trois jours dans la forêt de Bébour-Bélouve ; d'autres, comme le centre équestre Alti Mérens, organisent des randonnées de deux jours sur les pentes du volcan. Les chevaux utilisés sont des mérens, de gentilles bêtes importées des Pyrénées qui conviennent parfaitement aux débutants. (*Pour de plus amples renseignements sur ces diverses activités sportives, voir informations pratiques*)

SUR LES SENTIERS DE GRANDE RANDONNÉE

La Réunion est un véritable paradis pour les marcheurs. Le millier de kilomètres de chemins et sentiers balisés qu'y entretient l'Office national des forêts (ONF) invite à d'innombrables promenades, de la balade familiale d'une heure à la randonnée sportive d'une semaine. Il est conseillé de s'adresser à la maison de la Montagne pour organiser ses excursions. Les néophytes qui désirent découvrir l'île dans les meilleures conditions peuvent recourir aux services de guides agréés.

L'ouverture du sentier de grande randonnée R1 (GR R1), en 1979, a permis de sécuriser nombre d'excursions. Long de 60 km, il contourne le piton des Neiges et traverse les cirques de Salazie, de Cilaos et de Mafate. Aucune visite de l'île ne serait complète sans au moins une nuit passée dans ces cirques. On pourra ainsi apprécier leur beauté au petit jour, avant que la brume ne cache les remparts et les crêtes qui les encerclent.

Le GR R2, qui traverse l'île du nord au sud-est, s'étend quant à lui sur 150 km. Il part de la Providence, dans la banlieue de Saint-Denis, croise le GR R1 à proximité de Marla, dans le cirque de Mafate, puis traverse une succession de montagnes arides, de plaines fertiles, de terres volcaniques et de forêts tropicales humides avant de rejoindre Saint-Philippe.

On peut se procurer sur place le *Topo-Guide des sentiers de randonnée : l'île de la Réunion*. Il décrit tous les itinéraires envisageables, dont huit balades d'une journée sur les GR R1 et GR R2. Les cinq qui sont présentés ci-dessous requièrent au moins une demi-journée.

DANS LE NORD : LA ROCHE ÉCRITE

L'itinéraire qui relie Saint-Denis à la Roche Écrite (2 277 m d'altitude) est des plus agréables. Il permet de découvrir les différentes formations végétales de l'île et de jouir, en fin de parcours, du plus beau point de vue sur ses cimes. La randonnée est faisable en une journée (compter six à sept heures aller-retour), mais il est préférable de passer la nuit au refuge de la plaine des Chicots, après avoir dîné d'un bon cari, pour entreprendre l'ascension des remparts de la Roche Écrite très tôt le lendemain, et bénéficier ainsi d'un panorama dégagé.

Le sentier part de la Providence, mais on peut brûler la première étape en se rendant directement en voiture à Camp Mamode – en suivant la D42 jusqu'au Brûlé, puis la route forestière (RF1) sur 5 km. De Camp Mamode, un sentier balisé s'élève doucement parmi les cryptomerias et les eucalyptus, puis s'engage dans une forêt humide de moyenne altitude riche en fleurs, en fruits sauvages et en bambous endémiques (*Nastus borbonicas*). Il traverse ensuite deux ravines cernées de forêts de bois de couleurs et de tamarineraies avant de rejoindre le gîte de la plaine des Chicots.

Il faut compter une heure et demie de marche du refuge à la Roche Écrite. On chemine à travers un vaste plateau tapissé de mousses, de lichens et de branles (plantes arbustives proches de la bruyère) avant de croiser deux autres chemins. Le premier bifurque à droite en direction de la Mare aux Cerfs, un petit plan d'eau situé à environ quarante-cinq minutes à pied du gîte ; le second, à gauche, permet de redescendre vers Salazie. Le sommet de la Roche Écrite n'est plus alors qu'à une demi-heure de marche.

Ce promontoire, qui doit son nom aux nombreuses inscriptions qu'il porte gravées, offre une vue saisissante sur les deux plus hauts sommets de l'île, le piton des Neiges (3 070 m) et le Gros Morne (3 013 m), sur le cirque de Mafate à l'ouest et sur celui de Salazie à l'est. Le dôme du Volcan se détache à l'arrière-plan.

Mafate

Mafate est le plus sauvage des trois cirques réunionnais : aucune route n'y pénètre, seul le vrombissement des rotors d'hélicoptère vient parfois troubler sa tranquillité. Six itinéraires de randonnée permettent d'y accéder, et on peut le traverser du nord au sud ou d'est en ouest, en dormant dans les gîtes de ses îlets (hameaux).

L'îlet de Dos-d'Âne, sur la D1, constitue le point de départ idéal d'une randonnée de deux jours dans le cirque en suivant le GR R2. Le sentier dévale d'abord une pente abrupte pour rejoindre le lit de la rivière des Galets (deux heures de descente). Il traverse le cours d'eau à plusieurs reprises avant de bifurquer à gauche, à hauteur de Deux-Bras, en direction de l'îlet d'Aurère (compter deux heures d'ascension). On trouve une épicerie et un gîte privé à Aurère *(tél. 0262 55 02 33).*

Le lendemain, on pourra rejoindre en quatre heures Le Bélier, à la limite du cirque de Salazie, en suivant le sentier Scout ou celui, plus direct mais plus difficile, qui dévale le flanc d'une ravine et remonte vers le sommet du Grand Rein pour redescendre dans le fond de la vallée voisine et rejoindre la route forestière.

De Dos-d'Âne, il est aussi possible de rallier Grand-Place, au cœur de Mafate, un excellent camp de base si l'on veut consacrer plusieurs jours à la découverte du cirque.

Salazie

On peut faire l'ascension du piton des Neiges à partir d'Hell-Bourg, principale bourgade du cirque de Salazie (*voir p. 228*), dotée de nombreux gîtes. La randonnée dure un peu plus de cinq heures. Le sentier part du stade d'Hell-Bourg. Une brève mais rude montée à travers bois permet d'accéder au plateau de Terre-Plate, d'où partent plusieurs sentiers. On laisse sur sa droite la bifurcation qui mène à la source Manouilh, pour grimper jusqu'au cap Anglais et rejoindre le GR R1 à la lisière de la forêt de Bébour. Il faut encore traverser la lande des Branles avant d'arriver au gîte sommaire mais accueillant de la caverne Dufour. Le point culminant de l'île n'est plus qu'à une heure de marche : mieux vaut en entreprendre l'ascension avant l'aube si l'on veut profiter d'un féerique lever de soleil sur toute l'île… du moins quand le ciel est dégagé !

À gauche, le randonneur peut choisir entre de nombreux itinéraires, tous fort bien balisés ; à droite, vue sur le Grand Étang.

Cilaos

Le tronçon du GR R1 qui relie le village de Cilaos à l'îlet de Marla, dans le cirque de Mafate, est aussi rude que magnifique. La randonnée, qui demande six heures, passe au pied de la cascade de Bois-Rouge et franchit le col du Taïbit, à 2 082 m d'altitude. On peut écourter la promenade en montant en bus jusqu'à Îlet-à-Cordes, à 6 km au sud-ouest de Cilaos, ou en rebroussant chemin à la cascade de Bois-Rouge (deux heures de marche).

Le piton de la Fournaise

Il est possible de contourner le piton de la Fournaise en suivant le GR R2, si l'on ne souhaite pas en faire l'ascension. Cette randonnée part du pas de Bellecombe (*voir p. 219*) et longe l'Enclos Fouqué (l'arête sud du volcan) jusqu'au Nez Coupé du Tremblet (*voir p. 220*). La balade, d'environ cinq heures, ne présente pas de difficulté particulière, mais on peut la corser en bifurquant à droite à hauteur de Foc-Foc pour suivre le tronçon principal du GR R2. Le sentier dévale une pente assez abrupte, par endroits glissante, à travers la forêt pour rejoindre Basse-Vallée, sur la côte sud. Cette excursion dure au moins sept heures.

LE PITON DE LA FOURNAISE

Le piton de la Fournaise est un volcan-bouclier, ou volcan de type hawaïen (effusif et non explosif). Ce volcan décrit en 1801 par Bory de Saint-Vincent comme « sanglant et majestueux » est l'un des plus actifs au monde puisqu'il entre en éruption tous les 24 mois en moyenne.

Mais depuis 2000, ce phénomène s'est curieusement accéléré : trois éruptions en 2000, deux en 2001 et 2002, et quatre en 2003. Plus fréquentes, ces éruptions durent en moyenne un mois.
Les millions de tonnes de lave qu'il déversa dans l'océan, en 1778, permirent à l'île de s'agrandir en se solidifiant. La Fournaise possède deux cratères principaux, le Bory (2 632 m), inactif depuis 1791, et le Dolomieu (2 366 m). D'ordinaire, ses éruptions sont contenues dans l'Enclos Fouqué, sa caldeira la plus récente, un vaste U de 10 km de diamètre cerné de hautes falaises. Mais le 8 avril 1977, des fissures s'ouvrirent sur son flanc oriental, au-dessus de Sainte-Rose. Sa colère allait durer une semaine. Une rivière de lave chauffée à 1 170 °C dévala la ravine Lacroix avec des pointes de vitesse de 80 km/h, engloutissant la station-service et une vingtaine de maisons de Piton-Sainte-Rose, mais épargnant son église.

Le 20 mars 1986, à la suite de plusieurs explosions du Dolomieu, des failles s'ouvrirent sur le flanc sud-est du volcan, en amont du Tremblet. Des fontaines de lave embrasèrent la forêt, et des coulées, larges de 200 m, gagnèrent la côte, agrandissant l'île de 25 ha.

Le 9 mars 1998, la Fournaise entra dans son éruption la plus longue du XXe siècle : 196 jours. Les rivières de lave finirent leur course au pied de l'autel de saint Expédit, à 7 km au nord de la pointe du Tremblet.

Depuis 1979, les appareils de l'Observatoire volcanologique de la plaine de Cafres, installés sur et autour du volcan, permettent d'anticiper ses colères et, ainsi, de protéger la population.

▶ *Les volcanologues savent qu'il faut se méfier des volcans actifs, même surveillés, car les appareils de mesure restent imprécis.*

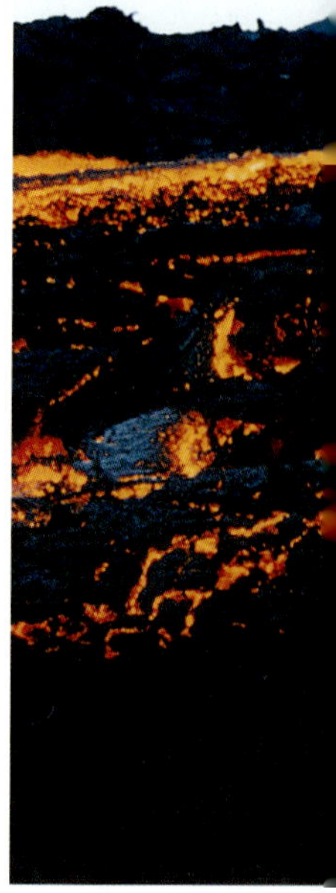

▶ *C'est à la pointe de la Table que la coulée de 1986 se figea, agrandissant la côte sud-est de 30 ha en six jours.*

▲ *Les volcans éteints, tel le Vieux Massif, se disloquent en s'effondrant sur eux-mêmes. Les rivières contribuent à l'érosion des reliefs.*

◀ *Il faut se rendre à la maison du Volcan de Bourg-Murat pour tout savoir sur le volcanisme et la Fournaise.*

Fontaines et rivières de feu

Le piton de la Fournaise fait jaillir de spectaculaires fontaines de feu et des rivières de lave qui peuvent s'épancher sur de très longues distances, à plus de 1 000 °C. Les coulées prennent deux formes. La première, dite *pahoehoe* (« satinée » en langue hawaïenne), refroidit lentement et sa surface lisse prend, en se plissant, des formes de boudins et de cordages. La seconde, plus épaisse et plus visqueuse, durcit plus vite. En progressant, elle s'émiette en scories, « grattons » plein de trous, rugueux et coupants – d'où son nom d'*aa* (parce qu'elle arrachait des cris de douleur aux Hawaïens quand ils marchaient dessus pieds nus).

▸ À la sortie sud de L'Étang-Salé-les-Bains, la RN1 longe un gouffre creusé dans le basalte, « souffleur » dans lequel s'engouffrent les vagues.

▾ Sur les hauteurs du Volcan et dans leur descente vers l'océan, sur le Grand Brûlé, les coulées successives ont façonné de beaux paysages lunaires.

◂ Les coulées sont peu à peu colonisées par la végétation. En témoignent les forêts du Grand Brûlé.

▸ La coulée d'avril 1977 épargna l'église de Piton-Sainte-Rose car le basalte se figea avant de pouvoir y entrer.

BOURBON

PROMENADES EN MER
VISION SOUS-MARINE

ITINÉRAIRES À LA RÉUNION

La Réunion ne correspond pas tout à fait à l'image traditionnelle de l'île tropicale aux plages de sable blanc frangées de palmiers paresseux. D'ailleurs, bien que ses côtes ne soient pas, tant s'en faut, dépourvues de charme, c'est en explorant l'intérieur des terres que le voyageur appréciera pleinement la beauté de ce département d'outre-mer.

Saint-Denis, la capitale, est bien vivante, comme toutes les villes portuaires. On s'attarde volontiers dans le lacis de ses rues, qui abritent un patrimoine architectural préservé et qui respirent une atmosphère cosmopolite et nonchalante. Néanmoins, la plupart des visiteurs choisissent de s'installer sur la côte ouest, entre Saint-Paul et Saint-Pierre, où ils trouvent toutes les plages.

Une minorité préfère donc l'intérieur des terres, Hell-Bourg par exemple, point de départ de nombreuses randonnées. Il serait effectivement dommage de ne pas visiter au moins l'un des cirques de la Réunion, de franchir l'une de ses vallées encaissées aux pentes couvertes d'une végétation luxuriante, hérissées de pics et arrosées de cascades. Les centaines de kilomètres de chemins de grande randonnée qui relient les hameaux font le bonheur de tous les marcheurs, aguerris ou non. Spectacle inoubliable à lui seul, le piton de la Fournaise, souvent appelé tout simplement « le Volcan », est l'un des volcans les plus actifs au monde. Il s'offre à la découverte grâce aux nombreux sentiers qui sillonnent les pentes désolées de son cratère.

Les côtes nord-est et sud-est ne méritent pas d'être boudées par les visiteurs, qui y découvrent des villages créoles, au milieu de champs de cannes à sucre, de forêts, de terres volcaniques ou côtières.

Dense et bien entretenu, le réseau routier permet de se rendre n'importe où, ce que l'on pourra faire en voiture de location ou au moyen des autocars publics, qui sont très confortables. Le tour complet de l'île s'effectue au besoin en une seule journée.

Pages précédentes : l'ambiance décontractée de la plage de Saint-Gilles-les-Bains, d'où l'on peut s'embarquer pour une virée en mer ou une découverte des fonds marins (à gauche).

SAINT-DENIS

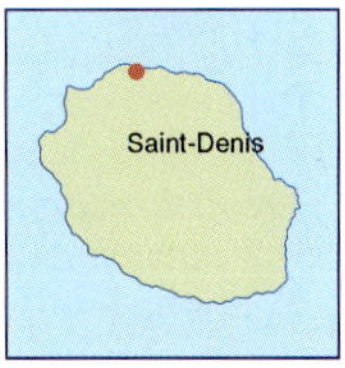

Nombreux sont les touristes qui ne restent à Saint-Denis que le temps de collecter les informations utiles à leur périple dans l'île. Le chef-lieu de la Réunion, surnommé le Paris de l'océan Indien, mérite pourtant qu'on s'y attarde. La visite de ses quelques musées et monuments coloniaux et une flânerie dans ses rues, où se mêlent langues et costumes des différents rivages de l'océan Indien, constitueront une excellente introduction à la découverte de l'île.

La ville tire son nom du *Saint-Denis*, un navire de la Compagnie française des Indes orientales qui, ayant perdu les autres bâtiments de sa flotte, accosta à l'embouchure de la rivière Saint-Denis en 1667. Deux ans plus tard, le gouverneur Étienne Regnault choisit ce site abrité pour y installer un comptoir. En 1690, ses 77 premiers habitants y coulaient des jours plutôt paisibles, sinon mornes.

En 1735, Mahé de La Bourdonnais (*voir p. 60*) décida de transférer le chef-lieu de l'île de Saint-Paul à Saint-Denis. La bourgade se dota alors d'une loge de gouverneur et d'un premier plan en damier. Le développement des cultures du café et de la canne à sucre assura bientôt son enrichissement. De 1800 à 1850, sa population passa de 7000 à 35 000 habitants, ce qui valut à Saint-Denis de se nantir de nombreux édifices publics et de villas cossues. Mais une série de crises (chute des cours du sucre, épidémies puis le cyclone de 1874, qui ravagea le « barachois », abri destiné aux barques, aménagé en 1819) mit fin à cet essor. La cité s'appauvrit et le centre se dépeupla au profit de la périphérie et des Hautes Plaines, au climat plus sain.

Il fallut attendre 1946 et l'accession de la Réunion au statut de département français pour que Saint-Denis, son chef-lieu, reprît son développement. Aujourd'hui forte de 132 000 habitants, la ville séduit surtout par ses nombreuses maisons créoles, souvent enchâssées dans des jardins luxuriants, et par ses monuments de la période coloniale, soigneusement conservés.

Il ne manque ni boutiques ni restaurants à Saint-Denis, mais les prix y sont assez élevés et la meilleure cuisine créole se déguste ailleurs (*voir p. 176*). Aussi, si l'on souhaite séjourner en bord de mer, est-il préférable de loger à Saint-Gilles, à Boucan-Canot ou même à Saint-Pierre, localités plus calmes et meilleur marché.

Le front de mer

On peut commencer la visite de la ville sur la promenade ombragée du front de mer, appelée le **Barachois** Ⓐ. C'est là que s'amarraient jadis les navires de la Compagnie des Indes pour décharger leur cargaison. Les cyclones mirent à mal les modestes installations portuaires aménagées au XIXᵉ siècle, et l'anse

À gauche, la préfecture occupe l'ancienne loge des gouverneurs. Ci-contre, l'une des nombreuses cases créoles de Saint-Denis, dont les façades à lambrequins se cachent souvent derrière les hauts murs de jardins luxuriants.

Pour commander une bouteille de bière de la marque réunionnaise Bourbon, il suffit de demander une « dodo ».

fut finalement comblée pour devenir la plus belle place de Saint-Denis, avec son bassin et son kiosque à musique. Les « anciens » s'y adonnent à de longues parties de pétanque et, le dimanche, les couples s'y promènent à l'ombre de ses grands « arbres de la Compagnie ». Les neuf canons pointés sur le large et l'ancienne caserne d'artillerie (devenue le siège de Radio France outre-mer) évoquent le temps où la ville se voulait une base militaire. D'autres canons récupérés sur des épaves ou achetés à des fins décoratives par les gouverneurs sont ainsi installés en différents points de la côte réunionnaise.

De l'autre côté du boulevard Gabriel-Macé se dressent l'hôtel Saint-Denis et plusieurs restaurants et cafés. Quelques vieux entrepôts, vestiges de l'époque de la Compagnie de Indes, survivent place Sarda-Garriga. L'un d'eux héberge le plus vieux restaurant de la ville, le Roland Garros, du nom du fameux aviateur natif de Saint-Denis. Tout proche, au 5 rue Rontaunay, se dresse la **Maison de la Montagne**. On y trouvera toutes sortes d'informations et de conseils utiles pour organiser une randonnée

et effectuer une réservation dans un gîte de montagne (*voir p. 183*). La **case de la Montagne** voisine propose un large choix de livres, de cartes de randonnée et d'artisanat.

Le Saint-Denis colonial

L'**avenue de la Victoire** et la rue de Paris, qui la prolonge, forment l'axe principal du Saint-Denis colonial. Au bas de l'avenue s'élève l'un des plus vieux monuments de l'île, l'élégant **hôtel de la préfecture** Ⓑ, un humble entrepôt à café construit dans les années 1730 par Mahé de La Bourdonnais et agrandi pour devenir en 1767 la résidence officielle des gouverneurs. C'est sur l'ancienne place d'Armes, renommée place de la Préfecture et ornée d'une **statue de Mahé de La Bourdonnais** (1856) qu'on fêta la plupart des faits marquants de l'histoire locale : fin de l'occupation britannique en 1815, proclamation de l'abolition de l'esclavage par le commissaire de la République Sarda Garriga, le 20 décembre 1848, débarquement des Forces françaises libres en 1942 et départementalisation de l'île en 1946.

Un peu plus loin, sur la gauche de l'avenue, se dresse la façade néoclassique de la **cathédrale** Ⓒ. Cet édifice construit en 1829 et restauré en 1869 ne présente guère d'intérêt, hormis ses bas-reliefs qui mettent en scène le Saint-Denis de l'époque. La placette ombragée qui prolonge son parvis est agrémentée d'une jolie fontaine à vasque. Presque en face se côtoient l'ancien collège Saint-Cyprien (1756) et l'ancien hôpital militaire Saint-Louis (1830), qui abrite des services administratifs.

Le **monument aux Morts** Ⓓ, qui sépare l'avenue de la Victoire de de la rue de Paris, fut inauguré au début des années 1920 pour rendre hommage au millier de Réunionnais morts au cours de la Première Guerre mondiale. L'**ancien hôtel de ville** (1846-1860), parfois considéré

L'aviateur Roland Garros (1888-1918) réussit la première traversée de la Méditerranée en 1913. Abattu et capturé par les Allemands en 1915, il parvint à s'évader pour mourir en combat aérien un mois avant l'armistice. Sa statue se dresse depuis 1926 sur la place Sarda-Garriga de Saint-Denis.

La cathédrale de Saint-Denis en 1832.

comme le bâtiment le plus altier de Saint-Denis, s'élève juste à côté, dans la rue de la Compagnie.

D'autres belles demeures créoles restaurées des XVIIIe et XIXe siècles s'alignent dans la **rue de Paris**. Certaines sont plus célèbres que d'autres : au n° 15 s'élève la maison natale du peintre et poète parnassien Léon Dierx (1838-1912) et de l'ancien Premier ministre Raymond Barre. Cette villa de la seconde moitié du XVIIIe siècle abrite de nos jours le Service départemental de l'architecture. L'**Artothèque** (expositions et location d'œuvres d'artistes de l'océan Indien) occupe l'ancienne maison Mas, au n° 26.

Au n° 28, la maison Manès (1846) abrita l'évêché de Saint-Denis à partir de 1850 avant d'être transformée en musée en 1912. L'essentiel de la collection de ce **musée Léon-Dierx** E provient d'une donation faite en 1947 par Lucien Vollard, frère du célèbre marchand d'art Ambroise Vollard. On peut y admirer des œuvres de Cézanne, de Gauguin, de Renoir, d'Émile Bernard, de Maurice Denis, de Berthe Morisot, de Picasso, de Georges Rouault (quand elles n'ont pas été prêtées à un musée étranger) et quelques peintures et sculptures d'artistes réunionnais.

Un peu d'histoire naturelle

La rue de Paris débouche sur la place de Metz et le **jardin de l'État** F. L'ancien « Jardin du Roy », aménagé vers 1770 par la Compagnie des Indes, doit beaucoup au botaniste Nicolas Bréon. Ce dernier y acclimata à partir de 1817 des arbres fruitiers européens et diverses essences en provenance de Madagascar, de l'île Maurice et d'Arabie.

Deux bustes ornent le jardin. Le premier représente Pierre Poivre (1719-1786), fondateur du jardin de Pamplemousses à l'île Maurice (*voir p. 120*), à qui la Réunion doit l'introduction du giroflier et du muscadier.

« Jeune femme au divan », de Berthe Morisot (1841-1895).

L'autre est son disciple créole Joseph Hubert (1747-1825), qui acclimata dans l'île de nombreuses plantes et fruits comme le litchi. Les pancartes qui parsèment les allées du jardin permettent d'identifier certaines espèces rares, comme le talipot et l'arbre à saucisses.

Le **Muséum d'histoire naturelle** est installé dans l'ancien palais du Conseil colonial, au bout de l'allée principale du jardin. On peut y admirer des lémuriens naturalisés, le moulage d'un cœlacanthe des Comores, des carapaces de la défunte tortue de Bourbon ou encore des squelettes d'oiseaux disparus comme le solitaire de Rodrigues, le dodo mauricien et le solitaire de Bourbon (*voir p. 67*).

LA RUE JULIETTE-DODU

De la place de Metz, on remontera la rue du Général-de-Gaulle vers l'est pour prendre la deuxième à gauche. De nombreuses cases créoles se cachent parmi la végétation des jardins de cette **rue Juliette-Dodu** et des artères adjacentes. Ce quartier regorge de restaurants et d'hôtels (notamment le très bel hôtel Juliette-Dodu, bâti au XIXe siècle).

LA RUE DU MARÉCHAL-LECLERC

La rue Juliette-Dodu croise la **rue du Maréchal-Leclerc**, la plus commerçante et la plus fréquentée de la ville, sinon de l'île. C'est là, sans doute, que le voyageur appréciera pleinement l'animation et le caractère cosmopolite de Saint-Denis, d'autant qu'au n° 2 s'étend le **grand marché** **G**. Cette halle construite en 1865 recèle un vaste choix d'artisanat (nappes brodées, paniers tressés en feuilles de vacoa, bibelots en bois...), généralement importé de Madagascar. Les prix sont élevés, mais il est permis de marchander.

Plusieurs lieux de culte, que l'on peut tous visiter, se dressent également dans cette rue. Le minaret de

Plan p. 196

Fontaine du jardin de l'État.

Le Muséum d'histoire naturelle.

Plan p. 196

la **grande mosquée** de Saint-Denis **H** est plus facile à repérer que sa porte d'entrée (n° 121), cernée par les boutiques. Plus à l'est, le **temple** tamoul **de Kalikambal**, aux pimpantes décorations polychromes régulièrement restaurées, fait face aux étalages de fleurs, de fruits et de légumes tropicaux du **petit marché**. À deux pas de là, au n° 63 de la rue Sainte-Anne, s'élève une **pagode** dédiée à Guang Di, divinité chinoise de la guerre et du commerce.

On peut aussi faire un détour par l'**église Saint-Jacques** (1856), dans la rue du même nom, avant de rejoindre le **cimetière de l'Est**, sur le front de mer. Ses fosses communes abritent les milliers de victimes de l'épidémie de grippe espagnole de 1919. Les tombes anonymes sont celles de condamnés à mort. L'une d'elles contient le crâne d'un certain M. Zett, décapité à Salazie au début du XXe siècle après avoir commis une série de viols et de pillages; ses concitoyens décidèrent d'expédier sa tête à Saint-Denis pour éviter que son âme ne revînt les tourmenter.

Ci-contre, oiseau de paradis, l'une des fleurs tropicales qui s'épanouissent dans le jardin de Cendrillon, sur les hauteurs de Saint-Denis. À droite, jardinier à l'œuvre.

Les hauts de Saint-Denis

Faute de temps pour explorer les environs de Saint-Denis, on peut se contenter de remonter en voiture la D41, ou **route de la Montagne**, dont les virages offrent des vues imprenables sur la capitale.

Le **jardin de Cendrillon** (*voir p. 382*) abrite plus de 300 variétés d'orchidées, de fleurs exotiques et un jardin de plantes médicinales et d'épices. Les gigantesques araignées *(nephila inorata)* que les Réunionnais appellent *bib* et qui se promènent dans les allées du jardin, sont en fait inoffensives. Si leur présence devient gênante, on peut s'installer parmi les oiseaux de paradis d'où on peut admirer la vue sur Saint-Denis.

Le week-end, les Réunionnais se rendent en famille au **parc de loisirs de Colorado**, juste après La Montagne, pour pique-niquer, faire des promenades à pied, à VTT, à cheval, jouer au tennis ou au golf sur son parcours de neuf trous.

Les amateurs de nature moins domestiquée prendront la D42, au sud de Saint-Denis, pour rejoindre **Le Brûlé**. Un sentier balisé de 4 km relie ce village de montagne à la charmante **cascade Maniquet** après avoir traversé une belle forêt de cryptomerias. Cette promenade représente environ 30 minutes de marche.

La RF1 prolonge la D42 du Brûlé au parking de Camp Mamode. De là, une randonnée un peu plus ardue, de 18 km, permet de gravir la **Roche Écrite** (2 277 m d'altitude) pour jouir d'une vue spectaculaire sur les sommets de l'île et les cirques de Mafate et de Salazie (*voir p. 186*). Il faut une journée entière pour cette excursion (se reporter à la carte IGN 4402 RT).

On peut aussi prendre la D50 à la sortie sud-est de Saint-Denis pour rallier **Chemin Bois Rouge**. De là, un sentier qui part du lavoir grimpe jusqu'à la **cascade du Chaudron** (2 heures aller et retour).

Saint-Denis
Aéroport la Réunion Roland-Garros
Pointe du Gouffre
Les Brises
Ruisseau Blanc
La Montagne
Le Chaudron
La Grande Chaloupe
Colorado
Bellepierre
N1
Pointe de la Ravine à Malheur
Saint-Bernard
Rivière des Pluies
La Bretagne
Le Dix-Septième
Saint-François
Pointe des Galets
Le Camp Magloire
Rivière St-Denis
Le Brûlé
Piton Patates
Moka Fontaine
La Ravine-à-Malheur
Morne de Saint-François
950
Le Port
La Possession
Belle Vue
L'Espérance-les-Hauts
Cascade Maniquet
Cascade du Chaudron
Pointe de la Rivière-des-Galets
N4
Sainte-Thérèse
La Mare
Ilet Lautret
Piton
La Rivière-des-Galets
St-Denis
Rivière des Pluies
Baie de Saint-Paul
La Plaine
Dos-d'Âne
Rivière des Galets
Savannah
Mon Repos
Ilet Nourry
Plaine des Chicots
Plaine
Le Bout de l'Étang
Saint-Paul
Le Bois de Nèfles
Les Deux Bras
Cimetière Marin
Le Ruisseau
La Roche Écrite
2277
Mare à Martin
Cap la Houssaye
Grande-Fontaine
Ilet Fougères
Aurère
Cap Boucan-Canot
N1
Grotte des Premiers Français
Bois Rouge
Cirque
Ilet à Malheur
Grand-Ilet
Vieille Place
Boucan-Canot
Le Guillaume
Cayenne
Le Bélier
Cirque
Pointe des Aigrettes
L'Éperon
Ilet des Orangers
Ilet à Bourse
Piton d'Enchaing
1352
Musée de Villèle
Le Bernica
Grand-Place
de
de
St-Gilles-les-Bains
Cap des Chameaux
Villèle
Saint-Gilles-les-Hauts
Les Palmistes
Ilet à Vidot
Villa Bourbon
Roche Plate
Ilet Cimendal
Salazie
Hell-Bourg
Jardin d'Eden
Tan Rouge
Piton Maido
2203
L'Ermitage
La Nouvelle
Mafate
Le Gros Morne
2991
L'Ermitage-les-Bains
La Saline
La Saline-les-Hauts
Piton des Neiges
3069
La Saline-les-Bains
Le Barrage
Forêt des Bénares
Marla
Le Grand Bénard
2896
Pointe des Trois-Bassins
Les Trois-Bassins
Le Bois de Nèfles
Saint-Paul
Ilets de Bois Rouge
Ilet Fleurs Jaunes
Cirque
N1
Conservatoire Botanique Jardin de Mascarin
Le Petit Matarum
Les Colimaçons
La Chaloupe Saint-Leu
Le Piton Rouge
2401
Cilaos
de
Pointe des Châteaux
Bras Mouton
1130
Mare Sèche
Ferme Corail Élevage de Tortues
Saint-Christophe ou Étang-les-Hauts
Ilets du Bras de Saint-Paul
Ilet à Cordes
La Fontaine
Cilaos
Saint-Leu
Le Cap Camélias
Palmiste Rouge
Peter Both
Le Cap-Lelièvre
L'Étang Saint-Leu
1837
La Fenêtre
1190
Le Dimitile
Grand-Fond-les-Hauts
Le Pavillon
Stella Matutina
Pointe au Sel ou Pointe de Bretagne
Ilet Aurélien
Dijoux
Stella
Le Plate
1392
Le Gouffre
Les Makes
Le Petit Serree
Le Portail
Le Piton St-Leu
Le Tan Rouge
Le Grand Serré
Bras de la Plaine
Souffleur
Pointe du Portail
N1
Les Bananes
Les Canaux
Les Avirons
Le Piton-Rouge
Entre-Deux
Le Bras de Pontho
Le Maniron
Bois Blanc
Pointe des Avirons
Les Canots
Le Gol les Hauts
Le Quatorzième
Bellevue
La Mare
Les Troisième
L'Étang-Salé-les-Hauts
La Rivière
L'Étang-Salé-les-Bains
Croc Nature Parc
Roche Maigre
Pointe de l'Étang Salé
Le Ouaki
Les Quatre Cents
Le Camp du Gol
Le Gouffre
La Ravine des Cabris
Le Tampon
Saint-Louis
Les Cocos
Exotica
Condé
La Vallée
Pierrefonds
N1
Mon Caprice
Caserne
Basse Terre les Hauts
R. d'Abord
Aérodrome de Pierrefonds
Bassin
Océan Indien
Les Casernes
La Ravine Blanche
Pointe de la Ravine Blanche
St-Pierre
Terre Sainte
Pointe du Parc
N2
1
15
16
17
18
19
20
21
22
23

La Réunion
N
0
3 km
OCÉAN INDIEN
Convenance
La Domaine du Grand Hazier
Pointe des Haziers
Sainte-Suzanne
Sainte-Marie
Village Desprez
La Marine
Cascade Niagara
Bois-Rouge
Bagatelle
Terrain Elisa
Quartier Français
Cambuston
Le Colosse
Ravine des Chèvres
Carron
Pointe du Champ Borne
Champ-Borne
Montée Sano
Deux-Rives
Menciol
Saint-André
Rivière Ste-Suzanne
Bras des Chevrettes
Rivière du Mât les Bas
La Cressonnière
Pointe de la Rivière du Mat
Lotissement Diore
La Rivière-du-Mât
Bras-Panon
L'Escalier
Rivière du Mât
Coop. de Vanille
La Rivière des Roches
La Caroline
Beauvallon
La Cabane
Pointe du Bourbier
Bois de Pomme
Cascade du Chien
Salazie
Bassin la Mer
Bourbier
Abondance
Saint-Benoît
Rivière des Roches
L'Oasis
Beaufonds
Pointe de la Ravine Sèche
Bras Canot
Rivière des Marsouins
La Confiance
Saint-François
Sainte-Anne
Chemin de Ceinture
Takamaka
Cascades
796
Morange
Petit Saint-Pierre
L'Echo
683
Grand Étang
529
Saint-Benoît
495
Les Chicots
Cascade Biberon
Ferme Équestre du Grand-Étang
Monument Corbett
Sainte-Rose
Le Premier Village
Le Pit Brûlé
La Ravine Glissante
La Plaine-des-Palmistes
Deuxième Village
Bras Piton
Bellevue
Plaine des Cafres
1924
Bras des Calumets
Piton de l'Eau
1881
Rivière de l'Est
Forêt Mourouvin
Piton Sainte-Rose
Col de Bellevue
1606
Pointe des Cascades
Bois Court
Maison du Volcan
1726
Anse des Cascades
Observatoire Volcanologique
Bourg-Murat
Nez de Boeuf
Cratère Commerson
Bois Blanc
La Plaine-des-Cafres
La Grande Ferme
Plaine-des-Remparts
Pas de Bellecombe
2311
461
Vierge au Parasol
LE VOLCAN
Piton de la Fournaise
2510
La Ravine Blanche
Dix-Neuvième
Notre-Dame-de-la-Paix
Roche Plate
Cratère Bory
2632
Cratère Brûlant ou Dolomieu
2366
Le Grand Brûlé
Forêt du Grand Brûlé
Morne Langevin
2315
Pierre
La Bergerie
Bras Creux
Le Petit Tampon
Le Grand Tampon
Rivière des Remparts
Jardin des Sculptures
Coulée de Lave
Grand Coude
Nez Coupé du Tremblet
1911
Pointe du Tremblet
Tremblet
Grand Galet
Cascade de la Grande Ravine
Mont Verts les Hauts
Petite Plaine
Piton Goyaves
Haut de Jean-Petit
Piton Ango
1009
Plaine des Grègues
Takamaka
La Crête
Pointe de la Table
La Ravine du Pont
Jean-Petit
Puits Arabe
Les Lianes
La Passerelle
Sentier Botanique
Petite-Île
Ravine Ango
Carosse
Matouta
Jardin des Parfums et des Épices
Saint-Philippe
Jean-Petit les Bas
Le Baril
Mare Longue
Manapany-les-Bains
Vincendo
Puits des Anglais
Bois Noirs
Basse-Vallée
Puits des Français
Langevin
Saint-Joseph
Cayenne
Pointe de Langevin
N 2
N 3
2
3
4
5
6
7
8
9
10
11
12
13
14
24
25
26
27

LE LITTORAL

Le littoral réunionnais est certes moins attrayant que l'intérieur de l'île, et ses plages ne peuvent rivaliser avec celles des Seychelles ou de Maurice. Toutefois, même si 207 km de route nationale permettent de faire le tour de l'île en une journée (en évitant de sortir de Saint-Denis entre 8 heures et 10 heures, quand les grands axes sont paralysés par les embouteillages), il faut deux ou trois jours pour découvrir toutes les richesses du littoral. On trouve à se loger correctement dans la plupart des villes côtières, et certaines constituent d'excellents camps de base pour partir à la découverte des Hauts de l'île.

La côte ouest, entre Saint-Paul et Saint-Pierre, est la plus touristique car c'est là que se concentrent les plus belles plages réunionnaises. Mais il serait dommage de négliger les plaines côtières de l'Est et des environs de Saint-André. Ces terres agricoles portent, en effet, de nombreux vestiges hérités de la grande époque de l'exploitation de la canne à sucre et du café. La côte méridionale est, pour sa part, le domaine des plantations d'épices, et, entre Sainte-Rose et Saint-Philippe, la nationale passe au pied des pentes lunaires du piton de la Fournaise et de belles forêts de « bois de couleurs ».

Le Nord-Est

Bien arrosées car exposées aux alizés, les plaines qui s'inclinent doucement à l'est de **Saint-Denis** ❶ ont été les premières à accueillir des plantations de manioc, de tabac, de café et de plantes à épices avant de se convertir à la culture de la canne à sucre au début du XIXe siècle. On peut visiter certaines des propriétés qu'exploitaient les riches planteurs de l'époque, tel le **domaine du Grand Hazier**, à 3 km à l'ouest de **Sainte-Suzanne** ❷. La « grand case » du XVIIIe siècle, au bout d'une allée bordée de palmiers, a conservé une bonne partie de son mobilier et de sa décoration d'origine. Les visites (sur rendez-vous) se prolongent dans le verger luxuriant.

La production de sucre réunionnaise prit son essor entre 1815 et 1832, mais l'abolition de l'esclavage, en 1848, contraignit les planteurs à se tourner vers l'Inde pour importer une main-d'œuvre bon marché (*voir p. 63*). Nombreux sont les descendants de ces « engagés », tamouls pour la plupart, qui vivent dans la région de Sainte-Suzanne et de Saint-André. Certains travaillent à l'usine sucrière de **Bois-Rouge**, l'une des deux dernières de l'île, que l'on peut visiter à la saison de la récolte, de juillet à novembre, avec la vieille maison de planteur voisine, en s'adressant à l'office du tourisme. La communauté malbar a érigé un **temple de Kali** près de la sucrerie.

C'est dans le village de **Quartier-Français**, au sud de Bois-Rouge, que les premiers colons français s'installèrent, à la fin des années 1660.

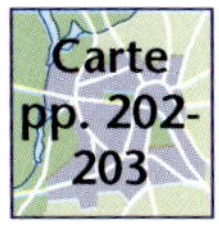

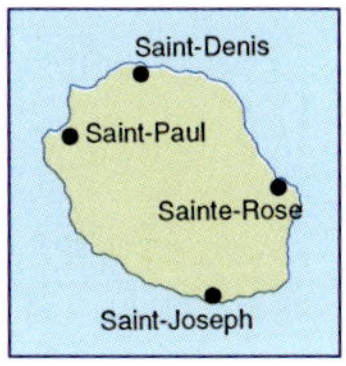

La cascade Niagara, qui ponctue le cours de la rivière Sainte-Suzanne, à 2 km au sud de son embouchure, est un agréable lieu de baignade de février à juin.

À gauche, la route de la Corniche, qui relie Saint-Denis à La Possession. Cette portion de la RN1 creusée à flanc de falaise et ponctuée de nombreux tunnels, passe pour le tronçon de route le plus coûteux de France. Ci-contre, retour de pêche.

La Réunion est l'un des premiers producteurs mondiaux de vanille.

Notre-Dame-des-Laves, l'église de Piton-Sainte-Rose, que la coulée de 1977 prit en écharpe.

L'usine sucrière qui donne sur l'avenue Raymond-Vergès est l'une des plus anciennes de l'île. Jadis propriété de l'empire sucrier Kerveguen (*voir p. 223*), elle a fermé en 1982, mais on peut encore admirer ses cheminées préservées.

La bourgade animée de **Saint-André** ❸, à 10 km au sud-est de Sainte-Suzanne, est la principale porte d'accès au cirque de Salazie (*voir p. 227*). La **maison de la Vanille**, installée dans une de ses vieilles demeures créoles, au n° 466 de la rue de la Gare, présente les différentes étapes de la transformation artisanale des gousses de cette précieuse liane orchidée. La boutique propose un large choix de produits parfumés.

La route littorale D47 dessert **Le Colosse** et son **temple tamoul**, l'un des plus grands de l'île, ainsi que **Champ-Borne**, dont l'église du XIXe siècle et son cimetière marin furent ravagés par le cyclone Jenny, en mars 1962.

La **coopérative de la Vanille** de **Bras-Panon**, à quelques kilomètres au sud-est de Saint-André, propose des visites guidées de ses vanilleraies, surtout intéressantes en septembre, quand les ouvriers assurent la fécondation manuelle des fleurs.

Après La Cabane, on pourra prendre, à droite, la D53 qui remonte le cours de la **rivière des Marsouins** sur 15 km, jusqu'à la très belle **cascade de l'Arc-en-ciel**.

De Saint-Benoît à Sainte-Rose

Un incendie ravagea le centre historique de **Saint-Benoît** ❹ dans les années 1950, et la capitale de l'Est n'offre plus guère d'autre curiosité que les histoires de fantôme qui y circulent (le spectre du député maire Louis Brunet hanterait la ville depuis sa mort, en 1905). Cette sous-préfecture s'étend au carrefour de la RN2 et de la RN3, qui traverse les Hautes Plaines de l'île en direction

de Saint-Pierre, sur la côte sud-ouest (*voir p. 217*).

Sainte-Anne ❺, à 5 km au sud-est de Saint-Benoît, possède une intéressante église baroque où François Truffaut tourna une scène de *La Sirène du Mississippi* (1969), avec Catherine Deneuve et Jean-Paul Belmondo. L'édifice remonte au XIXe siècle, mais les étonnantes moulures en béton de sa façade ont été réalisées par des artisans tamouls dans les années 1940.

Au sud de Sainte-Anne, la RN2 serpente sur plusieurs kilomètres en direction du Volcan, puis, après avoir franchi le pont suspendu jeté en 1893 sur la rivière de l'Est, elle remet le cap sur la côte, qu'elle rejoint à **Sainte-Rose** ❻. En 1809, la marine britannique lança une offensive victorieuse sur ce petit port et l'occupa quelques semaines durant. Mais le commodore Corbett, commandant en second de la flotte, fut tué au combat, et ses compatriotes lui élevèrent le monument que l'on peut encore voir près du débarcadère.

Sainte-Rose vit sous la menace constante du piton de la Fournaise. En avril 1977, à quatre jours d'intervalle, deux coulées de lave incandescente traversèrent **Piton-Sainte-Rose** ❼, à 5 km au sud-est, avant de se déverser dans la mer. Elles engloutirent une vingtaine de maisons mais se contentèrent de cerner l'église, rebaptisée depuis **Notre-Dame-des-Laves**. Il n'y eut aucune victime, et les coupures de presse exposées à l'intérieur montrent que certains villageois pensent devoir leur salut à un miracle. Les vitraux sont l'œuvre d'un artiste local, Guy Lefèvre. À côté de l'église, un autel couvert de fleurs et d'ex-voto veille une étrange **Vierge au Parasol** ❽. Ce monument votif, élevé au XIXe siècle par un planteur pour protéger ses vanilliers des fureurs des volcans, a été déplacé de son site d'origine, à la sortie de Bois-Blanc, afi qu'il ne soit pas détruit lors de la coulée de lave en 2005.

La petite route côtière qui s'embranche sur la nationale, à 3 km au sud de Piton-Sainte-Rose, traverse une forêt de palmistes pour déboucher sur la superbe **anse des Cascades** ❾. L'endroit est particulièrement spectaculaire après de fortes pluies, quand des trombes d'eau se déversent du haut des falaises dans la baie. Ce site verdoyant n'en demeure pas moins un but de promenade et un lieu de pique-nique fort agréables le reste du temps. À la mi-journée, les pêcheurs y débarquent leur poisson frais. Le restaurant voisin du débarcadère, L'Anse des Cascades, sert la fameuse « salade du millionnaire » au cœur de palmiste.

Les terres désertiques du Volcan

Le tronçon de nationale compris entre le Rempart de Bois-Blanc, au nord, et le Rempart du Tremblet, au sud, permet de découvrir les paysages côtiers les plus spectaculaires de l'île. La RN2 passe en effet au pied du **Grand Brûlé**, immense

Carte pp. 202-203

L'éruption de janvier 2002 a épargné la Vierge au Parasol, près de Bois-Blanc, mais ni son autel ni le parking voisin !

La région de Saint-Joseph s'est longtemps consacrée à la culture du vétiver. Les longues feuilles séchées de cette graminée sont utilisées en vannerie et comme matériau de couverture des maisons. Ses racines distillées donnent une essence recherchée en parfumerie. De mai à décembre, on peut acheter des bottes de vétiver sur certains marchés de l'île pour parfumer ses armoires.

ravine née de l'activité du piton de la Fournaise et qui forme son flanc sud-est, les Grandes Pentes. Au fil des années, la végétation recolonise les champs de lave, mais les éruptions récentes ont opéré de vastes saignées noires et désolées dans la verdure. À la sortie de Bois-Blanc, sur le bas-côté de la route, on peut toujours voir des fleurs fraîchement déposées sur la lave par les pèlerins, là où se tenait jadis la Vierge au Parasol (*voir p. 207*).

Il existe dans la région des centaines d'autels votifs dressés à saint Expédit (*voir ci-dessous*). L'un d'eux trône au pied de la **coulée de lave** ❿ qui traversa la nationale en 1998, faisant du site une attraction touristique majeure.

La route poursuit son cours à travers des paysages lunaires avant d'arriver au Tremblet. Près du **Puits arabe** ⓫, un ouvrage français du XVIIIe ou du XIXe siècle creusé directement dans la lave, des panneaux d'information décrivent l'évacuation des 500 habitants de **Takamaka**, quand, entre le 19 et le 30 mars 1986, quatre coulées de lave dévalèrent les pentes qui dominent le village avant de se stabiliser à 300 m de ses maisons. Du parking, un sentier traverse la forêt de vacoas pour atteindre la **pointe de la Table**, une coulée de lave pétrifiée issue de la même éruption, qui agrandit l'île de 25 ha en moins d'une semaine.

Un abrupt sentier de randonnée grimpe de Takamaka en direction de l'**abri du Tremblet** (6 km) puis du **gîte du Volcan**. Cette promenade assez difficile longe des ravines creusées dans une coulée du XVIIIe siècle. On peut ensuite rejoindre la côte à la pointe du Tremblet en suivant une variante du GR R2.

L'un des 350 autels de l'île dédiés à saint Expédit, dont la divise, « Plutôt aujourd'hui que demain », plaît beaucoup aux Réunionnais. On l'invoque pour réussir en amour comme dans les affaires mais aussi pour nuire à ses ennemis. L'Église dénonce en vain ce culte douteux mais très vivace, en particulier à Saint-Philippe.

De Saint-Philippe à Saint-Joseph

Le littoral sud-est est le plus sauvage de l'île. Ses magnifiques forêts de basse altitude ainsi que ses falaises de basalte battues par les alizés et les lames ne manquent pas de caractère.

Les petits stands du village-rue de **Saint-Philippe** ⓬ invitent à une pause-déjeuner après la traversée du Grand Brûlé et de Takamaka. De Mare-Longue, du Baril, de Basse-Vallée et de Langevin, des sentiers de randonnée grimpent au flanc du piton de la Fournaise.

Ceux que les longues marches rebutent peuvent s'adresser à l'office du tourisme de Saint-Philippe pour visiter l'exubérant **jardin des Parfums et des Épices**, et ainsi découvrir la végétation caractéristique de la forêt primaire sous la conduite d'un guide. Ils peuvent aussi explorer la **forêt de Mare-Longue**, dont les 70 ha se déploient sur une coulée de lave récente des hauteurs de Saint-Philippe. Des sentiers botaniques, dont l'un rejoint Basse-Vallée en deux heures, aident à reconnaître les principales espèces végétales endémiques et indigènes qui peuplent cette forêt humide de basse altitude, ou « forêt de bois de couleur des Bas ».

La petite route qui s'embranche sur la nationale, à gauche, avant **Le Baril**, mène au **puits des Anglais**, bel ouvrage en pierre de taille qui aurait été foré dans la lave en 1822. Le manque d'eau potable s'est toujours fait sentir sur le littoral sud-est, malgré des précipitations abondantes, aussi peut-on voir un autre de ces puits près de **Basse-Vallée**, village dont les petites cases créoles aux jardinets fleuris ont tout d'images découpées dans un livre pour enfants. Comme le puits des Anglais, ce **puits des Français** fait l'objet d'une légende : l'un d'eux recèlerait un trésor gardé par le fantôme d'un esclave décédé.

Il n'y a pas grand-chose à découvrir à **Saint-Joseph** ⓭. En revanche, cette ville de 30 300 habitants est le point de départ d'une difficile mais magnifique randonnée jusqu'au **Nez de Bœuf** (*voir p. 219*). Ce périple de 30 km qui traverse de splendides forêts primaires et remonte toute la vallée de la **rivière des Remparts** est réservé aux marcheurs aguerris et demande deux jours – avec étape au gîte de Roche-Plate avant d'entamer l'éprouvante ascension du Nez-de-Bœuf. On peut aussi suivre la D33, qui grimpe jusqu'à **Grand-Coude**, si l'on veut jouir sans effort d'un splendide panorama sur la rivière des Remparts et la rivière du Langevin depuis le **belvédère du Serré**.

La force des courants marins et les requins qui rôdent dans les parages proscrivent toute baignade sur la plage de galets de **Manapany-les-Bains** ⓮, à 3 km à l'ouest de Saint Joseph, ainsi que sur la jolie plage de sable de Grande Anse. À défaut, vous pourrez faire une pause au Cap méchant, à Basse-Vallée où vous dégusterez quelques spécialités créoles *(voir page 390)*.

SAINT-PIERRE

Saint-Pierre ⓯, la capitale du Sud (69 000 habitants) et rivale de Saint-Denis depuis toujours, occupe une

Carte pp. 202-203

Coulée de lave.

vaste plaine à l'embouchure de la rivière d'Abord. Cette ville animée, nantie d'une plage et de nombreux hôtels, située à 45 minutes de route de Saint-Gilles-les-Bains et à une heure du piton de la Fournaise, constitue un lieu de séjour idéal à la Réunion.

Dès le XVIIe siècle, l'embouchure de la rivière d'Abord abrita des barques, et une chapelle dédiée à saint Pierre (en l'honneur du gouverneur Pierre Benoît Dumas) fut érigée à proximité au début du XVIIIe siècle. Le développement de la localité s'amorça bientôt grâce à l'installation d'un comptoir de la Compagnie des Indes, et la commune lança en 1854 la construction d'un vrai port. Mais à peine celui-ci était-il en service – le chantier ayant duré trente ans et englouti des sommes considérables – qu'il dut affronter la concurrence du Port, à la pointe des Galets. Seule la culture industrielle de la canne à sucre sauva alors la cité de la faillite.

Saint-Pierre s'est relevé du passage dévastateur du cyclone Firinga, en 1990. La ville s'est dotée d'un nouveau port de pêche et de plaisance, et d'un aéroport, Pierrefonds, qui lui vaut un afflux accru de visiteurs, venus pour la plupart de Maurice. Ses restaurants du front de mer, ses bars et boîtes de nuit, ses hôtels et sa plage (ventée) attirent les Réunionnais d'aussi loin que Saint-Denis.

Le port animé et son **bassin de radoub** Ⓐ classé invitent à la promenade. À quelques pas de là, l'ancienne gare abrite le très élégant **Latina Bar** Ⓑ, ouvrant sur une terrasse faisant face à la mer. De l'autre côté du boulevard Hubert Delisle, se trouvent de nombreux restaurants ainsi que l'office du tourisme. L'**hôtel de ville** Ⓒ, installé dans un grenier à café de la Compagnie des Indes (1736), mérite le détour, tout comme le pittoresque **marché couvert**, installé rue Victor-le-Vigoureux. Ce bel édifice du XIXe siècle abrite des étals d'épices, de fruits et d'artisanat local.

Le bassin de radoub de Saint-Pierre.

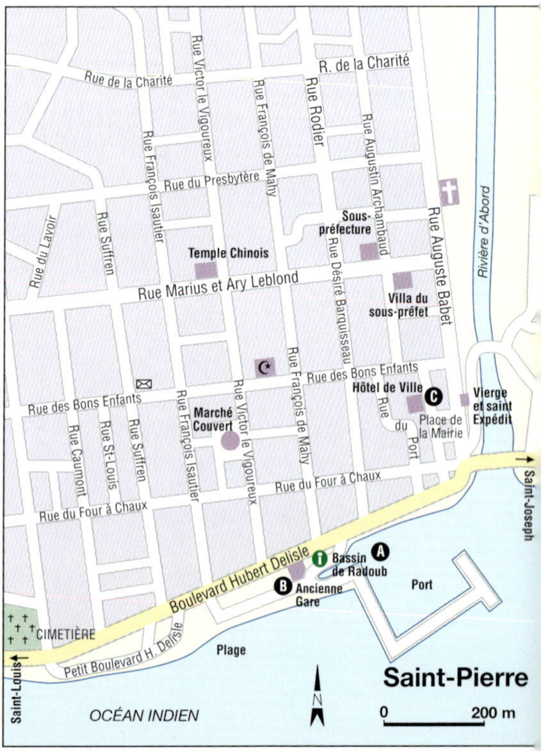

Cartes p. 202-203, plan p. 210

Dans le **cimetière marin** (à l'extrémité du boulevard Hubert-Delisle) repose Sitarane, membre d'une bande de cambrioleurs qui terrorisa le Sud au début du XXe siècle et assassina trois personnes. Ce bandit, qui fut guillotiné en 1911, passait pour un sorcier. La nuit, certains Réunionnais viennent déposer des cigarettes, du rhum, des coqs noirs décapités, des fruits et des fleurs au bord de sa tombe rouge dans l'espoir qu'il attirera le malheur sur leurs ennemis.

Les enfants préféreront sans doute visiter le jardin d'**Exotica**, à 6 km à l'ouest de Saint-Pierre (sur la D26 en direction d'Entre-Deux), dont les allées serpentent parmi les cactées et des créatures géantes en papier mâché : dinosaures, dragons, girafes, grenouilles...

De **Saint-Louis** ⓰, ville-rue bordée de boutiques chinoises, part la tortueuse RN5 qui grimpe vers le cirque de Cilaos. Pour avoir un aperçu de la vallée sans devoir négocier les 350 virages de cette route de montagne de 30 km, il suffit de prendre la D20, puis la RF14 pour monter jusqu'à **La Fenêtre** (22 km au nord-ouest de Saint-Louis). En début de matinée, avant que ne tombe la brume, ce belvédère offre des vues imprenables sur le cirque de Cilaos. En redescendant vers le littoral, on pourra s'arrêter aux **Makes** ⓱, à 1 000 m d'altitude, pour visiter l'**observatoire astronomique de la Réunion**, l'un des plus renommés de l'hémisphère Sud (18, rue Georges-Bizet).

La côte balnéaire

Première des stations balnéaires de la côte ouest, le paisible village de pêcheurs de **L'Étang-Salé-les-Bains** ⓲ possède deux plages de sable noir. La plus petite est protégée par une barrière de corail et surveillée, l'autre, très longue et ouverte, est soumise à des courants dangereux. À 2 km au sud, on peut observer la violence avec laquelle les

De juillet à décembre, on peut visiter l'usine sucrière du Gol, sur les hauteurs de Saint-Louis (tous les jours, sur réservation).

Pique-nique familial.

Les ébénistes de L'Étang-Salé-les-Hauts et des Avirons sont spécialisés dans la reproduction de meubles de la Compagnie des Indes et dans la fabrication des fameuses « chaises du Gol ». L'office du tourisme de L'Étang-Salé-les-Bains, rue Octave-Bénard, commercialise ces chaises cannées, en bois de tamarinier.

vagues de l'océan Indien se précipitent dans une faille de la falaise de basalte baptisée **le Gouffre**.

La D17E traverse une belle forêt domaniale (dans laquelle se cache un golf 18 trous) pour grimper jusqu'à **L'Étang-Salé-les-Hauts**, à 2 km de la côte. Cette bourgade agricole abrite le **Croc Nature Parc** et ses 200 crocodiles du Nil importés de Madagascar. Le plus imposant d'entre eux mesure 4 m de long et pèse 350 kg.

Entre L'Étang-Salé-les-Bains et Saint-Leu (22 km), la nationale passe à proximité de deux **souffleurs**, siphons naturels creusés dans les falaises, dans lesquels les vagues forment de véritables geysers quand elles s'y engouffrent par gros temps. La **pointe au Sel** et ses salines (où se tient une exposition-vente de sel) méritent également une halte.

On peut aussi rallier Saint-Leu en prenant la D11 qui passe par **Les Avirons**. Cette plaisante route des Hauts, appelée **allée des Flamboyants**, offre de belles perspectives sur la côte. Avant de rejoindre la RN1, elle dessert un **élevage d'autruches** et le musée Stella-Matutina, l'un des plus intéressants de l'île.

Le **musée agricole et industriel Stella-Matutina**, à 4 km au sud de Saint-Leu, occupe les 5 000 m² d'une vieille usine sucrière (1855) rachetée par le Conseil régional en 1986 et reconvertie en musée en 1991. Les salles du rez-de-chaussée retracent l'histoire de la Réunion sous diverses facettes, en mettant l'accent sur l'évolution agricole et industrielle et en détaillant les différentes étapes de la fabrication du sucre. À l'étage sont présentées les méthodes de production de la vanille, de l'essence de géranium et du vétiver et différentes plantes à épices par le biais d'un « odorama ».

Les vagues de l'océan Indien se brisent avec fureur sur les falaises de basalte noir de la côte ouest, au profil souvent déchiqueté. Le nom de plusieurs lieux-dits évoque cette violence : le Gouffre, le Souffleur, Cap-Méchant, le Souffleur-d'Arbonne...

LE PARADIS DES SURFEURS

Saint-Leu ⓳ se développa grâce à la culture du café, au XVIIIe siècle, avant d'être le théâtre d'une violente révolte d'esclaves en 1811. Ses habitants, soulagés d'avoir échappé à la terrible épidémie de choléra qui s'abattit sur l'île en 1859, rendirent grâce à la Vierge en édifiant l'**église Notre-Dame-de-la-Salette** à flanc de falaise. Le sanctuaire accueille un grand pèlerinage le 19 septembre.

La localité s'est tournée depuis vers la pêche et les loisirs. Le week-end, les baigneurs investissent la petite plage surveillée voisine du port, tandis que, quand le temps le permet, les surfeurs vont se mesurer à l'une des plus belles « vagues de corail » de l'océan Indien près de l'embouchure de la **ravine des Colimaçons**, au nord de Saint-Leu. Cette « gauche » accueille chaque année en juin une manche du Championnat du monde de surf professionnel.

À 2 km au nord de Saint-Leu, sur la RN1, se visite **Kelonia**, un élevage de tortues de mer reconverti en 2006 en une ferme pédagogique dédiée à la sauvegarde des tortues des îles Éparses (îles de la zone antarctique rattachées administrativement à la Réunion).

La D12, qui escalade la colline, en face de la ferme Corail, rejoint les Colimaçons-des-Hauts et le **Conservatoire botanique national de Mascarin**. Ce véritable musée en plein air, dont la collection comprend des spécimens de 4000 espèces végétales, permet d'apprécier la diversité de la flore réunionnaise. On y découvrira, en particulier, des plantes indigènes rares, une remarquable collection de palmiers et d'arbres fruitiers ainsi qu'un étonnant jardin de cactus. La belle maison construite au XIXe siècle par les Châteauvieux, anciens propriétaires du domaine, se visite tout comme ses dépendances (les écuries, le pavillon de chasse et la vieille cuisine familiale aujourd'hui transformée en cafétéria). L'église des Colimaçons, à la sortie du domaine, jouit d'une vue imprenable sur la côte.

On peut gagner Saint-Gilles-les-Bains en redescendant vers le littoral et la RN1 ou opter pour la belle et sinueuse D6, qui passe par Trois-Bassins et Saint-Gilles-les-Hauts.

Les plus belles plages réunionnaises

Saint-Gilles-les-Bains (20), le « Saint-Tropez de l'océan Indien » aux dires de certains, est le lieu de villégiature préféré des jeunes Réunionnais comme des Français de métropole, attirés par sa longue plage de sable blond et son atmosphère festive teintée de nonchalance créole. Les magasins de sport et les agences de voyages locales leur permettent de pratiquer une large gamme d'activités sportives : surf, voile, plongée, pêche au gros, mais aussi canyoning, parapente ou saut à l'élastique dans les gorges de l'île. Le soir, les restaurants, les bars et les boîtes de nuit de la rue du Général-de-Gaulle ne désemplissent pas.

Au nord de l'estuaire de la ravine Saint-Gilles s'étend la plage des Roches Noires, bordée de bars et de restaurants. Les gens sacrifient à la tradition en venant y admirer le coucher du soleil.

Dans le **port** de pêche et de plaisance, à l'embouchure de la ravine Saint-Gilles, sont ancrés les bateaux des centres de plongée et ceux, équipés pour la pêche au gros, qui prennent chaque jour la mer d'octobre à mai pour aller traquer le marlin bleu, l'espadon, le voilier, le thon ou la dorade coryphène.

Au sud de l'estuaire commence le **lagon**. Il s'étend jusqu'à la pointe des Trois-Bassins, protégeant de sa barrière de corail de longues plages de sable blanc bordées de maisons de vacances et de pensions de famille, un peu moins belles que celle des Roches Noires, mais bien plus paisibles.

Le **Jardin d'Éden**, près de L'Hermitage-les-Bains, ravira les passionnés de botanique avec ses espaces à thème : plantes à parfums, alimentaires, sacrées, médicinales, décoratives, etc., toutes étiquetées. Il abrite même une bambouseraie, une petite rizière et un jardin zen propice à la contemplation mystique…

Carte p. 202-203

Pensionnaire de l'élevage d'autruches installé près de Saint-Leu.

Les stations balnéaires de la Réunion se concentrent sur la côte ouest, entre Boucan-Canot et La Saline-les-Bains : 25 km de plages de sable blanc d'origine corallienne ou de sable noir volcanique, protégés par une barrière de corail.

Cette boulangerie-restaurant centenaire est une institution de Saint-Gilles-les-Bains.

La plage de **Boucan-Canot** ㉑, à cinq minutes de voiture de Saint-Gilles-les-Bains, est considérée comme la plus belle de la Réunion. Relativement paisible en semaine, elle est prise d'assaut le week-end par les surfeurs et les amateurs de plongée comme par les simples baigneurs.

Un aperçu du passé

Le **musée historique de Villèle** ㉒ occupe la maison de style indo-portugais construite en 1788 par Henri Paulin Panon Desbassyns à Saint-Gilles-les-Hauts. La veuve de ce riche planteur, Ombline (1755-1841), demeure une figure légendaire de l'île. Cette femme d'affaires douée d'une énergie et d'une longévité extraordinaires sut développer l'irrigation et moderniser les techniques agricoles; elle fit tracer des routes, construire des usines, des écoles et un hôpital. Célèbre jusqu'en métropole, elle laissa aux siens plus de 500 ha de terres fertiles et une fortune colossale. Elle repose dans la chapelle Pointue (1841), près des ruines de la sucrerie du début du XIXe siècle. Mais si son esprit d'entreprise force l'admiration, on lui attribue également une grande cruauté à l'égard ses esclaves, roués de coups ou emmurés vivants à la moindre désobéissance…

La maison-musée s'élève au milieu d'un parc où prospèrent près d'une centaine d'espèces végétales. Édifiée en brique et pierre volcanique, elle abrite des souvenirs et des portraits de famille, des cartes indiquant les routes empruntées par les navires négriers, de beaux meubles de la Compagnie des Indes et divers objets décoratifs évoquant la vie des riches planteurs réunionnais des XVIIIe et XIXe siècles.

Saint-Paul, capitale déchue

Saint-Paul ㉓ est une ville pittoresque et calme, à moins d'une demi-heure de toute de Saint-Denis.

Carte p. 202-203

C'est dans la baie de Saint-Paul que les premiers colons français s'établirent en 1663, et la première capitale de l'île recèle encore des monuments légués par la Compagnie des Indes, tels l'hôtel de Lassays (devenu une caserne de pompiers) et la mairie (1767), tous deux sur le front de mer. On peut aussi admirer quelques vieilles cases créoles du XVIIIe siècle sur la Chaussée royale, telle **Grand Cour**, au n° 233, élevée par les Panon-Desbassayns.

Le **marché** qui bat son plein tous les vendredis après-midi et le samedi matin sur le front de mer est le plus pittoresque de l'île. On y trouve de l'artisanat malgache et une extraordinaire profusion de fruits, de légumes, de fleurs, d'herbes médicinales et d'épices. Après avoir fait ses emplettes, rien de plus agréable que de s'attabler à la terrasse du petit bar qu'anime un orchestre, pour déguster quelques samoussas ou des « bouchons » arrosés d'un verre de rhum en regardant le soleil disparaître à l'horizon.

Le **cimetière marin**, au sud de la ville, ne manque ni de charme ni de poésie. C'est là que reposerait le pirate le plus connu des Mascareignes, Olivier Le Vasseur dit la Buse, qui fut pendu haut et court à Saint-Paul en 1730 (*voir p. 246*). Sa tombe, face à l'entrée, est surmontée d'une croix de basalte frappée d'un crâne et de deux tibias croisés. Elle attire de nombreux visiteurs, pour la plupart indifférents à la rumeur qui remet en cause l'authenticité de la sépulture sous le fallacieux prétexte que le cimetière n'existait pas en 1730…

En face du cimetière, de l'autre côté de la nationale, la **grotte des Premiers-Français** servit de refuge aux premiers Français débarqués dans l'île, des mutins exilés de Madagascar en 1646.

La Corniche

Les 14 km de nationale qui séparent Saint-Paul de Saint-Denis sont les plus fréquentés de toutes les Mascareignes. Connue sous le nom de **Corniche**, cette route au spectaculaire tracé gagné sur la mer a été inaugurée en 1963 et élargie en 1976.

Elle franchit le vaste estuaire de la rivière des Galets, puis laisse **Le Port** à l'ouest pour rejoindre directement **La Possession**, où le gouverneur Pronis prit officiellement possession de l'île en 1642. Entre La Possession et Saint-Denis, la nationale traverse 10 500 m de tunnels percés dans la falaise à cause desquels ce tronçon de route a la réputation d'être le plus cher de France. Il suit l'ancienne voie ferrée. On peut faire halte à **La Grande-Chaloupe**, bourgade qui possède l'une des plus vieilles gares de l'île. La ligne ferroviaire ferma en 1963, quand la Corniche entra en service, mais une antique locomotive Scafader 030T et un **musée** évoquent l'époque où le « petit train » couvrait vaille que vaille 126 km de voie étroite pour relier Saint-Denis à Saint-Pierre en desservant treize gares.

À gauche, Boucan-Canot possède la plus belle plage de la Réunion, mais c'est à Saint-Leu que les surfeurs trouvent les plus belles déferlantes. Ci-contre, vendeuse de fleurs, de fruits et de légumes au marché de Saint-Paul.

LE VOLCAN ET LES HAUTES PLAINES

Carte p. 218

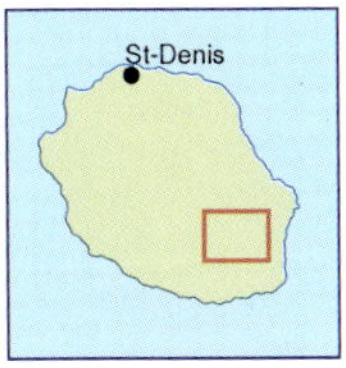

Avec plus de 150 éruptions enregistrées depuis 1690, le **piton de la Fournaise** est l'un des volcans les plus actifs de la planète. Ce volcan-bouclier est apparu il y a environ 500 000 ans sur le flanc sud-est du piton des Neiges. De type hawaïen, il est né d'une série d'éruptions dont les émissions de laves fluides se sont superposées et ont formé trois caldeiras successives, dont la plus récente (4700 ans environ), ouverte à l'est sur la mer, a été baptisée Enclos Fouqué. C'est dans ce vaste cratère d'effondrement en forme de fer à cheval, de 10 km de diamètre et 150 m à 200 m de profondeur, que s'élèvent les deux cratères principaux du volcan, le Bory (2632 m) et le Dolomieu (2366 m), ainsi que plusieurs petits cratères secondaires. Le Bory est assoupi depuis 1791, tandis que les colères du Dolomieu, assez fréquentes (tous les dix mois en moyenne), restent généralement circonscrites par l'Enclos.

Le piton de la Fournaise est assurément le principal site touristique de la Réunion : près de 200 000 personnes gravissent chaque année ses pentes. Les appareils de surveillance sophistiqués dont disposent les vulcanologues permettent désormais d'approcher son sommet en toute sécurité. Un danger subsiste cependant lorsqu'on s'écarte des sentiers balisés ou quand les nuages ou le brouillard masquent brusquement le relief : on risque alors de se perdre ou de faire une chute mortelle.

Du **pas de Bellecombe**, un balcon naturel accroché au rempart nord-ouest de l'Enclos Fouqué, il faut compter cinq heures aller-retour pour faire le tour des cratères. Rappelons que les hauteurs de l'île sont sujettes à de brusques variations climatiques : la brume alterne souvent avec de magnifiques éclaircies. Mieux vaut donc entamer l'excursion à l'aube pour éviter les nuages, qui se lèvent après 10 heures, et les éventuels pics de chaleur de la mi-journée. Il faut prévoir, outre de bonnes chaussures de marche, des vêtements chauds, un coupe-vent, des lunettes de soleil, de l'eau et une protection solaire efficace.

Les circuits les plus fréquentés, comme celui qui mène du pas de Bellecombe au cratère Dolomieu, sont bien balisés ; pour les autres, mieux vaut se procurer la carte IGN 4406RT du piton de la Fournaise, à l'échelle 1 : 25 000, vendue par la maison de la Montagne de Saint-Denis et la maison du Volcan de Bourg-Murat.

Bourg-Murat et la maison du Volcan

L'embranchement pour le piton de la Fournaise, la RF5, se trouve à **Bourg-Murat** Ⓐ, bourgade de la plaine des Cafres sur la RN3, la seule route transversale de l'île, reliant Saint-Pierre, au sud, à Saint-Benoît, au nord.

L'île-volcan de la Réunion, qui s'est formée au fond de l'océan il y a cinq ou six millions d'années, a émergé il y a trois millions d'années. Le piton de la Fournaise (à gauche et ci-contre) reste l'un des volcans les plus actifs du monde.

Sur la nationale s'élève la pyramide futuriste de la **maison du Volcan**. Ce musée volcanologique inauguré en novembre 1992 doit sa conception et la majeure partie de ses collections à Maurice et Katia Krafft, célèbre couple de vulcanologues français disparus en juin 1991 lors de l'éruption de l'Unzen au Japon. Les 1 600 m² du musée sont entièrement consacrés à la présentation didactique de la genèse de la terre, de la tectonique des plaques, du volcanisme sous-marin, des risques, de la surveillance, etc. L'explication de ces phénomènes s'appuie sur de nombreuses animations interactives, maquettes et vidéos, et constitue une excellente introduction à la découverte du piton de la Fournaise. À l'espace d'exposition s'ajoutent un centre de documentation et une boutique. L'auberge du Volcan, à deux pas, sert de délicieux caris créoles.

L'**Observatoire volcanologique de la Réunion**, installé depuis 1979 au Vingt-Septième, près de Bourg-Murat, enregistre en permanence l'activité sismique du piton de la Fournaise de manière à prévoir la moindre éruption et, le cas échéant, à pouvoir évacuer à temps les zones menacées, comme le village de Takamaka en 1986. Selon l'ampleur de ses colères, les experts de l'Observatoire peuvent choisir de fermer la route d'accès au Volcan ou de laisser les curieux – bientôt rejoints par une foule de passionnés, de journalistes et de cameramen – aller observer de plus près l'éruption.

La route du Volcan

Longue de 23 km, la RF5, ou **route du Volcan**, relie Bourg-Murat au pas de Bellecombe en une quarantaine de minutes, s'élevant vers les crêtes désertiques à travers des pinèdes, de petits villages et des pâturages alpestres. Moins bien entretenue que les autres routes de l'île, elle est néanmoins goudronnée sur sa plus grande partie.

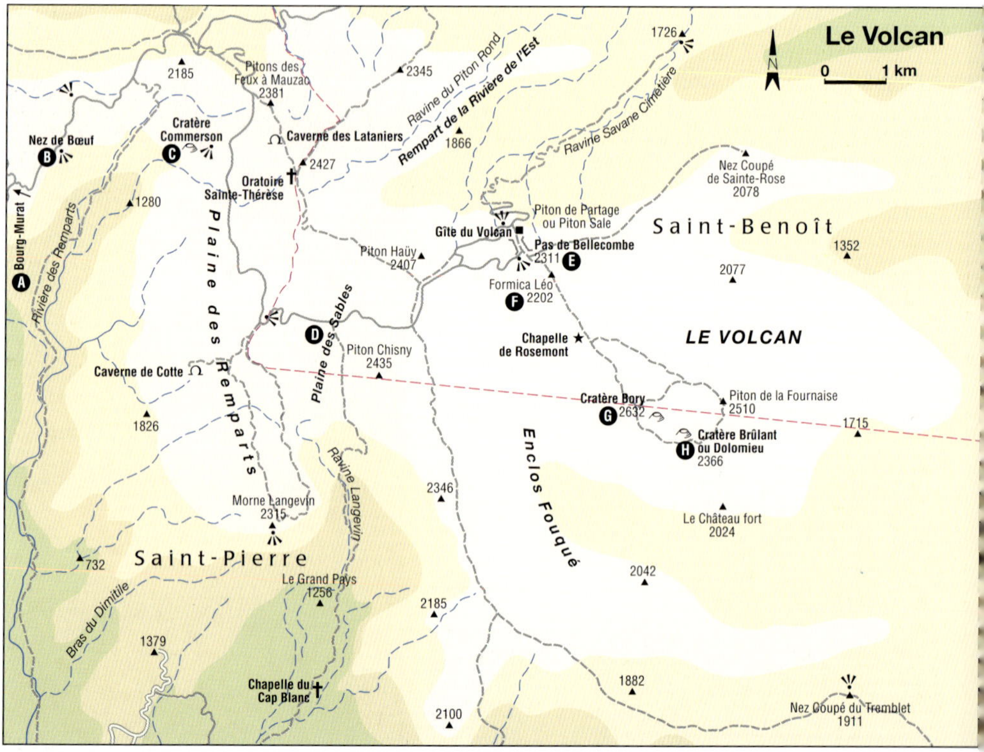

Carte p. 218

Des aires de stationnement ont été aménagées près des points de vue les plus remarquables, comme au **Nez de Bœuf** **B** – à 2070 m d'altitude et 7 km du pas de Bellecombe – où se déploie un panorama époustouflant sur l'immense ravine de la **rivière des Remparts** (en fait la première caldeira du Volcan). Du belvédère, le cours d'eau ressemble à un mince trait de pinceau au creux des montagnes verdoyantes. Un sentier de grande randonnée, le GR R2, suit la rivière depuis le Nez de Bœuf jusqu'à son embouchure, à Saint-Joseph (*voir p. 209*). La balade, plutôt difficile, demande entre huit et neuf heures dans le sens de la descente (2000 m de dénivelé) et deux jours dans celui de la montée.

La route passe ensuite à proximité du **cratère Commerson** **C**, découvert fortuitement par le botaniste français Philibert Commerson en 1771. Une plate-forme d'observation domine ce cratère éteint depuis des millions d'années, gouffre égueulé de 200 m de diamètre et de 120 m de profondeur. Les crêtes déchiquetées du cirque de Cilaos, qui se découpent à l'arrière-plan, donnent au site toute sa beauté.

Mais le point de vue qui s'offre brusquement de la **crête du Rempart des Sables** est bien plus saisissant encore : la **plaine des Sables** **D** déroule son immense tapis de scories rougeâtres que ponctuent de lointaines mais imposantes montagnes. La route qui plonge dans cette arène lunaire, à peine semée de quelques ajoncs, bruyères et mousses et de curieuses formations rocheuses, n'est plus qu'une simple piste. Aussi vaut-il mieux conduire lentement pour éviter les dérapages, particulièrement fréquents par temps humide.

Marche autour du feu

On garera son véhicule au **pas de Bellecombe** **E**, d'où le sommet du Volcan paraît tout proche. Le point d'information voisin du parking présente brièvement la faune, la flore et la géologie du site. Plus utile, une maquette en relief indique les itinéraires de randonnée qui font le tour du Volcan (en précisant les distances d'un point à un autre). Avant de se mettre en route, mieux vaut se rappeler que la montagne est un milieu dangereux et qu'il faut impérativement y respecter certaines consignes de sécurité. Il est possible de faire provision de boissons fraîches au **gîte du Volcan**, à une dizaine de minutes à pied du parking.

Du pas de Bellecombe, le sommet du Volcan paraît tout proche. Ce n'est là qu'une impression trompeuse. Le principal itinéraire balisé, de difficulté moyenne, forme une boucle de 13 km. Il commence par longer le rebord de l'Enclos avant de descendre en zigzag au fond de la caldeira. Des traits de peinture blanche indiquent le chemin à suivre parmi les coulées de lave solidifiées. On atteint d'abord le petit cône de scories du **Formica Léo** **F**, un cratère éteint.

Les belvédères qui jalonnent la route du Volcan permettent d'apprécier les panoramas et sites les plus spectaculaires, tel le cratère Commerson, ci-contre.

Deux kilomètres plus loin se dresse la **Chapelle de Rosemont**, sorte de tumulus volcanique de 10 m de haut.

De là, deux chemins s'offrent au promeneur. Le plus ardu, celui de droite, gravit la pente abrupte du **cratère Bory** G jusqu'au sommet (2 632 m d'altitude). Celui de gauche grimpe plus doucement sur le versant nord de l'énorme **cratère Dolomieu** H jusqu'à la **Soufrière** ; ce « puits » doit son nom aux fumerolles (à la lourde odeur de soufre) qui en émanent. De là, on peut rejoindre le cratère Bory et redescendre vers le pas de Bellecombe ou faire d'abord le tour de la crête du Dolomieu dans le sens des aiguilles d'une montre (suivre les panneaux et se rappeler que les rebords de falaise sont parfois friables).

Plusieurs itinéraires de randonnée partent du Volcan et de ses environs. L'un des plus faciles (4,3 km, quatre heures aller et retour) débute au pas de Bellecombe et longe le rebord nord-est de l'Enclos jusqu'au **Nez Coupé de Sainte-Rose**, une arête qui domine de ses 2 078 m les coulées solidifiées qui se sont déversées sur les Grandes Pentes, vers la mer.

Une boucle facile (3,5 km, trois heures aller et retour) relie le Rempart des Sables au **morne Langevin**, belvédère sur la vallée de la rivière Langevin, à 2 315 m d'altitude.

Les autres circuits, plus longs et plus difficiles, sont en fait des tronçons du GR R2. Mieux vaut se munir de la carte IGN 4406RT. L'un d'eux suit la crête ouest puis sud du volcan jusqu'au **Nez Coupé du Tremblet**, avant de descendre vers la pointe du Tremblet, sur la côte est. La bifurcation de droite, sur le plateau de Foc-Foc rejoint la **vallée Heureuse** et le gîte de Basse-Vallée, puis Basse-Vallée sur la côte sud.

Les Hautes Plaines

Il faut consacrer au moins une journée à la traversée des Hautes Plaines, qui s'étendent entre le piton

Paysage lunaire de la plaine des Sables.

LA RÉUNION VUE DU CIEL

Les paysages réunionnais ne manquent pas d'impressionner les randonneurs comme les automobilistes, mais seul un survol de certains sites – notamment les trois cirques, l'Enclos du piton de la Fournaise et les cascades de l'Est – permet d'en mesurer toute la beauté.

Aussi ne faut-il pas regarder à la dépense et s'offrir un survol en hélicoptère de l'« île intense » (à réserver trois jours à l'avance).

Selon les conditions météorologiques, l'appareil, pouvant embarquer jusqu'à 8 passagers, décolle à 7 heures, à 8 h 15 ou à 9 h 30. Les tarifs comprennent le transfer de l'hôtel, le vol et le casque pour les commentaires.

Pour un coût de 260 €, Hélilagon (*tél. 0262 555 555*) survole l'île dans sa totalité au départ soit de l'aéroport de Roland Garros, soit de l'héliport près de Saint Paul. Corail Helicopters (*tél. 0262 222 266*) opère un vol de 25 min au-dessus du volcan au départ de l'aéroport de Pierrefonds, et ce pour la somme de 150 €.

La société Felix ULM (*Base ULM de Cambaie, Saint Paul, tél. 0262 430 259*) propose des vols à la carte, une formule particulièrement attrayante pour les photographes.

de la Fournaise et les trois cirques. Formées de la plaine des Palmistes (autrefois couverte de palmiers) au nord et de la plaine des Cafres (refuge des esclaves marrons de jadis) à l'ouest, elles séduisent par leur fraîcheur autant que par leurs paysages. Forêts, cascades, lacs, landes et pâturages en font le cadre idéal de marches tranquilles, de balades à cheval ou à VTT.

De Saint-Benoît, la RN3 vagabonde à travers les champs de cannes à sucre avant de grimper en lacet vers l'**Écho** ㉔, beau point de vue sur la côte septentrionale de l'île. Chemin faisant, à 12 km environ de Saint-Benoît, on peut prendre, à droite, le sentier forestier de 6 km qui mène à **Grand Étang** ㉕, une retenue d'eau nichée dans la verdure, au pied d'escarpements altiers. Pour prolonger la promenade, il suffit de longer le lac jusqu'aux cascades qui l'alimentent.

Occupée tardivement (les premières concessions y furent attribuées en 1851), la **plaine des Palmistes** est de longue date une villégiature appréciée des habitants de la côte en quête d'air pur et de fraîcheur estivale. La commune de La Plaine-des-Palmistes – constituée de deux localités (Premier-Village en aval et Deuxième-Village en amont) – n'en est pas moins restée fidèle à sa vocation agricole. Elle se consacre à l'élevage, produit d'excellents fromages frais et organise chaque année, à la fin du mois de juin, une fête des Goyaviers (la confiture de goyave accompagne à merveille les laitages). Un peu partout sur la commune se dressent d'élégantes cases créoles ; caractéristiques de la région, elles sont aussi souvent reproduites sur les affiches de promotion touristique et les cartes postales vendues dans l'île.

Premier-Village ㉖, à 20 km de Saint-Benoît, est la plaque tournante de la plaine des Palmistes. Son office du tourisme, le Pays d'accueil des Hautes Plaines, rue de la Répu-

Cartes pp. 202-203 et 218

Ajoncs surgis du désert volcanique.

Le « petit » cratère éteint du Formica Léo, dans l'Enclos Fouqué.

Il est recommandé de réserver son gîte dans les Hautes Plaines.

blique, renseigne sur les possibilités d'hébergement et de randonnée dans la région.

Équitation et randonnée en forêt

La **ferme équestre du Grand Étang** (à Pont-Payet, sur la RN3, au nord-est de Premier Village) met une dizaine de dociles chevaux de Mérens à la disposition des cavaliers, même inexpérimentés, qui souhaitent faire d'agréables promenades d'une demi-journée jusqu'au Grand Étang ou des randonnées de quatre jours jusqu'au piton de la Fournaise.

De Premier-Village, un petit sentier de 2 km permet de remonter sans difficulté le cours d'un ruisseau jusqu'à l'impressionnante **cascade Biberon**, haute de 240 m. Ce site grandiose constitue un agréable lieu de pique-nique et de baignade.

La RF2, une route forestière d'une dizaine de kilomètres, relie **La Petite-Plaine**, à la périphérie sud-ouest de la commune, **au camp de Bélouve**, en traversant la **forêt de Bébour-Bélouve**. Il s'agit d'une forêt humide de montagne dominée par une espèce endémique, le tamarin des Hauts (*Acacia heterophylla*), dont les troncs tortueux contrastent avec les formes plus élancées des bois de couleur endémiques (bois de fer, de pintade, de demoiselle, etc.) et des cryptomerias du Japon. On peut se contenter de suivre le **sentier botanique de la Petite-Plaine** pour découvrir en une heure les principales essences de la forêt de bois de couleur ou consacrer une journée entière à l'exploration de la forêt primaire de Bébour-Bélouve, dans laquelle l'ONF a aménagé plusieurs sentiers de découverte. On peut passer la nuit au **gîte de Bélouve** (réservation par téléphone auprès de la maison de la Montagne) avant d'entreprendre une excursion de deux heures jusqu'à Hell-Bourg, dans le cirque de Salazie (*voir p. 227*).

Les Hautes Plaines se prêtent à la randonnée équestre.

DE LA PLAINE DES CAFRES À SAINT-PIERRE

Au sud de La Petite-Plaine, la RN3 gravit en lacet le rempart luxuriant de la Grande Montée. Passé le **col de Bellevue** (1 606 m), d'où la vue porte jusqu'à Saint-Benoît, la route redescend vers la **plaine des Cafres** ㉗, plateau auquel ses laiteries, ses pâturages et ses troupeaux paisibles (la moitié du cheptel réunionnais) confèrent un caractère alpin. Même si cette région a sans doute moins de charme que la plaine des Palmistes, elle se prête tout de même à de plaisantes randonnées et dispose de nombreux gîtes et chambres d'hôtes et de quelques bons restaurants établis, pour la plupart, le long de la RN3. Nombre des localités installées sur la nationale sont désignées par la distance kilométrique qui les sépare de Saint-Pierre.

Le petit autel rouge dressé au bord de la route, à l'entrée de **La Plaine-des-Cafres** (bourgade appelée plus simplement **Le Vingt-Troisième**), est dédié à saint Expédit (*voir p. 208*). L'autel est couvert de fleurs et la statue du saint semble fixer le piton des Neiges, par-delà l'étendue de la plaine. On prendra la D70, en face de l'église, pour rallier **Bois-Court**, à 5,5 km au nord-ouest. La route débouche sur un belvédère dominant la vallée de **Grand-Bassin** et ses belles cascades au pied desquelles se niche un paisible hameau doté de quelques chambres d'hôtes et d'un gîte. Un sentier permet de descendre au fond de cette vallée perdue en un peu plus de deux heures.

Du village du **Vingt-Quatrième**, la D36 rejoint Le Tampon en traversant de belles forêts. À 3 km au sud-est de Notre-Dame-de-la-Paix, là où la départementale surplombe la rivière des Remparts, a été aménagée une aire de pique-nique dotée d'un superbe point de vue. Un sentier botanique qui part du parking permet d'explorer les sous-bois environnants.

La route amorce ensuite sa descente vers **Le Tampon** (du malgache *Tampony*, « belvédère »), principale localité de la plaine des Cafres. La ville, qui s'étage de 400 m à 2 000 m d'altitude, se consacre aux cultures maraîchères et fruitières. Cette vocation naquit en 1830 quand le comte Gabriel Le Coat de Kerveguen acheta près de 12 000 ha de cette terre fertile pour y planter de la canne à sucre. Les Kerveguen devinrent ainsi les plus gros propriétaires terriens de l'île, et leur richesse était telle qu'ils instaurèrent leur propre monnaie, en 1859, pour payer leurs ouvriers agricoles : le kreutzer, une pièce en argent autrichienne dévaluée rebaptisée par la suite « kerveguen », et qui demeura en circulation dans la région jusqu'en 1879.

Le Tampon est la capitale réunionnaise de la culture du géranium, fleur dont l'huile essentielle est utilisée en parfumerie. Cette essence de géranium a beau être la meilleure du monde, sa production annuelle est passée de 165 t en 1962 à 10 t actuellement.

Fougères arborescentes sur le plateau de Bébour, à l'ouest de la plaine des Palmistes.

LES CIRQUES

Les spectaculaires cirques de Mafate, de Salazie et de Cilaos se sont formés à la suite de l'effondrement de trois cônes volcaniques du vieux massif, organisés en trèfle autour du piton des Neiges. Rarement fréquentés en raison de leur position reculée, ils servirent de refuge au XVIIIe siècle à de nombreux esclaves en fuite (les « marrons »). Un siècle plus tard, l'administration coloniale encouragea les colons pauvres, cadets ruinés de familles trop nombreuses, à tenter leur chance sur ces terres encore vierges. On se demande encore comment ces « petits Blancs » firent pour survivre dans ces Hauts sauvages, aux sols et au climat rudes, où rivières et cascades se jettent dans des gorges cernées de pics dentelés et de remparts difficilement franchissables.

Le cirque le plus facile d'accès et le plus fréquenté est celui de Salazie. C'est aussi le plus luxuriant du fait d'une forte pluviométrie (jusqu'à 3 m de précipitations en soixante-douze heures). Le cirque de Mafate est nettement plus aride et difficile d'accès, puisque aucune route n'y pénètre. Il faut donc emprunter les chemins de randonnée pour l'explorer, à moins de s'y faire déposer en hélicoptère. Le cirque de Cilaos, enfin, se présente comme un moyen terme : il est moins verdoyant que Salazie, mais on s'y rend plus aisément qu'à Mafate, même si la route qui le dessert bat des records de sinuosité (il faut compter entre une heure trente et deux heures pour rejoindre Cilaos à partir de Saint-Louis).

Quel que soit le cirque visité, la versatilité des conditions météorologiques impose de s'équiper (crème solaire, vêtements de pluie, lainages, ravitaillement, etc.). Signalons enfin que les distributeurs automatiques de billets sont pour le moins rares dans les cirques, mais que de nombreux hôtels et restaurants de Cilaos et de Salazie acceptent les paiements par carte de crédit.

Le monde perdu de Mafate

Il existe plusieurs portes d'accès et d'innombrables combinaisons d'itinéraires pour rallier **Mafate** à pied (consulter le topo-guide de l'ONF). Ce cirque sauvage, où voitures et supérettes brillent par leur absence, invite à une délicieuse échappée loin du tourbillon de la vie moderne. Ses quelques centaines d'habitants s'éparpillent dans des hameaux, ou « îlets », que relient 180 km de sentiers pédestres : tout le monde marche à Mafate, et même d'un bon pas, y compris le facteur, qui couvre chaque jour d'impressionnantes distances. Les Mafatais vivent surtout du tourisme, de l'élevage et de l'agriculture – notamment de la production d'huile essentielle de géranium, même si nombre de distilleries ont fermé depuis le début des années 1960.

Pour accéder facilement à Mafate, on peut monter en voiture jusqu'au bout de la RF13, au-dessus du

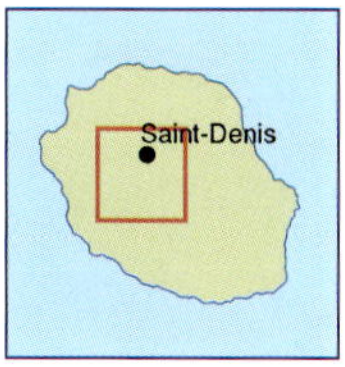

À gauche, cascades, dans le cirque de Salazie, où la pluviométrie flirte avec les records mondiaux. Ci-contre, maison créole au pied d'une ravine, près d'Hell-Bourg.

Le chai-de-cilaos est un vin de table charpenté.

Mac Auliffe. Entièrement détruits par un cyclone en 1848, les thermes ont été reconstruits dans les années 1950 puis en 1988. On y soulage les troubles digestifs et du métabolisme, les rhumatismes et l'arthrite, mais son sauna, ses bains minéralisés, ses massages et autres soins relaxants sont également appréciés des randonneurs harassés et endoloris.

Le cirque de Cilaos se consacre à la viticulture depuis plus d'un siècle. Le vin artisanal et liquoreux que des marchands ambulants vendent à bas prix le long des routes est de piètre qualité, mais les trois cépages nobles acclimatés il y a quelques années dans le cirque permettent désormais aux viticulteurs de produire un vin rouge correct, le chais-de-cilaos, à goûter à la **maison des Vins du Chai de Cilaos** (situé au 34, rue des Glycines, sur la route de Bras-Sec).

C'est Angèle Mac Auliffe, la fille du directeur des thermes, qui initia, au début du XXe siècle, les habitantes du cirque à l'art de la broderie. Des travailleuses à domicile, notamment à **Palmiste-Rouge**, au sud de Cilaos sur le CD240, perpétuent cette tradition artisanale et vendent directement leur production aux touristes. On peut aussi admirer et acheter (au prix fort) de beaux « jours de Cilaos » à la **maison de la Broderie**, rue des Écoles, un centre de formation fondé en 1953 par les sœurs de Notre-Dame-des-Neiges.

Se dégourdir les jambes

L'**office du tourisme** occupe le même bâtiment que la **maison de la Montagne**, au n° 2 bis de la rue Mac-Auliffe. Il est possible de s'y procurer des cartes et descriptifs détaillés des sentiers de randonnée, de réserver une table ou un gîte, de consulter le plan en relief de l'île et de connaître la liste complète des activités sportives praticables dans le cirque. Ceux qui n'ont jamais vu de chaise à porteur en découvriront une dans cette maison du tourisme de Cilaos.

Les lentilles, spécialité d'Îlet-à-Cordes.

LES CIRQUES

Les spectaculaires cirques de Mafate, de Salazie et de Cilaos se sont formés à la suite de l'effondrement de trois cônes volcaniques du vieux massif, organisés en trèfle autour du piton des Neiges. Rarement fréquentés en raison de leur position reculée, ils servirent de refuge au XVIIIe siècle à de nombreux esclaves en fuite (les « marrons »). Un siècle plus tard, l'administration coloniale encouragea les colons pauvres, cadets ruinés de familles trop nombreuses, à tenter leur chance sur ces terres encore vierges. On se demande encore comment ces « petits Blancs » firent pour survivre dans ces Hauts sauvages, aux sols et au climat rudes, où rivières et cascades se jettent dans des gorges cernées de pics dentelés et de remparts difficilement franchissables.

Le cirque le plus facile d'accès et le plus fréquenté est celui de Salazie. C'est aussi le plus luxuriant du fait d'une forte pluviométrie (jusqu'à 3 m de précipitations en soixante-douze heures). Le cirque de Mafate est nettement plus aride et difficile d'accès, puisque aucune route n'y pénètre. Il faut donc emprunter les chemins de randonnée pour l'explorer, à moins de s'y faire déposer en hélicoptère. Le cirque de Cilaos, enfin, se présente comme un moyen terme : il est moins verdoyant que Salazie, mais on s'y rend plus aisément qu'à Mafate, même si la route qui le dessert bat des records de sinuosité (il faut compter entre une heure trente et deux heures pour rejoindre Cilaos à partir de Saint-Louis).

Quel que soit le cirque visité, la versatilité des conditions météorologiques impose de s'équiper (crème solaire, vêtements de pluie, lainages, ravitaillement, etc.). Signalons enfin que les distributeurs automatiques de billets sont pour le moins rares dans les cirques, mais que de nombreux hôtels et restaurants de Cilaos et de Salazie acceptent les paiements par carte de crédit.

LE MONDE PERDU DE MAFATE

Il existe plusieurs portes d'accès et d'innombrables combinaisons d'itinéraires pour rallier **Mafate** à pied (consulter le topo-guide de l'ONF). Ce cirque sauvage, où voitures et supérettes brillent par leur absence, invite à une délicieuse échappée loin du tourbillon de la vie moderne. Ses quelques centaines d'habitants s'éparpillent dans des hameaux, ou « îlets », que relient 180 km de sentiers pédestres : tout le monde marche à Mafate, et même d'un bon pas, y compris le facteur, qui couvre chaque jour d'impressionnantes distances. Les Mafatais vivent surtout du tourisme, de l'élevage et de l'agriculture – notamment de la production d'huile essentielle de géranium, même si nombre de distilleries ont fermé depuis le début des années 1960.

Pour accéder facilement à Mafate, on peut monter en voiture jusqu'au bout de la RF13, au-dessus du

Carte p. 226

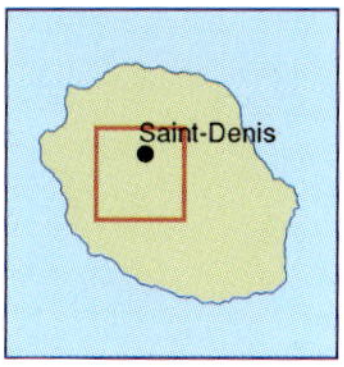

À gauche, cascades, dans le cirque de Salazie, où la pluviométrie flirte avec les records mondiaux. Ci-contre, maison créole au pied d'une ravine, près d'Hell-Bourg.

Bélier, dans le cirque de Salazie et rejoindre en deux heures La Nouvelle en passant par le col des Bœufs et la plaine des Tamarins (8 km).

La Nouvelle ❶ est le plus grand village de Mafate, avec 130 habitants environ, trois épiceries, une boulangerie, plusieurs gîtes et tables d'hôtes. De là, il faut suivre le GR R1 sur 5 km pour monter jusqu'à **Marla**, l'îlet le plus haut du cirque, à 1645 m d'altitude. Compter deux heures de marche sans se presser. Passer la nuit sur place permettra de profiter de la vue, jamais si belle qu'au crépuscule, sur le majestueux rempart du Grand Bénare (2896 m) à l'ouest, et les Trois Salazes, à l'est.

On peut aussi admirer le cirque de Mafate de son « grand bord » occidental en montant en voiture jusqu'au **piton Maïdo** ❷, à 25 km et deux heures de route de Saint-Paul. Mieux vaut partir tôt pour devancer les nuages qui bouchent le paysage passé 10 heures ou 11 heures. La RF8, agrémentée de plusieurs aires de pique-nique, traverse les champs de géraniums du domaine de **La Petite France** avant de s'élever jusqu'au **balcon sur Mafate**, à 2203 m d'altitude. Du nord au sud se décou-

pent les pics de la Roche Écrite (2277 m) et du Cimendef (2226 m), le morne de Fourche (2195 m), qui marque la frontière entre les cirques de Salazie et de Mafate, le Gros Morne (3013 m) et le piton des Neiges (3070 m), qui signalent le centre des trois cirques, puis le col du Taïbit (2082 m) et le Grand Bénare, qui séparent Mafate de Cilaos. Il est possible de rejoindre le Grand Bénare à pied, mais la randonnée est plutôt difficile et demande six ou sept heures aller et retour.

Sur la route du retour, un arrêt au **parc de loisirs Maïdo 1500** permettra aux enfants de se promener à dos de poney dans les forêts de tamarins, et à tous de faire du VTT, de s'essayer au tir à l'arc et de s'initier à la distillation de l'essence de géranium.

Salazie le tranquille

Le nom **Salazie** dérive du malgache *salazane*, « pieu » ou « piquet ». Il désigne sans doute les trois pics du Gros Morne, qui, droits comme des sentinelles, semblent veiller sur le rempart sud-ouest du cirque.

Salazie est connu pour ses records de pluviométrie, auxquels il doit sa luxuriante végétation et ses nombreuses cascades. Ses vingt-cinq villages vivent de l'élevage du petit bétail et de cultures introduites dans les années 1840 : le cresson, le tabac, le café, les pommes et l'incontournable chou-chou. Ce légume vert-jaune en forme de poire (*voir p. 176*) est célébré chaque année, en mai, au cours d'un carnaval de trois jours. Des groupes de musiciens locaux se produisent dans les villages et l'on procède à l'élection de Miss chouchou.

On accède au cirque à partir de Saint-André, en prenant la D48, qui remonte les gorges de la rivière du Mât jusqu'au village de Salazie, où il n'y a pas grand-chose à voir hormis une jolie église, un office du tourisme (dans la mairie) et quelques magasins, restaurants et tables d'hôtes qui servent une excellente cuisine créole.

À 1,5 km de la sortie du village, la jolie cascade du **Voile de la Mariée** ❸ surgit à mi-falaise d'une couche de lave imperméable pour se jeter dans la rivière du Mât.

Peu après les chutes, on peut prendre sur la droite la D52 pour monter à Mare-à-Vieille-Place et **Grand-Îlet** ❹, à l'extrémité nord-ouest du cirque. Ce village d'agriculteurs doté de quelques chambres d'hôtes et d'une charmante église en bardeaux, **Saint-Martin**, sert de point de départ à maintes randonnées.

La RF13 (prendre à gauche à l'entrée du village) traverse Le **Bélier** pour s'arrêter au pied du piton Marmite. De là, le GR R1 rejoint le cirque de Mafate, et le GR R1-GR R2 celui de Cilaos *via* le col du Taïbit. Passé le Voile de la Mariée, la D48 poursuit son cours vers Hell-Bourg, au sud. On pourra s'arrêter au bord de la **mare à Poule d'Eau** et au belvédère du **Point du Jour**, juste avant l'entrée d'Hell-Bourg, pour prendre des photos de la Roche Écrite.

Carte p. 226

Parapente dans le cirque de Mafate.

Leur relief accidenté et leur accès difficile ont longtemps fait des cirques un refuge pour des esclaves en fuite. En témoignent encore certains toponymes, d'origine africaine ou malgache.

« Guetali » d'Hell-Bourg.

Hell-Bourg le mal nommé

Contrairement à ce que l'on pourrait penser – *hell* signifie « enfer » en anglais, mais c'est un gouverneur de jadis, l'amiral Hell, qui lui a laissé son nom – **Hell-Bourg** ❺ est un fort beau village campé dans un cadre enchanteur où il fait bon passer quelques jours. On trouvera des hôtels coquets, plusieurs restaurants et des commerces d'alimentation dans la **rue du Général-de-Gaulle**, l'artère principale, un office du tourisme dans la rue Georges-Pompidou, le tout à proximité du GR R1.

La découverte tout près d'Hell-Bourg, en 1832, de sources chaudes ayant des vertus thérapeutiques fit du village une station thermale prisée de la bonne société créole pendant près d'un siècle, de 1852 à 1948, jusqu'à ce qu'un glissement de terrain engloutisse l'établissement thermal.

Depuis les années 1980, une association locale s'attache à la conservation et à l'entretien des élégantes cases de « changement d'air » construites par les curistes de jadis, ce qui a valu à Hell-Bourg d'être classé « plus joli village de la France d'outre-mer ». La plupart de ces villas sont dotées de jardins plantés de bambous, d'orangers, d'azalées et de fougères aux dimensions de parasols. Les petits kiosques surélevés, ou « guetalis », dressés stratégiquement au coin du mur d'enceinte, permettent d'observer la rue sans être vu.

Pour se familiariser avec l'art de vivre et l'architecture créoles, on peut visiter la **villa Folio**, qui se cache au fond d'un jardin luxuriant, en face de l'église, dans la rue de l'Amiral-Lacaze. Propriété de Raphaël Folio, descendant d'un des premiers colons de l'île, cette villa construite en 1870 a conservé la majeure partie de son mobilier d'origine (le baldaquin d'un des lits aurait été dérobé par des corsaires sur un navire de la Compagnie des Indes). Ses deux petits pavillons annexes abritaient l'office et les quartiers des esclaves, et son « guetali » servait de salon de réception.

Les ruines éparses des thermes se trouvent à quinze minutes à pied de l'ancien hôpital militaire des Salazes, sur le chemin du cimetière, en aval du village, mais la source thermale a disparu. Le **cimetière**, au bout du sentier, est certainement l'un des plus beaux de l'île. L'une de ses sépultures, un tertre surmonté d'une petite croix en fer, abrite le corps sans tête d'un certain M. Zett, un violeur sanguinaire qui terrorisa la région au début du XXe siècle avant d'être décapité. Pour éloigner son esprit malfaisant du village, on envoya sa tête à Saint-Denis (*voir p. 200*).

Les amateurs de pêche ne manqueront pas de grimper jusqu'au **parc piscicole d'Hell-Bourg**, un élevage de truites installé près du relais des Cimes. L'établissement leur fournit lignes et appâts et ils peuvent même faire cuire leurs prises au restaurant attenant.

Le cimetière d'Hell-Bourg. On vient parfois déposer des verres de rhum et des paquets de cigarettes sur la tombe de M. Zett pour invoquer ou apaiser l'âme errante de ce bandit du début du XXe siècle.

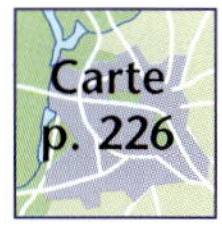

Les adeptes du canyoning vont se jeter en rappel sous les trombes d'eau des **Trois Cascades**, à 1 km au sud d'Hell-Bourg.

Pour jouir de vues spectaculaires sur le cirque de Salazie et sur son pic central, le **piton d'Enchaing** ❻ (1 352 m), il faut se rendre à **Îlet-à-Vidot**, au nord-ouest d'Hell-Bourg. Du hameau, un tronçon assez abrupt et glissant du GR R1 monte jusqu'au sommet du piton. Prévoir quatre ou cinq heures aller-retour. De Hell-Bourg, on peut aussi grimper jusqu'au plateau boisé de Terre-Plate en deux heures et pousser jusqu'à la source Manouilh ou jusqu'au gîte de la caverne Dufour pour faire le lendemain matin l'ascension du **piton des Neiges** ❼ (*voir p. 187*).

Le cirque de Cilaos

« **Cilaos** » viendrait du malgache *tsy laosana*, ou « lieu que personne ne quitte ». Cette appellation fut donnée au cirque par les esclaves marrons qui s'y réfugièrent avant d'être exterminés au XVIIIe siècle par des chasseurs de primes. Elle ne surprend plus une fois qu'on est venu à bout des trois cents virages en épingle à cheveux qui ponctuent la trentaine de kilomètres séparant le cirque de la côte ! Ses six mille habitants actuels descendent pour la plupart de colons arrivés au XIXe siècle de Normandie et de Bretagne. La région, réputée pour ses broderies artisanales, sa production de lentilles et de vin, vit aussi du tourisme.

La RN5, qui part de Saint-Louis, remonte le cours du Bras de Cilaos jusqu'au **Pavillon**, à l'entrée du cirque. Au-delà, le sentier vertigineux, qu'empruntaient jadis les colons en chaise à porteur jusqu'à Cilaos, a fait place en 1930 à une route goudronnée qui offre à chaque tournant une vue splendide sur les montagnes et les villages accrochés aux pentes des ravines.

La bourgade de **Cilaos** ❽, perchée à 1 220 m d'altitude, n'est pas sans évoquer Chamonix, avec laquelle elle est d'ailleurs jumelée. Excellente base de randonnée et de différents sports de montagne, c'est aussi une agréable station thermale.

La **rue du Père-Boiteau**, au cœur du village, abrite plusieurs belles cases comme la *maison Soledad*, rose et gris (en face de la pharmacie Stamm), la maison couleur saumon qu'occupe le restaurant Chez Noé (excellent cari massalé), ou encore la plus vieille maison de Cilaos, repérable à sa façade bleu et blanc. Le **petit séminaire**, voisin de l'église (1932), où l'ancien Premier ministre Raymond Barre a étudié, est lui aussi un bel exemple d'architecture créole.

La passionnante visite guidée d'une heure au musée du Peuple donne un très bel aperçu de la vie à l'époque des premiers colons et illustre le sort des esclaves en fuite.

C'est en 1814 qu'un gardien de chèvres découvrit officiellement les **sources thermales de Cilaos**. Leur exploitation débuta en 1839 et, en 1895, la commune se dota d'un centre de cures, bientôt dirigé par le docteur

La bourgade de Cilaos est célèbre de longue date pour ses thermes (ci-contre), son vin et sa broderie. Le tourisme vert relaie aujourd'hui le thermalisme.

Le chai-de-cilaos est un vin de table charpenté.

Les lentilles, spécialité d'Îlet-à-Cordes.

Mac Auliffe. Entièrement détruits par un cyclone en 1848, les thermes ont été reconstruits dans les années 1950 puis en 1988. On y soulage les troubles digestifs et du métabolisme, les rhumatismes et l'arthrite, mais son sauna, ses bains minéralisés, ses massages et autres soins relaxants sont également appréciés des randonneurs harassés et endoloris.

Le cirque de Cilaos se consacre à la viticulture depuis plus d'un siècle. Le vin artisanal et liquoreux que des marchands ambulants vendent à bas prix le long des routes est de piètre qualité, mais les trois cépages nobles acclimatés il y a quelques années dans le cirque permettent désormais aux viticulteurs de produire un vin rouge correct, le chais-de-cilaos, à goûter à la **maison des Vins du Chai de Cilaos** (situé au 34, rue des Glycines, sur la route de Bras-Sec).

C'est Angèle Mac Auliffe, la fille du directeur des thermes, qui initia, au début du XXe siècle, les habitantes du cirque à l'art de la broderie. Des travailleuses à domicile, notamment à **Palmiste-Rouge**, au sud de Cilaos sur le CD240, perpétuent cette tradition artisanale et vendent directement leur production aux touristes. On peut aussi admirer et acheter (au prix fort) de beaux « jours de Cilaos » à la **maison de la Broderie**, rue des Écoles, un centre de formation fondé en 1953 par les sœurs de Notre-Dame-des-Neiges.

Se dégourdir les jambes

L'**office du tourisme** occupe le même bâtiment que la **maison de la Montagne**, au n° 2 bis de la rue Mac-Auliffe. Il est possible de s'y procurer des cartes et descriptifs détaillés des sentiers de randonnée, de réserver une table ou un gîte, de consulter le plan en relief de l'île et de connaître la liste complète des activités sportives praticables dans le cirque. Ceux qui n'ont jamais vu de chaise à porteur en découvriront une dans cette maison du tourisme de Cilaos.

Les routes et sentiers qui relient les îlets du cirque offrent moult possibilités de balade tranquille ou de randonnée sportive (il est souvent possible de revenir à Cilaos en bus plutôt qu'à pied). On peut faire une petite boucle facile de 2,5 km dans la forêt de bois de couleur (*voir p. 181*), arrosée de cascades, de Bras-Sec, ou suivre le GR R2 qui descend de Bras-Sec jusqu'à Palmiste-Rouge en passant par le col du Bonnet de Prêtre (1 712 m). Compter trois heures aller, l'idéal étant de pouvoir revenir à Cilaos en voiture.

On peut accéder à la **Roche Merveilleuse** en voiture, en empruntant la RF11. La randonnée pédestre qui conduit à ce beau point de vue sur le cirque de Cilaos ne présente pas de difficulté majeure et demande quatre heures aller-retour. Le sentier balisé part de l'hôtel des Thermes – le plus ancien (1935), le plus excentrique et le plus luxueux des établissements hôteliers de Cilaos. Il traverse la **forêt du Grand Matarum**, connue pour abriter les seuls chênes de la Réunion, ainsi qu'une essence indigène, le tamarin des Hauts. Du belvédère de la Roche Merveilleuse, le regard balaie tout le cirque. On découvrira, d'est en ouest, le village de Bras-Sec, perché sur un plateau, puis Palmiste-Rouge et Îlet-à-Cordes où sont cultivées les meilleures lentilles de l'île.

Les plus ambitieux se rendront à Îlet-à-Cordes en voiture pour remonter le GR R1-GR R2 en direction du col du Taïbit et de Marla, à l'entrée du cirque de Mafate (*voir p. 187*), à moins qu'ils ne prennent le GR R1 à Bras-Sec pour grimper jusqu'au piton des Neiges (compter huit heures aller-retour).

Cilaos a beau être le plus sec des trois cirques réunionnais, les amateurs de sensations fortes sont de plus en plus nombreux à descendre en rappel ses gorges et cascades, notamment dans les environs d'**Îlet-Fleurs-Jaunes** et d'**Îlets-du-Bois-Rouge**.

Carte p. 226

Les jardins fleuris de Cilaos évoquent parfois les Alpes.

LES SEYCHELLES

L'archipel des Seychelles compte les plus anciennes îles de la planète. Sur cet ancien microcontinent, isolé voilà plusieurs millions d'années, évoluèrent, en l'absence de tout mammifère, une flore et une faune endémiques. Car l'histoire humaine des Seychelles ne date que de quelques siècles. Elle commence véritablement en 1609, lorsqu'une petite troupe de marins anglais débarqua aux Seychelles. Ils avaient quitté l'Angleterre au mois de mars de l'année précédente, passé le Cap, franchi le canal de Mozambique, fait escale aux Comores et à Pemba, au nord de Zanzibar. Ils avaient découvert les Seychelles un peu par hasard. Le maître d'équipage, un certain Mr. Jones, s'enthousiasma pour cet archipel, véritable jardin d'Éden.

Les Seychellois sont fiers de leur pays, dont ils aiment faire partager les beautés à leurs visiteurs. Réservés au premier abord, ils manifestent ensuite une chaleur et une générosité incomparables. Ils adorent bavarder, jouer de la musique ou faire la cuisine, partageant sans hésiter leur repas avec l'hôte de passage.

Le pays est jeune, et sa petite population insulaire s'adapte, non sans difficultés aux contraintes et au rythme imposés par le monde extérieur. Si certains semblent faire leurs les exigences d'une modernité triomphante, la majorité de la population conserve une attitude décontractée, qui séduit des étrangers venus chercher ici le calme et la beauté d'un environnement unique au monde. Le soleil, la mer et la plage, d'autres destinations peuvent également les offrir, et à bien moindre prix. Mais les Seychelles possèdent en prime une flore et une faune absolument exceptionnelles, et parmi les plus belles plages dont on puisse rêver.

Pages précédentes : bois peints des Seychelles ; l'Islet Saint-Pierre, près de Praslin ; fous à pieds rouges sur l'atoll de Cosmoledo, dans les îles extérieures. À gauche, pêcheur et sa proie.

L'ORIGINE DES SEYCHELLES

Situées dans la partie occidentale de l'océan Indien, entre 4° et 11° de latitude Sud et entre 46° et 57° de longitude Est, les Seychelles sont composées d'environ 115 îles et îlots éparpillés au nord-ouest des Mascareignes. L'archipel, d'une superficie émergée totale de 455 km^2, se compose de cinq grands groupes : les îles intérieures (Mahé, Praslin, La Digue, Silhouette, et leurs satellites), les Amirantes, le groupe d'Alphonse, l'archipel de Farquhar et celui d'Aldabra.

Hypothèses sur la formation des îles granitiques

Les quarante et une îles intérieures de l'archipel ont la particularité d'être constituées de granit, matériau qui les apparente aux continents. À la différence de toutes les autres îles semées sur les mers du globe, elles n'ont pas surgi du fond de l'océan. Elles sont, selon certains scientifiques, composées de matériaux éjectés des profondeurs en fusion de la Terre, il y a quelque 650 millions d'années, peut-être dans une zone désolée et gelée proche de l'actuel pôle Sud. Elles comptent ainsi parmi les plus vieilles terres du globe puisqu'elles auraient fait partie de la Pangée, l'énorme continent originel posé sur les eaux de l'océan primordial, la Téthys.

Il y a 300 à 200 millions d'années, sous l'effet de tensions internes, la Pangée se craquela et se scinda en deux ensembles, la Laurasie (composée de l'Europe, de l'Asie et de l'Amérique du Nord actuelles) au nord, et le Gondwana (formé par l'Amérique du Sud, l'Afrique, l'Antarctique, l'Australasie et le subcontinent indien) au sud. À cette époque, les Seychelles se trouvaient au point de jonction entre Madagascar, l'Inde et l'Afrique.

Avec la poursuite de la dérive des continents, Madagascar, les Seychelles, l'Inde et l'Antarctique se séparèrent du Gondwana voilà près de 150 millions d'années. La faille de l'océan Indien commença alors à s'élargir progressivement. Il y a environ 90 millions d'années, Madagascar se détacha de l'Afrique et de l'Inde pour dériver vers sa position actuelle en emportant un patrimoine naturel unique au monde. Enfin, les Seychelles se dissocièrent de la côte occidentale de l'Inde, voilà 75 millions d'années, bien avant que cette dernière ne donne naissance à l'Himalaya en allant percuter l'Eurasie.

Quand elles se retrouvèrent isolées au milieu de l'océan, les Seychelles formaient un unique microcontinent d'une superficie de 300 000 km^2 – soit plus de la moitié de celle de la France. Cet ensemble se serait trouvé peu à peu submergé sous l'effet combiné de l'érosion, des variations du niveau de l'océan et du poids du platier corallien (partie horizontale du haut fond sous-marin). À moins que, selon une autre hypothèse, il ait été englouti à l'issue d'un gigantesque cataclysme, celui-là même qui causa la disparition des dinosaures, à la fin de l'ère secondaire, il y a 65 millions d'années. Les 250 km^2 de granit qui demeurent émergés (moins d'un millième de la surface initiale) ne sont que les sommets des plus hautes montagnes.

Naissances ultérieures, du volcan à l'atoll

Bien que similaires, en apparence, aux autres îles granitiques, Silhouette et l'île du Nord sont en fait plus récentes et constituées pour l'essentiel d'une roche volcanique, la syénite. Silhouette est née de façon aussi rapide que spectaculaire, à la suite d'une éruption, il y a 6 000 ans. La taille minime des affleurements rend toute affirmation délicate, mais on peut penser que le cratère du volcan, à présent submergé et presque entièrement érodé, se trouve au sud-est de La Passe. Ce volcan est entré plusieurs fois en éruption et il est possible que Silhouette ait culminé à 3 000 m ou plus. À pointe Zeng Zeng, on peut voir les seuls dépôts de cendres volcaniques des Seychelles, tandis que l'on retrouve des colonnes basaltiques jusque dans l'île voisine de Mahé, à Glacis (dans la partie nord-est) et ailleurs.

Plus jeunes encore, Bird et Denis auraient émergé il y a près de 4 000 ans, quand une modification de la circulation des courants marins entraîna une baisse du niveau de l'océan Indien au bord du plateau continental des Seychelles. Le niveau de l'eau à Mahé, par exemple, est aujourd'hui inférieur de 5 m à celui que l'on relève sur les côtes de l'Inde méridionale. On impute également à ce phénomène la naissance des Amirantes, un groupe d'atolls et d'îles coralliennes situés à plus de 200 km au sud-ouest de Mahé, et dont l'altitude moyenne ne dépasse pas 3 m au-dessus du niveau de la mer.

Les îles volcaniques s'enfoncent sous l'effet de l'érosion et de la dérive des continents. Quand elles sont sur le point de sombrer, elles ne doivent leur survie qu'aux coraux qui croissent et se maintiennent à la surface de l'eau. L'atoll de Farquhar, le plus méridional des Seychelles, a sans doute aussi été le théâtre d'une activité volcanique il y a bien longtemps. Mais certains chercheurs pensent qu'à l'époque où le groupe granitique formait un tout petit continent, Farquhar a pu être un minuscule sous-continent.

L'atoll d'Aldabra, à la pointe sud-ouest des Seychelles, est encore un cas particulier. Il s'est formé sur le cône d'un volcan sous-marin haut de plus de 4 000 m et appartenant à la même chaîne que les Comores. Il constitue le plus grand atoll exhaussé du monde : alors que les îles coralliennes affleurent généralement à peine de l'eau, celles qui encerclent son vaste lagon s'élèvent à plus de 8 m au-dessus du niveau de la mer. Voilà qui semble contredire l'idée répandue selon laquelle la base volcanique des atolls coralliens se rétracte et s'enfonce. Mais en réalité, cet exhaussement pourrait être le résultat d'une baisse du niveau de l'océan.

Le réchauffement global de la planète et l'élévation du niveau des mers risquent d'avoir des effets dévastateurs sur les îles coralliennes de l'archipel. De fait, les plages montrent des signes d'érosion, et les atolls pourraient bien être submergés si la tendance actuelle se confirme.

À gauche, l'une des passes de l'atoll d'Aldabra, le plus vaste du monde ; ci-dessus : les géologues n'ont pas encore pu déterminer l'origine exacte de l'atoll de Farquhar.

CHRONOLOGIE

Premières découvertes

851. Un manuscrit arabe mentionne une « île haute » au-delà des Maldives.
1502. Vasco de Gama, en route pour les Indes, signale les îles Extérieures, qu'on dénomme Amirantes (« îles de l'amiral ») en son honneur.
1517. Au cours d'un nouveau voyage d'exploration, les Portugais décrivent sept îles qu'ils appellent As Sete Irmãs (« les sept sœurs »).
1609. Un navire de la Compagnie britannique des Indes orientales fait escale à Mahé. L'île restera inhabitée pendant plus d'un siècle.

1600-1740. Les pirates qui écument l'océan Indien utilisent les Seychelles comme base d'opérations.

Une colonie française

1742-1790. Français et Anglais s'intéressent aux Seychelles, escale stratégique sur la route des Indes. Les Français prennent l'initiative.
1742. Envoyé en mission dans l'océan Indien par Mahé de La Bourdonnais, gouverneur de l'île de France (Maurice), Lazare Picault visite longuement la future Mahé, qui, dit-il, mérite le nom d'« île d'Abondance ».
1744. De retour aux Seychelles, Picault rebaptise l'île principale « Mahé ». Il visite également Praslin, qu'il nomme « isle de Palme ».
1756. La France prend officiellement possession des îles, baptisées « Séchelles » en l'honneur du contrôleur des Finances, Moreau de Séchelles.
1770. Une petite colonie s'établit à l'île Sainte-Anne.
1771. Pierre Poivre fait aménager à Mahé un jardin d'épices appelé Jardin du Roy.
1778. Une garnison de 15 hommes s'installe à l'Établissement du Roy (l'actuelle Victoria).
1788. La colonie, qui compte 24 militaires, 5 civils et 122 esclaves, tire ses ressources de l'avitaillement des navires. Premières mesures de protection de la nature.
1790. Création d'une Assemblée coloniale aux Seychelles.

Le conflit franco-anglais

1794-1811. Les guerres franco-anglaises troublent la vie de la colonie, qui devient un nid de corsaires français. Habile diplomate, le gouverneur Quéau de Quinssy évitera les affrontements directs, mais il ne réussira pas à conserver les Seychelles à la France.
1794. Première des sept capitulations « diplomatiques » de Quinssy face à une flotte anglaise.
1801. Arrivée de déportés politiques français.
1803. Les Seychelles abritent 215 Blancs, 1 820 esclaves noirs et 86 affranchis. On y cultive le coton, le maïs, la canne à sucre et le riz.
1811. Un administrateur britannique arrive à Mahé, mais l'influence de Quinssy reste prépondérante.

La domination britannique

1814-1901. L'Angleterre assume le contrôle des Seychelles, sans beaucoup s'impliquer. Dépendante de Maurice, la colonie est sur le déclin, quand l'arrivée d'esclaves africains affranchis vient doper son économie.
1815. Le traité de Paris fait des Seychelles une colonie britannique.
1818. Quelque 2 500 personnes vivent de la culture du coton.
1822. Chute des cours du coton. De nombreux planteurs retournent à Maurice.
1835. Abolition de l'esclavage, qui prendra effet en 1848.
1840. L'archipel compte 5 400 habitants. Premières cocoteraies.
1841. L'Établissement est rebaptisé Victoria.
1860 (à partir de). L'huile de coco est pratiquement le seul produit d'exportation.
1861. Arrivée des premiers représentants d'un groupe de 2 400 esclaves affranchis.
1862. Une terrible tempête et une coulée de boue dévastent Victoria et Praslin. 70 morts.

1875. L'ancien sultan malais de Perak est le premier d'une longue série d'exilés célèbres.
1901. Les Seychelles comptent 19 000 habitants.

Vers l'Indépendance

1903. L'archipel devient une colonie à part entière de la couronne britannique, sagement administrée par le gouverneur Sweet-Escott.
1906. La chute des cours de la vanille secoue l'économie. Le coprah domine à nouveau le marché.
1908. Hausse des exportations de cannelle.
1914-1918. La Première Guerre mondiale isole l'archipel. Le Seychelles Pioneer Corps perd la moitié de son effectif en Afrique de l'Est (335 morts).
1921. La population s'élève à 24 500 habitants.
1926. Arrivée du téléphone et de l'électricité.
1937. Création de la Ligue des gens de couleur, pour défendre les droits des ouvriers des plantations.
1939. Fondation du Mouvement des contribuables seychellois, représentant le patronat.
1939-1945. Seconde Guerre mondiale. Les navires alliés utilisent les Seychelles comme base de ravitaillement et 600 Seychellois partent pour le front.
1951. L'archipel compte 34 000 habitants.
1964. Création de deux formations politiques, le SPUP (Parti uni du peuple seychellois), dirigé par France Albert René, qui réclame l'indépendance, et le SDP (Parti démocratique seychellois), mené par James Mancham, qui souhaite un renforcement des liens avec le Royaume-Uni.
1965. Création d'une nouvelle colonie britannique, appelée British Indian Ocean Territory, qui regroupe plusieurs îles des Seychelles.
1967. Introduction du suffrage universel.
1970. La première Conférence constitutionnelle débat de l'avenir des Seychelles. Élection d'une assemblée législative.
1971. Ouverture de l'aéroport international et premiers vols commerciaux. Le tourisme devient l'un des piliers de l'économie insulaire.

L'ère contemporaine

1976. Les Seychelles accèdent au rang de république indépendante. Formation d'un gouvernement de coalition, avec James Mancham comme président et France Albert René comme Premier ministre.
1977. Un coup d'État renverse Mancham et porte France Albert René à la tête d'un gouvernement socialiste.
1979. La nouvelle Constitution instaure un système à parti unique, conduit par le SPPF (Front progressiste du peuple seychellois).
1980. Les Seychelles comptent 63 000 habitants.
1981. Un groupe de mercenaires conduit par le colonel « Mad Mike » Hoare tente, vainement, de prendre le contrôle du pays.
1982. Une mutinerie éclate au sein de l'armée seychelloise. Elle sera réprimée par des troupes tanzaniennes.
1984, 1989. Réélections du Président René.

1992. Retour au multipartisme. James Mancham, rentré de son exil londonien, se réconcilie avec France Albert René.
1993. Nouvelle Constitution. René et son parti se maintiennent au pouvoir.
1994. L'Investment Promotion Act introduit une libéralisation de l'économie.
1998. France Albert René est réélu, et l'Opposition unie (Parti national seychellois) prend la 2e place devant le Parti démocratique de Mancham.
2001. Nouvelle réélection de René
2002. Les Seychelles comptent 82 000 habitants et accueillent 125 000 touristes par an.
2004. James Michel succède à F. A. René.
2006. Pour la seconde fois, James Michel est élu à la tête du pays avec 54 % des suffrages.

À gauche, portulan du milieu du XVIe siècle sur lequel figurent les côtes d'Afrique orientale, Madagascar et les Seychelles; à droite, portrait de campagne présidentielle de France Albert René.

القُرآن ثمّ قرأ بعد أساطيرَ تلاها وزخارفَ جلّاها وقال اركبوا فيها بسم الله مجراها
ومُرساها ثمّ تنفّس تنفّس المغرمين أو عباد الله المدّكرين وقال أمّا أنا

HISTOIRE DES SEYCHELLES

En l'absence de documents, on ne peut déterminer à quand remonte l'arrivée des hommes aux Seychelles. Le trafic maritime entre l'Inde et l'Afrique date de 4000 ans. Les Phéniciens ont pu visiter ces îles, et les Indonésiens qui s'établirent à Madagascar vers le Ve siècle y firent peut-être escale.

Les marins arabes du golfe Persique qui sillonnaient l'océan Indien au IXe siècle connaissaient certainement l'existence de l'archipel, car un manuscrit rédigé par un marchand en 851 mentionne les Maldives et des « îles plus lointaines », qui pourraient être les Seychelles. Les Arabes faisaient en tout cas commerce des cocos de mer bien avant l'arrivée des premiers Européens. Très recherchées pour leur forme insolite et pour les vertus qu'on leur prêtait, ces noix valaient alors leur pesant d'or, et leur origine était entourée de mystère : elles surgissaient, disait-on, de la mer et venaient s'échouer sur les plages des Maldives. Or ces noix ne flottent pas et on ne les trouve qu'aux Seychelles, à Praslin (*voir p. 320*). En vérité, aucun commerçant avisé n'aurait révélé la provenance d'une marchandise aussi recherchée, et ce conte digne des *Mille et Une Nuits* était de toute évidence destiné à préserver un monopole.

LES PREMIERS EUROPÉENS

En 1502, alors qu'il cherchait une route maritime rapide entre l'Afrique orientale et les Indes, Vasco de Gama signala l'existence des îles Extérieures, baptisées Amirantes (« îles de l'amiral »). Mais les Portugais ne cherchèrent pas à y établir des comptoirs. Ils se bornèrent à reporter par la suite sur leurs cartes les îles Intérieures, auxquelles ils donnèrent le nom de Sete Irmãs (« sept sœurs »).

Puis les Britanniques entrèrent en scène. Le 19 janvier 1609, l'*Ascension*, un navire marchand de la Compagnie anglaise des Indes orientales, se trouva séparée du reste de sa flotte par une tempête. Il mit alors le cap sur une « haute terre » signalée par la vigie et jeta l'ancre devant Mahé. L'équipage trouva là de l'eau douce en abondance et assez de poissons, de noix de coco, de gibier à plumes et de tortues géantes pour refaire ses provisions. John Jourdain, un agent de la Compagnie qui se trouvait à bord, publia plus tard un journal de voyage dans lequel figure la première description détaillée des Seychelles. « Un endroit excellent pour l'eau, le bois, le poisson et le gibier, exempt de périls et d'animaux dangereux, les alligators exceptés. Tout indique qu'aucun humain n'a foulé ce sol avant nous », écrit-il à propos de cette escale paradisiaque. Le capitaine de l'*Ascension*, Alexander Sharpleigh, fit scrupuleusement son rapport aux administrateurs de la Compagnie, mais ces derniers ne réagirent pas plus que les Portugais. L'archipel allait rester inhabité pendant plus d'un siècle.

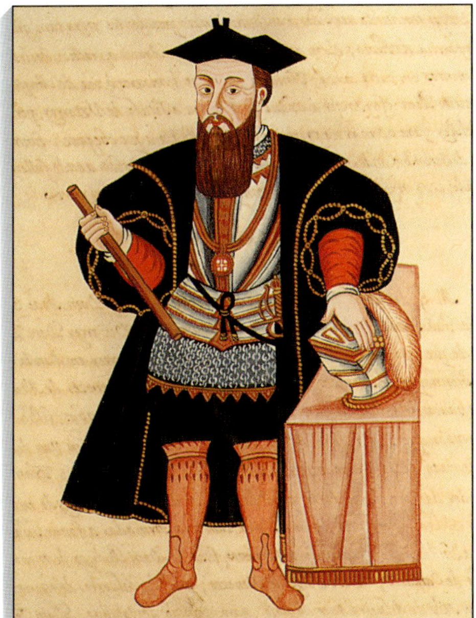

À gauche, un boutre arabe traversant l'océan Indien ; à droite, Vasco de Gama.

De 1680 à 1730, la région allait devenir un haut lieu de la flibuste. Fuyant la mer des Caraïbes, désormais trop surveillée, les pirates établirent leur quartier général à Madagascar. De là, ils pouvaient attaquer les navires aux riches cargaisons qui sillonnaient encore sans escorte la mer d'Arabie et l'océan Indien. Les Seychelles et les Mascareignes leur offraient une multitude d'asiles sûrs pour faire relâche et s'approvisionner en eau douce.

Le célèbre corsaire français Olivier Le Vasseur, plus connu sous le surnom de la Buse, écuma ainsi l'océan Indien au début du XVIIIe siècle, avec le concours des Anglais Charles Taylor et Edward England. En 1721, les trois équipiers capturèrent en rade de

Saint-Denis de la Réunion le vaisseau portugais *Vierge du Cap,* réussissant ainsi la plus grosse prise des annales de la piraterie. Outre de rouleaux d'étoffes précieuses et de monceaux de pièces d'or et de lingots, ils s'emparèrent en effet de la « croix flamboyante de Goa » : il fallut trois hommes pour transborder ce lourd crucifix en or massif incrusté de diamants, d'émeraudes et de rubis !

Trompant ses associés, la Buse aurait alors caché le crucifix dans un lieu connu de lui seul. Capturé par le vaisseau français *La Méduse,* il fut emprisonné à l'île Bourbon (la Réunion) et pendu haut et court le 7 juillet 1730 au terme d'un procès expéditif. Mais la Croix de Goa n'avait pas fini d'exciter les imaginations ! On raconte en effet qu'au moment où le bourreau lui passait la corde au cou, la Buse jeta au milieu de la foule une feuille couverte de cryptogrammes en criant : « Mon trésor à celui qui le trouvera ! »

Depuis, nombreux sont ceux qui ont cherché en vain la Croix de Goa, à la Réunion, à Rodrigues comme aux Seychelles... En 1949, Reginald Cruise-Wilkins se lança dans cette chasse au trésor, convaincu que la cachette se trouvait à Mahé. Il affirma avoir découvert, gravés sur des rochers, des indices laissés par Le Vasseur et inspirés par les travaux d'Hercule. Il mourut à la tâche, sans avoir abouti, mais ses descendants ont poursuivi ses recherches, et les fouilles ont repris en 2002 sur le rivage de Bel Ombre.

L'occupation française

Fondée en 1710, la colonie de l'île de France (l'actuelle Maurice) était alors en plein essor. Nommé gouverneur des Mascareignes en 1735, Bertrand François Mahé de La Bourdonnais avait compris que les îles ancrées au nord-est de Madagascar étaient les jalons indispensables à l'ouverture d'une route maritime plus rapide et plus sûre entre la France et ses possessions des Indes. Il chargea donc une expédition, dirigée par Lazare Picault, de relever leurs positions : le 21 novembre 1742, l'*Élisabeth* et le *Charles* jetèrent l'ancre devant la future île Mahé, dans l'anse Boileau (et non dans la baie Lazare, comme on le crut longtemps). Picault, comme son prédécesseur anglais, eut l'impression de découvrir un pays de cocagne, et il lui donna le nom d'île d'Abondance. Son rapport incita la Compagnie des Indes à envoyer une seconde mission en 1744. Picault débarqua cette fois sur la côte nord-est d'Abondance, près de l'actuelle Victoria. Il rebaptisa l'île Mahé et donna à l'archipel le nom d'îles de La Bourdonnais.

Ce projet de colonisation fut arrêté par la guerre de Sept Ans (1756-1763), qui mit Français et Britanniques aux prises pour le contrôle des Indes. La Bourdonnais mourut en 1753, trois ans avant que la France se décidât à faire valoir ses droits sur les îles pour éviter d'être évincée par les Britanniques.

Pour cela, Magon de Villebague, gouverneur de l'île de France (Maurice), mit sur pied une expédition conduite par Corneille Nicolas Morphey. Le 1er novembre 1756, après avoir exploré Mahé et les îles voisines, Morphey fit ériger une pierre gravée aux armes du roi sur le rivage de l'actuelle Victoria. Il déclara alors en prendre possession au nom de son souverain et de la Compagnie des Indes, et fit hisser leurs couleurs, saluées par neuf salves de canon et par les cris de « Vive le Roi ! ». Suivant les instructions du gouverneur Villebague, Morphey donna aux îles le nom de Séchelles, en hommage à Moreau de Séchelles, contrôleur général des Finances de Louis XV. Ce nom allait leur rester, les Britanniques se contentant par la suite d'angliciser ce toponyme en « Seychelles ».

LE DÉCLIN DE LA COMPAGNIE DES INDES

Selon les termes du traité de Paris (1763), qui concluait la désastreuse guerre de Sept Ans, la France perdit le Canada et la majeure partie de ses possessions aux Indes. Dès lors, la Compagnie connut un déclin rapide, et l'île de France et les Seychelles revinrent dans le giron royal. En 1768, au cours d'une mission commerciale chargée de rapporter du bois d'œuvre et des carapaces de tortue de l'archipel, le drapeau fut à nouveau hissé au-dessus de la « pierre de possession » de Mahé, et Duchemin, le capitaine de l'expédition, déclara colonie française tout le groupe d'îles s'étendant « à vue et au-delà de la vue ». Nombre de ces îles, telles Praslin, la Digue et Aride, furent baptisées à cette occasion.

Même si l'administration royale – et en particulier le ministre de la Marine, Choiseul, duc de Praslin – mesurait l'intérêt stratégique de l'archipel, il n'était pas question d'y fonder un établissement permanent, son maintien semblant trop coûteux par rapport aux bénéfices envisageables à court terme. Tel n'était pas l'avis de l'ingénieur Brayer du Barré, qui reçut la permission royale de fonder, à ses propres frais, une colonie à Sainte-Anne, un îlot ancré au nord de Mahé. Son navire, le *Télémaque,* quitta l'île de France le 12 août 1770, avec 15 colons blancs, 8 esclaves noirs et 5 Indiens à son bord. Il toucha son but 14 jours plus tard. Barré, lui, était resté sur place pour tenter vainement de récolter des fonds. En désespoir de cause, il rallia à son tour les Seychelles, mais la petite colonie périclita vite. En août 1772, les colons, à demi-morts de faim, durent être ramenés à l'île de France. Ruiné, Barré gagna les Indes, où il mourut en 1777.

À gauche, flotte de la Compagnie des Indes orientales, tableau de Nicholas Pocock (1740-1821) ; à droite, Mahé de La Bourdonnais.

CANNELLE, MUSCADE ET GIROFLE

L'île de France avait alors pour intendant Pierre Poivre (1719-1786). Ce curieux person-

nage, mi-savant, mi-aventurier, qui avait exercé une vocation de missionnaire en Chine avant de devenir un éminent botaniste. Déterminé à briser le monopole hollandais sur le commerce des épices, il décida d'introduire la culture de certaines plantes à épices dans les possessions françaises de l'océan Indien. Ses premières tentatives pour acclimater le giroflier et le muscadier à l'île de France et à Bourbon n'eurent guère de succès. Pensant que les Seychelles offraient de meilleures conditions, il délégua en 1771 à Mahé un ancien militaire du nom d'Antoine Gillot, pour y aménager un « jardin d'épices ». Gillot choisit Anse Royale, sur la côte sud-est, pour y effectuer les premières plantations (girofliers, muscadiers, canneliers et quelques poivriers). Ainsi naquit le Jardin du Roy, dont la production resta insignifiante, faute d'une main-d'œuvre expérimentée.

En 1777, la France se trouvait de nouveau en guerre contre l'Angleterre quand des bâtiments britanniques furent signalés au large des Seychelles. Pour parer une éventuelle attaque, un bataillon commandé par le lieutenant de Romainville quitta aussitôt l'île de France afin d'établir une garnison à Mahé : ainsi fut fondé l'Établissement du Roy, sur le site de l'actuelle Victoria. Alors qu'il était censé faire régner l'ordre dans l'île, Gillot n'avait aucune autorité réelle sur les civils, dont le seul objectif était de faire rapidement

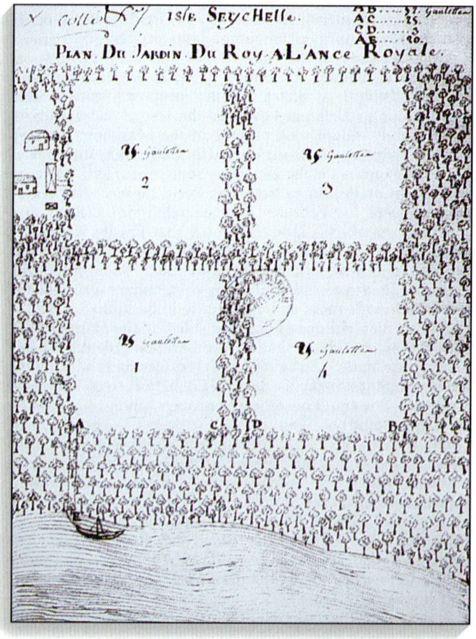

fortune. Le gouverneur de l'île de France le fit remplacer en 1788 par Jean-Baptiste de Malavois, un ingénieur et géographe. « Homme à poigne », ce dernier sut prendre des mesures pour empêcher la dilapidation rapide des richesses naturelles, interdisant notamment la chasse aux tortues terrestres et marines, déjà menacées d'extinction. L'exploitation de la forêt et la pêche furent également réglementées.

En 1790, les colons formèrent une Assemblée coloniale et rédigèrent leur propre Constitution, décrétant que leurs descendants pourraient disposer de la terre et la faire fructifier comme ils l'entendraient et non plus selon les directives imposées par l'île de France. Mais l'enthousiasme révolutionnaire faiblit d'autant plus vite que la Révolution prônait l'abolition de l'esclavage : une idée inacceptable pour des planteurs qui ne voyaient pas comment s'enrichir sans la main-d'œuvre gratuite fournie par la traite des Noirs. Ils remirent donc le contrôle de l'île entre les mains d'un nouveau gouverneur.

L'irremplaçable Quéau de Quinssy

Le commandant Jean-Baptiste Quéau de Quinssy (1748-1827) prit les rênes de la colonie en 1794. Son pragmatisme, son sang-froid et ses dons de diplomate permirent à l'archipel

de traverser sans trop de dommages les périodes troublées de la Révolution et de l'Empire.

Les Seychelles étaient alors un véritable nid de corsaires français. Quinssy aurait aimé leur offrir un asile discret, mais le 16 mai 1794, une escadre de quatre bâtiments britanniques arriva en vue de Mahé. Son commandant, Henry Newcombe, demanda assistance pour ses blessés, parmi lesquels figuraient plusieurs prisonniers français. Quinssy refusa et Newcombe lui donna une heure pour se rendre. Refus et sommation de pur principe, car l'île ne comptait que 20 colons en état de prendre les armes et 8 canons alors qu'on dénombrait plus d'un millier d'hommes et 166 pièces d'artillerie côté ennemi. Quinssy accepta donc de se soumettre, et l'Union Jack fut hissé sur Mahé. Mais le drapeau français reprit sa place dès que la flotte britannique fut hors de vue ! Ce rituel de capitulation, qui consistait à respecter les apparences de part et d'autre, se répéta six fois... Grâce à quoi les Seychelles bénéficièrent d'une neutralité de fait, approvisionnant sans distinction bâtiments français et britanniques, et les colons obtinrent la garantie de leurs droits de propriété.

En réalité, les problèmes les plus sérieux que Quinssy dut affronter vinrent de France. Le 11 juillet 1801, la *Chiffonne* amena aux Seychelles des jacobins exilés par Bonaparte après l'attentat de la rue Saint-Nicaise (*voir p. 19*). Un bâtiment britannique, la *Sybille*, survint alors que la frégate française était à l'ancre. Un combat naval meurtrier s'engagea, et Quinssy prit le parti de défendre ses compatriotes. La *Chiffonne* fut capturée, et le commandant de la *Sybille* reprocha au gouverneur de s'être interposé, bafouant ainsi les termes de sa précédente capitulation. Mais la diplomatie et l'intelligence de Quinssy firent une fois de plus merveille : il obtint même que les navires arborant le pavillon « Seychelles capitulation », pussent franchir sans encombre le blocus instauré par les Anglais autour de l'île de France.

Le conflit avait été évité, mais le problème des déportés demeurait. Le 3 septembre suivant, 39 autres proscrits débarquèrent de la *Flèche*. En tant que prisonniers politiques, les nouveaux arrivants refusaient de travailler. Bien plus, ils haranguaient les esclaves en leur parlant de liberté et d'égalité ! Craignant une révolte, Quinssy exila les meneurs à Frégate. Par la suite, 33 prisonniers furent transférés aux Comores, où le sultan les fit empoisonner, six autres furent rembarqués sur des navires de passage, et d'autres encore emmenés à l'île de France. Ceux qui demeurèrent sur place finirent par s'intégrer.

UN PRÉTENDANT AU TRÔNE

Vers la même époque, un autre exilé, Pierre Louis Poiret, allait entrer dans la légende. Ce jeune homme de 19 ans débarqua à l'île Poivre en 1804, amené de France par un certain M. Aimé, qui le traitait avec beaucoup de respect et qui, dit-on, transmit des documents secrets à Quinssy. Le gouverneur fit octroyer à Poiret des terres à Cap Ternay et à Grand' Anse, ainsi que des esclaves pour l'assister. Poiret se maria, gagna l'estime de ses voisins et mena une existence des plus ordinaires jusqu'au jour où il déclara être le dauphin Louis XVII ! Les royalistes avaient, dit-il, réussi à le faire sortir de Paris dans une charrette de foin, puis l'avaient fait secrètement embarquer pour les îles. À la fin de sa vie, il adressa des lettres à Charles X, l'appelant « mon oncle ». Des tests ADN menés en 1999,

ne lui donnèrent pas raison. On sait toutefois que Quinssy était secrètement royaliste, et certains y voient un argument en faveur du « prétendant ».

Page de gauche, à gauche, plan du « jardin du Roy » ; à droite, Pierre Poivre, au nom prédestiné, qui introduisit la culture des épices aux Seychelles. À droite, timbre seychellois émis en 1989 pour le bicentenaire de la Révolution française.

SOUS LA TUTELLE BRITANNIQUE

Au début du XIXe siècle, la population de la colonie se composait de 215 Blancs, de 86 affranchis, et de 1 820 esclaves. Sur les mers, les Britanniques semblaient en mesure de l'emporter, et ils resserraient leur blocus sur les colonies françaises de l'océan Indien. En 1810, les Mascareignes capitulèrent et l'île de France fut rebaptisée île Maurice. En avril 1811, un représentant de son gouverneur arriva aux Seychelles pour demander à Quinssy de respecter les termes de la reddition mauricienne, tout en lui garantissant que les colons français conserveraient les avantages qu'ils avaient acquis lors de la précédente capitulation. Il laissa sur place le lieutenant Sullivan avec pour mission de contrôler la situation. Les colons n'en continuèrent pas moins à approvisionner les bâtiments français à l'insu de l'agent civil anglais. Sullivan marqua un point en confisquant un navire, mais il était le plus souvent perdant à ce jeu du chat et de la souris. Il finit par démissionner, estimant que les Seychellois n'avaient « ni sens de l'honneur, ni dignité, ni honnêteté ».

Le traité de Paris, signé le 30 mai 1814, rendit à la France ses limites territoriales de 1792, lui faisant perdre, notamment, l'île Maurice et les Seychelles au profit des Anglais. Edward Madge, le premier administrateur civil britannique, arriva la même année à Mahé. Mais le rôle de Quinssy n'était pas terminé pour autant. Ayant anglicisé son nom en Quincy et exerçant les fonctions de juge de paix, le « père des Seychelles » demeura jusqu'à sa mort, en 1827, un membre respecté de la communauté insulaire.

Les Britanniques eurent d'ailleurs la sagesse de ne pas bouleverser les us et coutumes des Seychellois. L'administrateur civil pouvait bien envoyer ses rapports à Londres, la colonie continua de vivre « à la française ». Les colons n'en reprochaient pas moins deux choses à leurs nouvelles autorités de tutelle : avoir rendu les Seychelles dépendantes de l'île Maurice et aboli l'esclavage en 1835. Les plantations périclitaient déjà, faute d'investissements et parce que des cultures intensives avaient épuisé les sols, et beaucoup de planteurs, convaincus qu'ils ne pourraient se passer de main-d'œuvre servile, préférèrent quitter l'archipel.

La colonie britannique connut donc une récession, d'autant que les esclaves affranchis refusaient de travailler pour leurs anciens maîtres. Mais la situation s'améliora grâce à l'introduction de la culture du cocotier pour la production d'huile de coprah, une activité qui exigeait peu de main-d'œuvre tout en rapportant plus que les cultures traditionnelles comme le coton, la canne à sucre et le riz.

Prenant leur croisade abolitionniste au sérieux, les Britanniques patrouillaient le long des côtes d'Afrique et arraisonnaient les boutres transportant le « bois d'ébène » au Moyen-Orient. Les esclaves libérés au sud de l'équateur se voyaient amenés aux Seychelles où ils étaient embauchés dans les plantations. De 1861 à 1874, 2 400 hommes, femmes et enfants vinrent ainsi s'installer aux Seychelles, devenues un « lieu de libération » apprécié. À la fin du XIXe siècle, la population s'élevait à plus de 7 000 habitants. Cet apport de main-d'œuvre bon marché dopa l'économie locale.

La principale agglomération de Mahé, baptisée Victoria en 1841, pour célébrer le mariage de la reine Victoria et du prince Albert, connut alors croissance et prospérité. En 1879, la communauté comptait un pharmacien, deux commissaires-priseurs, cinq épiciers, quatre négociants en vins et spiritueux, un avocat, un bijoutier et un horloger.

Une prison dorée

Les autorités britanniques considéraient essentiellement les Seychelles comme le lieu idéal où exiler des opposants politiques. Au fil des années, ils y expédièrent des déportés en provenance de Zanzibar, d'Égypte, de Chypre et de Palestine. Le premier prisonnier de marque fut le sultan de Perak, en Malaisie, impliqué dans l'assassinat du résident britannique local. Exilé dans l'archipel en 1875, il s'adapta fort bien à sa résidence forcée. Il en alla de même de l'archevêque chypriote Makarios, qui arriva aux Seychelles en 1956 et quitta presque à regret sa prison dorée : « Lorsque notre bateau lèvera l'ancre, nous emporterons avec nous bien des souvenirs heureux... que Dieu les bénisse. »

Une colonie de la Couronne britannique

Mais les Seychelles aspiraient à devenir une colonie à part entière. Sir Arthur Gordon, gouverneur de l'île Maurice, envoya à Londres une requête appuyant cette revendication. Des concessions furent alors accordées, mais l'archipel dut attendre 1903 pour recevoir le statut de colonie de la Couronne. Le premier gouverneur seychellois, sir Ernest Bickham Sweet-Escott, prit ses fonctions la même année, et, pour célébrer l'événement, une réplique de « Big Ben », la tour de l'horloge de Londres fut érigée au cœur de Victoria.

La Première Guerre mondiale mit l'archipel à rude épreuve. Toutes les relations avec l'Europe étaient coupées : les matières premières n'arrivaient plus et les exportations étaient bloquées. Les salaires chutèrent, les prix s'envolèrent... et les prisons se remplirent. Pour les chômeurs il restait une solution : s'engager. Un contingent de 800 Seychellois fut envoyé en Afrique orientale. Là, 335 hommes furent emportés par les épidémies avant même d'avoir pris part aux combats. Les rescapés furent rapatriés au bout de cinq mois.

À la fin de la guerre, la population seychelloise, qui s'élevait à 24 000 habitants, se sentait abandonnée par Londres. La toute nouvelle Association des planteurs entretenait l'agitation en exigeant de pouvoir participer plus activement à la vie politique locale. Le Colonial Development Act de 1929 se traduisit par un apport de subventions, mais la crise économique en annula les effets : les cours du coprah

s'effondrèrent, tout comme les salaires. Les ouvriers adressèrent au gouverneur Grimble des pétitions dénonçant leurs déplorables conditions de travail et des impôts trop lourds. Grimble accepta d'exempter de la redevance les revenus les plus faibles. Il envisagea la construction de logements bon marché, la distribution de parcelles cultivables aux ouvriers agricoles... Mais la plupart de ces mesures ne furent avalisées qu'à la veille de la Seconde Guerre mondiale, et le conflit suspendit leur application tout en replongeant la colonie dans la tourmente.

En 1937, les ouvriers fondèrent la Ligue des gens de couleur, réclamant l'instauration d'un salaire minimum, d'un conseil de pru-

À gauche, l'arrivée de la marine britannique aux Seychelles en 1811 ; à droite, le jardin botanique de Victoria, créé en 1903, année où l'archipel devint une colonie de la Couronne à part entière.

d'hommes et de la gratuité des soins médicaux. Le Mouvement des contribuables seychellois, premier véritable parti politique, fondé en 1939, était une émanation de l'Association des planteurs et défendait exclusivement les intérêts de la classe privilégiée. C'était, selon un administrateur britannique, « l'incarnation de toutes les forces réactionnaires des Seychelles ». C'est ainsi qu'après la guerre, le droit de vote fut accordé aux seuls propriétaires sachant lire et écrire, soit 2 000 personnes sur une population totale de 36 000. Les vainqueurs des premières élections législatives de 1948 étaient évidemment presque tous issus du Mouvement des Contribuables.

Il fallut attendre 1964 pour voir apparaître de nouvelles forces politiques. Le Parti uni du peuple seychellois (SPUP), dirigé par France Albert René, faisait campagne pour l'indépendance. Le SDP (Parti démocratique seychellois) de James Mancham, créé la même année, prônait, au contraire, un rapprochement avec le Royaume-Uni – une revendication qui n'avait pas la faveur de Londres.

Le suffrage universel, introduit en 1967, porta à 17 900 le nombre des électeurs, et chacun des deux partis remporta trois sièges aux premières élections. Mais l'appui d'un indépendant permit à Mancham de revendiquer la victoire. Les consultations de 1970 et de 1974 lui donnèrent à nouveau une courte majorité en termes de voix, mais un large avantage en nombre de sièges, du fait du scrutin majoritaire. Il devint ainsi Premier ministre en 1974.

Entretemps, les réticences de la Grande-Bretagne vis-à-vis de l'intégration avaient poussé Mancham à rechercher une alliance avec René. En 1975, les deux anciens rivaux formèrent donc une coalition.

L'indépendance

L'indépendance fut proclamée le 29 juin 1976. James Mancham devint le premier président de la République des Seychelles, et René son premier Premier ministre. Moins d'un an plus tard, le 5 juin 1977, alors que Mancham prenait part à Londres à une conférence du Commonwealth, les partisans de René orchestrèrent un coup d'État. De nouvelles élections furent organisées en 1979, avec René pour seul candidat. Un État socialiste à parti unique vit le jour, et le SPUP devint le Front progressiste du peuple seychellois (SPPF), avec cette devise : « Nous n'accepterons pas l'exploitation de notre peuple par le tourisme ni l'exploitation des touristes par notre peuple ».

Jouant sur la position stratégique de l'archipel dans l'océan Indien, René manœuvra auprès des Soviétiques comme des Américains, revendiquant son appartenance au bloc des « non-alignés ». Il obtint ainsi des aides substantielles des deux superpuissances sans se compromettre avec l'une ou l'autre. En l'absence de toute opposition, il nationalisa les terres arables et mit rapidement en œuvre les réformes sociales prévues par son prédécesseur, ainsi que d'autres projets plus radicaux, comme la création du Service national de la jeunesse (NYS). La République s'engagea alors sur la voie d'un socialisme autoritaire.

Le président René essuya plusieurs tentatives de putsch. Le plus célèbre eut lieu en novembre 1981, quand 50 mercenaires débarquèrent d'un avion en provenance d'Afrique du Sud en se faisant passer pour des membres d'une organisation de charité apportant des jouets à des orphelins. Un douanier découvrit des bananes dans la valise d'un touriste français, le seul passager du vol à ne pas appartenir au groupe de mercenaires. L'importation de fruits frais étant interdite, il décida d'examiner plus attentivement les bagages des deux derniers passagers du vol. Ils découvrirent alors des armes et des munitions dans leurs valises. Une fusillade éclata, les mercenaires parvinrent à s'échapper en détournant un avion sur l'Afrique du Sud, où ils furent arrêtés et emprisonnés. Leur chef, « Mad Mike » Hoare avait notamment aidé Mobutu à prendre le pouvoir au Zaïre.

Mancham jura qu'il n'avait absolument rien à voir avec le complot, ironisant sur ce coup d'État « déjoué par un régime de bananes », mais il demeura tout de même en exil, attendant 1992 et le rétablissement d'une démocratie pluraliste pour regagner les Seychelles. La lutte reprit de plus belle entre le nouveau DP (Parti démocrate) et le SPPF. L'année 1993 vit la tenue des premières élections présidentielles pluralistes depuis l'indépendance. René triompha avec 59 % des suffrages. Durant son nouveau mandat présidentiel, France Albert René amorça une libéralisation de l'économie afin d'attirer les investisseurs étrangers. Dans le même temps, une troisième force politique émergea : lors de l'élection de 1998, le Parti national seychellois (SNP) devança le DP, tout en restant loin derrière le SPPF. René l'emporta encore en promettant à son peuple la prospérité économique grâce à une « ouverture des frontières ». Il préféra organiser une élection présidentielle anticipée en septembre 2001, qu'il emporta encore une fois malgré la montée du SNP. En 2002, aux élections législatives, le DP de Mancham n'obtint que 3 % des voix. En 2003, René a annoncé que James Michel serait son successeur à la tête du SPPF.

Les Seychelles aujourd'hui

Aux Seychelles, le revenu par habitant se monte à 18 $ par jour, et le taux de chômage est faible. La croissance économique annuelle est d'environ 6 %. Les exportations de vanille, de cannelle et de coprah ont souffert d'une chute des cours mondiaux et les moteurs de l'économie locale sont désormais le tourisme, avec 125 000 visiteurs chaque année (un tourisme que l'on s'efforce de planifier pour éviter la surfréquentation et la dégradation de l'environnement), la pêche industrielle au thon (7 000 t par an), l'industrie qui en découle, la conserverie (18 % du PNB) et la zone franche créée en 1995. Les devises engrangées ont permis à la population d'acquérir machines à laver et automobiles. Le manque de diversification des sources de revenus, ajouté à la stagnation des recettes touristiques et au manque de devises étrangères rend toutefois l'avenir incertain. L'accroissement du déficit commercial menace l'équilibre budgétaire, et l'aide extérieure reste importante (12 % du PNB). De plus, le gouvernement aggrave l'endettement du pays en contractant de gros emprunts.

À gauche, la tour de l'Horloge de Victoria, réplique de celle de la gare de Victoria, à Londres ; ci-dessus, affiche électorale du Parti démocrate de Mancham.

LES SEYCHELLOIS

S'il est un peuple qui mérite le qualificatif de nouveau, c'est bien celui des Seychelles. D'abord parce que son histoire est récente : l'archipel n'est habité que depuis le milieu du XVIIIe siècle, et les Seychellois, en tant qu'entité démographique, ont à peine plus d'un siècle et demi d'existence. Ensuite parce que sa composition actuelle est, elle aussi, nouvelle les Seychelles ont toujours été un creuset de populations et de cultures, mais leur fusion s'est accélérée depuis l'indépendance et semble aujourd'hui totalement accomplie. Les 80000 habitants de ce micro-État insulaire nous offrent ainsi un exemple fort encourageant, en prouvant que des groupes d'origines géographique et sociale différentes peuvent constituer une communauté homogène.

UNE SOCIÉTÉ MÉTISSÉE

Il faut aussi remarquer qu'au cours de leur brève histoire les Seychelles ont été associées à des conflits extérieurs (guerres coloniales franco-anglaises, Première et Seconde Guerres mondiales), mais n'ont jamais connu de véritable lutte interne. Cette absence de heurts pourrait s'expliquer par le fait que la population seychelloise est bien plus métissée que les autres sociétés insulaires de l'océan Indien.

L'exemple avait d'ailleurs été donné par les premiers colons français qui, en 1770, peuplèrent les Seychelles. La chronique locale conserve ainsi le souvenir de Pierre Hangard, venu de l'île Maurice avec cinq esclaves. Il n'apparaît pas qu'il ait jamais été marié, cependant il eut une fille d'Annette, une jeune esclave qu'il affranchit et à qui il fit don d'une propriété située à Bel Ombre. Sa fille épousa par la suite l'un des plus riches colons français de Mahé... Un exemple parmi tant d'autres d'un scénario caractéristique qui s'explique d'abord par le déséquilibre numérique. En 1789, la population seychelloise comprenait 69 Français, dont un très petit nombre de femmes, 32 affranchis et 487 esclaves : les unions interethniques étaient donc inévitables.

Il faut ajouter que l'esclavage n'a pas eu ici le même impact sur les structures sociales qu'à la Réunion ou à Maurice.

En premier lieu parce que la colonisation a été tardive, précédant de peu la première abolition de l'esclavage, sous la Révolution française. Ensuite parce que les premiers colons occidentaux étant venus s'installer définitivement aux Seychelles, ils étaient forcés de contracter des unions mixtes.

Enfin, le poids des traditions ne marquait pas davantage les exilés volontaires qui trouvèrent refuge aux Seychelles, ou les prisonniers politiques, condamnés à la déportation dans un lieu destiné à devenir un paradis touristique.

Pages précédentes : plus d'un quart des Seychellois ont moins de quatorze ans. Pourtant la population seychelloise connaît un certain vieillissement dû à la politique de planning familial et à l'émigration. À gauche, exemple vivant d'un métissage harmonieux ; à droite, le peintre Colbert Nourrice dans son atelier de Mahé.

DES MINORITÉS DISCRÈTES ET UNE MAJORITÉ CRÉOLE ÉCRASANTE

Un autre facteur a contribué à l'homogénéité de la société seychelloise : l'immigration indienne a été ici beaucoup plus faible qu'à l'île Maurice ou même à la Réunion. Contrairement aux planteurs des Mascareignes, les colons seychellois ont engagé très peu de main-d'œuvre contractuelle en provenance du sous-continent indien. Certes, au XIXe siècle, des Indiens sont venus s'établir dans l'archipel, mais en petit nombre. En outre, il s'agissait pour la plupart de commerçants, assez puissants au plan économique, qui ont formé des mini-communautés vivant repliées sur elles-mêmes. La même remarque vaut pour les émigrants chinois et pour les commerçants d'origine arabe, qui n'ont jamais été très nombreux aux Seychelles.

Aujourd'hui ces minorités ethniques continuent d'entretenir leurs coutumes et leurs croyances tout en restant à l'écart. L'archipel ne compterait que 4,7 % d'Indiens et 1,6 % de Chinois. Il convient de parler au conditionnel, car ces chiffres n'émanent pas de sources seychelloises officielles, mais d'un organisme étranger, l'Organisation internationale de la francophonie (OIF), dont l'État des Seychelles est membre depuis son indépendance. En effet, le recensement par origines ethniques n'a plus cours aux Seychelles depuis 1911, année où le gouvernement colonial y mit fin, considérant que cette pratique ne pouvait s'appliquer à une population qui avait atteint un très grand degré de métissage. On peut d'ailleurs considérer cette décision administrative comme l'acte de naissance officiel de la nation seychelloise.

À côté de ces mini-communautés vit une minorité blanche constituée par les descendants des colons et par des immigrés de plus fraîche date. Minorité qui se scinde en Franco-Seychellois (moins d'un millier) et en Anglo-Seychellois (2000 environ). Ces derniers se divisent encore en deux catégories distinctes. Il y a ceux, moins nombreux, qui ont réalisé leur rêve de Robinsons modernes, tel l'ex-directeur de journaux britannique Brendon Grimshaw, qui, en 1962, acheta la minuscule île Moyenne, dans le groupe de Sainte-Anne, pour en faire une sorte de gîte écologique, où il traite ses hôtes comme des invités personnels. Et puis il y a les anciens fonctionnaires coloniaux qui ont choisi les Seychelles pour y passer leur retraite.

L'immense majorité de la population seychelloise (90 %) est constituée de Créoles mulâtres : ce sont des descendants, à des degrés de métissage divers, de colons et d'esclaves originaires d'Afrique noire – et principalement de la côte orientale et de Madagascar, terrains de chasse des trafiquants de « bois d'ébène » jusqu'en 1848, lorsque l'abolition définitive de l'esclavage (1835) devient effective. En revanche, les Créoles chinois et les Créoles malabars (métis d'Indiens) sont rares.

L'empreinte française et catholique

Il faut bien admettre que l'administration britannique a combattu l'esclavage avec beaucoup plus de conviction que les planteurs français. Néanmoins, en près de deux siècles, la tutelle britannique n'a guère laissé d'empreinte durable aux Seychelles. Les institutions, les mœurs et la culture sont restées à peu de chose près ce qu'elles étaient durant la période coloniale française – y compris sur le plan religieux. Londres a bien tenté de promouvoir l'anglicanisme pour faire pièce au catholicisme romain. Mais, tous les fidèles réunis, l'Église anglicane et les diverses communautés protestantes (adventistes, pentecôtistes, etc.) ne représentent que 8 % des chrétiens, alors que près de 89 % des insulaires confessent la foi catholique.

C'est donc en partie grâce à cette homogénéité de la population que l'archipel a été épargné par les fléaux qui ravagent aujourd'hui tant de pays africains : guerres ethniques ou religieuses, avec leur cortège de famines et d'épidémies. Les crises politiques et sociales existent, certes, mais elles n'ont pas entamé l'unité nationale.

UNE CONJONCTURE ÉCONOMIQUE FAVORABLE

Le spectaculaire essor économique qui a suivi la libéralisation du régime, dans les années 1990, a lui aussi grandement contribué à maintenir le consensus. De fait, malgré des ressources naturelles quasi inexistantes (si on excepte le cocotier, la modeste production de guano et la pêche industrielle), l'économie seychelloise affiche des résultats que peuvent lui envier les autres pays d'Afrique. Avec un revenu moyen annuel par habitant de près de 9 000 € (2000) – soit le double de celui des Mauriciens et près du triple de celui des Sud-Africains, les Seychellois jouissent certainement du meilleur pouvoir d'achat du continent. D'autant plus que les chiffres officiels ne prennent pas en compte la générosité de la nature : la provende de la mer et les produits de la terre qui améliorent l'ordinaire des petites gens.

Les Seychellois, tout comme les Mauriciens et les Réunionnais, associent au culte catholique les rituels ancestraux de magie qui constituent l'héritage africain. Sorciers, devins et autres *bonnom* ou *bonnfam dibwa* (« homme » ou « femme des bois ») ont donc une clientèle assurée. Il n'est guère de veillée funéraire sans réunion autour du cercueil, non pour se recueillir, mais pour faire du bruit afin de chasser les esprits en quête de dépouille à transformer en *dandosya* (« zombi »).

À gauche, dans un pays où les distances sont aussi courtes et le climat aussi clément, la «petite reine» reste le moyen de transport idéal ; ci-dessus, couple de Seychellois devant une case créole typique.

Le taux d'alphabétisation est ainsi passé de 85 % en 1993 à 90 % en 2000. Danny Faure, ministre de l'Éducation et de la Jeunesse, a même promis un taux de 95 % pour 2004. Près de neuf enfants sur dix (88 %) vont à l'école primaire, où ils reçoivent un enseignement gratuit, au moins jusqu'à dix ans. Cette gratuité couvre même les frais de transport, d'uniforme et de repas. Cela concerne beaucoup de monde, puisque plus d'un quart de la population a moins de 14 ans, et l'éducation absorbe 12 % du budget de l'État seychellois. De même, l'espérance moyenne de vie, qui atteint 71 ans, et le taux annuel de croissance démographique, tombé à 1,1 %, rangent l'archipel parmi les pays dits « émergents ».

Ces chiffres optimistes ne signifient pas pour autant que les inégalités sociales aient été gommées. Il suffit pour s'en convaincre de sortir des quartiers élégants de Victoria et de se promener dans les faubourgs, ou d'explorer les zones agricoles de l'intérieur… Tôle ondulée sur les toits des cases en planches, enfants qui enfilent un vieux short élimé après avoir quitté leur uniforme d'écolier : la pauvreté existe encore. Elle frapperait même près d'un habitant de l'archipel sur cinq.

Les victimes de cette précarité sont les femmes et des hommes laissés à l'écart de la manne du tourisme, qui fournit du travail à 30 % de la population et qui génère 70 % des recettes en devises. La pauvreté touche aussi davantage ceux qui ne possèdent ni la formation ni les appuis nécessaires pour faire une carrière, même modeste, de fonctionnaire. Le secteur public reste en effet le premier employeur (un actif sur deux !) dans un État qui s'est converti tardivement à l'économie de marché et qui n'avance que très prudemment sur la voie des privatisations.

« *Avec couraz e disipline nou ti briz tou barier/Gouvernaye dans nou lamin, nou pou reste touzour frer* » (« Avec courage et dans la discipline nous avons brisé toutes les barrières /Le gouvernail en main, à jamais nous resterons frères »), affirme l'hymne national des Seychelles. Il semblerait pourtant que cette « fraternité » ne soit pas encore totalement acquise…

DOUCEUR DE VIVRE

Cependant, si les inégalités sociales suscitent des tensions, force est de reconnaître que les visiteurs étrangers les remarquent rarement : ils sont surtout frappés par l'extrême gentillesse des insulaires, qualité humaine toujours mentionnée en premier lieu par les questionnaires distribués par l'Office seychellois du tourisme. Quant aux conversations que les Seychellois peuvent entamer spontanément avec les étrangers, elles roulent plutôt sur les résultats des clubs de football européens et sur les stars du show-business que sur les discriminations sociales ou les difficultés économiques (il n'en va pas de même, tant s'en faut, à la Réunion et à Maurice).

Les médias n'accordent pas non plus grand-place aux contestations sociales ou politiques. Il est vrai que l'unique chaîne de télévision et les radios, de même que le quotidien trilingue (anglais, créole, français) *Seychelles Nation,* sont la propriété de l'État. Un État qui, depuis 1977, est mené par le président France Albert René et son Front progressiste du peuple seychellois (FPPS). Un seul journal, l'hebdomadaire *Regar*, se fait l'écho de l'opposition – non sans être en proie aux tracasseries (deux plaintes de membres du gouvernement par an en moyenne). Néanmoins, on est ici à des années-lumière de la situation que connaissent la liberté d'expression et les droits de l'homme dans d'autres pays africains.

On serait alors tenté de souscrire aux propos du président René... Dans son Discours sur l'état de la Nation prononcé devant le Parlement en février 2002, six mois après sa réélection au suffrage universel pour un sixième quinquennat (le 2 septembre 2001, avec 54,19 % des suffrages exprimés), le chef de l'État demandait à ses concitoyens : « Où au monde trouver un autre pays où un peuple de toutes races, couleurs, opinions et religions vit plus en harmonie et avec moins de tensions sociales qu'aux Seychelles ? »

Ce développement harmonieux, le gouvernement actuel a promis de le renforcer. Il est notamment prévu d'étendre aux salariés du privé les droits à la retraite dont seuls jouissent pour l'heure les fonctionnaires et assimilés. Dans le même esprit, le ministère de l'Éducation et de la Jeunesse conduit un plan de modernisation et d'initiation généralisée aux nouvelles techniques de l'information et de la communication (NTIC) dans l'enseignement, ce qui permettra de réduire l'écart de formation entre jeunes Créoles et enfants d'autres groupes.

Page de gauche : à gauche, la récolte artisanale de l'écorce du cannelier reste pour les populations rurales un moyen d'améliorer l'ordinaire ; à droite, il faut battre le poulpe pour en attendrir la chair. La pêche reste l'activité majeure pour ceux qui n'ont pas d'emploi dans l'administration, l'industrie ou le tourisme. À droite, le ravane, instrument à percussion traditionnel des Seychelles.

L'« harmonie » que vante le président René et la fameuse douceur de vivre créole se manifestent aussi dans la tolérance et la liberté des mœurs. Dans ce domaine, les Seychelles étaient même en avance sur les pays occidentaux, car le concubinage y est par tradition – et malgré les pressions exercées par l'Église – non seulement admis, mais généralisé : selon un rapport de 1999, 75 % des naissances avaient eu lieu hors mariage. Ce que certains vantent comme une aimable liberté masque cependant une forme de machisme. Car si la loi contraint les pères à subvenir aux besoins de leur progéniture, légitime ou non, c'est précisément pour échapper à cette contrainte qu'ils refusent souvent de

reconnaître leur paternité et abandonnent mère et enfant pour s'installer avec une nouvelle compagne. Ce qui explique que les familles de six ou sept enfants, tous de pères différents, ne soient pas rares.

TROIS LANGUES OFFICIELLES

L'enseignement – et plus particulièrement les langues dans lesquelles il est dispensé – est la source la plus fréquente de revendications. Cela va presque de soi dans un État qui est officiellement trilingue mais où les langues ne sont pas placées sur un pied d'égalité. En 1981, en effet, une hiérarchie a été établie, le créole local, baptisé *seselwa*, devenant la première langue nationale, l'anglais la deuxième et le français la troisième. Le créole, parlé par 95 % des insulaires, a ainsi le statut de langue vernaculaire ; l'anglais s'affirme comme la langue du commerce et de la loi, tandis que le français se voit de plus en plus relégué au statut honorifique de langue culturelle.

Ce trilinguisme complique singulièrement la vie publique. Ainsi, les députés s'expriment en créole, mais les lois sont rédigées en anglais. Devant les tribunaux, l'anglais et le créole sont également admis, mais les actes sont écrits en français et en anglais. Les documents administratifs sont rédigés en anglais, puis traduits en français – et plus rarement en créole. C'est à l'école que la situation est la plus complexe. Le français, langue de l'enseignement jusqu'en 1944, ne cesse de décliner au profit du créole et de l'anglais. En 1981, une réforme a institué l'enseignement en créole, de l'école maternelle à la fin de la quatrième année du primaire. Ensuite, l'anglais, appris en tant que deuxième langue, remplace le créole. Le français, lui, n'est enseigné que comme troisième langue. Aussi certains s'élèvent-ils contre cette créolisation accélérée et contre la volonté clairement affichée de promouvoir l'anglais, alors qu'il est plus facile pour les Seychellois d'apprendre le français, dont est issu le créole.

Le *seselwa* est d'ailleurs loin d'être homogène, en dépit de son fonds commun qui mêle le français du XVIIIe siècle, les langues est-africaines et malgache (donc avec des traces indiennes). On distingue le « créole fin », le plus francisé, qui est le signe de reconnaissance de la bourgeoisie, le « gros créole » des classes populaires, le « créole grand-bois » des campagnards, le « gros créole mozambique » des paysans d'ascendance africaine, et enfin le créole officiel des médias, du gouvernement et de l'éducation, davantage anglicisé.

MUSIQUE ET DANSE

Le patrimoine musical des Seychelles est à l'image de son peuple et de sa riche culture métisse. Les influences qu'on y décèle dépassent largement les limites de l'océan Indien. Comme aux Antilles, l'héritage africain a assimilé les influences du reggae, de la soul, du rock, du blues : en témoignent le séga, moins érotisé ici qu'à Maurice, et la torride *moutya*. Mais l'héritage de la vieille Europe est encore discernable dans les valses, polkas, gigues et autres danses, réunies sous l'appellation globale de *kanmtolé*. Le groupe des Seychelles All Stars fait partie des meilleurs représentants de cette scène musicale.

Ci-dessus, les démonstrations de séga montrent à la clientèle internationale des hôtels des versions standardisées et aseptisées des danses traditionnelles.

CIRCUIT ARTISTIQUE

Comme il se devait dans un pays qui a su éviter les excès du tourisme de masse, le développement touristique s'est accompagné aux Seychelles d'un spectaculaire essor de l'artisanat d'art. Cette production est encore trop récente pour que l'on puisse vraiment parler de tradition, mais il existe bel et bien un art seychellois, qui puise son inspiration dans les couleurs chatoyantes d'une nature restée intacte. Ateliers et petites galeries ont essaimé un peu partout, offrant une agréable diversion aux plaisirs de la plage. C'est le cadre idéal pour découvrir peintures, gravures, batiks et objets de décoration, voire pour rencontrer des artistes.

À Mahé, c'est évidemment la capitale, Victoria, qui offre le panorama le plus complet des arts seychellois avec son village artisanal, implanté au sud de la ville (*voir p. 295*). À l'entrée, la **Maison Coco** est exclusivement dédiée à l'arbre providentiel. Les feuilles tressées deviennent des sacs et des paniers, tandis que la fibre qui enveloppe les pousses, ou « tami », sert à emballer les savons parfumés à la vanille, eux-mêmes confectionnés avec de l'huile de coco. La noix se décline en ronds de serviettes, bougeoirs, tasses ou cruchons. À l'intérieur du village, la **Natural Art Gallery** expose les œuvres de peintres locaux réputés : Barbara Jenson, Elizabeth Ragauin, Elizabeth Rouillon, qui s'est spécialisée dans les planches de botanique, George Camille et ses aquarelles aux couleurs éclatantes, ou encore Christine Harter et ses lithographies inspirées des scènes de la vie quotidienne. L'atelier voisin est celui de **Colbert Nourrice**, l'un des plus novateurs des créateurs seychellois : influencées par la BD, ses œuvres puisent aussi aux sources du folklore en mettant notamment en scène le malicieux Soungoula, personnage des contes populaires toujours prêt à se livrer aux pires facéties.

Gérard Devoud tient deux galeries, l'une aux Mamelles, sur la côte est, l'autre à l'ouest, face à l'entrée du Plantation Club. Lumière et couleurs éclatent en mille fragments, transformant ses paysages et ses scènes villageoises en de vibrantes mosaïques.

La côte ouest de Mahé accueille les ateliers de deux des plus éminents artistes seychellois, **Michael Adams** et le sculpteur **Tom Bowers** (*voir p. 298*). Là s'est aussi installé **Donald Adelaide**, dont les lumineuses aquarelles ont pour thème la vie insulaire sous toutes ses facettes. Il vend ses œuvres dans son atelier situé près du Harvey's Café, à Baie Lazare.

Pratiquement juste en face du Harvey's Café se touve l'embranchement pour l'anse du Gouvernement. Un détour qui mérite véritablement le coup d'œil pour découvrir les œuvres de sculptures sur bois au **Studio Antonio**, à droite juste avant la plage.

Sur l'île de Praslin, il faut dénicher les nombreuse petites galeries dont notamment **Galerie Passerose** et **Cap Samy Art Gallery**, toutes deux situées à Baie Sainte-Anne, ainsi que **George Camille Art Gallery**, à Côte d'Or.

À droite, une œuvre de George Camille.

Anse La Blague est le siège de la galerie **« Robinson » Sey Max**, où sont mis en vente les peintures les meilleur marché des Seychelles.

Sur La Digue, les deux studios les plus intéressants se trouvent l'un à côté de l'autre, non loin de la plantation L'Union. **Green Gecko Art & Craft Shop** expose les œuvres de plusieurs artistes locaux, tandis que le studio de **Barbara Jenson** présente le travail d'un seul artiste, dont d'intéressantes pièces originales en alunimium et acryliques.

Installé à La Passe, **Ron Gerlach** domine le marché artistique de Silhouette. Il produit d'authentiques batiks stylisés qui illustrent l'histoire naturelle des Seychelles.

UNE FLORE ET UNE FAUNE EXCEPTIONNELLES

L'archipel des Seychelles, constellation de formations granitiques – vieilles de plusieurs centaines de millions d'années – et coralliennes, compte parmi les terres les plus anciennes du globe. Les îles granitiques, ou intérieures, seraient des vestiges soit du Gondwana (*voir p. 240*), vaste ensemble continental que formaient l'Afrique, l'Amérique du Sud, l'Inde, l'Australasie et l'Antarctique, soit des terres qu'un cataclysme aurait dévastées. Beaucoup plus récentes sont les îles coralliennes, ou intérieures. D'une manière générale, les Seychelles, à l'abri des catastrophes naturelles, ont conservé une flore et une faune endémiques que seule la présence humaine a menacées jusqu'à une date relativement récente. Mais, conscient d'être responsable d'un ensemble écologique très riche, le gouvernement a su mettre en place une politique de protection de l'environnement : création de réserves naturelles et de parcs nationaux, arrêt du déboisement, limitation des installations touristiques.

Éloignées de tout continent, les Seychelles sont restées inhabitées jusqu'à la fin du XVIIIe siècle, et, tandis que les beautés naturelles des autres îles de l'océan Indien étaient peu à peu détruites, celles des Seychelles sont restées intactes jusqu'à la colonisation, qui bouleversa leur écosystème. Le massif forestier a reculé devant l'exploitation du bois, l'agriculture, les incendies et l'urbanisation. Des espèces indigènes ont disparu au profit d'espèces exotiques importées par les hommes. Parallèlement s'est constituée, pendant plusieurs millénaires, une flore endémique (propre donc à l'archipel) apportée par les vagues de l'océan et les oiseaux migrateurs.

ZONES PROTÉGÉES, ESPÈCES SAUVEGARDÉES

Désormais certaines zones sont protégées, pour le bonheur du naturaliste en herbe, étourdi devant une telle variété florale et faunistique, qu'il découvre sur terre et sous la mer. Citons le Parc national du Morne Seychellois à Mahé, la Vallée de Mai à Praslin, la réserve de la Veuve à La Digue, ainsi que les réserves de Cousin, d'Aride, de Silhouette et d'Aldabra.

Les Seychelles sont championnes en matière de protection de l'environnement, comme le montre l'exemple de la modeste rousserolle des Seychelles, qui, en 1960, était sur le point de disparaître. Un appel international fut lancé, et, huit ans plus tard, Cousin fut placée sous la protection de la Royal Society for Nature Conservation. Les rousserolles se multiplièrent à nouveau pour atteindre le nombre de trois cent cinquante dans les années 1980. En 1988, vingt-neuf de ces oiseaux furent introduits à Aride. Alors

que, estimait-on, ils s'y reproduiraient au mois de janvier, les conditions optimales d'espace et de nourriture en décidèrent autrement : les passereaux s'accouplèrent tout au long de l'année, formant en dix ans un groupe de deux mille individus. Désormais, grâce à la colonie d'Aride et à celle, moins importante, de Cousin, la rousserolle est l'une des rares espèces qui prospèrent après avoir été dangereusement menacées.

C'est au tour du shama des Seychelles de bénéficier des mêmes mesures de protection. Le comportement confiant de cet oiseau autrefois répandu à travers les îles granitiques en fit la victime de l'homme et des prédateurs introduits. Alors qu'il ne restait plus que vingt indi-

À gauche, tortue géante d'Aldabra ; à droite, le gobe-mouche de paradis des Seychelles se reconnaît aisément à sa longue queue noire.

vidus à Frégate, BirdLife International lança le programme de sauvetage BirdLife Seychelles. Cousin et Cousine hébergent, maintenant, des populations nicheuses, et l'on espère que d'autres îles suivront.

DES CHAUVES-SOURIS DANS LES AIRS ET... DANS L'ASSIETTE

La formation des Seychelles étant antérieure à l'apparition des mammifères sur terre, aucun représentant de cet ordre n'y est arrivé par ses propres moyens, excepté les chauves-souris, parce qu'elles volent. Des deux espèces endémiques, l'emballonure des Seychelles et la roussette des Seychelles, la seconde est de loin la plus commune. C'est l'une des rares espèces animales à avoir tiré bénéfice de l'arrivée des hommes et de la plantation de nombreux vergers dans l'archipel : si les emballonures sont insectivores, les roussettes, chauves-souris géantes aux grandes ailes noires, sont essentiellement frugivores. L'homme tire pourtant bénéfice de leur présence puisque les Seychellois les cuisinent en ragoût, comme le montre la carte de nombreux restaurants. Leur chair passe pour être tendre et douce. Cela dit, les roussettes ne sont pas menacées, et leurs bruyants bavardages nocturnes dans les arbres font partie intégrante de l'ambiance sonore de ces îles.

TERRESTRES OU MARINES : LES TORTUES

En l'absence de mammifères compétiteurs, les Seychelles sont devenues le dernier royaume des reptiles. Victime des premiers colons, le crocodile marin a disparu, mais la tortue géante terrestre demeure prospère. Aldabra en compte entre cent mille et cent quatre-vingts mille : c'est la plus importante population au monde. Avec l'archipel des Galápagos, l'atoll d'Aldabra est le seul endroit de la planète où des tortues terrestres géantes vivent libres de toute entrave. Ces reptiles habitent depuis des millions d'années les îles de la région indo-pacifique, loin des mammifères qui ont imposé leur domination sur les continents. Cette prolifération des tortues géantes fait suite à une chasse séculaire qui faillit faire disparaître l'espèce. Elles ont longtemps constitué un mets de choix pour les équipages des navires qui faisaient escale aux Seychelles ; ils les capturaient et les transportaient sans peine à bord. Par ailleurs, la tradition seychelloise voulait qu'on offrît une jeune tortue aux bébés de sexe féminin et qu'on élevât l'animal jusqu'à ce que la jeune fille se marie. La tortue était alors sacrifiée pour le repas de noces. Ce rituel a disparu, mais de nombreux Seychellois gardent encore quelques tortues en guise d'animaux de compagnie. C'est en 1874 que des scientifiques alertèrent l'opinion interna-

tionale à propos du danger imminent d'extinction de l'espèce, protestation qui donna lieu à de premières mesures de sauvegarde, à Aldabra. Moins de cent ans plus tard, la Royal Society prit le relais en faisant barrage au projet britannique d'installation d'une base militaire aérienne dans la même île. Dans les années 1980, l'atoll d'Aldabra et la réserve naturelle de la Vallée de Mai ont été inscrits sur la Liste du patrimoine mondial de l'humanité par l'Unesco. Quiconque souhaite se rendre à Aldabra doit en demander l'autorisation.

Des colonies de tortues ont été implantées à Curieuse, à Frégate et à Cousin. D'une manière générale, beaucoup de tortues sont gardées en enclos dans les jardins des restaurants et des hôtels, au jardin botanique de Victoria et ailleurs; si bien que les occasions ne manquent pas de voir cet attachant symbole des Seychelles. La tortue géante impressionne par ses mensurations (certaines atteignent 1,25 m de long et 60 cm de haut, et les mâles pèsent plus de 200 kg) et sa longévité (elle peut espérer vivre cent cinquante ans). Lorsqu'elle est dérangée, la tortue géante d'Aldabra rentre la tête dans sa carapace, ce qui a pour effet de chasser l'air de ses poumons et elle émet alors un souffle caractéristique. En prélude à l'acte sexuel – qui se déroule silencieusement –, le mâle monte sur la femelle et émet un beuglement rythmé.

Le devenir des tortues marines est, lui aussi, plus radieux que naguère. Par le passé, on les tuait surtout pour leur carapace, qui servait à fabriquer des lunettes, des bijoux et des bibelots. Heureusement, les autorités ont compris que les tortues marines étaient plus rentables… vivantes, dans la mesure où leur présence exerce un fort pouvoir d'attraction sur les visiteurs et stimule l'écotourisme. Le commerce des objets en écaille a donc été interdit.

À gauche, comptage des œufs de tortue à Cousin. Ci-dessus, grenouille de Gardiner, qui compte parmi les plus petits batraciens au monde ; à droite, gecko vert des Seychelles.

Deux espèces se reproduisent dans l'archipel, la tortue imbriquée (*voir p. 327*) et la tortue verte. Les îles granitiques sont le seul point du monde où les tortues imbriquées viennent pondre de jour. Les tortues vertes se reproduisent parfois sur ces îles, mais leur bastion est Aldabra, où environ deux mille cinq cents femelles viennent s'échouer chaque année pour pondre. Autrefois, on les pourchassait sans relâche pour leur chair et, bien que le braconnage pose encore quelques problèmes, elles ont échappé à la quasi-extinction qui les guette ailleurs. Alors que les tortues marines forment une espèce des plus menacées et qu'elles sont dorénavant protégées par la Cites (Convention sur le commerce international des espèces menacées), Aldabra est l'un des rares endroits au monde où leur population augmente.

UNIQUES ET NOMBREUX : LES REPTILES

Pour admirer quantité de reptiles, il n'existe aucun endroit comparable aux îles aux oiseaux des Seychelles, notamment Cousin, Cousine et Aride. Les lézards se nourrissent des œufs des oiseaux, des poussins laissés sans surveillance ou de proies abandonnées. La plupart des espèces reptiliennes seychelloises sont endémiques. Ce sont principalement le scinque des Seychelles, le scinque de Wright et plusieurs variétés de geckos verts. Tous sont parfaitement inoffensifs pour l'homme.

Alors que la plupart des îles océaniques n'abritent aucun amphibien, les Seychelles comptent 13 espèces de cet ordre, dont 12 présentes uniquement aux Seychelles. Parmi les grenouilles, on trouve la minuscule grenouille de Gardiner, la plus petite rainette du monde. On entend parfois son chant aigu dans les collines. La grenouille des Seychelles se distingue en portant ses têtards sur le dos.

OISEAUX TERRESTRES ET MARINS

L'attrait de l'observation des oiseaux ne réside pas dans le nombre des espèces. On peut en voir plus en un seul jour en Afrique orientale qu'en une vie entière aux Seychelles. Mais les espèces représentées, au nombre de douze, sont très rares. Des programmes de sauvegarde ont été menés avec bonheur pour deux d'entre elles : la rousserolle des Seychelles et le shama des Seychelles. Un autre programme d'étude et de protection concerne le tchitrec des Seychelles. Cet oiseau endémique réputé pour sa beauté est devenu le symbole de La Digue, où l'on a créé une réserve pour lui tout seul. Le mâle se distingue par son plumage noir brillant et sa très longue queue. La femelle a la tête blanche, le dessus marron et le dessous blanc.

On ne trouve le petit-duc scieur qu'à Mahé, sa population étant confinée au Parc national du Morne Seychellois. Autre oiseau très rare, le zostérops oriental vit à Mahé et sur sa voisine Conception. Son chant est puissant et mélodieux. Praslin possède aussi *son* oiseau, le perroquet noir des Seychelles, qui fait entendre son sifflement perçant dans la Vallée de Mai. La crécerelle des Seychelles, l'un des plus petits rapaces, est le seul oiseau de proie des îles granitiques. Elle annonce sa présence par un « ti-ti-ti » retentissant (son nom créole est *katiti*). On la trouve surtout à Mahé, mais aussi à Praslin. Le foudi des Seychelles (*tok-tok*, en créole) subsiste sur quatre îles, notamment à Cousin, le meilleur endroit pour le voir.

D'autres espèces sont plus communes, mais également confinées aux îles granitiques : le founingo rougecap, qui délimite son territoire en remuant la tête, par un chant grave et itératif et par des vols ascendants puis planés ; la salangane des Seychelles ; le bulbul merle, oiseau forestier que l'on aperçoit aussi dans les jardins, dont il savoure les fruits ; le souimanga des Seychelles. Il ne faudrait pas oublier le paille-en-queue, que l'on peut observer notamment à Aride, où niche une colonie de quelque 2500 couples. Il se nourrit essentiellement de calamars et de poissons volants. L'observateur le plus dilettante pourra admirer ces espèces, parfois autour des hôtels et à coup sûr dans le jardin botanique de Victoria, tôt le matin ou en fin d'après-midi.

L'atoll d'Aldabra est réputé pour ses colonies d'oiseaux marins, surtout de frégates, l'une des plus importantes colonies au monde. On observera d'autres colonies d'importance dans l'île Aride, qui abrite dix espèces nicheuses, à Cousin, qui en compte sept, et à Bird la bien nommée, où, d'avril à octobre, les sternes fuligineuses viennent nicher par dizaines de milliers.

UNE FLORE PARTICULIÈREMENT RICHE

L'intense déforestation qui caractérisa la période coloniale, laissant nues la plupart des îles tropicales, n'a pas épargné les Seychelles, mais, contrairement à la règle générale, les blessures s'y sont effacées. Bien que la forêt vierge soit confinée sur les hauteurs de Mahé et de Silhouette, ainsi qu'à la Vallée de Mai, à Praslin, on ne voit pas dans l'archipel de vastes friches ou de grandes plantations de cannes à sucre : les parcs nationaux et les réserves occupent 46 % du territoire, faisant des Seychelles un immense jardin botanique. Les îles granitiques conservent plus d'un millier d'espèces végétales. Presque tous les jardins possèdent leurs bougainvillées, leurs frangipaniers, leurs hibiscus, tous symboles des tropiques. Le flamboyant coloré et des fruitiers comme l'arbre à pain et le jacquier sont communs. Les cocotiers, autrefois confinés au bord de mer, ont été plantés en nombre, à l'intérieur des terres. Dans les îles granitiques on en recense six espèces endémiques. On ne manquera pas de voir, à Praslin et Curieuse, le cocotier de mer, célèbre à cause de la forme suggestive de l'énorme noix double du plant femelle, appelée « coco-fesses ».

À l'image de ce que l'on constate pour les oiseaux, les îles coralliennes ne sont pas aussi riches en espèces végétales, Aldabra faisant exception une fois encore : l'atoll conserve une flore remarquablement diverse comprenant une quarantaine d'espèces endémiques. Certaines essences endémiques aux Seychelles sont si rares qu'on ne les trouve que sur des sites reculés. C'est le cas du *bwa d'fer* et du *bwa d'nat*, des arbres jadis appréciés dans la construction navale. L'arbre-méduse, qui semble avoir été rare de tout temps, pousse

encore sur les hauteurs de quelques collines de Mahé. Moins rare est la sarracénie pourpre des Seychelles, qui se nourrit d'insectes. D'autres végétaux uniques sont plus répandus, comme le vanillier sauvage, une orchidée qui donne une superbe fleur blanche au cœur orangé.

Des sentiers bien balisés invitent les visiteurs à s'arracher à la langueur des plages pour partir à la découverte de cette végétation. Les moins entreprenants se contenteront de visiter le jardin botanique de Victoria, même si une excursion dans la Vallée de Mai est presque obligatoire. Cela dit, la luxuriance de la végétation est telle qu'une modeste promenade autour de son hôtel pourra se révéler passionnante.

À gauche, gygis blanches. À droite, le « bwa zanget » d'Aldabra, l'une des nombreuses plantes endémiques des Seychelles.

LE MONDE SOUS-MARIN

Explorer les eaux seychelloises, approcher des récifs autour desquels évoluent des centaines de poissons extraordinaires, c'est comme se mouvoir dans un aquarium géant, d'autant que certaines zones de l'archipel figurent parmi les mieux protégées au monde. Les autorités seychelloises se préoccupent depuis longtemps de la protection de cet environnement marin. Il y a plusieurs années déjà qu'elles ont interdit la chasse sous-marine et le ramassage des coquillages et des coraux, ainsi que certains procédés de pêche particulièrement dévastateurs communément utilisés dans les eaux d'autres États insulaires. D'autre part, le Parc national marin de Sainte-Anne (*voir p. 303*), créé en 1973 à l'est de Victoria, a été le premier de toute la région.

Cette politique éclairée a porté ses fruits: la faune marine de l'archipel est particulièrement abondante et le visiteur sera surpris de constater la docilité avec laquelle des poissons d'ordinaire farouches se laissent approcher par l'homme.

EXCURSIONS SOUS-MARINES

On peut louer un masque avec tuba et des palmes ou en acheter à un prix très raisonnable dans la plupart des hôtels et des stations balnéaires. Un certain nombre d'agences de voyages et sociétés de navigation locales se chargent d'emmener les adeptes de la plongée libre ou avec masque et tuba qui le désirent sur des sites privilégiés comme les Parcs nationaux marins de Sainte-Anne, de Port Launay (*voir p. 296*) et la réserve marine de Baie Ternay, à Mahé, ou encore Saint-Pierre dans le parc national marin de Curieuse (*voir p. 322*). Ces balades durent une demi-journée ou une journée entière et le forfait comprend généralement un déjeuner dans un restaurant créole réputé de l'archipel.

Les Seychelles sont depuis longtemps une destination appréciée des adeptes de la plongée autonome. La plupart des centres de plongée sont affiliés à l'Association of Professional Divers, Seychelles (APDS) et tenus d'observer des règles de sécurité draconiennes. Ils soutiennent également un certain nombre de projets liés à la protection de l'environnement, comme le Programme de surveillance du requin-baleine mené par la Marine Conservation Society of Seychelles et le Shark Research Institute, Seychelles (Institut de recherches seychellois sur les requins).

À gauche, poisson-ange empereur; à droite, plongeur filmant un requin-baleine (le plus gros poisson au monde) et sa cour.

PLONGEURS DÉBUTANTS ET PROFESSIONNELS

L'initiation à la plongée autonome s'effectue sous la direction de moniteurs de l'APDS affiliés à la PADI (Professional Association of Diving Instructors). Le stage, d'une durée de quatre jours, débute par des exercices en

UN GÉANT PACIFIQUE

Le requin-baleine est le plus gros poisson du monde: il peut mesurer 18 m de long et peser 20 t. Inoffensif pour l'homme (il se nourrit de plancton et de petits poissons), il vit seul ou en groupe, à une cinquantaine de mètres de profondeur, dans les eaux tropicales.

Jadis dédaigné par les pêcheurs, il est aujourd'hui victime, d'une forte demande de la restauration asiatique (pour ses ailerons). Plusieurs traités soulignent la nécessité de protéger ces requins, mais le manque de coopération internationale et l'opposition constante du Japon retarde le classement du requin-baleine en espèce protégée. Pourtant, le requin-baleine bien a été listé en Annexe II de deux traités, celui de la Convention of Migratory Species de 1999, et celui du CITES de 2002.

piscine et est sanctionné par l'obtention d'un certificat d'aptitude à la plongée autonome Padi, reconnu dans le monde entier. Les plongeurs qualifiés qui le souhaitent suivront des cours de perfectionnement, et l'APDS assure même des sessions de formation au métier d'instructeur. L'Association gère des centres de plongée à Mahé, à Praslin, à La Digue et à Desroches.

Ce sport peut se pratiquer en toute saison aux Seychelles, mais les eaux de l'archipel sont plus calmes de mars à mai et en octobre-novembre. C'est en juillet-août et en novembre-décembre qu'on a toutes les chances de réussir à approcher des requins-baleines. Novembre est aussi le mois au cours duquel l'APDS organise un Festival sous-marin, Subios, d'une durée de trois semaines. À cette occasion, des photographes, des cinéastes et des biologistes de renom présentent au public la faune de l'océan Indien à travers un programme de films, d'expositions et de conférences.

Paysages sous-marins du Nord

Les eaux seychelloises ont largement de quoi satisfaire les plongeurs, qu'ils soient confirmés ou débutants. Les spectaculaires fonds rocheux des îles granitiques du Nord, ou îles intérieures, abritent une vie marine étonnamment riche, mais celle des îles coralliennes de l'archipel est encore plus diversifiée.

La température élevée de l'eau (de 26 °C à 30 °C) favorise le foisonnement des éponges, des coraux et des invertébrés, qui parent cet univers aquatique de couleurs vives et variées. Les anfractuosités des fonds rocheux et des récifs coralliens sont autant de refuges pour de nombreuses créatures. Parmi les hôtes particulièrement répandus de ces cavités marines figure la murène. Ce poisson serpentiforme doit sa réputation injuste de férocité à une bouche garnie de fortes dents et souvent béante – ce qui ne manque pas d'effrayer le plongeur qui se retrouve nez à nez avec lui. Mais les apparences sont trompeuses. La murène mène une vie plutôt paisible, passant la journée confortablement installée dans sa tanière. Le courant étant faible, il lui faut diriger l'eau vers ses branchies pour pouvoir respirer, ce qui explique qu'elle ouvre grand la bouche. Elle chasse la nuit, pour se nourrir de petits poissons, de crustacés et de mollusques, mais elle n'accorde guère de marques d'intérêt aux proies plus grosses.

Le poulpe passe également le plus clair de la journée dans les anfractuosités des récifs. Ce céphalopode sans coquille – le plus développé de tous les mollusques – est un prédateur très actif la nuit, qui se nourrit de coquillages, de crabes et de petits poissons qu'il capture à l'aide de ses huit tentacules garnis de ventouses avant de les déchirer ou de les ouvrir avec son bec crochu. Cet octopedo – plus particulièrement le poulpe marbré (*Octopus aegina*) que l'on rencontre communément sur les récifs granitiques – est aussi un artiste du camouflage : sa peau possède des cellules spéciales qui lui permettent d'en changer la couleur et la consistance.

Services de nettoyage

Les anfractuosités du granit abritent également des crustacés qui pourraient figurer au menu de la murène, telle la crevette-barbier aux couleurs éclatantes. Ce petit crustacé rend de grands services à de nombreux poissons en débarrassant leur peau des parasites, des écailles mortes, voire des déchets coincés entre leurs dents. Les raies rouges et blanches de cette crevette et ses longues antennes fonctionnent comme des signaux avertisseurs et lui épargnent de tomber sous la dent de ses « clients ».

Autre « personnel de service » des hôtes du récif, le poisson nettoyeur est une petite girelle reconnaissable à ses raies noires et bleues. Les nettoyeurs sont très territoriaux : ils installent leur « atelier » à proximité d'un rocher ou de coraux particuliers et s'agitent d'une façon typique pour attirer le « chaland ». L'observateur attentif pourra voir ces petits poissons travailler dans la gueule ou les ouïes des gros poissons, apparemment en toute sécurité.

Plus près du rivage, les concombres de mer au corps cylindrique maintiennent propre le fond des lagons en se nourrissant des déchets organiques et des algues mêlés au sable de surface.

Des myriades de poissons

Les visiteurs sont toujours impressionnés par la diversité des poissons qui fréquentent les eaux seychelloises. Les plus faciles à identifier sont sans doute les poissons-papillons et les poissons-anges, à la livrée particulièrement chamarrée. Mais avec un peu d'entraînement, on devient capable de reconnaître d'autres espèces rien qu'à leur forme. À commencer par le poisson-trompette et le poisson-flûte, dotés tous deux d'un long corps cylindrique. Toutefois, si l'on éprouve quelques difficultés à les distinguer, il suffit de se rappeler que le poisson-trompette arbore une queue en éventail, qu'il change de couleur par mimétisme et qu'il vit au cœur des récifs coralliens. Quant au poisson-flûte, on le rencontre plus fréquemment au-dessus des herbiers peu profonds et près de la surface, et sa queue est terminée par un long filament.

Un autre groupe facile à identifier est celui des poissons-coffres et des diodons. Le corps des premiers est grossièrement cubique et leurs nageoires paraissent sous-dimensionnées, alors que les diodons évoquent un fruit tropical ramolli flottant au-dessus du récif – ils

se gonflent s'ils se sentent menacés. Les poissons de ces deux groupes sont pourvus de dents assez acérées pour s'attaquer au corail et infliger de douloureuses morsures aux plongeurs qui les inquiètent.

Les rascasses volantes (ptéroïnés) et les autres rascasses (scorpénidés), qui constituent la famille des poissons-scorpions, sont également assez faciles à identifier. Les premières sont les plus spectaculaires : leur corps, de couleur voyante, porte des barres transversales ; leurs nageoires latérales, très grandes et larges se terminent par des épines flottantes, et une crête hérissée traverse leur corps, de la tête à la nageoire caudale. Les secondes ont une tête épineuse et passent la plupart du temps camou-

À gauche, préparatifs de la plongée ; à droite, la mâchoire menaçante de la murène tient les visiteurs à distance.

flées sur le fond. La difficulté consiste précisément à parvenir à les repérer. Attention, toutes les rascasses sont dotées d'épines venimeuses dont la piqûre, extrêmement douloureuse, peut provoquer une syncope.

Les autres hôtes du récif appartiennent, pour la plupart, à la famille des poissons-perroquets ou à celle des girelles. Les perroquets ont des tailles et des coloris extrêmement variés, mais tous ont un bec corné apte à briser le corail, caractéristique qui leur a valu leur nom. Les girelles font partie de la grande famille des labridés (l'une des deux plus vastes des récifs coralliens avec celle des gobies) et il est difficile d'énumérer des caractéristiques

externes qui permettent de les identifier. Comme les poissons-perroquets, les labres naissent en tant que femelles et se changent en mâles par la suite, s'il le faut.

Les bons plongeurs auront tout intérêt à se procurer un guide d'identification pour reconnaître ces poissons.

Cap sur les îles du Sud

Le visiteur notera une nette différence entre les paysages sous-marins des îles intérieures et ceux des îles extérieures – grands bancs de sable, comme Bird ou African Banks, ou atolls coralliens, comme celui d'Aldabra. La pente externe du récif des îles coralliennes forme souvent d'impressionnants tombants (parois surplombantes) qui abritent d'innombrables variétés d'espèces marines. Les photographes sous-marins avisés se tiennent auprès des gorgones (*voir p. 43*) qui se développent dans les parties basses de ces tombants. Sous ces coraux mous se dissimulent, en effet, de menus coquillages et différentes variétés de crabes ainsi que leur petit prédateur, le grimpeur.

Poissons de grande taille

On rencontre également dans les eaux de ces îles très isolées quantité de poissons de grande taille et des espèces pélagiques comme le requin, le barracuda et le thon. En plongeant le long des tombants de certaines îles, on est pratiquement assuré de croiser des thons à dents de chien. Véritables guerriers des profondeurs, ces poissons vigoureux nagent la gueule entrouverte, laissant apparaître une rangée de dents pointues ; leurs grands yeux noirs semblent suivre le moindre mouvement des plongeurs.

Moins affectés par la pêche que ceux des îles intérieures, les écosystèmes marins des îles extérieures abritent, en principe, une faune aquatique plus riche. Certains serranidés rares, comme le mérou patate, y sont bien représentés. Ce poisson, qui peut mesurer jusqu'à 2 m de long, doit son nom aux taches noires en forme de pomme de terre qui maculent son corps gris. L'espèce a la réputation – méritée ou non – d'être agressive ; quoi qu'il en soit, tout poisson de cette taille doit être traité avec prudence.

Du côté des tortues de mer

Les tortues marines se laissent facilement approcher sur les îles extérieures. La tortue imbriquée (*voir p. 327*) est l'espèce la mieux représentée. Les tortues vertes forment des colonies plus importantes dans les îles les plus méridionales. Elles sont d'ordinaire plus grandes que leurs cousines au bec corné, ont une tête plus large et un bec moins saillant. Une troisième, la caouanne, se rencontre rarement. Bien qu'elle paraisse mêler les caractéristiques des deux précédentes espèces, elle se reconnaît à sa tête massive, à ses grands yeux et à son bec, bien plus imposant que celui de ses cousines.

À gauche, perroquet feu tricolore mâle.

SITES DE PLONGÉE

Les eaux seychelloises abritent de nombreux sites de plongée de réputation mondiale. La plupart des sites sélectionnés dans cette page se trouvent à proximité des îles granitiques – ce sont ceux auxquels les plongeurs locaux donnent leur préférence. Cette liste n'est pas exhaustive et les centres de plongée de Mahé, de Praslin et de La Digue emmènent les plongeurs confirmés comme les débutants sur de nombreux autres sites intéressants. (Pour de plus amples renseignements sur la plongée et les sites des îles granitiques, voir la partie « Informations pratiques ».)

Shark Bank

Situé entre Mahé et Silhouette (*voir pp. 289, 311*), au nord-ouest de Mahé, ce massif granitique d'une profondeur comprise entre 20 et 35 m rassemble de vastes bancs de poissons et leurs prédateurs. Ses roches sont particulièrement réputées pour les grandes pastenagues mouchetées qu'elles abritent. Du fait de la profondeur et des courants, ce site est réservé aux plongeurs confirmés.

L'Îlot

Les eaux de cette île granitique ancrée au large de la pointe nord-ouest de Mahé se trouvent au confluent de courants côtiers et, partant, nourrissent une vie marine pléthorique. C'est l'un des rares sites des îles granitiques où l'on puisse observer de belles formations de coraux mous et de magnifiques bancs de poissons. La profondeur maximale est de 23 m, mais les courants et la visibilité parfois réduite exigent une solide expérience.

Brissare Rocks

Situé à 5 km au large de la côte nord-est de Mahé, ce massif granitique attire de nombreux bancs, notamment des poissons-archers à six bandes et une famille de poissons-Napoléon. Même si sa profondeur n'excède pas 20 m, le site n'est pas accessible aux débutants.

L'épave de l'« Ennerdale »

Les vestiges de ce pétrolier reposent à 8 km au large de la côte nord-est de Mahé, par 30 m de fond. Ils servent de cadre à une vie marine intéressante, mais restent peu fréquentés en raison de leur éloignement et de leur situation exposée. Quand les conditions météorologiques le permettent, ils offrent un excellent site d'observation aux plongeurs confirmés, qui ont l'occasion d'y voir évoluer des bancs de petits poissons, des requins et des raies.

Marianne

La pointe sud de l'île Marianne (*voir p. 336*) est rarement visitée, pourtant ses formations granitiques déchiquetées et ses énormes rochers sont le refuge de nombreux poissons de grande taille. On y retrouve, notamment en saison, un groupe de requins récifaux gris, tous femelles, ce qui reste un mystère. Le site de plongée, d'une profondeur de 27 m, est passionnant mais ne s'adresse qu'aux plongeurs confirmés.

À droite, vision vertigineuse d'un banc de poissons tournoyant devant un plongeur.

Ave Maria

Comme l'Îlot, ce groupe granitique semé au large de Praslin est réputé pour la variété de ses espèces et pour ses passages de requins et de raies. Les plongeurs de tous niveaux apprécieront ce site, d'une profondeur de 26 m.

Les îles coralliennes, ou extérieures

Un chapitre entier suffirait à peine à leur rendre justice. Le Desroches Drop (*voir p. 345*) est un site réputé, mais les eaux d'Alphonse, d'Astove, de Cosmoledo et d'Aldabra abritent aussi une vie marine extrêmement riche.

LA PÊCHE

Les eaux qui baignent les cent quinze îles et îlots des Seychelles comptent parmi les plus poissonneuses du globe. Rien d'étonnant, donc, à ce que la pêche constitue l'une des principales activités des insulaires et que le poisson et les produits de la mer occupent la place d'honneur dans la cuisine seychelloise – les visiteurs profitant à la fois des joies du sport et du plaisir de goûter à une cuisine de qualité.

C'est ainsi que les touristes peuvent louer des bateaux de pêche au gros, équipés du matériel le plus moderne. Quant à la pêche à

la mouche, elle a fait une percée relativement récente aux Seychelles, due à la découverte de secteurs jusque-là inexploités et qui, aux dires des spécialistes, compteraient aujourd'hui parmi les meilleurs au monde. Qu'il s'agisse de pêche au gros ou de pêche à la mouche, les Seychelles et leurs parages continuent d'enregistrer des prises records.

LA PÊCHE AU GROS

Les bateaux de pêche au gros sont pour la plupart basés à Mahé. Mais, l'expansion touristique aidant, on peut aussi en affréter à Praslin, à La Digue, à Silhouette, à Frégate, à Denis (île très prisée), à Desroches et à Alphonse. Le plus souvent, on ne pêche qu'à la traîne (l'appât est traîné dans l'eau au bout d'une ligne) sur ces bateaux de location, car cette technique assure les plus belles captures. Certains loueurs pratiquent le *catch and release* (les poissons pris sont pesés et photographiés avant d'être relâchés). Si l'on souhaite pratiquer cette technique, on avertira le prestataire à l'avance.

La quantité des prises varie en fonction des conditions météorologiques et du site. Les meilleures zones de pêche, situées à la limite du plateau continental des Seychelles (jusqu'à 32 km au large des côtes), sont très accessibles à partir des îles granitiques. Le patudo, le thon à dents de chien et le thon jaune y ont élu domicile. On peut aussi capturer des espadons-voiliers entre Mahé et Silhouette. Enfin, à la pêche au leurre, on attrape des barracudas, des jobs (appelés aussi « chiens verts ») ou encore des requins.

Certaines espèces comme le thon et la bonite se pêchent ici toute l'année, en revanche d'autres ne s'y trouvent qu'à certaines périodes. Le voilier se déplace dans ces parages à l'époque de la mousson du sud-est, de mai/juin à septembre/octobre. La dorade fréquente les eaux seychelloises toute l'année, mais elle est plus abondante de janvier à septembre. Pour le wahoo (*Acanthocybium solandri*), la meilleure saison de pêche s'étend de janvier à mars, et pour la carangue elle se situe en novembre-décembre. Toute l'année, on peut prendre d'énormes marlins bleus, noirs ou rayés, d'un poids de 150 kg ou plus, mais les voiliers restent de loin les plus nombreux.

Il faut tenir compte du fait que la mousson du sud-est rend la mer agitée. Un grand bateau offrira un pont plus stable, mais, à moins de partager les frais avec d'autres pêcheurs, la location en sera bien sûr plus onéreuse.

Enfin la pêche-croisière fournit l'occasion de faire du tourisme tout en explorant les îles. (Pour plus de détails sur le déroulement des croisières et des parties de pêche au gros, voir la section « Informations pratiques ».)

LA PÊCHE À LA MOUCHE À SAINT-FRANÇOIS

La pêche à la mouche concerne en premier lieu le poisson-banane (ou *bonefish*) et plusieurs espèces de carangues. On peut en attraper autour de Denis, mais il est préférable de se rendre au lagon de Saint-François, que l'on rejoint à partir du complexe hôtelier d'Alphonse (*voir p. 347*). Saint-François abrite une réserve naturelle pratiquement inexploitée que le gouvernement seychellois tente de préserver en l'état en restreignant son accès à douze pêcheurs par jour. Les hameçons utilisés sont dénués d'ardillon, et toutes les prises relâchées. Les pêcheurs sont amenés jusqu'au lagon en bateau, puis transférés dans des plates (deux pêcheurs par embarcation) capables de naviguer dans des eaux peu profondes (et donc à marée basse).

Un bon pêcheur à la mouche peut capturer jusqu'à cinquante poissons par jour, tandis qu'un débutant se contentera d'une vingtaine pour sa première journée. Un poisson-banane pèse en moyenne 2 ou 3 kg, mais certains atteignent 7 kg. Saint-François enregistre régulièrement des records mondiaux et on a même vu quatre records tomber la même semaine : trois pour des carangues à grosse tête (avec des lignes de différentes forces) et un pour un poisson-banane.

On ne pêche pas qu'à la mouche à Saint-François : les petits requins-marteaux, les requins-citrons, les patudos et les barracudas se laissent prendre également aux techniques de pêche communes.

La pêche au fond

La pêche au fond n'est sans doute pas aussi passionnante que la pêche au gros ou la pêche à la mouche. Mais si le dîner est seul en cause, alors rien ne vaut les lignes, les plombs et l'appât naturel. Il s'agit de la technique la plus fréquemment utilisée par les pêcheurs seychellois, qui appâtent leurs lignes avec du crabe, des mollusques, de petits calamars, du maquereau ou tout autre poisson frais, en se servant de deux ou trois hameçons. Parmi les deux cents espèces les plus couramment capturées, les plus prisées sont le vivaneau bourgeois (*bourzwa*) et le mérou-pintade (*vye*). Le nom de ces poissons très appréciés des gastronomes figure sur les cartes de presque tous les grands restaurants.

À l'exception de Cousin et de la réserve marine de Sainte-Anne, où il est interdit de pêcher, on a le droit de se livrer à cette occupation à peu près partout aux Seychelles. Bien souvent il suffit de s'adresser à un pêcheur du cru pour trouver un petit bateau à louer. Sinon on se procurera tout l'équipement nécessaire à Victoria.

À gauche, thon jaune livrant son dernier combat ; à droite, un beau trophée en perspective, mais il ne faut pas crier victoire trop vite, car la prise – un espadon-voilier – n'a pas encore été hissée à bord !

Moissons océaniques

Créée à la fin des années 1970, la Seychelles Exclusive Economic Zone s'étend sur plusieurs dizaines de milliers de kilomètres carrés, et l'exploitation commerciale de ses eaux très riches en thons s'est révélée fort lucrative, faisant de Victoria le premier port thonier de tout l'océan Indien. Sur les 6000 t de poisson capturées chaque année dans l'archipel, 95 % sont destinées à la consommation locale et 5 % à l'exportation, assurant l'équivalent de 8,5 millions

de roupies de revenu aux Seychelles. En novembre et décembre, les eaux de Beau Vallon, dans l'île de Mahé, foisonnent de bancs de maquereaux. La pêche se pratique quotidiennement, mais l'abondance du poisson suscite un effondrement des prix à cette période. Les pêcheurs locaux continuent d'utiliser les techniques traditionnelles : la ligne, le filet et le casier. Généralement peinte en blanc et noir, la pirogue seychelloise se manœuvre facilement dans les eaux peu profondes des lagons et entre les récifs. Plus petit, le *katyolo* se pare de couleurs plus vives. Bien que ces deux types d'embarcations soient peu à peu remplacés par les bateaux à moteur, la fabrication des pirogues demeure un art bien vivant, notamment à La Digue.

LA CUISINE SEYCHELLOISE

Les produits de la mer et les épices sont les deux dominantes de la cuisine seychelloise, dont la tradition marie harmonieusement influences africaine, malgache, européenne, indienne et chinoise.

Comme la plupart des îles, les Seychelles ont un territoire trop exigu pour accueillir un cheptel important. Aussi la viande était-elle jadis destinée aux plus fortunés ou réservée aux grandes occasions. Mais le petit élevage familial (un porc, quelques poules, plus rarement une vache ou deux) permet de varier agréablement les menus. Néanmoins, la mer reste la principale source de nourriture, et les Seychellois figurent parmi les plus gros consommateurs de poisson du monde.

POISSONS ET FRUITS DE MER

L'océan Indien offre des ressources si abondantes et si variées que les Seychellois peuvent se permettre de choisir : ainsi la bonite, poisson voisin du thon, peut faire un délicieux cari (déclinaison locale du curry, *voir p. 176*), mais les insulaires la donnent à leurs chiens. Ils sont en revanche très friands du vivaneau bourgeois (appelé aussi plus simplement bourgeois – *bourzwa* en créole), poisson de couleur rose à la chair ferme et feuilletée : sur les deux faces du poisson, on pratique de profondes incisions que l'on garnit d'une farce à base de gingembre, d'ail, de piment et d'oignons ; après quoi on l'enrobe dans une feuille de bananier (pour les puristes) ou de papier d'aluminium pour le faire cuire à la braise. La tête du bourgeois, considérée comme un morceau de roi, agrémente la soupe de poisson locale.

Le maquereau est également grillé au feu de bois, entier ou en brochettes que l'on arrose d'un jus de citron vert pour éviter qu'elles ne se dessèchent. Les tranches de thon, de *wahoo* et d'espadon sont mises à mariner dans de l'huile et des épices, puis cuites sur la braise. De même, le chien vert (ou vivaneau job, *zob* en créole) et la carangue sont débités en darnes et revenus comme des steaks.

À gauche, les « buffets créoles » des hôtels offrent tout l'éventail de la cuisine locale, mais en tempérant ses saveurs trop brûlantes pour les palais occidentaux ; à droite, les poissons marinés et grillés au feu de bois sont une spécialité des Seychelles.

Le poisson-perroquet est servi poché dans un court-bouillon bien épicé ou frit : c'est alors la version seychelloise du *fish and chips* ! Le *satini* de requin est un chutney à la mode créole : finement effeuillée, la chair du squale est cuite à feu vif avec du gingembre, du *bilimbi* (condiment qui ressemble au cornichon), du citron vert, des oignons et du safran. Enfin le voilier, découpé en très fines tranches et boucané au feu de bois, peut faire concurrence au saumon fumé. On le déguste sur du pain grillé avec de la salade.

Les fruits de mer les plus couramment consommés sont le *tektek* et la palourde. Le *tektek*, un coquillage qui ressemble au bigor-

neau, se déguste surtout en soupe. Sur les plages, il n'est pas rare de voir, à marée descendante, une Seychelloise accompagnée de ses enfants qui scrute la grève. En se retirant, les flots découvrent en effet les *tekteks*, et l'on dispose de quelques instants pour les ramasser avant qu'ils s'enterrent dans le sable mouillé pour échapper à leurs prédateurs.

Les palourdes se récoltent plutôt dans les vasières, par exemple dans l'estuaire qui s'ouvre au nord de l'Inter-Island Quay, à Victoria. Sautés au beurre et assaisonnés d'ail et de fines herbes, ces coquillages sont un vrai délice. En revanche, les superbes bouquets que proposent la plupart des restaurants sont généralement des produits d'élevage. Les belles crevettes roses sauvages sont, en effet, trop rares pour justifier une récolte. Mais une ferme marine s'est implantée à Coëtivy, et elle fournit le marché local comme le marché de l'exportation. Quand ils ne sont pas cuisinés sous forme de cari, les bouquets sont simplement grillés et servis avec un beurre d'ail ou marinés dans une sauce aigre-douce.

L'influence des cuisines indienne et chinoise se fait nettement moins sentir dans l'archipel qu'aux Mascareignes, et les restaurants locaux proposent surtout des spécialités créoles et des produits de la mer. Le curry est le seul plat indien à s'être véritablement imposé. Appelé cari dans sa version seychelloise, il n'est pas

pour autant édulcoré : qu'il soit préparé avec du poisson, du porc, du chevreau ou du poulet, c'est une véritable explosion de saveurs brûlantes ! Seule exception, le suave cari de poulpe au lait de coco, qui fond littéralement dans la bouche. Sa recette, dit-on, est un secret que chaque famille conserve jalousement, mais certains esprits iconoclastes insinuent que sa réussite repose tout simplement sur une préparation à l'autocuiseur !

En matière d'assaisonnement, mieux vaut être prévenu : les Seychellois aiment les piments très forts. Les plus petits sont les plus redoutables. Un seul de ces « diables rouges » met les palais occidentaux en feu, alors que les Seychellois les croquent sans y penser et qu'ils arrosent copieusement leurs plats de piment émincé mariné dans du vinaigre et servi dans une soucoupe. Tout mets créole digne de ce nom s'accompagne de condiments souvent rafraîchissants : achards et *satini*, ou chutneys, à base de fruits (papaye verte, mangue verte ou « pomme d'or », le plus souvent) râpés, mélangés à de l'oignon haché et macérés dans du jus de citron vert ou du lait de coco.

Traditions en voie de disparition

Si les Seychellois ne consomment plus les tenrecs, petits rongeurs qui ressemblent aux hérissons (*voir p. 87*), en revanche, ils apprécient encore la roussette, une grande chauve-souris dont la chair doit toute sa saveur à un régime alimentaire exclusivement frugivore.

Les œufs d'oiseau de mer ont longtemps permis aux Seychellois de diversifier agréablement leurs menus. Le ramassage de ces œufs est désormais réglementé, afin d'assurer la survie des colonies, notamment celles des sternes noires. Mais, si on en a l'occasion, une omelette de mer ne se refuse pas.

La tortue, terrestre ou marine, était jadis associée aux rituels familiaux. À la naissance d'une fille, la tradition imposait aux parents d'acheter un bébé tortue et de le conserver jusqu'au mariage de la jeune fille, pour qu'elle déguste l'animal au petit déjeuner de ses noces. Cette pratique est à présent rigoureusement interdite car les tortues sont menacées d'extinction.

Légumes et salades

Le riz – complet ou décortiqué et généralement cuit à l'eau « à la créole » – est de tous les repas, mais il cède parfois la place au fruit à pain, un féculent dont la consistance rappelle un peu celle de la patate douce et que l'on prépare de bien des façons. On le sert émincé en chips à l'apéritif, bouilli ou en purée comme garniture d'un plat, ou encore en dessert, sous forme d'un consistant pudding au lait de coco... Mais les gourmets le préfèrent cuit dans sa peau au barbecue, bien grillé à l'extérieur et fondant à l'intérieur : coupé en tranches et arrosé de beurre fondu, il accompagne à merveille viandes et poissons.

En matière de légumes verts, le choix est plutôt limité, car il est difficile d'en faire pousser sur le sol aride et accidenté des Seychelles. Font exception le potiron, l'aubergine, ou « bringèle » (le plus souvent servie en beignets), le cresson et les « brèdes », épinards et autres feuilles de légumes bouillies ou cuites à la vapeur. Les avocats abondent en saison, et les garnitures de salade ne se limitent pas à quelques feuilles de laitue.

La salade de poulpe et le poisson cru mariné au jus de citron figurent dans presque tous les assortiments de hors-d'œuvre, tout comme la fameuse salade de chou palmiste. Cette dernière est surnommée « salade du millionnaire », car il fallait jadis sacrifier l'arbre pour en servir le bourgeon terminal débité en lamelles. Mais, de nos jours, ce majestueux palmier est protégé, et la salade se prépare avec de jeunes pousses de cocotier.

Boissons

Les vins (importés) sont proposés à prix d'or, aussi ne faut-il pas hésiter à demander des jus de fruits frais (fruit de la passion ou citron vert, à relever d'une pincée de sel).

Avec les alcools locaux, il conviendra de se montrer circonspect. Le *calou*, à base de sève de cocotier naturellement fermentée, incite plutôt à la paresse, et le *baka*, rhum tiré de la canne à sucre locale, ne vaut pas celui des Antilles. On évitera à tout prix le *lapire*, tord-boyaux concocté à partir de n'importe quel ingrédient susceptible de fermenter si on lui ajoute du sucre !

Desserts

Outre les glaces et les sorbets aux parfums exotiques, les gâteaux à la noix de coco ou à la patate douce nappés de crème à la vanille sont une délicieuse spécialité locale. Quant au « nougat », il s'agit de noix de coco caramélisée. Autre dessert possible : la banane. On en dénombre vingt-cinq variétés aux Seychelles, de la longue saint-jacques, préparée en beignets, à la petite « mil », extrêmement sucrée, servie nature, flambée ou pochée.

À gauche, râper les noix de coco fait partie des tâches domestiques ; ci-dessus, un régime de bananes qui va directement de la plantation au marché.

Le casse-noix idéal

Les touristes qui veulent ouvrir une noix de coco tentent vainement de l'entamer au couteau ou la jettent contre une pierre. Peine perdue ! Mieux vaut adopter la méthode seychelloise : planter un pieu aiguisé en terre et y empaler la noix de coco pour la faire éclater. L'opération requiert un certain coup de main et le débutant devra s'armer de patience. Lors de certaines excursions guidées, les visiteurs se voient offrir un *koko tand* (« coco tendre »), noix de coco verte dont le sommet a été décapité, ce qui permet d'en boire le lait rafraîchissant, au goût prononcé. La chair, qui a la consistance d'une gelée, est elle aussi délicieuse.

Les îles intérieures
0 10 km
Bird (Île aux Vaches)
Océan Indien
Denis
Les Seychelles
0 200 km
Les îles intérieures
Mahé
Les Amirantes
Atoll Saint-Joseph
Atoll Poivre
Récif de la Perle
Alphonse
Océan Indien
Atoll d'Aldabra
Groupe d'Aldabra
Atoll de Cosmoledo
Atoll de Providence
Groupe de Farquhar
Atoll de Farquhar
Aride
Curieuse
Petite Sœur
Grande Sœur
Miller's Point
Anse Volbert
Anse La Blague
Félicité
Cousin
Grand' Anse
Marianne
Cousine
Baie Ste-Anne
La Réunion
Praslin
La Digue
Île du Nord
La Passe
Grand'Barbe
Silhouette
Mamelles
Océan Indien
Pointe nord
Baie Beau Vallon
De Quincy Village
Beau Vallon
Sainte-Anne
Île Moyenne
Denzilles
Île Longue
Victoria
Île au Cerf
Pointe Matoopa
Morne Seychellois 905
Île Conception
Cascade
Île Thérèse
Mahé
Grand' Anse
Anse aux Pins
Anse Boileau
Anse à la Mouche
Anse Royale
Anse Royale
Baie Lazare
Takamaka
Anse Marie-Louise
Pointe Police
Pointe du Sud
Île aux Récifs
Frégate
L'ilot Frégate

ITINÉRAIRES AUX SEYCHELLES

La parfaite réussite d'un séjour aux Seychelles repose sur trois facteurs décisifs : l'époque de l'année (bien s'informer sur les dates de passage de la mousson) ; la qualité de l'hôtel (les Seychelles n'ont pas toujours joui d'une bonne réputation en ce domaine, mais les choses ont bien évolué depuis quelques années) ; et enfin – et surtout peut-être – le choix de l'île.

Chacune des 14 îles seychelloises aujourd'hui ouvertes au tourisme offre des perspectives et des avantages bien différenciés. Les touristes qui atterrissent à Mahé se précipitent généralement vers leur destination finale, sans prendre le temps d'explorer l'île. Certes, Mahé manifeste un caractère volontiers plus commercial et développé que ses consœurs, mais en dehors de sa minuscule capitale, Victoria, elle n'en recèle pas moins quelques plages et forêts de toute beauté, sans parler de ses atouts culturels.

Dans tous les cas, s'il faut vraiment n'en visiter qu'une et une seule, Praslin s'impose alors. Pour ses plages et leurs magnifiques glacis de granit bien sûr, mais sans oublier la Vallée de Mai, superbe forêt tropicale humide, habitat du cocotier de mer, cet arbre particulier aux Seychelles, et de ses « cocos-fesses » – dans un décor digne de *Jurassic Park*. Praslin constitue également une excellente base pour se promener en bateau et visiter Cousin, Curieuse, Saint-Pierre, La Digue et Aride.

On peut très bien découvrir La Digue en une excursion d'une journée. Pour apprécier véritablement ses rivages enchanteurs et explorer les pistes de l'intérieur à vélo ou en char à bœufs, deux jours ne seront pas de trop.

Plus paisibles encore, Silhouette et l'île du Nord (North Island) sont les moins connues des îles granitiques. Silhouette semble même avoir été oubliée par le temps. Dans ce paradis des marcheurs, pas de routes, mais des chemins parfois à peine dessinés, qui serpentent à travers forêts et collines. L'île du Nord se consacre aujourd'hui à l'écotourisme, et son complexe luxueux s'adresse surtout aux visiteurs soucieux d'environnement. Frégate, la plus éloignée et la plus exclusive, est une propriété privée. Avec ses nuitées à près de 2 500 dollars, elle demeure réservée à un cercle très restreint de privilégiés.

Les îles coralliennes de Bird, Denis, Desroches et Alphonse offrent chacune son petit paradis coupé du monde, et son refuge hôtelier de grand luxe. Tout a été fait, ici, pour préserver l'environnement. Voile, plongée, pêche en haute mer ou observation des oiseaux, parmi bien d'autres activités, viendront distraire ceux qui auront assez rêvé devant ces eaux de cristal.

Pages précédentes : maison créole de La Digue.

Frégate
0 500 m
OCÉAN INDIEN
Anse Bambous
Frégate Island "Private" Hotel
Airstrip
Plantation House
Anse Parc
Pointe Sud
Settlement
Plaine Magnan
Bambous
Glacis Cafoule
Mont Signale
Signal Rock 125
Au Salon
Anse Coup de Poing
Anse Félix
Anse Victorin
Frégate Island 121
Pointe Fouqué
Grand Anse
Petite Grand Anse
Mahé
0 1 km
OCÉAN INDIEN
Praslin, La Digue
Ste Anne Marine National Park
Ste Anne 250
Anse Cabot
Grand Anse
Albert Rock
Anse Manon
Anse Cimitière
Anse Mare Jupe
Beachcomber Ste Anne Resort
passe de Sainte-Anne
Jolly Roger Bar and Restaurant
Île Moyenne
Île Ronde
Île Longue
Île au Cerf 108
Île Cachée
Kapok Tree Restaurant
Île Sèche
Grand Rocher
Île Anonyme
Île aux Rats
Roche Tortue
Île du Suète
Seychelles International Airport
Canal au Cerf
Île Eden
Romainville
Phare de Victoria
Isle of Farquhar Wreck
Victoria
Avant-port
Île Perseverance
De Quincy Village
La Bastille
Seypot Factory
Pointe Conan
Île Aurora
Pointe Cèdre
Anse Etoile
North East Point
Kreol Fleurage
Anse Nord d'Est
Carana Beach
Machabée
North Point
Mont du Nord
Mt Howard 458
St-Antoine Estate
La Retraite
Maldive Village
Mt Signal 417
La Gogue Village
Réservoir de La Gogue
Hangard 374
Glacis
Mon Plaisir
Sunset Beach Hotel
Northolme Hotel
L'Îlot
Mare Anglaise
Beau Vallon
Baie Beau Vallon
Beau Vallon Bay Hotel
Coral Strand Hotel
Fisherman's Cove Hotel
Bel Ombre
Bel Ombre Treasure Dig
Le Niol
Dans Cèdres
Pascal Village
Saint-Louis Minor 232
Crève Coeur 388
Union Vale
Mon Plaisir
Cimetière de Bel Air
Mont Fleuri
Sans Souci
Rochon Dam
Chemin Sans Souci
Chemin La Misère
Pied du Morne
Trois-Frères Trail
Trois-Frères 699
Morne Seychellois 905
Sans Souci 500
Val Riche
Audibert
Rosebelle
Fairview
Dans Letchis
Grand Bois
Ruines de la Mission
Parc national de Morne Seychellois
Congo Rouge
Mont Coton
Morne Blanc 667
Dugand
Seychelles Tea and Coffee Company
Mahé Beach Hotel
Port Glaud
Petite Île
L'Islette
Anse l'Islette
Mont d'Or
Mare aux Cochons
Mt Le Niol 681
Mte Jasmin 643
Sixpenny Hill
Danzilles
Poulailler 206
Anse Jasmin Estate
Anse Major Trail (sentier de randonnée)
Anse Major (Anse Jasmin)
Du Riz
Cap Ternay
Baie Ternay
Parc national marin de Baie Ternay
Cap Matoopa
Pointe Matoopa
Le Passe Ternay
Île Conception
Port Launay
Parc national marin de Port Launay
Pointe L'Escalier
La Plaine
Thérèse 160
Grand Anse
La Bolière
Whernside
New Savy 587
La Misère
Solitude Mission
Providence
Ma Joséphine 335
Le Rocher
La Misère
Brillant
Petit Paris
Cascade
Cap Ma Georgine
Talbot
Anse Déjeuner

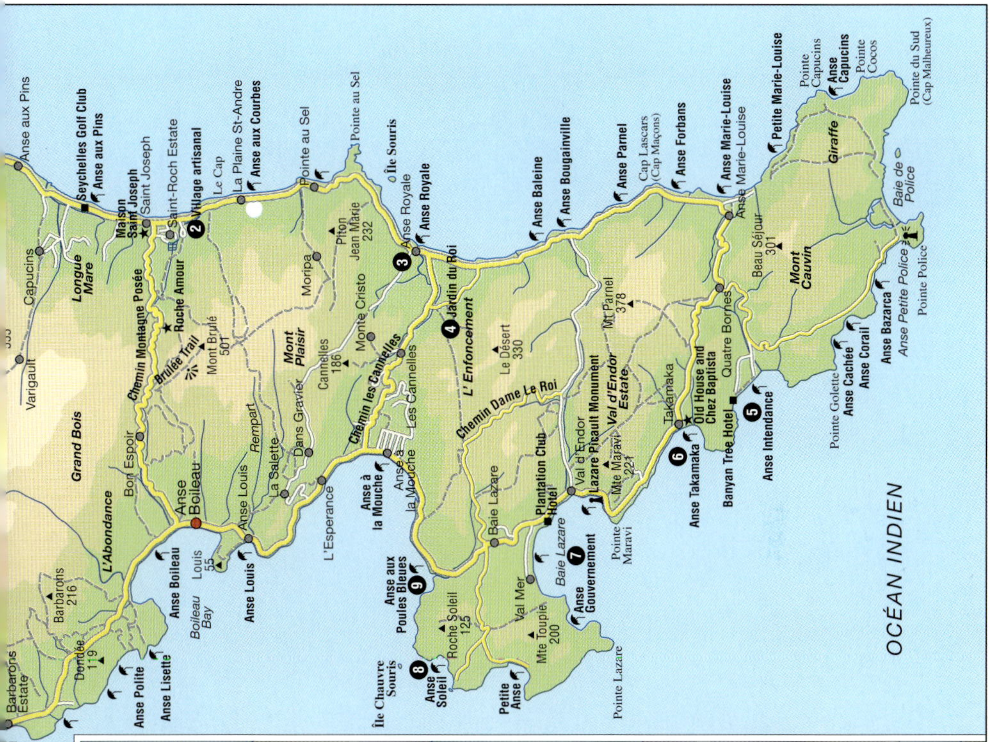
Anse aux Pins
Seychelles Golf Club
Anse aux Pins
Capucins
Longue Mare
Maison Saint Joseph
Saint Joseph
Saint-Roch Estate
Village artisanal
Le Cap
La Plaine St-André
Anse aux Courbes
Pointe au Sel
Pointe au Sel
Île Souris
Anse Royale
Anse Royale
Piton Jean Marie 232
Moripa
Roche Amour
Chemin Montagne Posée
Brûlée Trail
Mont Brûlé 501
Varigault
Grand Bois
Bon Espoir
Mont Plaisir
Cannelles 186
Monte Cristo
Jardin du Roi
L'Enfoncement
Le Désert 330
Chemin les Cannelles
Les Cannelles
Dans Gravier
Rempart
La Salette
Anse Louis
Anse Boileau
L'Abondance
Barbarons 216
Louis 55
Anse Boileau
Boileau Bay
Anse Louis
L'Esperance
Anse à la Mouche
Anse à la Mouche
Chemin Dame Le Roi
Anse Baleine
Anse Bougainville
Anse Parnel
Mt Parnel 378
Cap Lascars (Cap Maçons)
Anse Forbans
Anse Marie-Louise
Anse Marie-Louise
Petite Marie-Louise
Pointe Capucins
Anse Capucins
Pointe Cocos
Pointe du Sud (Cap Malheureux)
Giraffe
Baie de Police
Beau Séjour 301
Mont Cauvin
Quatre Bornes
Anse Petite Police
Pointe Police
Anse Bazarca
Anse Corail
Anse Cachée
Pointe Golette
Old House and Chez Baptista
Takamaka
Banyan Tree Hotel
Anse Intendance
Anse Takamaka
Val d'Endor Estate
Lazare Picault Monument
Val d'Endor
Mte Maravi 221
Plantation Club Hotel
Baie Lazare
Baie Lazare
Anse Gouvernement
Pointe Maravi
Val Mer
Mte Toupie 200
Anse aux Poules Bleues
Roche Soleil 125
Anse Soleil
Île Chauve Souris
Petite Anse
Pointe Lazare
Océan Indien
Barbarons Estate
Dondée 119
Anse Polite
Anse Lisette
Barbarons

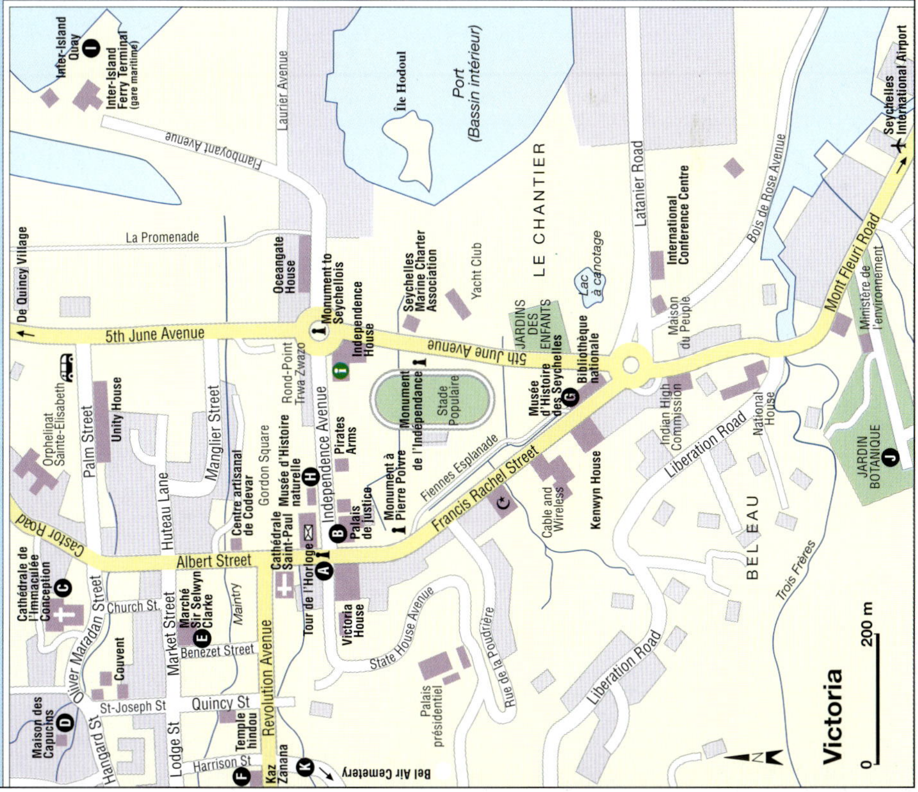
Victoria
0
200 m
N
Inter-Island Quay
Inter-Island Ferry Terminal (gare maritime)
Flamboyant Avenue
Laurier Avenue
Île Hodoul
Port (Bassin intérieur)
La Promenade
De Quincy Village
Oceangate House
Monument to Seychellois
Independence House
5th June Avenue
Seychelles Marine Charter Association
Yacht Club
Le Chantier
Lac à canotage
Latanier Road
Jardins des Enfants
Bibliothèque nationale
International Conference Centre
Maison du Peuple
Bois de Rose Avenue
Seychelles International Airport
Mont Fleuri Road
Ministère de l'environnement
Jardin botanique
Orphelinat Sainte-Élisabeth
Unity House
Palm Street
Manglier Street
Rond-Point Trwa Zwazo
Stade Populaire
Monument de l'Indépendance
Musée d'Histoire des Seychelles
Independence Avenue
Pirates Arms
Gordon Square
Musée d'Histoire naturelle
Monument à Pierre Poivre
Fiennes Esplanade
Francis Rachel Street
Cable and Wireless
Kenwyn House
Indian High Commission
Liberation Road
National House
Castor Road
Huteau Lane
Centre artisanal de Codevar
Cathédrale Saint-Paul
Palais de Justice
Albert Street
Tour de l'Horloge
Cathédrale de l'Immaculée Conception
Oliver Maradan Street
Church St.
Market Street
Marché Sir Selwyn Clarke
Maintry
Benezet Street
Victoria House
State House Avenue
Rue de la Poudrière
Bel Eau
Trois Frères
Liberation Road
Couvent
Maison des Capucins
St-Joseph St
Quincy St
Temple hindou
Revolution Avenue
Hangard St
Lodge St
Harrison St
Kaz Zanana
Palais présidentiel
Bel Air Cemetery

MAHÉ ET LES ÎLOTS VOISINS

Avec ses majestueuses falaises de granit rose, ses montagnes verdoyantes, son port de pêche bourdonnant d'activité et ses marchés qui regorgent d'épices et de fruits tropicaux, Mahé mérite bien son ancien nom d'île d'Abondance... Et pourtant, à peine débarqué à l'aéroport, le visiteur occidental n'a souvent qu'une hâte : gagner Praslin, La Digue ou quelque autre petit paradis touristique pour profiter pleinement des « vraies » Seychelles.

Pour celui qui sait prendre son temps, l'île principale de l'archipel est cependant féconde en découvertes. Certes, sa capitale, Victoria, a son lot d'embouteillages et de chantiers de construction, mais tout y reste à l'échelle humaine, et la convivialité n'y perd jamais ses droits. Tout le monde se connaît, et une partie de dominos disputée au coin de la rue suscite encore un attroupement. Et puis les distances sont si courtes qu'il suffit de quelques minutes de voiture pour se retrouver sur une jolie petite plage ombragée ou au cœur de la forêt humide d'altitude, et ne plus entendre que le bruissement des feuilles agitées par la brise et le chant des grenouilles.

UN ESPACE GAGNÉ SUR LA MER

Mahé s'étend sur 145 km² – soit 27 km du nord au sud, mais 12 km au plus d'est en ouest. Assez accidenté, son relief culmine à 905 m au morne Seychellois. Son réseau routier (une route littorale et plusieurs axes transversaux) permet d'en faire la reconnaissance en 4 x 4 en une seule journée.

Île la plus vaste de l'archipel, Mahé en est aussi la plus peuplée puisqu'elle abrite les trois quarts de la population nationale, soit quelque 82 000 personnes, parmi lesquelles 25 000 vivent à Victoria ou dans ses faubourgs.

La population est concentrée sur les côtes nord et est de Mahé. L'assèchement et la mise en valeur du littoral oriental ont permis notamment la construction d'une voie rapide entre Victoria et l'aéroport, installé à 8 km au sud, et l'aménagement d'une zone d'activités à proximité de la capitale, ce qui a eu pour effet pervers de limiter les effets du développement économique sur le reste de l'île.

VICTORIA

Malgré une croissance démographique régulière liée à l'exode rural, **Victoria ❶** demeure une capitale miniature à l'échelle mondiale. Nichée au pied de montagnes verdoyantes, au fond d'une baie protégée par six îles, elle naquit en 1778, quand les Français bâtirent un fortin dans ce port naturel que Corneille Nicolas Morphey avait reconnu en 1756 (*voir p. 247*). La France se souciait trop peu de ce petit comptoir pour lui donner un vrai nom : on

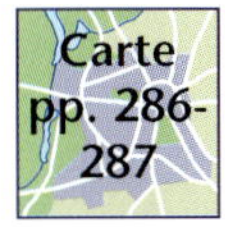

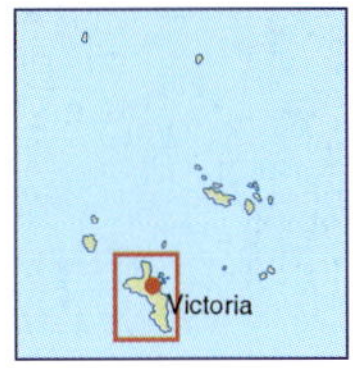

À gauche, paysage de Mahé par Marianne North (1830-1890), une artiste britannique inspirée par la botanique et les rivages tropicaux.

Retour de marché à Victoria. L'élevage familial des volailles fournit un revenu d'appoint à nombre de foyers seychellois. Le poulet, en effet, figure en bonne place dans les menus, après les produits de la mer.

Little Ben miniature érigé en 1903, la tour de l'Horloge de Victoria rappelait aux insulaires les liens avec Londres.

Un moyen de transport confortable et écologique à la mode asiatique.

l'appela tout simplement l'« Établissement du Roi ». La cité se développa lentement, et quand les Britanniques s'en emparèrent, en 1811, elle comptait une centaine de maisons. Mais c'est seulement en 1841 qu'elle prit son nom actuel, en l'honneur de la jeune reine Victoria, couronnée quatre ans plus tôt.

Centre commercial actif, Victoria connaît aujourd'hui, comme toute grande cité, les embarras de la circulation, d'autant que le moindre orage transforme les ruelles de sa vieille ville en de véritables ruisseaux, vite asséchés. On peut encore admirer, dans Market Street et ses environs, quelques résidences bâties par les Français au XVIIIe siècle et qui ont conservé grande allure malgré des façades un peu délabrées. Le quartier moderne est bien plus aéré, avec ses avenues rectilignes aux larges trottoirs et ses jardins publics fleuris.

Si l'on s'intéresse à la culture et à la vie locales, on pourra passer aisément plusieurs jours agréables à Victoria. Mais une demi-journée devrait suffire aux amoureux de la nature pressés de découvrir les plages et les forêts de l'île.

LE CENTRE HISTORIQUE

Le carrefour d'Independance Avenue et de Francis Rachel Street est le centre vital de la cité, avec son emblématique **tour de l'Horloge** Ⓐ (Clock Tower), érigée en 1903 pour célébrer la promotion des Seychelles au rang de colonie de la Couronne à part entière. « Big Ben en miniature », lit-on généralement sur les dépliants touristiques : plus exactement, il s'agit d'une copie de Little Ben, l'horloge de la gare Victoria de Londres, qui était elle-même une réplique réduite de la Clock Tower du palais de Westminster… La fontaine voisine s'orne d'un minuscule buste de la reine Victoria : l'original, qui se trouve au Musée national d'histoire des Seychelles (*voir ci-après*), date de 1900,

année où l'on célébra les 60 ans de règne de l'auguste octogénaire. Au sud-est du carrefour s'élève le **palais de justice** Ⓑ, exemple représentatif de l'architecture coloniale avec ses balcons en fer forgé.

La **cathédrale anglicane Saint-Paul**, qui fait l'angle d'Albert Street et de Revolution Avenue, est la plus ancienne église des Seychelles (1859). Un nouvel édifice a été construit en 2003, conservant la tour originale. La **cathédrale catholique de l'Immaculée Conception** Ⓒ, dans le nord de la ville, fut consacrée en 1874 (mais son clocher est un ajout ultérieur). Près de 90 % des Seychellois sont de confession catholique et si la cathédrale est plutôt silencieuse en semaine, des chants entraînants, accompagnés par les grandes orgues, s'en échappent le dimanche matin. La sortie de la messe offre un spectacle réjouissant quand le flot des paroissiens parés de leurs plus beaux atours se répand autour de l'église, s'attardant pour commenter les nouvelles de la semaine.

L'élégante **maison des Capucins** Ⓓ de style indo-portugais, édifiée en 1933 par des capucins suisses, héberge des séminaristes dont certains se destinent à l'enseignement.

Marché du matin

Market Street, la rue piétonne du centre historique, doit son animation au **Sir Selwyn Clarke Market** Ⓔ. Le marché qui s'y tient le samedi matin est un festival de couleurs et de parfums. La pêche du jour (thons, barracudas, requins, maquereaux, cordonniers, bonites, wahoos, etc.) se négocie au cœur de la halle sous l'œil intéressé de hérons garde-bœuf, ces élégants échassiers au bec jaune que les Seychellois ont baptisés « Madam Paton ». Autour des étals à marée, des cagettes de légumes et de fruits exotiques, sont présentés des plateaux odoriférants chargés de bâtons de cannelle, de sachets de curcuma, de rhizomes de gingembre, de flacons d'essence de vanille et de vieux bocaux remplis de petits piments rouges et verts. La galerie supérieure abrite quelques boutiques d'artisanat et de souvenirs.

Pour se rafraîchir, s'éloigner du brouhaha du marché ou calmer une petite faim, on pourra faire une pause à la **Kaz Zanana** Ⓕ (« maison de l'Ananas ») sur Revolution Avenue. Les galeries installées dans le même bâtiment exposent les œuvres d'artistes locaux tel Georges Camille.

Vers le sud

La large promenade ombragée, qui borde l'artère animée Francis Rachel Street, fut commandée par le gouverneur britannique au merveilleux nom de Sir Eustace Edward Twisleton-Wykeham Fiennes (1918-1921). À l'entrée de l'esplanade trône une statue de Pierre Poivre. C'est ce botaniste lyonnais, nommé gouverneur de l'île de France (Maurice) en 1767, qui fit introduire des plantes à épices, en particulier le cannelier aux Seychelles en 1772 (*voir p. 247*).

Plan p. 287

Petits piments des Seychelles, à consommer avec modération.

Victoria, l'une des plus petites capitales au monde, a su préserver son charme provincial et son ambiance créole, mélange d'exubérance et d'aimable décontraction. Les centres commerciaux y côtoient de petits bars à la pénombre fraîche et des bazars.

Parmi les objets exposés au Musée national d'histoire, les plus émouvants sont liés à la traite des esclaves : fers, menottes et chaînes rongées par la rouille…

Tout au bout de la promenade, le bâtiment contemporain que l'on aperçoit n'est autre que la bibliothèque nationale. Elle partage les locaux avec le **Musée national d'histoire des Seychelles** G. Ses collections sont éclectiques : manuscrits et cartes marines voisinent des costumes et habits d'autrefois, des instruments de musique et des objets récupérés dans des épaves ou retrouvés après la meurtrière avalanche de boue de 1862. Une large place est faite à la magie noire : gris-gris, cartes à jouer, os de poulet, miroirs, herbes et philtres... La pièce maîtresse du musée, exposée dans l'entrée, est l'authentique **pierre de possession** installée le 1er novembre 1756 à l'ouverture de la baie par Corneille Nicolas Morphey, au nom du roi de France. De l'autre côté du parking du musée, la petite galerie Carrefour des Arts vend des œuvres originales.

De l'autre côté de Francis Rachel Street, on remarquera les bâtiments de style colonial superbement restaurés de l'agence locale des télécommunications, **Cable and Wireless**, ainsi que l'élégante résidence de son directeur, **Kenwyn House**, érigée dans les années 1860 et restaurée en 2005. La galerie d'art expose une excellente sélection d'artistes locaux.

À l'est vers les quais

En se dirigeant vers l'est depuis la tour de l'Horloge sur Independance Avenue, on arrive au **Muséum national d'histoire naturelle des Seychelles** H. Outre des noix de coco de mer (les fameux « cocos-fesses », *voir p. 320*) d'une taille remarquable, y sont exposés de beaux spécimens de coraux et de coquillages, d'échantillons géologiques, de divers animaux endémiques naturalisés, ainsi que les restes de certains des crocodiles géants qui infestaient jadis les mangroves de Mahé, terrorisant les colons.

Quand le marché se vide vient l'heure de la sieste.

Juste en face se trouve le repaire privilégié du tout-Victoria, le **Pirates Arms** (ouv. du lun. au sam. de 9h à 0h, dim. de 16h à 23h). Une petite galerie marchande jouxte ce bar très couru. Un peu plus loin sur le même trottoir, avant le rond-point, on ira glaner des conseils et de la documentation à l'**office du tourisme**, dont les dépliants des randonnées proposées sur Mahé, Praslin et La Digue.

Independence Avenue débouche sur le rond-point des Trwa Zwazo Square et son monument aux Seychellois que les insulaires ont rebaptisé **Trwa Zwazo** (« trois oiseaux » en créole). Cette sculpture que Lorenzo Appiani réalisa en 1978 pour commémorer le bicentenaire de la colonisation de l'archipel représente en effet trois grands oiseaux stylisés aux ailes déployées, symboles des communautés européenne, africaine et asiatique qui ont peuplé les Seychelles.

En continuant vers l'est, Flamboyant Avenue conduit à l'**Inter-Island Quay** ❶, l'embarcadère d'où partent les bateaux desservant les autres îles de l'archipel. Mahé en est la plaque tournante, raison pour laquelle le départ d'un ferry pour Praslin ou La Digue donne toujours lieu à une joyeuse cohue. En patientant pour le ferry à la terrasse du Marinier, on observe à loisir ces bruyantes allées et venues. Les vieux gréements et catamarans de charter sont amarrés dans la marina au nord de la jetée. Par contre, pour les sorties en mer en bateau à fond de verre, il faut s'adresser à la Marine Charter Association, dans 5th June Avenue, au sud de Trwa Zwazo.

Jardins et cimetières

Il faut compter une vingtaine de minutes, sans se presser, pour aller du rond-point de Trwa Zwazo au **Jardin botanique** ❶, en descendant 5th June Avenue, puis Mont Fleuri Road.

Le monument érigé sur la droite de 5th June Avenue, à la hauteur du stade, célèbre l'accession des Seychelles à l'indépendance en 1977. Cette sculpture en métal baptisée **monument Zomlib** représente un esclave qui vient de briser ses chaînes et lève victorieusement vers le ciel ses mains libres.

Le jardin botanique fut créé en 1901 par un Franco-Mauricien, Paul Dupont, qui voulait acclimater à Victoria les spécimens qu'il avait récoltés lors de ses pérégrinations botaniques. Le site, rocailleux et aride, n'avait au départ rien d'attrayant, mais c'était le seul terrain proche du centre-ville qui fût mis en vente à un prix abordable. En déployant des trésors d'ingéniosité et de patience, Dupont parvint à transformer ce lopin inculte en une oasis de 1 ha où poussent les représentants de deux cents espèces végétales endémiques et indigènes.

On peut consacrer deux bonnes heures à parcourir les sentiers balisés qui grimpent à l'assaut de la colline, parmi les arbres (ne pas oublier de se munir du plan-guide distribué à l'entrée). On découvrira ainsi des étangs couverts de nénuphars, de

Plan p. 287

Les trois oiseaux de Freedom Square symbolisent le triple héritage des Seychelles : africain, asiatique et européen.

Thoniers devant la rade de Victoria. La capitale des Seychelles est un actif port de commerce et un important centre de pêche. Premier port thonier d'Afrique, Victoria est jumelée à la ville de Concarneau, si bien que des bateaux bretons visitent fréquemment les eaux poissonneuses de l'archipel.

Les volumineuses fleurs rose corail de l'arbre aux boulets de canon se développent directement sur le tronc.

jacinthes d'eau et d'arums au-dessus desquels virevoltent des libellules. Un peu plus loin se dressent un gigantesque banian aux spectaculaires racines aériennes et des faux-sénés (*Cassia fistula*) ; les grappes de fleurs dorées qui ont valu à ces arbres le surnom d'« averse jaune » laissent place à de longues gousses en forme de saucisses. On cherchera le citronnier des éléphants (*Feronia elephantum*), qui ploie sous le poids de ses gros fruits ronds très astringents. Autre curiosité, l'arbre aux boulets de canon (*Couroupita guianensis*), dont les fleurs roses, aux pétales charnus et cireux, poussent à même le tronc. Mais ce sont ses fruits brun-noir, ronds et lisses comme des boulets, qui lui ont valu son nom. Le jardin abrite aussi quelques tortues éléphantines d'Aldabra, apparemment satisfaites de leur enclos sur lequel veille le seul cocotier de mer de Mahé.

On ne manquera pas de faire un crochet par le **cimetière de Bel Air** Ⓚ, au sud de Victoria, sur la route de Sans Souci. Aucun panneau, pas de guide dans le plus ancien cimetière de l'archipel, mais une atmosphère envoûtante émane de ses tombes disséminées dans la verdure. Certaines datent des débuts de la colonisation, quand maîtres et esclaves étaient enterrés côte à côte. L'histoire de la plupart des grandes familles seychelloises est ainsi gravée sur ces stèles moussues rongées par l'air marin. C'est également là que repose le fameux corsaire Hodoul. Après moult aventures sur mer, ce Seychellois d'adoption finit paisiblement ses jours à Victoria, vivant de ses rentes et fort estimé par ses concitoyens. Sa tombe porte cette épitaphe : « Ici repose Jean-François Hodoul, ancien cap. de corsaire né à La Ciotat le 20 juin 1765, mort à Mahé le 10 janvier 1835. Il fut juste. »

LA CÔTE EST

Pour se rendre de Victoria à l'aéroport, au sud de l'anse Talbot, le voyageur pressé empruntera Bois de Rose Avenue, la voie rapide qui traverse le « Chantier » (les terres gagnées sur la mer). En revanche, la vieille route de Mont Fleuri offrira l'occasion aux flâneurs de découvrir un visage de Mahé insoupçonné et plus authentique. Comme partout dans l'île, passé et présent se côtoient le long de cette route étroite et capricieuse. Des édifices ultramodernes (à l'image de l'église des Pentecôtistes, sise à l'angle de Mont Fleuri Road et de Liberation Road) alternent avec de vénérables demeures de planteurs dont le toit à quatre pentes, les fenêtres à jalousies et les vérandas à colonnade se devinent au-dessus de hauts murs d'enceinte.

Les deux routes côtières se rejoignent à Providence, un peu avant **Cascade**. Ce vieux village de pêcheurs ne manque pas de charme quand le couchant teinte de rose les falaises de granit qui le dominent, mais il a un peu perdu son âme. En effet, avec

L'église Saint-André, à Cascade, possède de beaux vitraux. La fête patronale, célébrée en novembre, attirait jadis dans ce petit village tous les marins de l'île, pour la traditionnelle cérémonie de bénédiction des bateaux de pêche. On n'y voit plus guère qu'une dizaine de barques, ornées de drapeaux et de fleurs.

l'avènement du tourisme, ses activités sont désormais tournées vers l'aéroport voisin.

Demeures d'autrefois

L'**Institut créole** (*lenstiki kréol*) est logé dans la maison Saint-Joseph, au sud de l'aéroport, juste après Anse aux Pins. Cette belle demeure coloniale bleu et blanc à la vaste varangue abrite des expositions et l'on peut y consulter des ouvrages et publications en créole.

Un peu plus loin s'étend le **Village artisanal** ❷ (*voir p. 263*). L'administration occupe une maison de planteur des années 1870 qui fleure bon la cire et la cannelle et dont on peut visiter le salon, la salle à manger et une chambre conservés en l'état. Le restaurant Vye Marmit, installé sous la varangue, propose des spécialités locales, notamment le civet de roussette frugivore. Les cases créoles aux couleurs pastel dressées autour de cette vieille demeure abritent des ateliers (sculpture, poterie, batik et vannerie) et des boutiques d'artisanat.

Au-delà de la pointe au Sel se déploie le lagon bleu turquoise d'**Anse Royale** ❸. La plage de sable blanc, jalonnée d'énormes blocs de granit qui divisent l'estran en petites criques, est pratiquement déserte en semaine. Les amateurs de snorkling pourront explorer les fonds marins de la petite île Souris, qui fait face à la grève. Mais attention aux courants entre la plage et l'îlot qui peuvent être relativement forts.

Le Jardin du Roy

Il faut quitter la route côtière, un peu plus loin, pour prendre la direction des Cannelles (indiquée) à droite, puis l'abrupte Sweet Escott Road sur la gauche pour rejoindre le **Jardin du Roy** ❹. Il ne s'agit que d'une reconstitution du jardin d'épices aménagé en 1772 par Antoine Gillot sur les directives de Pierre Poivre (*voir p. 247*) mais le parc est magnifique. Un dépliant contenant un plan des lieux, un historique et une description des différentes espèces cultivées permet de déambuler sans se perdre parmi les muscadiers, les poivriers, les canneliers, les girofliers et les vanilliers. Une grande volière bruissante d'oiseaux exotiques et un enclos à tortues complètent les attractions. Le mini-musée aménagé dans la demeure familiale conserve d'anciens mais intéressants documents, photographies et cartes sur les Seychelles, et renseigne également sur la culture et l'utilisation des épices. Le restaurant sert des jus de fruits frais et des punchs maison aux visiteurs, et son buffet de caris attire du monde le dimanche.

La côte ouest

Aux abords d'Anse Marie-Louise, la route quitte la côte est pour couper à travers la partie méridionale de l'île. À Quatre Bornes s'embranche la route qui mène à Police Bay, à la pointe sud de l'île (baignade dange-

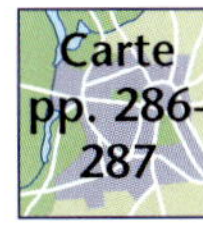
Carte pp. 286-287

Maquette de trois-mâts réalisée à l'atelier La Marine. Les fines lamelles de teck sont patinées avec du thé et rivetées avec des clous en cuivre.

Les premières résidences seychelloises offrent plus d'une ressemblance avec les vieilles demeures de maître de Louisiane. Cette architecture coloniale française s'est imprégnée d'influences britanniques, malgaches et indiennes. Un héritage que l'État seychellois s'efforce d'intégrer aux constructions contemporaines.

Les takamakas ne poussent qu'en bord de mer, sur des sols meubles et riches en sel. Ces grands arbres (de 20 à 30 m) aux feuilles coriaces et vernissées fournissent un bois imputrescible, et leur résine est utilisée pour calfater les bateaux.

reuse). Elle dessert **Anse Intendance** ❺ et son unique hôtel-club très exclisif, The Banyan Tree Resort. Sur sa longue plage au sable immaculé, les longs surfs viennent mourir dans une nuée d'embruns. Les surfeurs et les bons nageurs viennent se mesurer aux vagues, au risque de se faire rouler brutalement sur le sable, ou pire, contre les rochers. L'état de la mer varie selon la saison : de mai à octobre, quand soufflent les vents de mousson du sud-est, elle est particulièrement agitée et les courants peuvent être traîtres ; d'octobre à avril, les vagues restent imposantes, mais la baignade est possible. Les Seychellois aiment aller pique-niquer à Intendance le week-end, car la plage est assez vaste pour que chacun y prenne ses aises.

L'**anse Takamaka** ❻ est la première baie de la côte ouest que dessert la grand-route. Elle doit son nom aux arbres qui ombragent ses sables d'or. Là encore, les vagues attirent les surfeurs, mais la force des courants et la brutale déclivité de la plage rendent la baignade dangereuse.

Les pistes qui desservent le sud de l'île ne sont guère accessibles qu'aux Mini-Moke (de location) et aux petites voitures, mais elles emmènent le visiteur à cent lieues des eldorados touristiques, au cœur de la vie rurale seychelloise : un monde attaché à ses traditions et aux valeurs familiales.

BAIE LAZARE

La route en corniche qui remonte vers le nord ménage un spectaculaire point de vue sur les rochers de la pointe Maravi avant de redescendre vers la **baie Lazare** ❼, passant devant Lazare Picault Monument, une ancre dressée sur une stèle de granit en souvenir du premier débarquement français à Mahé, en 1742 – en réalité, l'expédition dirigée par Picault jeta l'ancre dans l'anse Boileau. Les eaux de la baie, protégées par la barrière corallienne, sont calmes, mais trop peu profondes pour inciter à la baignade. La meilleure façon de l'explorer est de faire appel au Plantation Club Hotel, le plus grand hôtel de l'île. Ouvert aux non-résidants, il dispose d'une piscine avec un bar qui sert boissons et en-cas. L'arrière de l'hôtel est bordé par un joli marais, un aspect de la géographie seychelloise à ne pas manquer.

Pour gagner en voiture **Anse Gouvernement**, au sud-ouest de la baie Lazare, il faudra se risquer sur une piste qui se réduit à deux étroites bandes de béton en surplomb, espérant ne pas croiser un autre véhicule ! La plage souvent balayée par les vents et déserte séduira par son cadre romantique et sauvage, mais la baignade y est vivement déconseillée pendant l'hiver austral, quand souffle la mousson du Sud-Est.

La route principale grimpe ensuite jusqu'au hameau de Baie Lazare, blotti au pied de son église néogothique Saint-François-d'Assise. Du centre du village, une piste sinueuse, le **chemin Dame Le Roi**, monte à l'assaut des collines, traversant la forêt, des plantations de manioc, d'ananas et de canne à sucre et des hameaux où les poules picorent en liberté et où le linge est mis à sécher sur les rochers. Le point de départ est le Harvey's Café, idéal pour se détendre et regarder passer la vie.

Carte pp. 286-287

PARADIS CACHÉS

De Baie Lazare, une piste traverse la péninsule qui s'étend à l'ouest du village pour desservir deux criques. D'aucuns considèrent la première, **Anse Soleil** ❾, comme l'une des plus belles plages méconnues de la planète. Peu fréquentée, sauf le dimanche, quand les Seychellois viennent profiter de son restaurant, elle offre des conditions idéales à la baignade et au snorkling.

Il faut suivre un sentier ombragé pendant environ 10 min pour gagner **Petite Anse** et sa plage au sable d'une finesse exceptionnelle, appréciée, dit-on, du président France Albert René.

ATELIERS D'ARTISTES

En continuant vers le nord sur la route côtière, on pourra faire halte à **Anse aux Poules Bleues** ❿ pour visiter l'**atelier-galerie de Michael Adams**, installé dans une élégante case créole. L'artiste le plus célèbre des Seychelles peint surtout de luxuriants paysages exotiques aux couleurs chatoyantes.

La route épouse ensuite l'ample courbe d'**Anse à la Mouche**. Eaux peu profondes et calmes tout au long de l'année, sable poudreux blanc comme neige, ombre en abondance, plus un petit café, l'Anchor Café, qui sert des plats simples et des boissons à des prix raisonnables : la baie est un paradis pour les enfants – et pour leurs parents.

Juste à l'entrée du **chemin Les Cannelles**, qui traverse l'île d'ouest en est pour relier Anse à la Mouche à Anse Royale (environ 3,5 km), un panneau signale l'**atelier de Tom Bowers**. Comme tant d'autres artistes anglo-saxons, ce sculpteur londonien est tombé amoureux des Seychelles à son premier séjour. Il s'est installé dans les îles et s'inspire des villageois pour couler des figurines dans la résine puis dans le bronze.

Sculptures de Tom Bowers, artiste londonien et Seychellois d'adoption.

Délicieux farniente sur la plage d'Anse Takamaka.

Souvenirs des îles confectionnés avec l'omniprésent cocotier, providence des artisans locaux.

La récolte du thé exige doigté et expérience.

PANORAMAS CÔTIERS

D'**Anse Boileau** part une autre piste transversale, le **chemin Montagne Posée** (6 km), qu'emprunteront les randonneurs désireux de faire l'ascension de la montagne Brûlée (501 m). Toutefois, pour une introduction plus douce aux treks locaux, il existe un sentier très bien balisé, le **Sentier Vacao Trail** ❿, un peu après la sortie de Barbarons Estate, non loin de l'hôtel éponyme. Cette balade ombragée grimpe en suivant un ruisseau bordé de palmiers et d'arbres endémiques.

Après l'immense mât-relais de la BBC World Service Relay Station, la route qui bifurque à droite traverse l'île d'ouest en est en passant par La Misère avant de rejoindre la côte orientale à Plaisance, près de Victoria. La promenade plaira aux amoureux de nature et de solitude, car le chemin, à l'écart des zones habitées, traverse de luxuriantes forêts tout en présentant de beaux points de vue sur les deux côtes.

La route côtière occidentale , quant à elle, arrive à hauteur de **Grand'Anse** ⓫, majestueuse baie encadrée de falaises granitiques et ourlée d'une immense plage de sable blanc. Le paysage est enchanteur, mais la baignade vivement déconseillée, car des courants entraînent le nageur au large : c'est ainsi que le gouverneur britannique s'y est noyé en 1962. Mieux vaut se contenter d'une excursion en bateau à l'île Thérèse (*voir p. 304*).

En redescendant vers le village de pêcheurs de **Port Glaud**, on pourra admirer la pittoresque Petite Île, située en face du Mahé Beach Hotel. Passé Port Glaud, la route littorale traverse la plus vaste mangrove de l'île avant de rétrécir brusquement pour escalader les falaises qui dominent le **Parc national marin de Port Launay** ⓬ créé en 1979 pour protéger le récif corallien. Il est préférable de laisser son véhicule à Port Launay et de descendre à pied sur la plage, car la route se termine en cul-de-sac

LA MISSION

Une majestueuse allée de sandragons et quelques ruines : c'est tout ce qui reste de l'école fondée en 1875 par des missionnaires anglicans pour accueillir les orphelins débarqués de navires négriers arraisonnés par les Britanniques. Après l'abolition de l'esclavage dans leurs colonies, ces derniers menèrent en effet une campagne active dans l'océan Indien pour mettre fin à l'odieux trafic du « bois d'ébène » entre l'Afrique et le Moyen Orient. Les captifs que transportaient les boutres interceptés n'étaient pas rapatriés, au risque d'être repris par les trafiquants, mais conduits aux Seychelles pour y être officiellement libérés. Les missionnaires dispensaient aux enfants une instruction rudimentaire avant de les envoyer en apprentissage.

Intrépide globe-trotter de l'ère victorienne, l'artiste britannique Marianne North visita les Seychelles en 1883 et se rendit à la mission à dos de mulet : « Le site est grandiose, et seules les voix heureuses des enfants rompent le silence de la forêt environnante », écrivit-elle alors dans son journal. De nos jours, on n'entend plus que le froissement des branches et quelques vagues échos dans la forêt – les ruines seraient hantées. Un belvédère a été aménagé au bout de l'allée à l'occasion de la visite de la reine Élisabeth en 1972.

Carte pp. 286-287

un peu plus loin, à **Baie Ternay**. Les amateurs de plongée en apnée s'en donneront à cœur joie, car les eaux cristallines abritent une faune marine aussi abondante que variée.

La côte nord

Même si l'on ne dispose que d'une journée pour visiter Mahé, il faut absolument emprunter le **chemin Sans Souci**, qui traverse le Parc national du Morne Seychellois. Le circuit, d'une côte à l'autre, prend environ une heure, mais cette incursion au cœur des montagnes fera découvrir un tout autre monde. Même par beau temps, les nuages peuvent soudain venir s'accrocher aux sommets, ou bien, montant de la mer, baigner peu à peu les pentes d'un brouillard glacé qui étouffe le moindre son. La tentation est grande de faire halte à chaque détour du chemin, car la perspective sur les îles et le lagon est chaque fois nouvelle. Au milieu d'une luxuriante végétation tropicale s'étendent, sur certains versants, des plantations de théiers et d'acajous.

Sentiers de randonnée

Créé dans les années 1970, le **Parc national du Morne Seychellois** ⓭ est sillonné de sentiers de randonnée balisés, de longueur et de difficulté variables (*voir p. 300*). Des brochures qui décrivent succinctement ces itinéraires sont disponibles à l'office du tourisme de Victoria.

Les versants ouest du massif sont le royaume des théiers. La visite de la **Seychelles Tea & Coffee Company** ⓮ permet de tout savoir sur la récolte des précieuses feuilles. Un peu plus loin sur le chemin Sans Souci s'ouvre le sentier qui mène aux **ruines de la Mission** ⓯ et à l'un des plus extraordinaires points de vue de toutes les Seychelles (*voir encadré page de gauche*). Dans ces parages, avec un peu de chance, on peut apercevoir à la tombée du jour

Un guetteur était jadis posté au sommet de Signal Hill pour scruter l'horizon et signaler l'approche des navires. Dûment avertis, les Seychellois se précipitaient alors sur le port pour récupérer courrier et marchandises.

Vente de bacca, le rhum local.

RANDONNÉES NATURE

La période la plus propice à une randonnée à Mahé s'étend de mai à octobre, mois les plus frais et les moins humides (et l'époque la moins favorable, de la mi-décembre à février, quand les précipitations rendent les chemins glissants, voire dangereux). Quelle que soit la saison, mieux vaut ne pas se risquer en montagne après une journée de pluie. Afin d'éviter la chaleur de la mi-journée, il est préférable de partir tôt le matin ou en milieu d'après-midi (mais ne pas oublier que la nuit tombe vers 18 h 30, et en moins d'une demi-heure). Prévoir une bonne paire de chaussures de marche, un chapeau, des lunettes de soleil et de l'eau. L'excursion sera souvent plus profitable en compagnie d'un guide connaissant bien le pays et capable d'identifier les végétaux et les animaux que l'on trouvera sur le chemin.

De Danzilles à Anse Major (côte nord-ouest). Ce circuit facile, d'une heure et demie aller et retour, peut s'effectuer en sandales. Il part de l'Auberge Club des Seychelles, au bout de la route de Beau Vallon et de Bel Ombre. Après avoir franchi la rivière de Danzilles qui serpente parmi de spectaculaires « glacis » (blocs de granit polis par l'érosion), on traverse un sous-bois dont les trouées laissent apparaître de petites criques sauvages cachées en contrebas. La promenade se termine sur la plage d'Anse Major.

De La Réserve à la montagne Brûlée (côte est). Cet itinéraire permet de découvrir le seul peuplement de palmiers capable de rivaliser avec celui de la Vallée de Mai, dans l'île de Praslin (*voir p. 319*). La forêt qui tapisse le morne abrite, en effet cinq des six espèces endémiques aux Seychelles – il ne manque que le coco de mer. Prendre à Anse aux Pins l'autocar à destination de La Réserve. Le sentier part de la station Cable & Wireless et grimpe sous les acajous. Compter une heure et demie pour atteindre le sommet, une heure pour en redescendre. Les trois belvédères aménagés sur les hauteurs offrent d'incomparables panoramas sur la côte ouest et les îles proches (île aux Vaches – c'est-à-dire Bird –, île Thérèse, île Conception). L'itinéraire étant par endroits mal balisé, il faut impérativement se munir de la carte fournie par l'office du tourisme de Victoria (ou, mieux encore, se faire accompagner par un guide).

Ascension du morne Blanc. Compter deux heures aller et retour pour gravir l'un des plus hauts sommets de l'île (667 m) à partir du chemin Sans Souci, derrière la Seychelles Tea & Coffee Company ⓮. Le sentier grimpe à travers les plantations de théiers, puis s'enfonce dans une forêt touffue de type tropical humide où, curieusement, l'on n'entend que fort peu d'oiseaux. Le retour s'effectue par le même chemin, car le versant opposé forme une falaise abrupte.

Ascension du morne Seychellois ⓭. Prévoir de six à huit heures aller et retour pour atteindre le point culminant de l'archipel (905 m). Le sentier de Congo Rouge qui en fait le tour étant classé de niveau 3, il est déconseillé de l'emprunter sans être accompagné d'un guide. Une grande partie du parcours s'effectue sous les frondaisons mystérieuses et oppressantes d'épaisses forêts humides de montagne.

À gauche, allée bordée de sandragons (« Pterocarpus indicus ») dans le Parc national du Morne Seychellois. Cet arbre de la famille des papilionacées aux fleurs jaune vif doit son nom commun à sa sève rouge sang. Ses feuilles comestibles servent à nourrir le bétail.

Carte pp. 286-287

le petit-duc scieur (*Otus insularis*), un oiseau indigène devenu rare, dont le cri évoque le grincement d'une scie.

BEAU VALLON

L'essentiel des activités touristiques de Mahé se concentre autour de la **baie de Beau Vallon ⓰**. Agréablement ombragée par des cocotiers et des takamakas, la plus grande plage des Seychelles (1,5 km de sable fin) est aussi la plus fréquentée – mais tout reste relatif. Ses eaux claires et calmes invitent à la baignade, et l'on peut y pratiquer toutes les activités nautiques : planche à voile, plongée, pédalo, voile, ski nautique, pêche…

Beau Vallon est aussi la seule station balnéaire de l'archipel qui puisse se prévaloir d'une certaine vie nocturne. Aux hôtels de la rue piétonne s'ajoutent quelques restaurants, dont une modeste pizzeria et la plus sélecte Boat House, restaurant d'une société qui organise des sorties de pêche au gros et où l'on sert chaque soir les plus belles prises de la journée. Cette animation a son revers, car si les abords des hôtels et des restaurants sont sûrs, mieux vaut éviter les zones plus éloignées et moins bien éclairées sous peine de faire de mauvaises rencontres.

Aucune route carrossable ne dessert le cap Matoopa, au sud-ouest de Beau Vallon, mais un sentier des plus agréables mène de **Danzilles** à la charmante petite plage d'**Anse Major ⓱**, bien abritée au fond de sa crique (*voir p. 300*).

VERS LA POINTE NORD-EST

La route transversale qui relie Beau Vallon à la capitale a fait du littoral qui s'étend au nord de la station balnéaire une banlieue résidentielle de Victoria. Jusqu'à **Mare Anglaise**, villas et hôtels prennent d'assaut le moindre bout de plage, mais dès que la route s'élève, l'horizon s'élargit et l'on distingue même dans le lointain Silhouette et l'île du Nord.

La plage de Beau Vallon est bien surveillée.

Les plaisirs du parachute ascensionnel au-dessus des eaux bleues de Mahé.

Les chasseurs de trésor qui affluent dans les îles sont poussés par la nostalgie de leurs rêves d'enfant, un intérêt d'historien ou plus prosaïquement par l'appât du gain. Les autorités locales se gardent bien de dissiper le mystère de Bel Ombre, si profitable au tourisme.

La péninsule septentrionale est l'une des plus belles régions de Mahé, aussi bien des Seychellois d'adoption s'y sont-ils installés, séduits par les nuances d'or et de rose que prennent les rochers et le sable dans le soleil couchant. Entre les collines boisées et la mer, les « glacis », ces gros rochers polis par l'érosion, sont caractéristiques des îles granitiques de l'archipel.

Le **Northolme** accueille les visiteurs à l'heure du déjeuner ou du thé. Construit par un colonel de l'armée britannique, le plus vieil hôtel des Seychelles compta parmi ses habitués Somerset Maugham et Ian Fleming.

Glacis ⓲ est le nom d'un village où hôtels et pensions ont un peu monopolisé le bord de mer, cloisonné en petites plages privées. Pour goûter aux joies de la baignade, mieux vaut doubler la pointe nord de la péninsule et poursuivre sa route jusqu'à l'anse, superbe et sauvage, de **Carana**.

En face de la plage d'Anse Nord-Est se visite **Kreol Fleurage**. Cette parfumerie créée par un biologiste allemand produit des essences aromatiques à partir de cent deux plantes locales.

Entre la **pointe Nord-Est** et la **pointe Cèdre**, la route serre la plage de si près que le sable et les vagues viennent mordre l'asphalte. Aux abords d'**Anse Étoile** apparaissent les premières maisons de la banlieue de Victoria. Passé la **pointe Conan**, une grande bâtisse sombre attire l'œil : il s'agit de la **Bastille**, hôtel particulier construit dans les années 1930 et qui abrita un temps les Archives nationales (transférées depuis à la Bibliothèque nationale de Victoria). Dans ses jardins, un parterre de plantes médicinales voisine avec un pressoir à canne à sucre et une antique maquette de case créole. Aucun panneau d'information, mais un personnel passionné par son sujet joue les guides bénévoles.

LES MYSTÈRES DE BEL OMBRE

En 1949, Reginald Cruise-Wilkins, un officier britannique en convalescence à Mahé, se vit présenter un document couvert de cryptogrammes. Enflammé par les récits d'une insulaire, il ne tarda pas à penser qu'ils étaient de la main d'Olivier Le Vasseur, dit la Buse (*voir p. 246*), le pirate français dont on cherchait en vain le butin depuis deux siècles. Convaincu qu'il s'agissait là des fameux « indices » dont faisait état la légende du trésor perdu, Cruise-Wilkins se plongea dans l'histoire locale et les annales de la piraterie et en conclut que le message sibyllin se rapportait aux travaux d'Hercule.

Sa quête finit par le conduire à Bel Ombre, où il se mit à chercher avec fièvre la grotte ou le tunnel capables d'abriter le fabuleux trésor du pirate. Il mourut à la tâche en 1977, sans avoir vu ses efforts récompensés, mais ses fils ont repris le flambeau. L'un d'eux, subventionné par un groupe de médias allemand, annonça au printemps 2002 qu'il espérait toucher bientôt au but... D'autres pistes tiennent les chasseurs de trésor en haleine, à la Réunion ou à Maurice. Mais certains historiens affirment que la Buse avait depuis longtemps dilapidé son trésor quand il fut pendu.

Les collines basses de la péninsule nord sont couvertes d'une végétation exubérante : takamakas, palmiers, arbres à pain, manguiers, flamboyants... Le **chemin La Gogue**, part d'Anse Étoile et traverse ces forêts pour rejoindre la côte ouest (deux heures à pied et vingt minutes en voiture). Passé le plan d'eau de La Gogue, dont la rive accueillante invite à une pause pique-nique, le sentier présente un embranchement. Si l'on prend à gauche, on débouche sur la plage de l'hôtel Northolme ; à droite, on aboutit près du pittoresque cimetière de Glacis, dont les tombes se confondent avec les rochers.

Les îles voisines et le Parc national marin

Les six îles situées au large de la rade de Victoria et leurs lagons constituent depuis 1973 une zone protégée, le Parc national marin de Sainte-Anne. Malheureusement, leurs barrières de corail ont beaucoup souffert de l'apport de sédiments dû aux grands travaux d'assèchement du Chantier, à l'est de Victoria – il semblerait aussi que les effets conjugués d'El Niño et du réchauffement général des eaux aient contribué à détruire les polypes des coraux. Mais les poissons n'en prolifèrent pas moins, et la classique excursion en bateau à fond de verre dans le Parc, avec déjeuner dans l'une des îles, est un véritable enchantement. Le trajet dure 15 minutes dans chaque sens et laisse le temps pour nager ou faire de la plongée avec masque et tuba. Il existe un autre moyen de locomotion, le Visiobul, un submersible dont l'habitacle hémisphérique offre une vue panoramique des fonds de l'archipel.

Sainte-Anne ⑲, la plus grande des îles du Parc, est sans doute la moins bien connue. C'est pourtant là que s'implanta la toute première colonie européenne, probablement parce que les profondes mangroves du littoral de Mahé étaient alors infestées de crocodiles. Lorsque les colons décidèrent de prendre pied sur la grande île, ils ne laissèrent derrière eux que de vastes cocoteraies.
Un petit port baleinier fut aménagé à Sainte-Anne en 1832, puis les Britanniques y installèrent un dépôt de carburant pendant la Seconde Guerre mondiale. Dans les années 1980, un camp militaire s'établit à Sainte Anne, puis laissa la place aux bureaux du Parc national marin qui gère toutes les zones protégées des Seychelles. Depuis, ceux-ci ont déménagé à Mahé. En 2002, l'île a été transformée en hôtel cinq étoiles, qui contrôle désormais l'accès au site.

Basse et couverte de cocotiers, l'**île au Cerf** ⑳ compte moins d'une centaine d'habitants. Si certains vivent de cultures maraîchères, la plupart d'entre eux prennent tous les jours le bateau pour aller travailler à Victoria. Le romancier sud-africain et auteur de best-sellers Wilbur Smith possède une maison dans

Carte pp. 286-287

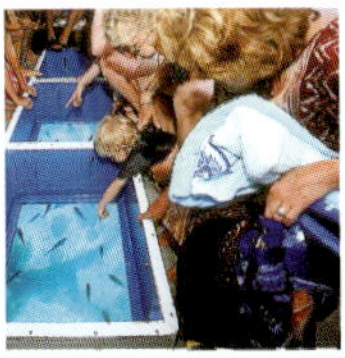

Un bateau à fond de verre, pour découvrir le monde sous-marin les pieds au sec.

Si on fait le tour de la péninsule nord de Mahé en bateau, on découvre, de minuscules criques sauvages et désertes, invisibles de la route. Avec leurs eaux limpides et leurs rochers aux formes étranges, elles constituent de petites oasis de sérénité.

Carte pp. 286-287

l'île. Séjourner à Cerf, c'est jouir de la tranquillité d'une vie insulaire sans voitures ni magasins, tout en sachant que le confort moderne se trouve à dix minutes de bateau. Le débarcadère est situé sur la côte nord, à côté d'un restaurant. De là, un sentier permet de faire le tour de l'île en deux ou trois heures. Bien abritée, la plage sud est idéale pour la baignade et la plongée libre. Les courageux peuvent y louer des pédalos pour rallier les îles Moyenne, Ronde ou Sainte-Anne.

De la côte sud-est de l'île au Cerf, on gagne aisément à pied la minuscule **île Cachée** à marée basse.

L'**île Moyenne** ㉑ est depuis 1962 la propriété de Brendon Grimshaw, ex-directeur de journal britannique qui fait parfois les honneurs de son domaine aux visiteurs. On n'y accède qu'en passant par une agence de voyages de Victoria. Bien qu'il suffise d'une heure pour en faire tranquillement le tour, cette île de 9 ha a néanmoins ses mystères. À commencer par un prétendu trésor d'une valeur de 30 millions de livres sterling qui y aurait été enterré par des pirates. On y rencontrerait aussi le fantôme de miss Emma Wardlow Best, Anglaise excentrique et misanthrope qui vécut dans l'île jusqu'à sa mort, en 1919, dans la seule compagnie d'une meute de chiens errants qu'elle avait recueillis.

À droite, presque tous les hôtels louent planches à voile et catamarans.

Un sentier balisé part du bar-restaurant installé dans une demeure créole restaurée avec goût, près du débarcadère, où les visiteurs sont accueillis par deux tortues géantes. Il passe devant les ruines de la « maison des chiens » de miss Best, puis longe la ravissante plage de Coral Cove, serpentant au milieu des rochers pour atteindre la chapelle, son minuscule cimetière et un petit musée d'histoire naturelle. Tout au long du parcours, des écriteaux permettent d'identifier arbres et plantes, témoignant des efforts faits pour la conservation d'espèces endémiques comme le coco de mer ou le gardénia de Wright. Au nord-ouest, le bras de mer qui sépare Moyenne de Sainte-Anne invite à la plongée.

Il suffit de 10 min pour faire le tour de l'**île Ronde** ㉒, dont les petites plages, souvent envahies par les algues, sont peu propices à la baignade. L'îlot héberge le centre d'information du Parc national. Un restaurant, ombragé par de superbes flamboyants, est installé dans un ancien lazaret.

L'**île Longue** était un lieu de quarantaine à l'époque où tout navire était suspecté de transporter des porteurs de la variole, fléau incurable pour la population isolée des Seychelles. Devenue une colonie pénitentiaire, l'île se métamorphose à présent en un gigantesque club-hôtel.

L'**île Thérèse** ㉓, au large de la côte ouest de Mahé, est un très belle île, idéale pour une excursion d'une journée. Par contre il n'y a actuellement plus de services réguliers de navette. On profitera de la belle plage qui s'étend face à l'île principale est bien protégée, rendant la baignade facile.

Victimes des raids des marins, les tortues géantes avaient disparu des îles granitiques, mais la tortue éléphantine (la plus grosse espèce terrestre avec celle des Galápagos) a par miracle survécu sur l'atoll d'Aldabra. L'archipel en a donc été repeuplé. Cette tortue se laisse facilement approcher.

FRÉGATE

Située à 56 km à l'est de Mahé, un peu à l'écart du groupe La Digue-Praslin, Frégate est la plus orientale des îles granitiques. Elle se distingue de ses « sœurs » par sa structure géologique, car le granit s'y réduit à quelques veines, laissant la place à l'aplite et au porphyre à quartz. Cette petite île de 3 km², aux formes doucement vallonnées (125 m à son point culminant), est ceinte d'une barrière corallienne qui abrite une foisonnante vie marine.

Ces coraux sont à l'origine de l'impalpable sable blanc ivoire qui tapisse les sept plages de l'île, baignées par une mer d'une magnifique couleur turquoise. On aura compris que Frégate a tout d'un petit paradis... Mais un paradis réservé à de rares privilégiés, car cette île est une propriété privée. Elle ne compte qu'une trentaine de résidants et n'accueille que la quarantaine de clients (séjour de 2 jours minimum) admis par son hôtel très exclusif, le **Frégate Island « Private »** ㉔. Les luxueuses villas inspirées des styles thaï et balinais se louent pour la modique somme de 2 500 $US par jour. Cette discrimination a au moins une heureuse contrepartie : une nature scrupuleusement respectée.

Un ancien repaire de pirates

L'île doit son nom à Lazare Picault, qui fut frappé par son importante colonie d'oiseaux de mer – en particulier des frégates – lors de son voyage de reconnaissance de 1744. Mais, avant cette découverte officielle, Frégate avait eu des hôtes plus ou moins clandestins : les pirates de l'océan Indien y avaient trouvé de petites anses discrètes où jeter l'ancre après leurs assauts navals. Ils pouvaient ainsi réparer en toute sécurité les avaries de leurs navires, panser leurs plaies et refaire leurs provisions d'eau douce et de viande fraîche.

Au XIXe siècle, les premiers colons qui s'installèrent à Frégate y découvrirent les vestiges, disparus depuis, d'une occupation prolongée : les murs écroulés de bâtiments assez vastes, une conduite d'eau doublée de plomb, des boulets de canon et trois sépultures contenant des épées. Des pièces d'or espagnoles furent également retrouvées sur les plages, et on en a conclu que des pirates avaient caché leur butin dans l'île. Mais ces piastres pouvaient aussi provenir d'un vaisseau naufragé : un témoignage de 1838 signale une épave de grande taille gisant sur le fond au-delà de la barrière de corail.

Une prison pour les exilés

En 1802, Frégate devint une prison insulaire. À la suite de l'attentat de la rue Sainte-Nicaise ayant eu pour cible Napoléon, des jacobins accusés d'avoir comploté contre lui furent expédiés aux Seychelles. Prêchant l'égalité, ils trouvèrent un auditoire chez les esclaves, et des rumeurs de tentative de rébellion circulèrent.

Carte p. 286

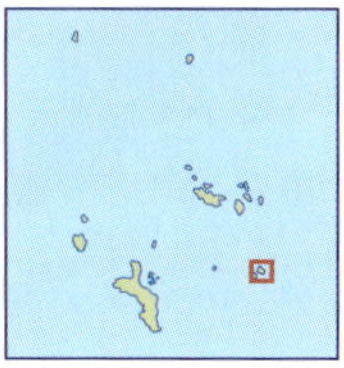

À gauche, sieste à l'ombre des cocotiers. Le sable ivoire de cette plage est en réalité une fine poussière de corail.

Les seuls touristes de Frégate sont les clients de son hôtel de luxe, dont l'île est le jardin privé. Nichées dans la végétation, les spacieuses villas aux murs de teck et d'acajou sont largement ouvertes sur une nature paradisiaque. La vue sur la mer est obligatoire, même depuis le jacuzzi.

Ce bel oiseau au plumage noir et blanc, le shama dayal, a bien failli disparaître dans les années 1960.

Les cocktails à base de jus de fruits tropicaux et d'agrumes sont une spécialité des îles.

Cela ne plaisait nullement aux planteurs ni au gouverneur Quéau de Quinssy, qui fit reléguer à Frégate le meneur jugé le plus dangereux, Louis François Serpolet, avec trois esclaves. Séjour d'ailleurs bref : un mois plus tard, Serpolet et ses compagnons furent transférés à Anjouan, aux Comores, avec 35 autres déportés. En proie à toutes sortes de persécutions, ces malheureux moururent empoisonnés, selon la rumeur locale, sur ordre du sultan.

En 1813, Frégate fut vendue à la famille Savy, et elle resta sa propriété jusqu'en 1972. Les Savy faillirent pourtant en être expropriés au lendemain de la guerre des Boers, car les Britanniques voulaient faire déporter des fermiers afrikaners dans l'île.

Le nouveau propriétaire développa les plantations existantes, en y ajoutant des cultures d'arbres fruitiers, de légumes et de fleurs. En 1975, il fit construire un hôtel et aménager une petite piste d'atterrissage dans le nord-est de l'île. Frégate comptait alors une cinquantaine d'habitants qui partageaient leur temps entre la pêche et l'agriculture. L'île changea encore une fois de mains dans les années 1990 ; son propriétaire, un Allemand, y introduisit des méthodes de culture plus respectueuses de l'environnement et fit aménager un port privé.

Raretés naturelles

La végétation d'origine des plaines littorales a pratiquement disparu au profit des plantations (avocats, agrumes, papayes, cannelle, patates douces, canne à sucre, choux, laitues, etc.). Mais les plages ont gardé leur épaisse ceinture de cocotiers. Sur les pentes boisées des collines, les sandragons dominent, mêlés aux caféiers, aux arbres à pain, aux banians, aux ylangs-ylangs et aux acajous.

Ces forêts sont un paradis pour les ornithologues amateurs. Ils pourront notamment y entendre le shama dayal, appelé en créole *pi santez*

(« pie chanteuse »). Jadis très répandu sur les îles granitiques, ce bel oiseau noir et blanc, menacé par la destruction de son habitat et par l'introduction des chats et des chiens, avait presque disparu dans les années 1960. Il a été sauvé par l'intervention de Birdlife International, qui a délégué dans l'île un gardien. Grâce à un supplément quotidien de nourriture, les shamas dayals se sont multipliés, et on a même pu les réintroduire dans les autres îles de l'archipel. Autres oiseaux rares : le foudi des Seychelles, une espèce endémique, et le founingo rougecap, un pigeon à l'éclatant plumage tricolore bleu, rouge et blanc.

Tel le ténébrion géant, le gecko de Gardiner est lui aussi une exclusivité de Frégate et une véritable curiosité entomologique : ce gros coléoptère qui ressemble à un rhinocéros vit sur l'écorce du sandragon.

En revanche, les tortues éléphantines de Frégate ont totalement disparu. Celles que l'on voit aujourd'hui ont été importées d'Aldabra.

Des sentiers ombragés

Pour découvrir la faune et la flore, il faut suivre les chemins ombragés qui sillonnent l'île. Une allée fait le tour du domaine principal et trois sentiers partent de **Plantation House** ㉕, l'ancienne maison de maître qui abrite le restaurant de l'hôtel. Le premier mène à **Anse Parc**, au sud-est (dix minutes environ). Près de la plage, un panneau signale le Pirate's Wall ; on y découvrit en 1812 un baudrier et une épaulette brodés d'or.

Le deuxième sentier traverse l'île en franchissant la rivière Bambous et aboutit à **Anse Victorin** ㉖, considérée comme l'une des plus belles plages du monde (une demi-heure sans se presser). Le troisième, bien balisé, file vers l'ouest et rejoint la plage de **Grand Anse**, laissant à gauche la colline d'Au Salon, plantée de sandragons, tandis qu'à droite se dresse **Signal Rock** (125 m), le point culminant de l'île (prévoir une vingtaine de minutes).

Carte p. 286

Frégate aurait son fantôme : une femme sans tête qui arpente les plages la nuit. Mais on dit aussi que cette légende a été inventée… par un patron-pêcheur pour éloigner les intrus de ses sites de pêche les plus fructueux…

Une scène de « Pirates » (1986), film de Roman Polanski en partie tourné à Frégate.

SILHOUETTE ET L'ÎLE DU NORD

Carte p. 312

Des plages de Belle Anse, on aperçoit à l'horizon les contours de Silhouette, île ancrée à une vingtaine de kilomètres au nord-ouest de Mahé. Par temps très clair, on distingue même au-delà la minuscule île du Nord (North Island). Mais ces deux « cailloux » si proches, moins aisément accessibles que La Digue ou Praslin et peu peuplés restent relativement méconnus. Aussi abritent-ils une faune et une végétation miraculeusement préservées et d'une rare diversité.

UNE FORÊT TROPICALE INTACTE

Troisième île des Seychelles par la taille (20 km^2), Silhouette appartient au groupe granitique, mais elle est nettement plus montagneuse que Mahé, Praslin et La Digue. Deux chaînes, d'une altitude moyenne de 500 m, traversent en effet l'île d'est en ouest, délimitant quatre grandes vallées. Le mont Dauban, le principal des trois pics qui dominent Silhouette (et deuxième sommet des Seychelles), culmine à 740 m. La population se concentre sur les plaines littorales est et ouest.

La douceur du climat et d'importantes précipitations ont favorisé le développement d'une végétation d'autant plus luxuriante que l'homme l'a peu dégradée et qu'il n'a tracé aucune route dans l'île. Silhouette peut ainsi s'enorgueillir de posséder la seule forêt tropicale humide primaire des Seychelles. À cette flore originelle sont venues s'ajouter des plantes cultivées importées par les colons et retournées à l'état sauvage. Un environnement aussi propice explique l'exceptionnelle richesse de la faune et son fort taux d'endémisme.

La barrière corallienne interdit l'accostage sur une bonne partie du littoral, et notamment sur toute la côte est. Les plages et les anses aux eaux cristallines qu'elle protège se prêtent particulièrement bien à la baignade et à la plongée libre.

La position de l'île fut relevée pour la première fois en 1609, par *L'Ascension*, un bâtiment de la Compagnie anglaise des Indes orientales. Mais la colonisation ne débuta qu'à la fin du XVIIIe siècle. L'expédition dirigée par Nicolas Marion-Dufresne donna à cette île, en 1768, le nom d'un contrôleur général des Finances de Louis XV, Étienne de Silhouette.

LA DYNASTIE DAUBAN

Alors même que l'ensemble des Seychelles passaient sous tutelle anglaise après la chute de Napoléon, Silhouette allait au contraire être acquise par un Français, Auguste Dauban. Cet officier de marine en retraite la racheta, morceau par morceau, dans la première moitié du XIXe siècle, et elle demeura propriété de sa famille pendant plus de cent ans. Les Dauban s'y firent bâtir une belle résidence, tracèrent des

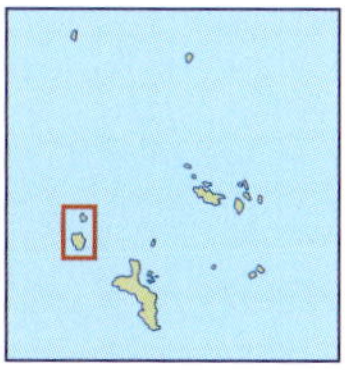

À gauche, coucher de soleil sur les bateaux de pêche devant l'île de Silhouette.

Ni routes ni voitures à Silhouette, où l'on accède en hélicoptère ou en bateau, mais des pistes et des sentiers à peine tracés traversent ses montagnes. La population locale vit sur le littoral, dans des « cases » en bois.

pistes et introduisirent la culture de la vanille, du clou de girofle et d'autres épices. Ils plantèrent aussi quantité de cocotiers, jusque dans les lieux les plus reculés : à l'époque, une île ne devait sa valeur qu'à ses cocoteraies ! La forêt a aujourd'hui reconquis ses droits, envahissant plantations et sentiers. L'ère Dauban s'acheva dans les années 1970, lorsqu'un groupe hôtelier français racheta l'île pour la remettre à l'État seychellois en 1983.

De La Passe à la pointe Zeng Zeng

C'est sur la côte orientale, à **La Passe** ❶, unique village de l'île, et dans ses environs, que vivent la plupart des 200 insulaires. La **Grande Case**, ancienne demeure des Dauban, se dresse près de la jetée. Elle se compose de quatre corps de bâtiments selon la mode coloniale : la maison principale, ou grand'case proprement dite, les sanitaires, la cuisine et la salle à manger (située à l'écart de l'habitation pour réduire les risques d'incendie). Faute de climatisation, la vie se concentrait sous la vaste varangue, rafraîchie par la brise marine.

Le NPTS (Nature Protection Trust of Seychelles), basé à La Passe, a lancé un programme d'élevage de tortues terrestres géantes afin de sauver les dernières espèces locales, la tortue d'Arnold et la tortue des Seychelles, que l'on croyait disparues et qui ont été redécouvertes récemment. Un enclos aménagé au sud de La Grande Case abrite un petit groupe de tortues d'Aldabra. Des hérons cendrés et des bihoreaux gris ont élu domicile dans le marais voisin, où on a également relâché des tortues d'eau douce.

Le monument funéraire de la famille Dauban dresse ses colonnes de marbre blanc et son fronton de temple grec, inspiré de celui de l'église parisienne de la Madeleine, à la **pointe Ramasse Tout** ❷ – une

Une croix parmi tant d'autres aux Seychelles… Elle a été dressée par les premiers missionnaires.

vision plutôt insolite parmi les palmiers ! De là, le chemin conduit à **Anse Lascars** ❸. Une légende tenace voulait que les sépultures retrouvées sur la plage soient celles de marchands arabes du IXe siècle… Mais la datation au carbone 14 des restes qu'elles contenaient a révélé qu'elles remontent au début du XIXe siècle… Il s'agirait de sépultures d'esclaves marrons qui avaient fui Mahé au XVIIIe siècle. Autre figure mythique de l'île : le corsaire français Jean-François Hodoul (*voir p. 294*), contemporain de Surcouf, qui aurait caché son butin dans les montagnes.

De la plage, le chemin grimpe jusqu'au promontoire de la **pointe Zeng Zeng**, puis redescend vers la baie bien abritée d'Anse Patates, envahie par la mangrove.

Les plages

Au nord de la jetée, l'Anse La Passe déroule son magnifique tapis de sable. Elle ne risque pas d'être prise d'assaut par les touristes : l'unique et très sélect hôtel de l'île, le **Silhouette Island Lodge** ❹, y a installé ses bungalows, mais il n'accueille que 12 clients à la fois ! La non moins ravissante plage de **Baie Cipailles** ❺ s'étend un peu plus loin.

De Baie Cipailles, deux sentiers mènent à **Anse Mondon** ❻, assurément le meilleur site de toute l'île pour la plongée libre. Mieux vaut éviter celui du bas, envahi par la végétation, d'autant que le sentier du haut réserve une vue fabuleuse sur Anse Mondon. Le chemin qui relie La Passe à Grande Barbe, village fantôme de la côte ouest, est bien entretenu. Il faut compter trois heures et demie pour traverser l'île, et ceux que tente la promenade peuvent demander que le bateau vienne les reprendre de l'autre côté.

Randonnée en montagne

L'ascension du mont **Pot à Eau** ❼ (630 m) à partir de La Passe prend pratiquement la journée. Seuls les plus courageux s'y risqueront, et ils devront impérativement se faire accompagner par un guide (contacter le NPTS), car le sentier est souvent glissant. Mais le défi mérite d'être relevé, car la forêt est véritablement ensorcelante avec ses nombreuses espèces exotiques – notamment la célèbre liane « pot à eau », plante carnivore qui pousse près du sommet.

L'île du Nord (North Island)

À 7 km au nord de Mahé s'étend North Island. Moins escarpée, elle est aussi moins bien préservée que Silhouette. La plus grande partie de sa forêt primaire a disparu à l'époque des planteurs. L'île fait l'objet d'un programme de reboisement et ses eaux littorales ont été déclarées Parc national marin en 1987. Elle possède de belles plages sauvages que sépare un haut plateau central. On peut s'y rendre en hélicoptère à partir de Mahé et loger dans l'une des 10 villas de son « campement de luxe 6 étoiles » !

Carte p. 312

Liane pot à eau, s'apprêtant à gober sa proie. Cette plante carnivore doit son nom à son réceptacle en forme d'amphore.

La forêt tropicale monte à l'assaut des pentes du mont Pot à Eau, l'un des trois plus hauts sommets de Silhouette, au cœur de l'île. Découvrir ce monde végétal inviolé est une expérience inoubliable.

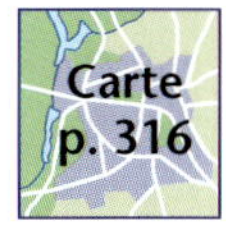

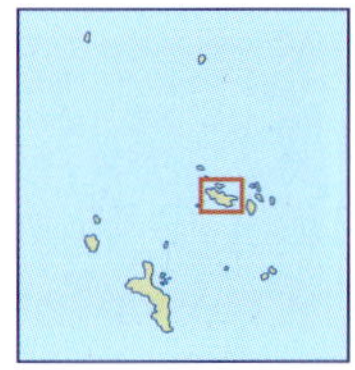

PRASLIN

Ancrée à 36 km au nord-est de Mahé – et à seulement 6 km de La Digue –, Praslin est la deuxième île de l'archipel par la taille (un peu moins de 40 km²) et par la population (un peu plus de 6 000 habitants). Comme Mahé, il s'agit d'une île granitique, mais ses reliefs sont nettement moins accusés : Praslin culmine à 367 m d'altitude. Ses collines, plus basses, sont aussi plus dénudées.

Les touristes qui séjournent dans les luxueux complexes hôteliers du littoral apprécient ses plages de sable fin – les plus belles du monde, dit-on – et la transparence exceptionnelle de leur eau, mais aussi les forêts primaires de palmiers qu'abritent quelques vallées bien protégées du centre. Le charme de Praslin tient aussi en grande partie à son rythme de vie, beaucoup plus décontracté que celui de la capitale de l'archipel. On n'y connaît en effet ni embouteillages ni hâte.

L'extension de son aéroport, en 2001, a permis à l'île d'établir des liaisons aériennes avec la plupart des autres îles. Le vol Mahé-Praslin ne prend qu'un quart d'heure, alors que les goélettes mettent trois heures pour rallier l'embarcadère de Victoria à Baie Sainte-Anne. De Victoria part également une navette rapide, le *Cat Cocos,* qui effectue le trajet en une heure. Ce mode de transport est très prisé des Seychellois, aussi vaut-il mieux retenir sa place, surtout le week-end.

On peut aussi réserver une voiture de location auprès d'une agence locale et l'avoir à sa disposition au débarcadère ou à l'aéroport, deux lieux où stationnent également des taxis. Cela dit, à Praslin, les gens circulent beaucoup en autobus. Ces bus sont bon marché, mais souvent bondés et leurs horaires pour le moins fantaisistes. Aussi n'est-il pas rare de devoir attendre longuement au bord de la route. Si l'on demande à un Seychellois quand passe le prochain bus, il répondra invariablement : « Très bientôt ! », ce qui correspond davantage à un souhait – ou à un souci de se montrer agréable – qu'à une probabilité.

Si la voiture permet d'explorer la région en toute tranquillité, on peut aussi faire de très belles promenades à vélo, et de nombreux sentiers invitent les amateurs de randonnée pédestre à découvrir les recoins les plus secrets du pays.

DE BAIE SAINTE-ANNE À ANSE LAZIO

Si l'on arrive à Praslin en bateau, on débarquera à **Baie Sainte-Anne** ❶, ravissante bourgade qui dispute à **Grand'Anse** le titre de « capitale » de l'île. On y trouve quelques boutiques, des banques, une église et le seul hôpital de l'île. Mais, à l'exception d'une société de location de bateaux, d'un libre-service et de quelques échoppes de restauration rapide, l'infrastructure touristique est plutôt restreinte.

À gauche, les nasses des pêcheurs seychellois sont des chefs-d'œuvre de vannerie.

Les sols meubles et imprégnés de sel des rivages tropicaux sont colonisés par la mangrove. Cette formation forestière qui tend à gagner sur la mer est surtout peuplée de palétuviers et de mangliers, essences très résistantes. Les arbres les plus proches de l'eau, juchés sur leurs énormes racines aériennes, sont des palétuviers rouges.

LE COCO DE MER

De passage à Praslin en 1881, le général Charles Gordon – qui devait s'illustrer tragiquement à Khartoum quatre ans plus tard – visita la Vallée de Mai. La beauté du site l'impressionna tant qu'il pensa avoir découvert le jardin d'Éden – et il en conclut fort logiquement que le coco de mer (*Lodoicea maldivica*) devait être l'arbre de la Connaissance, et sa noix le fruit défendu. « La Bible fait du cœur le berceau des désirs et le fruit du coco de mer représente le cœur à l'extérieur, tandis qu'à l'intérieur, on trouve le ventre et les cuisses, que je considère comme le siège des désirs charnels. »

Sans aller jusqu'à partager le lyrisme du général britannique, on ne peut nier que la noix du coco de mer femelle – le « coco-fesses » – évoque une paire de fesses ou un bas-ventre féminin, avec le renflement caractéristique du pubis. Et que l'énorme chaton qui pend du tronc de l'arbre mâle a une forme tout aussi suggestive. Arbres des deux sexes vivent côte à côte. Le mâle atteint une hauteur moyenne de 15 m (contre 9 m pour l'arbre femelle), mais certains spécimens dépassent les 30 m. S'il pousse plus haut que le cocotier femelle, c'est d'abord parce que le mâle vit plus longtemps, mais sa haute stature est aussi censée favoriser la fécondation de sa compagne. Les cocos de mer femelles résistent mal au vent quand ils sont chargés de noix, et les ouragans en abattent un certain nombre : chaque noix pèse en effet de 18 à 22 kg pour un diamètre de 30 à 50 cm, ce qui en fait la graine la plus lourde du monde !

La pollinisation du coco de mer reste une énigme. Le vent joue sans doute un rôle majeur dans le processus, mais les grosses limaces qui dévorent les fleurs mâles et les geckos verts qui courent dans les palmes peuvent aussi véhiculer le pollen. Une légende locale fournit une autre explication : lors des nuits de tempête, les cocotiers mâles se déracineraient pour aller se livrer à de torrides étreintes avec les femelles. Le secret est bien gardé, car les humains ayant assisté à de tels ébats sont condamnés à une mort rapide.

Les cocotiers de mer peuvent vivre entre 200 et 400 ans. Selon le dernier recensement (1985), le plus vieux représentant de l'espèce aurait 800 ans. À l'exception de spécimens isolés réintroduits sur les autres îles granitiques des Seychelles, on ne les trouve plus qu'à Praslin et à Curieuse. Mais leur aire de répartition était jadis bien plus étendue. Au cours des travaux de terrassement du nouvel aéroport de Bruxelles, dans les années 1980, on a ainsi trouvé des noix fossiles, semblables à celles du coco de mer, vieilles de 50 millions d'années.

Curiosité dont on ignorait l'origine, les « cocos-fesses » se négociaient jadis à prix d'or en Europe. Leur commerce reste d'ailleurs très réglementé. Récoltées sous le contrôle du ministère de l'Environnement seychellois, les noix sont évidées, puis polies avant d'être vendues comme souvenirs. Chacune d'elles est numérotée, estampillée et vendue avec un certificat d'origine. Mais le prix (compter 2 000 roupies pour un beau spécimen) encourage la contrebande. Il faut donc être vigilant : une noix vendue sans certificat a toutes chances d'avoir été récoltée illégalement, et elle sera confisquée par les douaniers.

La croyance populaire a attribué toutes sortes de vertus aux volumineuses noix du coco de mer, surnommées, pour des raisons évidentes, « cocos-fesses ». L'amande (consommée avant maturité sous forme de lait de coco) est notamment considérée comme un aphrodisiaque.

La Vallée de Mai

Principale attraction de Praslin, la **Vallée de Mai** ❾ est depuis 1984 classée au patrimoine naturel mondial par l'Unesco. Cette forêt primaire s'étend sur quelque 20 ha de collines au cœur de l'île, entre Baie Sainte-Anne et Grand'Anse. Plusieurs sentiers balisés la sillonnent, et une brochure-guide, disponible à l'entrée, en dresse un plan assez clair, complété par un descriptif de la flore et de la faune. Les visiteurs ont le choix entre un « petit circuit » d'une heure environ, qui permet de voir les principales curiosités botaniques, et une boucle de deux ou trois heures qui passe par un spectaculaire point de vue.

Une promenade dans la Vallée a tout d'un voyage dans le temps. Dans un tel cadre, l'irruption de dinosaures ne surprendrait guère. Du reste, certains pensent que si les palmes du coco de mer ont développé les plus longues tiges au monde, c'est sans doute pour demeurer hors de portée des herbivores géants de l'ère secondaire. Quant aux jeunes cocotiers, leurs épines les ont protégés des dents des tortues géantes, qui dominèrent à une époque plus récente l'écosystème local.

Dans cette cathédrale verte dont la voûte, formée par les frondaisons des cocotiers géants, s'élève à plus de 30 m du sol, on ressent pleinement la majesté de la nature. Seuls le bruissement des palmes ou le murmure d'un ruisseau invisible viennent troubler le silence, à moins que des craquements ne trahissent le passage des geckos dans l'épais tapis de feuilles mortes.

Cocotiers primaires

Le quart des arbres de la Vallée sont des cocos de mer (*voir ci-contre*), et la moitié, des représentants des autres variétés endémiques de palmiers : le « latannyen fey » (*Phoenicopterus borsigianum*) aux larges

Carte p. 316

Le cateau noir des Seychelles, hôte permanent de la Vallée de Mai.

Carte p. 316

Rochers grêlés par l'érosion sur une plage de Curieuse.

À droite, goélette reliant Praslin à La Digue.

Dans une cocoteraie de Curieuse. L'économie seychelloise a longtemps reposé sur l'exploitation de cet arbre. Ses noix renferment un lait désaltérant, tandis que leur chair donne une excellente huile et que leur coque est transformée en charbon de bois. Sa sève fermentée se mue en un breuvage alcoolique, le kalou, et ses racines ont des vertus diurétiques !

feuilles non divisées, le latanier mille-pattes (*Nephrosperma vanhoutteanum*), le majestueux palmiste, jadis sacrifié pour concocter la fameuse « salade du millionnaire » et le « latannyen oban » (*Roscheria melanochaetes*) le plus petit et le plus commun de tous.

Les perroquets noirs

On a peu de chances d'apercevoir les oiseaux qui peuplent la Vallée car ils préfèrent rester perchés au sommet des arbres. Seul le cri perçant du cateau noir trahit sa présence. Ce perroquet est un oiseau rare, au sens propre, puisqu'il ne se reproduit qu'à Praslin, installant son nid dans les troncs de cocotier de mer pourris et les pins cerceaux (auxquels s'ajoutent quelques nichoirs artificiels).

La végétation est si dense qu'il est en fait plus facile d'observer ces perroquets hors de la Vallée, tôt le matin ou en fin d'après-midi. On les aperçoit parfois du parking, alors qu'ils volettent de branche en branche. On peut aussi en rencontrer au bord de la mer, où ils viennent chercher leur nourriture dans certains arbres.

L'« île Rouge »

Ancrée au large de la côte nord de Praslin, **Curieuse** ⓾ forme le cœur du Parc national marin. Vue du large, cette île de 2 km sur 3 apparaît comme une masse rougeâtre, et c'est cette teinte singulière qui lui a valu sa première appellation d'« île Rouge ». Curieuse doit ses sols rouges et sa végétation très clairsemée à des incendies répétés. Le premier dont les annales locales aient conservé la trace remonte à 1771, et les Français accusèrent alors les Britanniques de l'avoir allumé. En réalité, il semble plutôt que ces incendies fassent partie du cycle naturel de régénération des cocoteraies et qu'ils favorisent le développement des jeunes pousses en éliminant la végétation morte.

Une léproserie fut construite en 1833 à **Anse Saint-José**, sur la côte sud de l'île. Si la plupart des bâtiments tombent en ruine, la vieille case créole, *Doctor's House*, a été restaurée et abrite un centre d'information et un musée. De là, un sentier conduit à la **baie Laraie**. La chaussée qui traverse la baie abritait, avant le tsunami de décembre 2005, un étang dans lequel on gardait jadis les tortues de mer avant de vendre leur chair aux navires de passage. Il n'est plus possible d'utiliser ce raccourci pour traverser la baie.

Une passerelle traverse la mangrove, où vivent des crabes *Cardisdoma* et des crabes violonistes. Après avoir traversé la baie, le chemin s'élève à travers des blocs de granit sculptés par l'érosion jusqu'à un élevage de tortues géantes. Les jeunes sont gardés par des enclos, tandis que les adultes de plus de cinq ans peuvent flâner en toute liberté. Ces reptiles proviennent de l'atoll d'Aldabra, qui abrite la plus importante colonie de tortues terrestres géantes du monde.

COUSIN, COUSINE ET ARIDE

Ces trois petites îles sont le royaume presque exclusif des oiseaux : on en dénombre des centaines de milliers à Cousin, plus d'un million à Aride et ils repeuplent la minuscule Cousine (600 m sur 800 m) depuis quelques années. Certaines espèces ont bien failli disparaître, comme la rousserolle des Seychelles (*Bebrornis sechellensis*) et le shama des Seychelles (*Copsychus sechellarum*, ou *pisantez*, « pie chanteuse » en créole). Elles doivent leur sauvetage aux efforts déployés par les organisations de protection de la nature.

Cousin

Personne ou presque n'avait jamais entendu parler de **Cousin ❶**, la plus petite des Seychelles granitiques, avant les années 1960. Ses seules ressources provenaient d'une cocoteraie de taille insignifiante, par conséquent aucun investisseur ne s'y intéressait. Mais quand ils apprirent que la rousserolle des Seychelles avait choisi Cousin pour dernier domicile, les écologistes et les ornithologues se mobilisèrent pour alerter l'opinion publique, et leur campagne permit à la Royal Society for Nature Conservation d'acquérir l'île en 1968. Le sauvetage de l'un des oiseaux les plus rares de la planète – il n'en restait alors qu'une quinzaine de couples – était dès lors assuré.

Cousin est facilement accessible à partir d'Amitié, sur la côte sud-ouest de Praslin, dont seuls 3 km la séparent. Toutefois, il est plus facile d'y débarquer de mai à octobre, pendant la période où Praslin abrite l'îlot des alizés. C'est aussi la meilleure époque pour observer les oiseaux au nid. Presque tous les hôtels de Praslin ainsi que plusieurs agences de voyages et loueurs de bateaux locaux proposent des excursions d'une journée combinant la visite de Cousin avec celle de Curieuse et de l'islet Saint-Pierre.

La visite guidée de Cousin dure environ une heure et demie (il est interdit aux visiteurs d'y circuler librement, d'y pique-niquer ou à de s'y baigner, et Cousin n'offre aucune possibilité d'hébergement).

L'avifaune insulaire

Aucun bateau n'est autorisé à y débarquer directement ses passagers. Cette mesure est destinée à empêcher les rats et autres prédateurs d'investir clandestinement la réserve. C'est donc un canot qui dépose les visiteurs sur la plage. Dès que le moteur est coupé, le concert des cris d'oiseaux occupe tout l'espace sonore.

Sept espèces d'oiseaux de mer prospèrent à Cousin : le noddi marianne (*Anous tenuirostris*), le noddi brun (*Anous stolidus*), la sterne bridée (*Sterna anaethetus*), la gygis blanche (*Gygis alba*), le puffin d'Audubon (*Puffinus lherminieri*), le puffin fouquet (*Puffinus pacificus*)

Carte p. 326

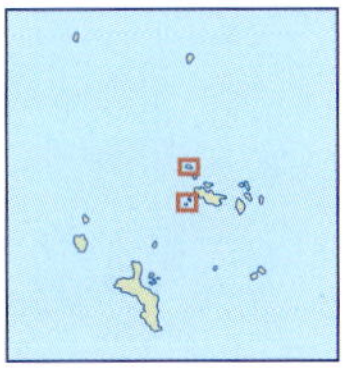

À gauche, la mer se montre souvent houleuse aux abords d'Aride, et il vaut mieux choisir une tenue qui ne craint pas l'eau. Prévoir de même un appareil photo étanche !

La compagnie aérienne Air Seychelles a fait son emblème de la gygis blanche, gracieux oiseau aux ailes translucides et au bec bleu qui dépose ses œufs entre deux branches sans faire de nid.

Le scinque des Seychelles est friand d'œufs d'oiseaux, qu'il casse en les faisant tomber d'un arbre ou d'un rocher.

et le phaéton à bec jaune (*Phaethon lepturus*).

Mais l'îlot est surtout célèbre pour sa colonie d'oiseaux terrestres, de rousserolles des Seychelles en particulier. L'abandon des cultures et la régénération de la végétation ont favorisé la reproduction de cette petite fauvette, et sa population est passée de 30 à 350 individus en vingt ans. Son avenir paraît donc suffisamment assuré pour qu'on la raye de la liste des espèces les plus menacées.

La rousserolle des Seychelles présente une singulière caractéristique : c'est la quantité de nourriture disponible qui détermine le sexe des oisillons. En période d'abondance, les nichées comptent 80 % de mâles, qui ne tardent pas à s'envoler pour se constituer leur propre territoire. En période de disette, les couvées comprennent près de 90 % de femelles et ces dernières restent au nid pour aider leurs parents à nourrir les futures nichées.

Le shama des Seychelles fréquentait jadis la plupart des îles granitiques. Mais une chasse incontrôlée et l'introduction de prédateurs faillirent avoir raison de ce beau passereau noir et blanc qui siffle comme un merle. Dans les années 1930, on ne le trouvait plus qu'à Frégate. C'est en 1994 qu'on réintroduisit les premiers couples à Cousin. Mais si on aperçoit assez souvent des shamas des Seychelles aux abords des sentiers, l'espèce demeure l'une des plus rares de la planète.

Un troisième oiseau terrestre endémique, le foudi des Seychelles (*Foudia sechellarum*), ne niche qu'à Cousin, Cousine, Frégate et Daros.

À voir également à Cousin

La plus commune des onze espèces de reptiles représentées est le scinque des Seychelles (*Mabuya sechellensis*), un lézard couleur bronze qui se nourrit principalement d'oisillons morts et d'œufs. Avec un

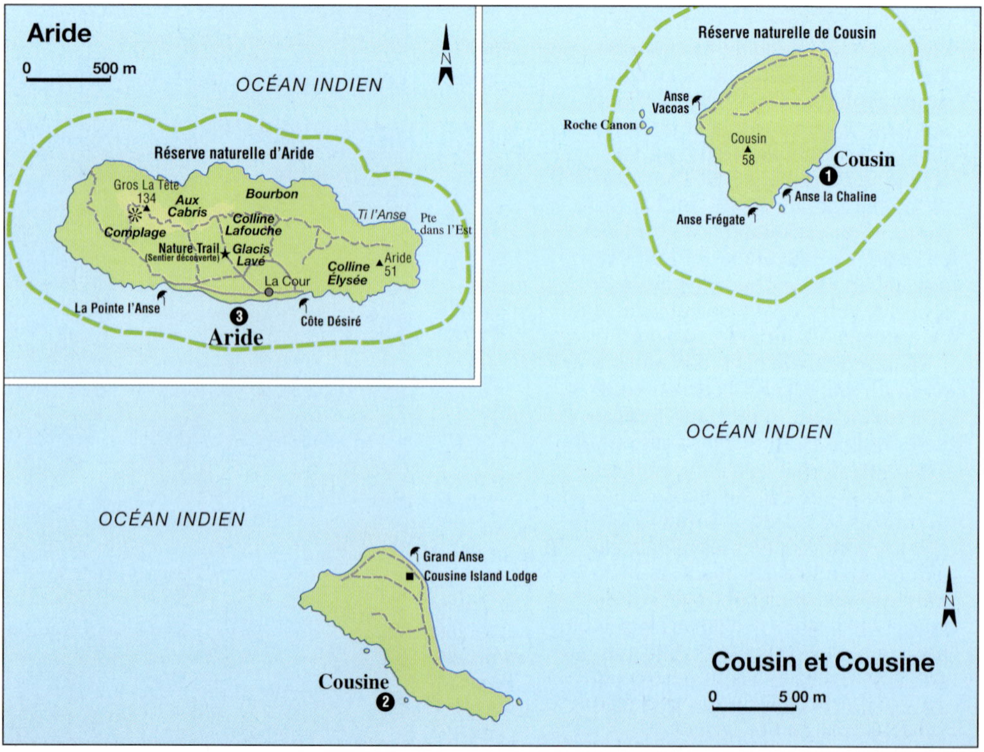

peu de chance, on croisera également l'une des quelques tortues terrestres géantes qui se promènent dans l'île. Cousin est aussi l'un des rares endroits au monde où l'on ait peut-être l'opportunité d'observer une tortue imbriquée (*Eretmochelys imbricata, voir encadré ci-dessous*), une créature très timide qui, ailleurs, ne se montre presque jamais en plein jour.

La flore de Cousin ne compte pas d'espèces rarissimes mais se signale par quelques curiosités, tel le morindier (*Morinda citrofolia*). Les Seychellois ont baptisé cet arbuste *bwa torti* (« bois tortue ») car la peau épaisse de son fruit ressemble à une carapace de chélonien. Les tortues de Cousin en sont d'ailleurs friandes et ne se laissent pas rebuter par son odeur nauséabonde. Une autre espèce abondante sur l'île est la pisonia (*Pisonia lanceolata*), nyctaginacée dont la floraison coïncide avec la nidification des noddis mariannes : ses graines adhésives collent aux plumes des oiseaux, parfois au risque de les engluer.

COUSINE

Satellite de Cousin, **Cousine** ❷ (1 km de long sur 400 m de large) est une propriété privée érigée en réserve naturelle. Elle ne reçoit que huit hôtes à la fois, leur offrant une occasion unique de se livrer à l'observation de la vie animale. Les touristes moins privilégiés se contentent d'admirer cet îlot depuis les hauteurs de Cousin.

Cousine était un lieu de ponte pour les oiseaux de mer, avant que le ramassage des œufs et l'abattage des arbres les en chassent. Le patient travail de restauration du milieu naturel entrepris par ses propriétaires a porté ses fruits : les oiseaux de mer viennent désormais s'y reproduire par milliers, et Cousine abrite la plus grosse colonie de puffins fouquets de l'archipel. Le shama des Seychelles et la rousserolle des

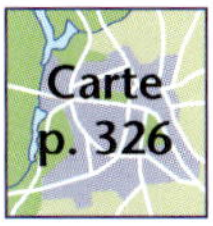
Carte p. 326

Le panneau qui accueille les visiteurs à Cousin est explicite !

À leur naissance, les tortues de mer se précipitent vers l'océan, mais toutes n'y arrivent pas.

LES TORTUES IMBRIQUÉES

Réserves ornithologiques réputées, Cousin et son satellite Cousine sont aussi d'importants lieux de reproduction des tortues imbriquées. Cousin peut même s'enorgueillir d'avoir mis en œuvre le premier programme de sauvetage de ces tortues marines, il y a une trentaine d'années.

La tortue imbriquée (*Eretmochelys imbricata*) est une espèce très menacée. Cette tortue marine qui mesure moins de 90 cm de long et pèse une cinquantaine de kilos a été victime d'une chasse intensive, non pour sa chair, souvent toxique, mais pour sa carapace. Jusque dans les années 1990, on en faisait des colifichets en « écaille de tortue ». Comme les tortues imbriquées ne se reproduisent pas avant l'âge de 25 ans, il faudra encore des décennies pour reconstituer ses effectifs.

Aux Seychelles, les tortues imbriquées pondent en plein jour d'août à avril, jusqu'à six fois par saison, tous les 14 jours. Chaque nid (un trou dans le sable) peut abriter jusqu'à 180 œufs. L'éclosion a lieu au bout de 60 jours. Les bébés tortues doivent aussitôt gagner l'océan pour se soustraire à l'appétit des crabes, des oiseaux et d'autres prédateurs. Bien peu y parviennent, et une fois en mer, il leur faut encore échapper aux poissons carnivores. Rares sont ceux qui atteignent l'âge adulte.

Il est difficile d'accoster à Cousin sans se mouiller ! Prévoir une tenue de plage ou des vêtements en coton qui sécheront rapidement (et un emballage étanche pour son appareil photo).

Seychelles y résident, tandis que les tortues imbriquées viennent pondre sur ses plages de septembre à janvier.

Aride

Aride ❸, qui se trouve à 8 km au nord de Praslin, est non seulement la plus septentrionale des îles granitiques, mais peut-être aussi la terre la plus sauvage de l'océan Indien.

Cet îlot de 1,6 km de long sur 600 m de large ne recèle aucun point d'eau ; c'est la raison pour laquelle les marins français qui le visitèrent en 1770 et en 1771 lui donnèrent le nom d'Aride. On peut s'en étonner en le voyant si verdoyant aujourd'hui, mais le guano qui s'y est accumulé au fil des siècles a fini par jouer son rôle de fertilisant.

Les premiers colons s'installèrent à Aride en 1861 pour exploiter ses cocoteraies. Le destin de ce territoire miniature devait basculer un siècle plus tard, lorsque Christopher Cadbury (1908-1995), magnat britannique du chocolat et écologiste convaincu, prit la tête d'une campagne réclamant l'ouverture de réserves naturelles à Cousin, à La Digue et à Aride. Passant à l'acte, il acheta Aride en 1973 pour en faire don à la Royal Society for Nature Conservation. Une plaque apposée sur un bloc de granit, à la pointe de l'Anse, lui rend hommage.

Hélicoptère et voilier au large de l'archipel.

Puffins, frégates, sternes fuligineuses...

On peut visiter la réserve quatre jours par semaine, d'octobre à avril ; son accès est payant. Un itinéraire balisé permet d'apprécier toute la richesse de la flore et de la faune d'Aride. Le sentier part de La Cour, traverse le plateau côtier pour serpenter ensuite dans les collines, où il est interdit de s'en écarter, car le sol est criblé de trous abritant des nids de puffins, le moindre faux pas pourrait par conséquent anéantir une couvée. On rejoint ainsi le belvédère de Gros La Tête (134 m), escarpement abrupt qui domine l'océan. Des nuées de frégates décrivent des cercles au-dessus des flots et, par temps clair, on distingue toutes les îles granitiques de l'archipel ainsi que l'île corallienne de Denis. Les frégates présentent une dysmorphie sexuelle. La livrée des femelles est gris sombre et blanc, celle des mâles entièrement noire.

On sera de retour au centre d'accueil, installé sur la plage, juste à temps pour le déjeuner, ce qui laisse l'après-midi libre pour nager ou faire de la plongée.

Dix espèces d'oiseaux de mer nichent à Aride, soit plus que sur toutes les autres îles granitiques réunies. Elle abrite 300 000 sternes fuligineuses, la plus importante colonie de noddis mariannes et de noddis bruns du monde (200 000 couples) et la dernière colonie de sternes de Dougall (*Sterna dougallii*) de l'océan Indien. Pendant la saison de la reproduction des sternes et des noddis, c'est-à-dire de mars à octobre, les clameurs assourdissantes de plus d'un million d'oiseaux montent vers le ciel.

L'élégante gygis blanche et le phaéton à bec jaune y résident et on les rencontre un peu partout. On aura peut-être la chance d'apercevoir un phaéton à brins rouges (*Phaethon rubricauda*) dans les collines. Cet oiseau très rare en effet ne fréquente qu'Aride et l'atoll d'Aldabra (*voir p. 350*). Le puffin d'Audubon et le puffin fouquet ne sont guère visibles qu'en mer : ils quittent en effet leur nichée avant l'aube pour aller pêcher et ne reviennent qu'à la nuit tombée.

OISEAUX TERRESTRES, LÉZARDS ET BOIS-CITRON

La reconstitution de la flore originelle et le reboisement d'Aride ont permis le retour de deux oiseaux terrestres dans l'île : le souimanga des Seychelles (*Nectarinia dussumieri*) et le founingo rougecap (*Alectroenas pulcherrima*). Quant aux 29 rousserolles des Seychelles importées de Cousin en 1988, elles ont fait des petits : on en recense aujourd'hui pas moins de 2 000, ce qui représente plus de 80 % de la population mondiale.

Ces myriades d'oiseaux assurent la subsistance d'une multitude de lézards, parmi lesquels une espèce endémique prédomine : le scinque des Seychelles.

Aride est le seul endroit au monde où pousse à l'état sauvage le gardénia de Wright, ou bois-citron (*Rothmannia annae*), une espèce endémique dont les grandes fleurs blanches mouchetées de rouge exhalent un parfum délicat : elles s'épanouissent dix jours exactement après une grosse averse. Leur fragrance attire les abeilles, qu'elles enivrent de leur nectar. Avant de sentir une fleur, il faut toujours s'assurer que son calice n'abrite pas une abeille endormie.

Carte p. 326

LES VOILIERS DU CIEL

Grand palmipède au plumage sombre présent sur toutes les côtes tropicales, la frégate montre une nette préférence pour les îlots ou les atolls tranquilles. Aussi fréquente-t-elle la plupart des petites îles des Seychelles, où elle pond tous les deux ans, après avoir bâti son nid dans les arbustes.

Cet oiseau côtier au bec crochu et à la queue fourchue est l'un des plus rapides coursiers du ciel avec l'aigle royal et le faucon pèlerin. Ses ailes pointues, d'une envergure de 2 m, et ses os très légers, qui ne représentent que 5 % de son poids total, en font un champion du vol plané et des longs vols sans escale. En revanche, ses pattes palmées très courtes rendent la frégate maladroite sur terre et lui interdisent de plonger, tout comme ses plumes, perméables à l'eau.

C'est sans doute la raison pour laquelle, quand elle ne pêche pas en surface, la frégate se conduit en pirate de l'air. Elle attaque les oiseaux marins pour les contraindre à lâcher le produit de leur pêche, qu'elle attrape au vol, en piqué (parfois à plus de 150 km/h). Faute de poisson et d'autres animaux marins, ce pélécanidé extrêmement vorace dévore des tortues, voire les œufs et les oisillons d'autres oiseaux.

En période nuptiale, les frégates mâles exhibent un énorme jabot rouge vif (une poche gulaire qu'ils gonflent d'air). Ils se servent également de ce signal visuel pour intimider des adversaires.

LA DIGUE

Lorsque les Seychelles s'ouvrirent au tourisme dans les années 1960, ceux qui avaient eu la chance de visiter La Digue en parlaient avec émotion. Ils avaient découvert une île miraculeusement oubliée par le temps, où la vie s'écoulait encore au rythme paisible des chars à bœufs, alors la seule forme de transports publics... Quelques chars à bœufs font encore office de taxis, mais ils jouent désormais un rôle plus décoratif qu'utilitaire. Les vélos, les camionnettes à plateau et quelques voitures ont investi les pistes aménagées sous les palmiers. Quant aux relations des insulaires avec les touristes qu'ils ont pris l'habitude de croiser, elles restent placées sous le signe de la cordialité. Enfin, les plages de La Digue, décor de rêve pour tant de films publicitaires et de séances de photo de mode, n'ont rien perdu de leur envoûtante beauté.

Quatrième île de l'archipel par la superficie (10 km^2), La Digue se trouve à 6 km au sud-est de Praslin et à 43 km au nord-est de Mahé. Un massif granitique, qui culmine à 333 m au piton La Digue, occupe plus des deux tiers de son territoire, tandis qu'une plaine en forme de croissant s'étend sur le littoral occidental. La majeure partie de la population (2 000 habitants) est regroupée dans cette zone fertile réservée aux cultures tropicales (vanille, patchouli, safran, coprah...), entre La Passe et Anse La Réunion. Énormes éboulis que l'on dirait lancés là par quelque titan, de gigantesques blocs de granit, modelés par l'érosion et enfouis sous la verdure, cloisonnent la bande de sable corallien qui ceinture l'île.

Le port de La Passe

La Digue ne possède pas d'aéroport, mais Praslin n'est qu'à une demi-heure de bateau. On peut se contenter d'une excursion d'un jour pour découvrir cette île de 5 km de long. Mais si l'on veut s'imprégner pleinement de son atmosphère et se laisser gagner par l'aimable décontraction ambiante, il est préférable d'y passer deux nuits.

Le bateau accoste à **La Passe ❶**, le long d'une jetée de calcaire corallien. Sur le quai ombragé par les cocotiers, de superbes maisons coloniales vieillissent avec élégance, soigneusement entretenues par leurs propriétaires. Ce petit port paisible s'anime par intermittence : à l'arrivée et au départ des goélettes qui assurent les liaisons avec Mahé et Praslin, puis quand les pêcheurs rentrent au port et que débute, dans un joyeux brouhaha, la criée au poisson au bout de la jetée.

Bus, marche ou vélo

Il n'existe pas d'agence de location de voitures à La Digue, service bien superflu sur un si petit territoire. Si les chars à bœufs sont surtout là pour le folklore, La Digue possède ses autobus : des camions dont on a

Carte p. 332

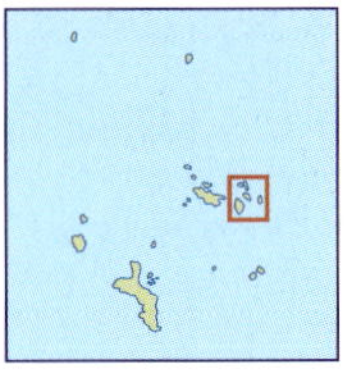

À gauche, la plage d'Anse Source d'Argent et ses blocs de granit sculptés par la mer et le vent.

Les chars à bœufs étaient affectés aux transports publics bien avant le rush touristique. Ils transportent maintenant les visiteurs, pour leur plus grande joie. Au XIXe siècle, lorsque la culture du coprah était florissante, les bœufs étaient employés pour actionner la roue des moulins.

Les cyclistes doivent se montrer particulièrement prudents après une journée de pluie, surtout en montagne, car les coulées de boue rendent les routes dangereusement glissantes.

découpé le toit et dans la benne desquels on a installé des sièges ! Royalement indifférents à tout horaire, ils sillonnent les routes en s'arrêtant à la demande des passagers ou au gré des humeurs du chauffeur. Mais nul besoin d'être motorisé pour faire le tour de La Digue. La plupart des buts de promenade ne sont qu'à une ou deux heures de marche de La Passe, et un cycliste un peu entraîné parcourra la moitié de la côte ouest (la seule route sans côtes) en une dizaine de minutes – mais qui aurait l'idée saugrenue de pédaler comme un furieux devant pareils paysages ?

La réserve de la Veuve

Quand on quitte La Passe en direction d'Anse La Réunion, on aperçoit au milieu de la baie la croix érigée sur un gros rocher pour saluer la mémoire des disparus en mer.

À **Anse La Réunion**, deuxième agglomération de l'île, on prendra sur la gauche la route qui conduit à la **réserve naturelle de la Veuve** ❷, créée pour sauver les derniers tchitrec des Seychelles (*Terpsiphone Corvina*), également appelés veuves. Ce gracieux oiseau qui lance sa ritournelle sifflée au lever du jour, se

Carte
p. 332

nourrit d'insectes qu'il capture sous les frondaisons des takamakas et des badamiers géants. Mais il est menacé d'extinction par la déforestation (on abat les arbres pour construire des bateaux). Il n'en subsiste qu'une soixantaine de couples, qui vivent presque tous dans la réserve, où leur habitat a été reconstitué. C'est le beau plumage noir bleuté du mâle et les très longues plumes noires de sa queue, qu'il déploie comme une mantille, qui lui ont valu ce surnom de veuve (*vev* en créole). La femelle a un plumage blanc et brun, qui contraste avec sa tête noire.

Le tchitrec des Seychelles se montre rarement et nul n'est sûr de l'apercevoir en visitant la réserve, même muni de jumelles. On a peut-être un peu plus de chances de le voir survoler la côte au petit matin ou en fin de journée.

Escalade jusqu'à Belle Vue

La route perpendiculaire à la côte qui longe la réserve dessert le **Château Saint-Cloud** ❸, résidence d'une très vieille famille diguoise, les Saint-Ange. Le manoir, bâti sous le Premier Empire et dont une partie a été transformée en hôtel, s'élève au cœur d'une ancienne plantation de vanille. Cette culture, qui fit son apparition dans l'île en 1866, supplanta rapidement le cocotier, car elle était bien plus lucrative. Mais la commercialisation de la vanilline (vanille de synthèse), au tout début du XXe siècle, ruina nombre de planteurs. Subsistent les vestiges du quartier des esclaves et de l'usine.

Du château Saint-Cloud, une route escalade la montagne du **Nid d'Aigles** jusqu'à **Belle Vue**, juste au-dessous du piton La Digue. La pente étant trop raide pour être gravie à vélo, l'ascension se fait en taxi, ou à pied – de préférence dans la fraîcheur du petit matin ou de la fin d'après-midi. De toute manière, on sera amplement récompensé par une vue fabuleuse sur la côte et sur Praslin, que l'on aperçoit au loin.

Une fabrique de coprah

Au sud de La Réunion, la route côtière passe devant deux galeries d'art et la ravissante église Notre-Dame-de-l'Assomption avant de rejoindre **L'Union Estate** ❹, une ancienne plantation. Le domaine, transformé en un écomusée, a conservé sa vaste cocoteraie, d'où émerge **La Digue Rock**, gigantesque tour de granit naturelle. On peut visiter la vieille huilerie pour s'initier aux méthodes de fabrication traditionnelles. Les noix de coco y sont cassées en deux à la main, puis séchées au calorifère pour que les amandes se détachent plus facilement de leur coque. On concasse ensuite le coprah avant de le broyer dans un moulin pour en extraire l'huile. C'est un bœuf qui entraîne la pesante meule, jadis actionnée par des esclaves.

Juste à côté du moulin, on peut observer des tortues géantes dans un enclos. À l'entrée de la plantation s'étend un vieux cimetière colonial,

Tri et nettoyage des gousses de vanille.

Le restaurant La Digue Island Lodge. Ce complexe hôtelier bâti sur la côte entre La Passe et Anse La Réunion privilégie les matériaux locaux. Tout comme les bungalows individuels, le restaurant est construit en bois et couvert de feuilles de latanier qui isolent bien de la chaleur.

abandonné depuis longtemps, où reposent les premiers habitants de La Digue.

Le chemin ombragé qui part de La Digue Rock passe devant une belle maison coloniale à toit en feuilles de latanier : elle a servi de décor au film *Emmanuelle*. Elle ne se visite pas car elle appartient aujourd'hui au président France Albert René.

À La Digue, le vélo sert à tout, même à transporter son poisson.

Plage de rêve

À partir de L'Union Estate, la route s'enfonce dans l'intérieur des terres pour rejoindre Grand'Anse, sur la côte sud-est. Mais on peut suivre le sentier côtier qui longe la côte sud-ouest et fait découvrir ainsi une série de criques d'une confondante beauté. Ce chemin dessert ainsi l'une des plus belles plages de l'archipel : **Anse Source d'Argent ❺**. Aucun bâtiment, aucun aménagement touristique ne viennent gâcher la souveraine beauté du site : une étendue de sable si blanc qu'il paraît argenté, d'énormes glacis de granit aux formes tourmentées, qui prennent au soleil couchant des reflets de cendre rose, et un écrin de cocotiers aux troncs gracieusement arqués.

Grand'Anse et Petite Anse

Passé L'Union Estate, la route traverse une zone de marais et d'étangs baptisée La Mare Soupape (en créole, *soupap* désigne les tortues d'eau douce qui affectionnent ces marécages). Elle gravit ensuite le massif granitique avant de redescendre sous un couvert luxuriant vers la côte est.

La route émerge de la verdure pour s'arrêter devant la plus grande plage de l'île : **Grand'Anse ❻**. L'endroit est idéal pour se détendre et pour pique-niquer, mais les baigneurs devront se montrer extrêmement prudents, en raison de la violence des courants et de la force des vagues, plus particulièrement de juin à septembre.

Les célèbres sculptures de granit d'Anse Source d'Argent.

Un sentier, qui part vers le nord-est de Grand'Anse, permet de rejoindre les plages souvent désertes de **Petite Anse** ❼ et d'**Anse Cocos** ❽, également encadrées de spectaculaires formations granitiques. Là aussi, les baigneurs doivent se méfier des courants.

D'Anse Cocos, on peut rejoindre à pied la **pointe Ma Flore** pour bénéficier d'une jolie vue sur Anse Cocos et la côte nord-est. Mais il est déconseillé de continuer jusqu'à **Anse Caïman** et Anse Fourmis, car on court le risque de s'égarer.

De La Passe à Anse Fourmis

On rejoindra beaucoup plus aisément Anse Fourmis à vélo, en suivant la route qui part de La Passe et longe la côte nord sur 4 km. Il n'est pas interdit de faire le chemin à pied, mais la route n'offre guère de protection contre les ardeurs du soleil. Rien ne vient gâcher la beauté sauvage des plages qui se succèdent, d'**Anse Sévère** ❾, juste après le promontoire de la **pointe Cap Barbi**, à **Anse Patates** ❿. Ces deux plages conviennent à la baignade, mais la houle qui se forme sur les hauts fonds à marée basse risque de causer quelques difficultés aux plongeurs.

En poursuivant son chemin vers le sud, on longera des criques rocheuses battues par une assez forte houle : **Anse Gaulettes**, **Anse Grosse Roche** et **Anse Banane**. Par temps calme, ces eaux sont fréquentées par des bancs de poissons-papillons, de poissons-anges, de poissons-perroquets, de rougets et de platax. La route s'achève en cul-de-sac à **Anse Fourmis**.

Les îles au nord de La Digue

À proximité immédiate de La Digue, les îles pratiquement inhabitées de Félicité, Marianne, Petite Sœur, Grande Sœur, Cocos, La Fouche et Zavé se signalent par leur riche faune marine et leurs colonies d'oi-

Par une journée paisible au bar de Grand'Anse.

Carte p. 332

seaux de mer. Destinations idéales pour une excursion d'une journée, elles sont toutes, sauf Félicité, accessibles en bateau à partir de Praslin.

L'**île Cocos** ⓫ offre les meilleures conditions pour la plongée avec masque et tuba. Ce parc national marin avait fermé ses portes tout au long des années 1980, car les touristes avaient gravement endommagé les coraux de son récif. Ce dernier se régénère lentement, et le site conserve une beauté intacte.

Quantité d'oiseaux fréquentent **La Fouche** ⓬ et **Zavé**, îlots ancrés au nord de l'île Cocos. Simple empilement de rochers, Zavé accueille cinq espèces d'oiseaux marins : le puffin d'Audubon, la sterne bridée, le noddi noir, le noddi brun et la gygis blanche. Les fonds marins sont également très riches : quand la mer est calme, on peut y observer des bancs de poissons-perroquets, des gaterins et des mérous, et les requins-baleines les fréquentent en novembre.

Au nord de Cocos, **Marianne** ⓭ évoque irrésistiblement l'île de Robinson Crusoé. Seuls les petits bateaux peuvent accoster sur l'unique plage de cet îlot corallien inhabité et couvert de cocotiers.

Petite Sœur et **Grande Sœur** sont à présent la propriété de l'hôtel Château de Feuilles sur Praslin, qui le week-end en réserve l'accès exclusif à leurs hôtes. Durant la semaine, il est possible d'y débarquer moyennant un droit d'entrée.

À 3 km au nord-est de La Digue, **Félicité** est une propriété privée administrée par La Digue Island Lodge. Il faut louer l'île entière pour pouvoir la visiter. Les hôtes de cette villégiature très sélecte sont logés dans l'une de ses deux maisons de style colonial. Ils peuvent prendre des bains de soleil en toute tranquillité sur la plage de La Penice. De nombreuses activités leur sont proposées : pêche en haute mer, planche à voile, voile et plongée en apnée. L'île possède également son court de tennis.

À droite, la plantation de L'Union Estate et son imposant La Digue Rock. Ci-dessous, après la pêche, le tri du poisson.

DÉPORTÉS AU PARADIS

En 1798, une insurrection éclata à la Réunion. Conduits par un sergent en retraite, Étienne Belleville, et un prêtre, Jean Lafosse, les émeutiers marchèrent sur Saint-Denis pour protester contre des impôts excessifs et la rumeur selon laquelle l'île allait être cédée aux Anglais. La révolte fut vite écrasée, et le gouvernement décida d'exiler ses meneurs quelque part sur la côte de l'Inde. On les embarqua à bord de la *Laurette*, commandée par le capitaine Loiseau, mais ils n'atteignirent jamais leur destination. Loiseau déclara plus tard que le mauvais temps les avait contraints à se réfugier à Mahé. Les déportés se seraient alors mutinés, contraignant l'équipage à les conduire à La Digue, où ils débarquèrent en laissant la *Laurette* faire voile vers Praslin.

Mais cette prétendue mutinerie était surtout un alibi destiné à couvrir le capitaine. Les condamnés estimaient que La Digue ferait une terre d'exil plutôt accueillante, et Loiseau ne chercha pas vraiment à les dissuader d'y débarquer. Plus de la moitié des déportés s'y installèrent, plus tard rejoints par leur famille. Parmi eux figurait un certain Célestin Payet, dont les descendants comptent parmi les notabilités de l'île. Quant à Belleville et Lafosse, les chefs de la rébellion, ils s'en retournèrent à la Réunion au début du XIXe siècle.

BIRD ET DENIS

Contrairement à Mahé et aux autres îles granitiques, Bird et Denis sont d'origine corallienne : leur sous-sol n'est pas constitué de roches mais des milliards de squelettes calcaires accumulés siècle après siècle par les polypes des coraux. C'est ce qui explique leur exiguïté (1 km^2 pour Bird et 1,5 km^2 pour Denis) et leur relief pratiquement inexistant. Ce socle calcaire a été peu à peu recouvert par des dépôts divers – sédiments, débris minéraux et organiques (guano) – qui ont permis le développement de la végétation.

Ces deux îles ont d'autres points communs que leur formation : il s'agit de propriétés privées, longtemps soumises à une économie de plantation avant de faire, il y a peu, l'objet d'une reconversion. Mais, tandis que Bird a opté pour l'écotourisme, Denis s'est orientée vers les loisirs nautiques et elle est devenue un paradis de la pêche au gros, figurant dans tous les livres de records grâce à des eaux exceptionnellement poissonneuses.

L'île aux oiseaux

Lorsqu'ils explorèrent l'archipel au XVIIIe siècle, les Français donnèrent à Bird le nom d'« île aux Vaches », car les dugongs, ou « vaches de mer », étaient nombreux dans ses parages. Mais les infortunés mammifères marins, recherchés pour leur huile, furent rapidement exterminés. Restaient les oiseaux, des millions d'oiseaux, et les Britanniques rebaptisèrent l'île « Bird Island ».

Bird est située à 96 km au nord de Mahé. Compte tenu de la faible fréquence des liaisons aériennes entre les deux îles, on ne peut guère s'y rendre sans y passer au moins deux nuits. Nombre de visiteurs, séduits par la simplicité de ce bout du monde, n'hésitent pas à prolonger leur séjour : plus d'un tiers d'entre eux y reviennent régulièrement pour oublier le stress de la vie urbaine.

La vie à Bird est régie par le principe qu'il faut respecter un juste équilibre entre l'homme et la nature. Les visiteurs ont le droit de se promener où bon leur semble, tant qu'ils ne dérangent pas la faune et qu'ils ne causent aucun dommage à l'environnement. S'ils le souhaitent, le gérant du **Bird Island Lodge** ❶ emmène ses hôtes en promenade à travers l'île pour leur permettre d'en savoir un peu plus sur les écosystèmes locaux.

Chacun peut aussi observer les oiseaux, nager, plonger, pêcher, jouer au tennis ou au billard, ou simplement ne rien faire du tout. Les plus énergiques partiront peut-être à la recherche d'Esméralda, célèbre tortue géante. Ce vénérable mâle (le nom est trompeur), âgé de 150 ans, a longtemps détenu le record mondial de grosseur des tortues terrestres : 300 kg.

Les hôtes de Bird sont aussi invités à s'associer au programme de protection des tortues de mer. Les tortues imbriquées (*voir p. 327*)

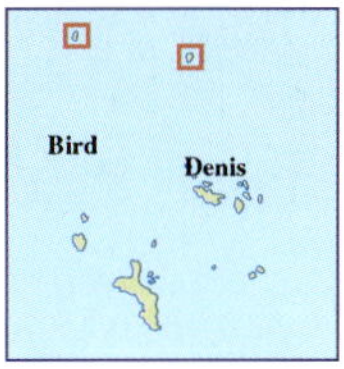

La célèbre colonie de sternes fuligineuses de Bird.

Au cours d'un séjour à Bird, chacun apprend à respecter la nature. Si les touristes sont autorisés à suivre librement les sentiers qui sillonnent l'île, il est bien sûr interdit de cueillir des végétaux ou de ramasser coquillages et œufs d'oiseaux.

À la saison de la reproduction, Bird abrite plus d'un million de sternes fuligineuses.

viennent pondre sur l'île entre août et avril, et les tortues vertes entre avril et octobre. Sessions de marquage ou d'observation des tortues (les tortues imbriquées pondent en plein jour) rendent ces promenades passionnantes. Qui serait capable d'oublier la course contre la mort des bébés tortues qui se ruent vers l'océan pour échapper à leurs prédateurs ?

Le royaume des sternes

Quant aux oiseaux, qui règnent en ces lieux en maîtres absolus, c'est quand ils nichent, d'avril à octobre, qu'il faut venir les observer. Une gigantesque **colonie de sternes fuligineuses** ❷ occupe alors près d'un sixième de l'île. Avec près de trois millions d'individus, il arrive que le concert se fasse assourdissant, et il s'entend jusqu'à plusieurs kilomètres au large. Les Seychellois considéraient jadis les œufs de ces palmipèdes comme un mets de choix, mais ils s'efforcent de ne plus les ramasser et de laisser les oiseaux en paix.

Les ornithologues amateurs satisferont leur passion en toute saison, car Bird constitue une escale sur la route de nombreux migrateurs. Enfin, parmi les résidents permanents de l'île figurent le martin triste (*Acridotheres tristis*), le foudi rouge (*Foudia madagascariensis*), le phaéton – ou paille-en-queue – à brins blancs (*Phaeton lepturus*) ou encore le tournepierre noir (*Arenaria melanocephala*), assez familier pour venir picorer aux pieds du promeneur.

Denis

Un rien plus proche de Mahé (90 km) que Bird, Denis possède elle aussi sa piste d'atterrissage. Les vols étant cependant moins fréquents, il faut séjourner au moins trois jours, au **Taj Denis Lodge** ❸, mais c'est l'un des meilleurs hôtels des Seychelles.

Cette île ancrée au large de Praslin et désormais propriété d'une

Bungalows sous les cocotiers pour un séjour consacré à la détente et à l'observation de la nature.

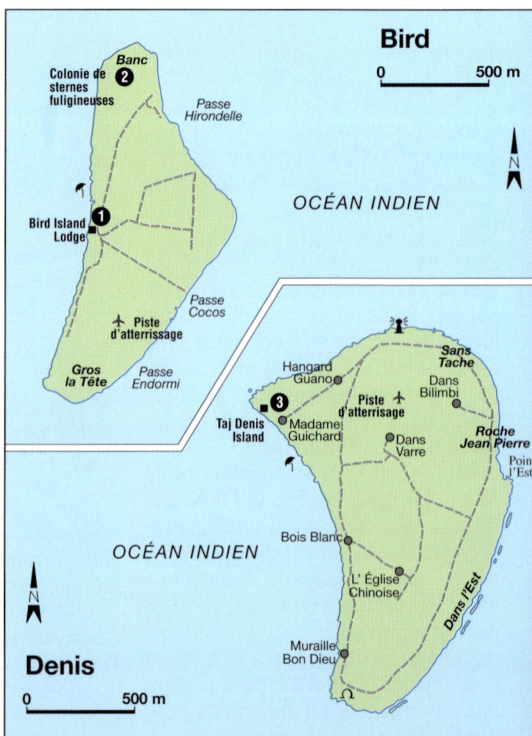

agence de voyages seychelloise doit son nom au capitaine Denis de Trobiand, commandant le navire royal l'*Étoile*, qui la découvrit en 1773. Une barrière de corail ininterrompue empêchant tout accostage, il y débarqua en canot avec quelques matelots. Les marins y firent un grand massacre d'oiseaux, car ceux-ci n'avaient pas encore appris à craindre l'homme, et ils s'émerveillèrent de voir les eaux du lagon aussi poissonneuses.

Avant de reprendre la mer, le capitaine Trobiand voulut prendre solennellement possession, au nom du roi de France, de ces lieux paradisiaques et il leur donna son propre prénom. Faute de pouvoir ériger une pierre, il enferma l'acte de possession dans une bouteille qu'il enfouit dans le sol au pied d'un mât arborant le pavillon français.

Par la suite, une poignée d'agriculteurs et de pêcheurs vint s'établir à Denis. En 1910, on y bâtit même un phare, qui fonctionne encore. Les touristes ne manquent pas de faire l'ascension de ses 15 m de haut pour jouir d'une vue superbe sur le lagon et sur la forêt de cocotiers, de filaos et de takamakas qui couvre l'île.

Pêche et plongée

Denis a surtout bâti sa réputation sur la pêche sportive. Elle bénéficie en effet de la proximité de fosses sous-marines de plus de 2000 m de profondeur. C'est donc un lieu de séjour privilégié pour les passionnés de pêche au gros, attirés par l'espoir de battre des records : thons à dents de chien et bonites comptent parmi les plus fabuleuses prises, tandis que voiliers, marlins ou barracudas constituent le pain quotidien des pêcheurs.

Les amateurs de plongée ne sont pas en reste. Ils trouvent sur le récif des coraux toujours intacts et des fonds encore très riches, malgré les ravages périodiques causés par El Niño.

Carte p. 340

À Bird, comme à Denis, les prises les plus spectaculaires ont les honneurs du tableau d'affichage.

Les marlins sont particulièrement abondants autour de Denis.

LES ÎLES EXTÉRIEURES

Cartes pp. 344, 348 et 350

Une poussière d'îles s'étend sur plus de 1 000 km au sud de Mahé et des îles granitiques. On les appelle « îles extérieures », ou encore « îles éloignées », et elles se répartissent en plusieurs sous-archipels. D'est en ouest se succèdent les Amirantes, le groupe d'Alphonse plus au sud, l'archipel de Farquhar et celui d'Aldabra. Certaines des Seychelles extérieures sont, depuis plusieurs décennies déjà, de luxueuses « îles à Robinsons » réservées à quelques privilégiés ; d'autres demeurent des paradis inviolés perdus dans l'océan, trop minuscules pour faire l'objet d'une exploitation touristique ; d'autres encore sont habitées par des hommes qui mènent une vie rude et solitaire, luttant contre les éléments hostiles.

Toutes ces îles sont coralliennes – l'atoll d'Aldabra abrite même le plus grand lagon du monde. Elles sont donc plates, et certaines seraient directement menacées par une éventuelle élévation des eaux océaniques liée au réchauffement climatique.

D'ANCIENS COMPTOIRS

Jusqu'au début du XXe siècle, ces avant-postes lointains ont joué un rôle non négligeable dans la vie économique des Seychelles. Des voiliers cabotaient alors d'île en île pour assurer le transport des denrées destinées à la consommation locale ou à l'exportation. Leurs cales étaient chargées de noix de coco, de concombres de mer séchés, d'escargots de mer, de guano ou de carapaces de tortue.

De ces anciens petits comptoirs de commerce ne subsistent plus que quelques bâtiments délabrés ou en ruine, et rares sont les îles encore habitées. Leurs minuscules villages sont peuplés de Seychellois durs à la tâche (« îlois », comme on dit sur place), qui vivent essentiellement de la pêche, de la collecte du guano ou de la transformation du coprah.

NAVIGUER D'ÎLE EN ÎLE

Hormis à Alphonse, à Poivre et à Desroches, qui possèdent des structures hôtelières, les possibilités d'hébergement sont assez restreintes sur les îles extérieures. À moins de séjourner à la station de recherche d'Aldabra – ou d'être assez fortuné pour louer D'Arros ou Saint-Joseph, deux domaines privés –, la solution la plus rationnelle consiste à louer un bateau avec skipper pour faire le tour des îles. Il suffit d'une semaine pour découvrir les plus intéressantes et pratiquer ses loisirs favoris : Desroches et Alphonse réservent des fonds spectaculaires aux plongeurs, Poivre séduira les amateurs de pêche au gros, tandis que le lagon de Saint-François est un paradis pour les adeptes de la pêche à la mouche (*voir pp. 276-277*). Quant à l'atoll d'Aldabra, il abrite la plus importante colonie de tortues terrestres géantes au monde et des nuées d'oiseaux.

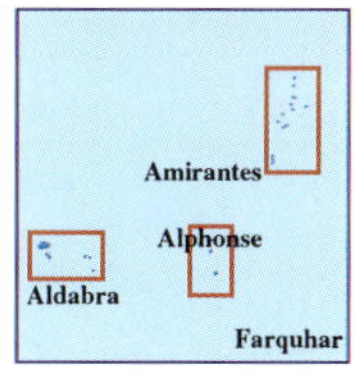

À gauche, goélette à l'ancre, sur une mer calme aux eaux incroyablement transparentes.

Après la pêche, le nettoyage du poisson, prélude au barbecue. Si les îles extérieures sont un paradis pour les pêcheurs, c'est parce qu'on y trouve à la fois la faune marine des récifs coralliens et celle des eaux profondes. Les atolls sont, en effet, situés au bord d'une fosse sous-marine de plusieurs milliers de mètres de profondeur.

Punch des îles, à la mode de Desroches.

LE GROUPE DES AMIRANTES

Les vingt-quatre îles du groupe des Amirantes s'égrènent sur 200 km au sud-ouest des îles granitiques; African Banks, la plus septentrionale, se trouve à 235 km de Mahé, et l'île Desnœufs à 325 km.

C'est à Vasco de Gama que revient l'honneur d'avoir découvert l'archipel en 1502, lors de son second voyage au long cours, mais il ne les visita pas. Comme il venait d'être promu amiral, son équipage lui donna le nom d'Ilhas do Amirante (« îles de l'amiral »). C'est en 1771 que les îles furent reconnues individuellement par les Français: Desroches reçut le nom du gouverneur de l'île de France (Maurice), Étoile et Boudeuse ceux de deux navires de Bougainville. Quant à Desnœufs, les marins qui la baptisèrent avaient été frappés par l'abondance des œufs d'oiseaux de mer.

Lors de son périple autour du monde à bord du *Beagle* (1831-1836), Charles Darwin fut le premier à établir l'origine corallienne de ces îles, et ses théories sur la formation des atolls, contestées à l'époque, se sont avérées depuis.

Les Amirantes ont contribué à l'économie coloniale britannique en exportant du coprah, du guano, des écailles et de la viande de tortue. Mais étant donné l'évolution des marchés mondiaux, l'exploitation de ces matières premières n'est plus très rentable, et la plupart des insulaires ont émigré à Mahé, laissant la nature reprendre possession des îles, dont quatre seulement sont encore habitées.

DESROCHES

Desroches, principale île de l'archipel (4 km^2), abrite l'une des plus belles cocoteraies des Seychelles. Ses cinquante habitants ne sont pas des « îlois », mais des contractuels, venus pour la plupart de Mahé, qui travaillent dans l'agriculture ou

Carte p. 344

veillent au bien-être des clients du **Desroches Island Resort** ❶, l'hôtel installé à la pointe sud de l'île, face à la passe Muraille Bon Dieu.

L'avion qui relie Desroches à Mahé (45 minutes de vol) atterrit sur l'herbe, derrière l'hôtel. Ouvriers agricoles et employés de l'hôtel vivent à 2 km de là, à **Settlement**, sur la côte ouest. On peut y visiter une vieille fabrique de coprah dont l'étuve et le moulin à huile n'ont pas changé depuis le XIXe siècle. Juste à côté se dresse l'ancienne prison ; il s'agit d'un modeste cabanon dont la porte se barricade de l'extérieur. En fait, la majorité des délits sanctionnés se limitaient à l'abus d'alcool. Quant à l'« hôpital », il se résume à une simple chambre. Les remèdes, fournis par les plantes médicinales cultivées aux abords du village, étaient tout aussi rudimentaires : l'huile de ricin et la poudre de datura, utilisée comme analgésique, constituaient l'essentiel de la pharmacopée.

Tous les adeptes de la plongée sous-marine ont entendu parler du **Desroches Drop**, pente externe du récif criblée de tunnels et de grottes qui protège le flanc méridional de l'île. Son exploration est toutefois réservée aux plongeurs certifiés ou accompagnés d'un moniteur. La période la plus propice à ce sport s'étend de novembre à mai.

Desroches est également réputée pour la pêche au gros en haute mer, et les pêches miraculeuses, qui alimentent les tables d'hôtes, n'ont rien d'exceptionnel. On peut aussi se faire prêter une planche à voile, un canoë, un laser (dériveur solitaire), un pédalo, un vélo et profiter à loisir des 14 km de sable blanc qui ceinturent l'île.

Îles et atolls du Sud

L'**atoll Poivre**, le plus important des Amirantes, se trouve à une journée de bateau de Desroches. Il est constitué de trois îles aux plages magnifiques : Poivre et South Island,

Louis Poiret, qui affirmait être le dauphin Louis XVII, vécut quelque temps à Poivre, où il était employé à l'égrenage du coton.

Face à face sous-marin. Le centre de plongée de Desroches est réputé dans le monde entier.

Louer un voilier avec skipper est la façon la plus agréable de visiter les îles extérieures.

reliées par une chaussée à marée basse, et Florentin.

À la fin du XVIIIe siècle, **Poivre** était occupée par des champs de coton et une cocoteraie dont l'exploitation a cessé depuis. L'île doit son nom à Pierre Poivre, intendant de l'île de France de 1763 à 1772, qui introduisit la culture des épices à Bourbon (la Réunion) et aux Seychelles (*voir p. 247*). Site de pêche au gros et de plongée réputé, Poivre est une propriété privée, mais les visiteurs y sont admis en petit groupe, sur autorisation de la société Island Development, basée à Victoria.

Les uniques habitants d'**Étoile** et de **Boudeuse** sont des oiseaux. Les sternes (sternes de Dougall et sternes fuligineuses) viennent se reproduire à Étoile, tandis que Boudeuse accueille d'immenses colonies de fous masqués (*Sula dactylatra*). Ces deux îlots sauvages ne sont accessibles qu'en bateau de plaisance – encore faut-il que la mer soit assez calme pour permettre d'accoster.

Sternes fuligineuses sur une plage d'African Banks. Des millions d'oiseaux viennent s'accoupler sur les îles extérieures les plus reculées. Leurs œufs sont un mets prisé des Seychellois.

Les croisières inter-îles font en général escale à **Marie-Louise** ❷. Cette jolie petite île, qui accueille elle aussi une population considérable d'oiseaux de mer, n'est pas sans rappeler Cousin et Aride, en plus plat. La piste d'atterrissage est destinée à répondre aux besoins de sa minuscule communauté, et il n'y a ni vols réguliers ni infrastructure d'hébergement pour satisfaire ceux des touristes. De majestueuses et inoffensives raies mantas fréquentent ses parages.

Desnœufs, la plus méridionale des Amirantes, abrite la plus importante colonie de sternes fuligineuses de toutes les Seychelles. La collecte des œufs est désormais limitée aux mois de mai, juin et juillet, et régie par un système de quotas extrêmement strict afin d'assurer la survie de l'espèce. En dehors de ces trois mois, l'île reste déserte. Comme la plupart de ses voisines, Desnœufs est ceinturée de récifs qui rendent l'accostage délicat, à moins d'être expert en manœuvres ou, à défaut, un excellent nageur.

LES ÎLES DU NORD ET LEURS ATOLLS

Banc de corail à la forme sinueuse serti dans un lagon bleu outremer, **African Banks** a tout d'un mirage, tant ses couleurs semblent irréelles. Seul son phare, autour duquel tourbillonnent les oiseaux de mer, prouve que l'homme l'a colonisée, tandis que le sable de sa plage, d'un blanc éblouissant, est moucheté d'empreintes de tortue.

Avant d'être rebaptisée par les Français, **Rémire** reçut des Britanniques le nom d'Eagle Island. De nos jours, elle abrite la résidence de vacances du président et autres officiels du gouvernement. Il faut par conséquent une autorisation spéciale pour visiter cette petite oasis de calme et de verdure, aux belles plages de sable fin.

L'atoll Saint-Joseph et sa voisine, D'Arros, qui appartiennent au même propriétaire, ont vécu de la culture de la noix de coco jusque dans les années 1950 (produisant jusqu'à 40 000 noix par mois). **D'Arros**, plate-forme corallienne ovale, possède une piste d'atterrissage et une maison d'hôtes des plus exclusives, fréquentée par les chefs d'État, les princes arabes et les stars.

Séparé de D'Arros par un profond chenal, l'**atoll Saint-Joseph** se compose de treize îlots, qui couvrent à eux tous moins de 1 km^2. Tous sont déserts, mais certains portent encore quelques ruines de l'époque coloniale. Leurs fonds splendides invitent à la plongée.

Au sud de Saint-Joseph émerge un îlot désertique, car souvent submergé par les marées : c'est **Sand Cay**, où les représentants de sept espèces de sternes viennent se reproduire (les sternes, comme on le sait, préfèrent les zones dénudées).

LE GROUPE D'ALPHONSE

Il se compose de deux atolls voisins : Alphonse et Saint-François.

L'ATOLL D'ALPHONSE

Alphonse abritait jadis l'une des cocoteraies les plus productives des Seychelles : dans les années 1930 on y récoltait jusqu'à 100 000 noix par jour. Cette activité a été abandonnée récemment au profit du tourisme haut de gamme. L'île est maintenant louée à l'**Alphonse Island Resort** ❸, dont les bungalows sont disséminés au bord du lagon. Une petite piste reçoit les avions en provenance de Mahé (1 heure de vol). Les plaisanciers ne peuvent débarquer à Alphonse sans une autorisation de l'Island Development Company.

Les plongeurs – même les plus blasés d'entre eux – parlent avec émotion du tombant d'Alphonse (sa pente corallienne surplombante), de ses forêts de gorgones géantes, de ses requins dormeurs, barracudas, tortues vertes, poissons-Napoléon, gaterins orientaux, vivaneaux rouges, etc. Ils peuvent à tout moment se trouver nez à nez avec de gros thons à dents

Carte p. 344

Daros, ou D'Arros à l'époque où l'île était une colonie française, doit son nom à un officier de marine.

Maison d'invités à D'Arros, île privée que ses propriétaires consentent à louer quand ils n'y séjournent pas.

L'extraordinaire transparence des eaux de Bijoutier dévoile le récif dont l'îlot n'est que la partie émergée. Son anneau de sable, d'un blanc laiteux, est constitué de poussière de corail.

de chien, tandis que les bancs de petits anthias orangés dansent leur éternel ballet près de la surface. L'exploration de la pente externe du récif est réservée aux plongeurs expérimentés et accompagnés. Le meilleur site de plongée libre n'est accessible qu'en bateau, car il faut sortir de la passe et longer la barrière sur près de 2 km. Mais le plateau récifal lui-même est une source d'émerveillement pour tous, car ses coraux figurent parmi les moins dégradés de tout l'océan Indien et ils sont d'une rare beauté.

L'atoll Saint-François

Pour rejoindre les autres îles du groupe d'Alphonse, il faut franchir le **canal La Mort**, qui doit son nom peu encourageant à ses eaux froides et traîtresses, agitées de violents courants. Mais au bout de cette traversée, on découvre une petite merveille : **Bijoutier**. Peu d'îles portent aussi bien leur nom. Parfaitement circulaire, coiffée d'un bonnet de végétation, ceinte d'un anneau de sable étincelant et cernée de récifs violacés et de mares turquoise, Bijoutier matérialise le rêve de l'île déserte.

L'île de **Saint-François** s'abrite derrière sa menaçante barrière récifale responsable de nombreux naufrages. La demi-douzaine d'épaves encore visibles est un avertissement salutaire à ceux qui oublieraient les dangers de l'océan. Pour gagner le rivage de l'île en toute sécurité, il faut trouver l'entrée du lagon : la **passe Traversé**.

Autant les eaux de l'océan peuvent se déchaîner à l'extérieur de la passe, autant elles sont tranquilles à l'intérieur. Ses eaux poissonneuses ont rendu le lagon de Saint-François célèbre auprès des pêcheurs à la mouche du monde entier (*voir pp. 276-277*). La marée basse découvre un immense banc de sable que fouillent des centaines d'échassiers en quête de nourriture.

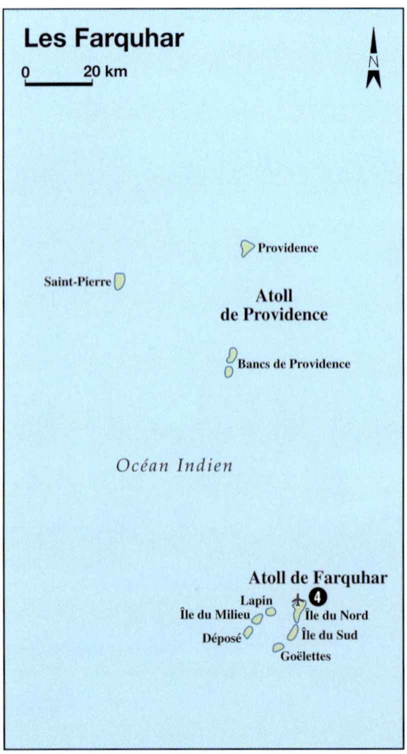

Cartes pp. 344 et 348

L'ARCHIPEL DE FARQUHAR

Situé à quelque 700 km au sud-ouest de Mahé, le groupe de Farquhar (8 km²) comprend l'atoll de Providence, l'île Saint-Pierre et l'atoll de Farquhar. L'archipel n'entretient aucune liaison aérienne avec le reste des Seychelles, mais l'essor de la navigation de plaisance a fait peu à peu sortir ces îles de leur isolement. Il est même question de construire un hôtel à Farquhar.

L'ATOLL DE PROVIDENCE

Une quarantaine de kilomètres séparent l'**île de Providence**, à l'extrémité nord de l'atoll, des **Bancs de Providence**, sur son bord méridional. Les parages de l'atoll sont particulièrement dangereux, et sa ceinture de brisants, souvent très éloignée de la terre ferme, a eu raison de bien des navires. Les eaux peu profondes de l'immense lagon attirent des centaines de hérons cendrés. Il s'agit même du seul site des Seychelles où ils dépassent en nombre toutes les autres espèces d'oiseaux. Personne ne réside à l'année à Providence. Seuls y séjournent des employés d'IDC (Islands Development Company), la société qui exploite les cocoteraies des îles. Quant aux Bancs de Providence, ils ont été abandonnés aux oiseaux et aux tortues.

SAINT-PIERRE

Saint-Pierre, ancrée à une trentaine de kilomètres à l'ouest de Providence, est une île de corail exhaussée à 10 m au-dessus du niveau de la mer. On ne peut y débarquer que quand la marée descendante découvre un coin de sable dans le nord-est de l'île. Si Saint-Pierre est aujourd'hui abandonnée, on venait jadis y récolter le guano. On peut encore y voir les murs d'entrepôts en ruine et les structures métalliques toutes rouillées de ses anciens quais.

Récolte du coprah à Farquhar. Les coques des noix de coco sont brûlées après extraction de la pulpe.

Le nom d'Aldabra viendrait de l'arabe «al khadra», «la verte». Les marchands qui naviguaient entre les Comores et le Moyen-Orient avaient sans doute été frappés par les reflets que les eaux de l'atoll projetaient sur les nuages.

L'atoll de Farquhar

L'**atoll de Farquhar** ❹, au sud de Providence, est constitué de dix îles semées autour d'un vaste lagon. Les voiliers de plaisance et les goélettes de passage sont nombreux à fréquenter cette magnifique marina naturelle. L'atoll retrouve de ce fait un peu de vie après avoir été déserté par la majorité de ses habitants. L'**île du Nord**, la principale, possède une piste d'atterrissage. Sa petite communauté d'agriculteurs produit encore un peu de coprah selon des méthodes restées artisanales.

Les arbres de l'**île du Sud** sont blanchis par les déjections des fous à pieds rouges (*Sula sula*) qui y nichent. Balayée par de violents vents de sud-est, **Goélette**, la plus méridionale des Seychelles, est un refuge pour les oiseaux de mer : une grosse colonie de sternes diamant, espèce qui ne fréquente que les atolls coralliens, et 260 000 couples de sternes fuligineuses.

L'archipel d'Aldabra

L'archipel d'Aldabra, plus proche de Madagascar (environ 300 km) que de Mahé (cette dernière se trouve à plus de 1000 km au nord-est), comprend deux groupes : l'île d'Astove et l'atoll de Cosmoledo, à l'est, et l'île d'Assomption et l'atoll d'Aldabra, à l'ouest. Faute d'hôtel, l'archipel ne reçoit guère que quelques scientifiques et plaisanciers de passage.

L'atoll d'Aldabra

L'**atoll d'Aldabra** ❺ enserre le plus vaste lagon fermé du monde. Il s'est formé sur le cône d'un volcan sous-marin haut de plus de 4000 m et appartenant à la même chaîne que les Comores. L'atoll, qui s'étire sur 32 km d'est en ouest, est constitué de quatre grandes îles de corail exhaussées à plus de 8 m au-dessus du niveau de la mer – Picard, Polymnie, Malabar et Grand Terre – et d'une poignée d'îlots.

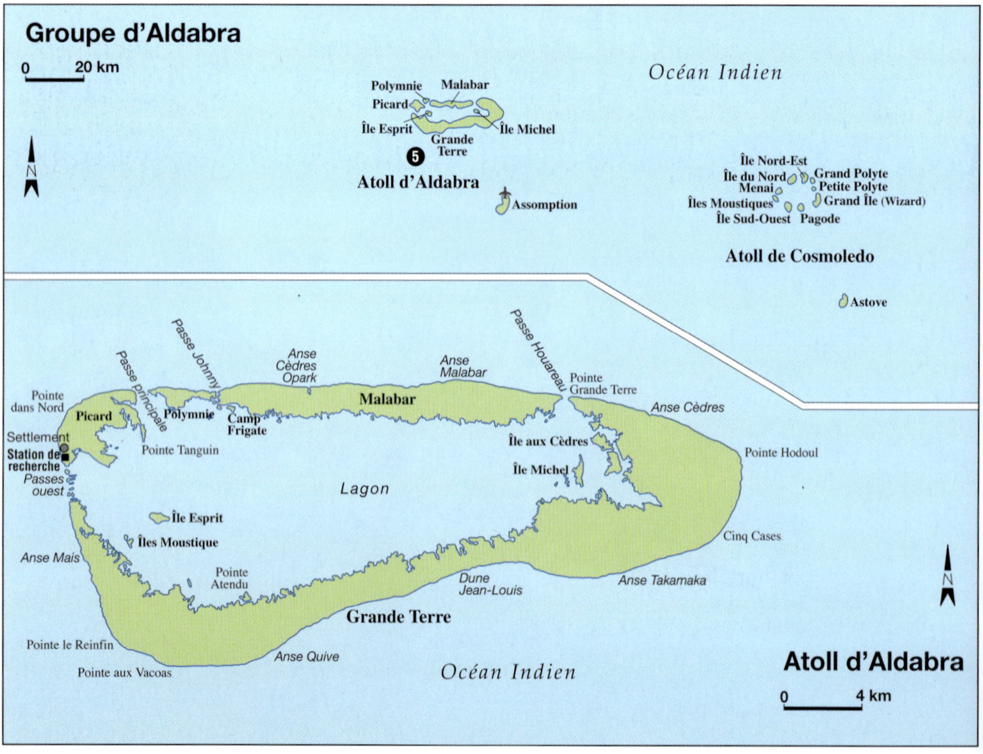

Aldabra n'a rien des petits paradis tropicaux qui sont l'image de marque des Seychelles. Pourtant, sa beauté intacte lui a valu d'être classé site du patrimoine mondial par l'Unesco. Il doit cette beauté sauvage à son caractère inhospitalier plutôt qu'à une quelconque volonté humaine : la majeure partie de l'atoll est couverte d'un épais tapis de pemphis, buissons épineux dont les feuilles coriaces résistent à l'eau de mer et au vent.

Cet atoll est connu dans le monde entier parce qu'il abrite de 100 000 à 180 000 tortues terrestres géantes, soit près de 95 % de la population mondiale de ces reptiles. S'y ajoutent les milliers de tortues marines qui viennent pondre sur les plages de l'atoll chaque année.

Les oiseaux ne sont pas en reste, puisque l'atoll héberge la deuxième colonie de frégates du monde et l'unique colonie océane de sternes de la Caspienne – sans parler des hérons ni des ibis. Mais l'espèce la plus rare est sans aucun doute le râle d'Aldabra. Ce cousin du dodo mauricien (qui a quant à lui disparu depuis longtemps) est le seul oiseau coureur de tout l'océan Indien. Toutefois, les chances de l'apercevoir sont bien minces, car le râle est assez timide et se cache sous le couvert des buissons.

Afin de protéger cette faune, l'accès des deux tiers de l'atoll est strictement interdit même à la quinzaine d'habitants que compte Aldabra : seules Picard, Polymnie, Malabar Ouest et Camp Frigate sont ouvertes aux visiteurs. La petite station de recherche de Picard accueille les scientifiques de passage et, le cas échéant, les touristes amoureux de la nature qui en ont fait la demande à la mission de la Sif (Seychelles Islands Foundation) à Mahé.

Seuls les plongeurs intrépides se risqueront à franchir les passes récifales. Il leur est indispensable de se faire suivre par un bateau, car les requins infestent les eaux tumultueuses et très poissonneuses qui entourent l'atoll.

Cosmoledo, Astove et Assomption

Cosmoledo accueille d'importantes colonies de fous à pieds rouges, de fous masqués et de sternes fuligineuses. C'est également le dernier site de reproduction du fou brun aux Seychelles. La richesse de la faune marine aux abords de cet atoll et de l'île d'Astove enchantera les amateurs de plongée.

L'exploitation du guano a, en revanche, chassé presque tous les oiseaux d'Assomption. Cette île désolée située à l'ouest de Cosmoledo ne compte plus que quelques habitants. Les liaisons aériennes avec Mahé sont rares, sauf lorsqu'il s'agit de rapatrier de riches visiteurs au terme d'une croisière, ou d'amener les passagers du bateau de plongée qui mouille à proximité de son récif intact de novembre à avril. Les plaisanciers doivent obtenir l'autorisation d'IDC pour pouvoir débarquer dans ces îles.

Cartes pp. 348 et 350

« Hall des départs » de l'aérodrome d'Assomption.

L'atoll de Cosmoledo, qui appartient au groupe d'Aldabra, fait partie des paradis secrets des amateurs de plongée.

INFORMATIONS PRATIQUES

MAURICE ET RODRIGUES **354-375**

Avant le départ 354

Se rendre à Maurice 355

À savoir sur place 356

Comment se déplacer 358

Pour mieux connaître Maurice et Rodrigues 360

Culture et loisirs 361

Achats 363

Sports 364

Où loger 366

Où se restaurer 371

Bibliographie 374

LA RÉUNION **375-393**

Avant le départ 375

Se rendre à la Réunion 376

À savoir sur place 377

Comment se déplacer 380

Pour mieux connaître la Réunion 381

Culture et loisirs 382

Achats 384

Activités sportives 384

Où loger 387

Où se restaurer 390

Bibliographie 392

LES SEYCHELLES **393-410**

Avant le départ 393

Se rendre aux Seychelles 394

À savoir sur place 395

Comment se déplacer 397

Pour mieux connaître les Seychelles 398

Culture et loisirs 399

Achats 400

Sports et loisirs de plein air 401

Où loger 404

Où se restaurer 408

Bibliographie 410

PETIT LEXIQUE CRÉOLE **411**

SE MARIER AU BORD DE L'OCÉAN INDIEN **412**

AVANT LE DÉPART

PASSEPORT ET VISA

Les ressortissants de pays membres de l'Union européenne, du Canada et de Suisse doivent disposer d'un passeport valable six mois après la date de retour prévue pour pouvoir entrer à l'île Maurice et à Rodrigues. Un visa touristique d'une validité de six mois leur est délivré gratuitement à l'arrivée. Il leur suffit de présenter aux services de l'immigration un billet de retour (ou un billet pour une autre destination) et l'adresse de leur lieu de séjour. Pour les ressortissants des autres pays, se renseigner auprès de l'**Ambassade de Maurice** à Paris (*127 rue de Tocqueville, 75 017 Paris. tél. 0142 27 30 19*).

On peut faire proroger son visa de deux mois gratuitement au Passport and Immigration Office de Port Louis en présentant son billet de retour, ainsi que deux photos d'identité, la preuve que l'on est en mesure d'assurer financièrement sa villégiaure et, le cas échéant, une lettre d'un hôte mauricien justifiant les raisons de la prolongation du séjour. Il n'y a pas de frais pour une prorogation, mais il faut compter cinq jours de délais.

Passport and Immigration Office
Sterling House, Lislet Geoffroy Street, Port Louis, tél. (230) 210 9312, fax (230) 210 9322
piomain@intnet.mu
Ouv. du lun. au ven. de 9h à 12h et de 13h à 16h ; le sam., de 9h à 12h.

REPRÉSENTATIONS DIPLOMATIQUES

France

Ambassade de la République de Maurice
127, rue de Tocqueville, 75017 Paris,
tél. 01 42 27 30 19, fax 01 40 53 02 91,
ambassade.maurice@online.fr

Belgique

Ambassade de la République de Maurice
68, rue des Bollandistes, Etterbeek, Bruxelles 1040,
tél. 027 33 99 88, fax 027 34 40 21,
ambmaur@skynet.be

Suisse

Mission Mauritius (ONU)
Geneva Chancery 7-9, chemin Louis-Dunant,
1202, Genève, tél. 734 85 50, fax 734 86 30,
mission.mauritius@ties.itu.int

Canada

Consulat honoraire de la République de Maurice
606 Cathcart Street, suite 200,
Montréal, Québec H3B-IK9,
tél. 393 95 00, fax 393 93 24

OFFICES DU TOURISME MAURICIEN

À consulter :
www.ile-maurice.com
www.resamaurice.com

France

Office du tourisme de l'île Maurice
124, bd Haussmann, 75008 Paris,
tél. 01 44 69 34 50, fax 01 44 69 34 51,
www.ot-maurice.com
Ouvert au public du lundi au vendredi de 10 h à 13h.

Suisse

Mauritius Tourist Information Service
Kirchenweg 5, Zurich 8032,
tél. 383 87 88, fax 383 51 24, info@prw.ch
Pas d'office en Belgique ou Canada.

QUAND PARTIR ?

Les meilleures périodes pour visiter l'île Maurice vont d'avril à juin et de septembre à novembre. Les amateurs de plongée préféreront s'y rendre de décembre à mars (mais c'est aussi la saison des cyclones), et les pêcheurs de septembre à mars. La haute saison correspond aux vacances scolaires à la Réunion et en Europe (fin d'année et juillet-août).

QUE FAUT-IL EMPORTER ?

Garde-robe

Privilégier les vêtements d'été, amples et en coton. Prévoir un lainage ou un blouson léger pour les soirées. Même si les pluies sont généralement brèves, un imperméable ou un parapluie peuvent être utiles. Le port d'une veste et d'une cravate n'est exigé des hommes que dans les restaurants chic. Il est recommandé toutefois d'éviter de dîner à l'hôtel en short et T-shirt. Le nudisme est interdit à Maurice et l'usage veut que l'on ne se baigne pas en monokini. Prévoir également une tenue qui couvre les épaules et les jambes pour la visite des enceintes religieuses.

On pensera à mettre dans ses bagages une lampe de poche pour parer à d'éventuelles coupures d'électricité, des lunettes, un chapeau et de la crème solaire pour se protéger du soleil (impératif). Emporter également des sandales en plastique pour éviter les coupures occasionnées par les coraux et les redoutables piqûres des poissons-pierres qui se cachent dans le fond sablonneux des lagons (*voir p. 95*). À Rodrigues on se méfiera des gros scolopendres qui peuplent les recoins obscurs des bâtiments anciens et dont la piqûre est douloureuse.

Appareillage électrique

Le courant est en 220 volts, 50 Hz. Prévoir un adaptateur pour prises à trois broches plates.

PRÉCAUTIONS SANITAIRES

L'île Maurice ne présente pas de risque de paludisme. Aucun vaccin particulier n'est requis.

En 2005-2006 est apparu dans les îles de l'océan Indien le chikungunya, un virus transmis à l'homme par l'*Aedes aegypti*, le moustique de la fièvre jaune. Aucun vaccin ou traitement préventif n'existe pour l'instant. Le meilleur moyen pour pévenir l'infection est d'éviter les piqures de moustiques. Si les hôtels désinfectent régulièrement leur domaine, il est conseillé de se couvrir et de maintenir les portes et les fenêtres fermées. Avant le départ, consultez le site *www.sante.gouv.fr*.

Il est préférable de contracter une assurance couvrant d'éventuels frais médicaux et de rapatriement sanitaire (s'ils ne sont pas compris dans le forfait d'un voyagiste ou déjà couverts par une police d'assurance ou son contrat de carte bancaire). En raison des restrictions à l'importation qui frappent certains produits pharmaceutiques, il est recommandé de se munir d'une prescription médicale pour justifier, le cas échéant, la détention de tels produits. Cela n'est hélas pas toujours suffisant. Ainsi l'importation de Di-Antalvic est-elle formellement interdite. Pour obtenir de plus amples renseignements, s'adresser au :

Ministère de la Santé
Emmanuel Anquetil Building, 5e étage, Port Louis, tél. (230) 201 2175, fax (230) 208 7222, moh@mail.gouv.mu

DÉCALAGE HORAIRE

L'île Maurice vit à l'heure GMT + 4. Il faut ajouter trois heures à l'heure française en hiver (été austral) et deux heures en été (hiver austral). Il fait jour, en moyenne, de 5h30 à 19h de novembre à avril, et de 6h45 à 17h45 de mai à octobre. En raison de sa proximité avec le tropique du Capricorne, il fait nuit très tôt à l'île Maurice, notamment l'hiver; ce qui peut suprendre le voyageur européen.

TÉLÉPHONE

Pour appeler l'île Maurice et Rodrigues de l'étranger, composer le *00*, le *230* (indicatif national) suivi du numéro du correspondant.

SE RENDRE À MAURICE

EN AVION

Le vol Paris-l'île Maurice sans escale dure environ onze heures. Air France et Air Mauritius se partagent la ligne, à raison d'une douzaine de vols par semaine. Air Mauritius assure également une liaison hebdomadaire Genève-Maurice et Bruxelles-Maurice.

S'il n'existe pas de vol charter pour l'île Maurice, il est possible d'en prendre un à destination de la Réunion puis d'emprunter l'une des liaisons quotidiennes qu'assurent Air Mauritius et Air Austral entre les deux îles. C'est la solution la plus économique, car le prix du billet pour l'île Maurice est bien plus élevé que celui du billet pour la Réunion. Air India, Air Madagascar, Air Seychelles, Condor, British Airways, South African Airways, Air Zimbabwe et Singapour Airlines desservent également l'île Maurice.

Il faut transiter par l'île Maurice pour gagner Rodrigues en avion (un ou deux vols par semaine).

Compagnies aériennes à Paris

Air Mauritius
5, boulevard de la Madeleine, 75001 Paris, tél. 890 710 315, fax 01 49 24 04 25, www.airmauritius.com

Air France
tél. 0820 820 820, fax 01 42 99 21 99, www.airfrance.fr

Air Austral
2, rue de l'Église, 92200 Neuilly-sur-Seine, tél. 0825 013 012, fax 01 44 95 11 37, www.air-austral.com
Cette compagnie propose des forfaits « Pass océan Indien » qui facilitent les déplacements entre les Seychelles, la Réunion et l'île Maurice.

British Airways
tél. 0825 825 400, www.britishairways.com

Compagnies aériennes à Maurice

Air Mauritius
À Maurice : tél. 207 7070, 207 7575, fax 208 8331
À Rodrigues : tél. 832 7321, fax 832 7301

Air Austral
tél. 202 6677

Air France
tél. 202 6747

Air Seychelles
tél. 202 6727

British Airways
tél. 202 8000, fax 212 8886

Catovair
Cette compagnie opère des avions de 18 places pour Rodrigues.
tél. 800 9000 ou en s'adressant à Ireland Blyth Ltd.
À Rodrigues : tél. 831 0747

Emirates
tél. 213 9100

Ireland Blyth Ltd.
Aussi agent pour Cathay Pacific et Air Madagascar.
tél. 202 7711, fax 202 7339

En bateau

Il n'existe pas de transports maritimes de passagers à destination de l'île Maurice. En revanche, quelques bateaux de croisière au long cours y font escale, ainsi que des cargos en provenance d'Afrique.

Des navires cargos, comme le *MS Mauritius Pride* relient Maurice à Rodrigues deux à quatre fois par mois selon la saison.

Des navires, comme le *Mauritius Trochetia*, relient Maurice à la Réunion six fois par mois environ. Le voyage dure de dix à douze heures, les enfants paient demi-tarif. L'océan Indien peut être houleux et les traversées sont parfois suspendues pendant la saison des cyclones.

Pour tous renseignements, contacter :
– à Maurice :
MSC Coraline Ship Agency
Nova Building, 1 Military Road, Port Louis,
tél. 217 2285, fax 242 5245, msc@coraline.intnet.mu
– à Rodrigues :
Rod Tours
Camp du Roi, Port Mathurin,
tél. 831 2249, fax 831 2267
– à la Réunion :
SCOAM
4, av. du 14-Juillet-1789, 97420 Le Port,
tél. 0262 421 945, fax 0262 432 547, pax@scoam.fr

Douanes

Il n'y a aucune restriction à l'importation de devises. On peut importer à Maurice sans devoir acquitter de droits de douane 200 cigarettes, 50 cigares ou 250 g de tabac, 1 l d'alcool, 2 l de vin ou de bière, 250 ml d'eau de toilette et 10 cl de parfum. L'importation de plantes ou de substances végétales est soumise à une autorisation préalable du ministère de l'Agriculture. L'importation, la détention et la consommation de stupéfiants sont prohibées. L'importation et la détention de feuilles de papier à rouler du tabac sont également interdites. Une autorisation du vétérinaire du ministère de l'Agriculture est nécessaire pour les animaux qui doivent posséder un certificat sanitaire délivré par le pays d'origine.

La législation est très stricte, les magistrats font preuve d'une grande sévérité, et les peines encourues en cas d'infraction, même mineure, sont fort lourdes.

Pour tous renseignements, contactez le service des douanes à l'aéroport de Maurice (*tél. 637 3187)*

De l'aéroport à la ville

L'aéroport international de Maurice (*tél. 603 3030)* porte le nom du premier Premier ministre de l'île après l'indépendance : **Sir Seewoosagur Ramgoolam** (SSR). Il est situé à Plaisance, à 4 km au sud-ouest de Mahébourg et à 48 km au sud-est de Port Louis. On y trouve, notamment, un bureau de l'office du tourisme, des guichets de banque, un bureau de poste et les comptoirs des grandes agences de location de voitures.

De 6h30 à 18h30, un **autocar** (souvent bondé) relie l'aéroport à Mahébourg et à Port Louis, toutes les 30 min. Si l'on a des bagages encombrants, mieux vaut affréter un **taxi**. Même s'il est équipé d'un compteur, il faudra vraisemblablement négocier le prix de la course avec le chauffeur. Le trajet jusqu'à Rose Hill, avec deux valises, coûte environ 750 roupies.

Le petit aéroport de Rodrigues, **Plaine Corail Airport** (*tél. 832 7888)* est installé dans le sud-ouest de l'île. Un bus Supercopter le relie à Port Mathurin. Pour regagner l'aéroport à partir de n'importe quel point de l'île, on peut appeler Ibrahim Nalla au *831 1859*.

Taxe d'aéroport

En général, elle est comprise dans le prix du billet d'avion ou dans le forfait voyagiste.

À SAVOIR SUR PLACE

Monnaie

La monnaie locale est la roupie mauricienne (MRs ou Rs). Circulent des pièces de 5, 10, 20, 25 et 50 centimes de roupies, de 1, 5, et 10 roupies et des billets de 25, 50, 100, 200, 500 et 1 000 roupies. Les devises fortes, les cartes de crédit et les chèques de voyage sont acceptés dans les banques, les bureaux de change, la plupart des hôtels et des magasins. Les banques affichent des taux de change plus avantageux que les hôtels. On trouve des distributeurs automatiques de billets dans toutes les grandes villes.

Jours fériés

La richesse culturelle de Maurice permet de découvrir ses fêtes religieuses. Les services publics et de nombreux magasins mauriciens ferment les jours fériés. Les boutiques rodriguaises ferment pour le Printemps chinois.

1er et 2 janvier Nouvel An.
Mi-janvier-février Cavadee (fête mobile tamoule).
1er février abolition de l'esclavage.
Février-mars fête du Printemps chinois (mobile); Maha Shivaratree (fête hindoue mobile); Holi (fête hindoue mobile).
12 mars fête nationale.
Mars-avril Ougadi (Nouvel An hindou, mobile); Pâques (mobile).

1er mai fête du Travail.
Mai-juin Id el-Fitr (fête musulmane mobile).
15 août Assomption.
Août-septembre Ganesha Chaturthi (fête hindoue mobile).
Octobre-novembre Divali (fête hindoue mobile).
1er novembre Toussaint.
25 décembre Noël.

ADRESSES UTILES

Mauritius Promotion Tourism Authority (MPTA)
– Air Mauritius Centre, 11e étage, rue John Kennedy, Port Louis, tél. 208 6397, fax 212 5142
– Port Louis Waterfront, Port Louis, tél. 208 6397
– SSR Airport, Plaisance, tél. 637 3635, www.mauritius.net
Ambassade de France
14, rue Saint-George, Port Louis, tél. 202 0100, fax 202 0110 www.ambafrance-mu.org
Consulat général de Belgique
10, rue du Dr Ferrière, Port Louis, tél. 208 7289, fax 208 1014
Consulat général de Suisse
2, rue Jules Kœnig, Port Louis, tél. 208 8763, fax 210 3347
Canada High Commission
Blanche Birger Company Ltd, rue Jules Koening, Port Louis, tél. 208 0821, fax 208 3391

HEURES D'OUVERTURE

Administrations du lun. au ven. 9h-16h, le sam. 9h-12h pour certaines.
Banques du lun. au jeu. 9h15-15h15, le ven. 9h15-5h30. À Port Louis et sur les sites touristiques, elles ouvrent aussi le sam. 9h15-11h15.
Bureaux du lun. au ven. 8h-16h30, le sam. 9h-12h.
Bureaux de change du lun. au ven. 15h15-17h, le sam. 9h-17h, le dim. et j. fér. 9h-12h.
Bureaux de poste du lun. au ven. 8h15-11h15 et 12h-16h, le sam. 8h-11h45.
Magasins à Port Louis, du lun. au ven. 9h30-17h, le sam. 9h-12h ; dans les villes du plateau central, du lun. au mer. 10h-18h, du jeu. au dim. 10h-12h.
Marchés : du lun. au sam. 6h-18h.

POSTES ET TÉLÉCOMMUNICATIONS

Courrier

Le service postal est fiable. Chaque village ou presque possède son bureau de poste. C'est là qu'on achète les timbres et qu'il est préférable d'expédier son courrier.

Bureau principal des postes
Quay Street, Port Louis, tél. 208 2851, fax 212 9640
Ouv. du lun. au ven. 8h15-16h, le sam. 8h15-11h45. Après 15h, les guichets ne vendent que des timbres.

Téléphone

Il vaut mieux passer ses appels internationaux d'une **cabine téléphonique** à cartes que de son hôtel. Les cartes (de 25 à 500 unités) s'achètent dans les agences Mauritius Telecom, les supermarchés, les stations-service et de nombreux magasins.
On peut également appeler de l'une des agences :
Mauritius Telecom
– Roger House, John Kennedy Street, Port Louis, tél. 208 1036
– Edith Cavell Street, Port Louis, tél. 203 7000
Ouv. du lun. au ven. de 8h30 à 17h.
– Cassis
tél. 208 0221
Ouverte 24h/24.
Si votre téléphone portable ne fonctionne pas, vous pouvez en louer un ou acheter une carte SIM si vous avez l'intention de passer beaucoup d'appel. Adressez-vous auprès de
Cellplus
Port Louis, tél. 203 7500, numéro vert 800 500
Emtel
Rose hill, tél. 465 2000
Pour appeler l'étranger de Maurice, composer l'indicatif du pays (*1* pour le Canada, *32* pour la Belgique, *33* pour la France, *41* pour la Suisse) suivi du numéro du correspondant.
Renseignements nationaux : *150*
Renseignements touristiques : *152*
Renseignements internationaux : *100 90*

Internet

Cyber Angel
Triolet, pès du poste de police
Cyber Café
Centre commercial Super U, La Salette, Gand'Baie
Cybercafé
Impasse Pot de Terre, Curepipe
Hard Drive Café
Pereybere
Zenith Cybecafé
Front de mer, Port Louis

MÉDIAS

Presse

Deux des neuf quotidiens locaux sont publiés en chinois et les autres en anglais ou en français. Ainsi,

L'Express sort en kiosques le matin et *Le Mauricien* le soir. Les mensuels touristiques *Côte Nord* et *Rivage* sont distribués gratuitement à l'office du tourisme et dans de nombreux magasins et hôtels.

Télévision et radio
Les Mauriciens captent les chaînes françaises émises à partir de la Réunion. La plupart des grands hôtels sont abonnés à Canal +.

Des bulletins d'informations radiophoniques sont émis en français, en créole et en anglais.

Sécurité, santé et urgences

La sécurité des biens et des personnes est en principe bien assurée. Mais pour ne pas s'exposer à un vol ou à une agression, on s'abstiendra d'exhiber bijoux et grosses sommes d'argent comme de laisser des biens en évidence dans son véhicule. Il est conseillé aux femmes de conserver leur haut de maillot de bain sur la plage et de ne pas se promener seules le soir.

Numéros utiles
Prévisions météo : *302 6071*
Police quartier général de Port Louis : *208 1212*
Police urgences : *999* ou *112*
Samu : *114*
Pompiers : *995* ou *115*
Gardes-côtes : *212 2747*
Ambulances privées : *426 8888*

Hôpitaux et cliniques
Les hôpitaux publics dispensent leurs soins gratuitement, mais la plupart des touristes leur préfèrent les cliniques privées, payantes mais moins fréquentées. Les hôteliers sont en mesure de recommander un médecin et de donner l'adresse d'une pharmacie de garde à leurs clients en cas d'urgence.

Clinique Mauricienne
Le Réduit, tél. 454 3061, fax 464 8813
Clinique du Nord
Route côtière, baie de Tombeau, tél. 247 2532
Clinique du Nord
Pointe aux Canonniers, tél. 263 1010, fax 263 1963
Clinique Darné
Rue G. Guiberty, Floréal, tél. 601 2300, fax 696 3612
Conventionnée par la caisse des Français à l'étranger.

Savoir-vivre

Compte tenu de la diversité des origines, des croyances et des coutumes des Mauriciens, les visiteurs se doivent d'adopter un comportement mesuré : éviter les tenues trop dénudées en ville, veiller à avoir les bras et les jambes couverts pour visiter les lieux de culte, se déchausser à l'entrée des mosquées et des temples hindous et tamouls, ne pas porter de cuir dans l'enceinte de ces derniers, respecter les animaux, tout particulièrement les vaches que les hindous vénèrent.

Marchandage et pourboire

Le marchandage est de rigueur à l'île Maurice, notamment avec les chauffeurs de taxis et les vendeurs sur les marchés. Le service est généralement compris (15 %), mais un petit pourboire (taxi : 20 Rs ; porteurs d'hôtels : 10 Rs) est toujours le bienvenu.

COMMENT SE DÉPLACER

En voiture

Réseau routier
Les Mauriciens désignent sous le nom d'« autoroute » l'axe qui relie l'aéroport international SSR à Grand Baie en passant par Port Louis, mais il s'agit plutôt d'une voie rapide qui traverse l'île du sud-est au nord-ouest en reliant les villes du plateau central. Il en va de même de la route qui traverse le Parc national des Gorges de la rivière Noire. Le reste des 1 800 km de routes goudronnées qui sillonnent l'île n'est pas toujours bien entretenu. Les distances et les limites de vitesse sont indiquées en kilomètres ou en *miles*. Les panneaux indicateurs sont parfois cachés derrière des plants de cannes à sucre. Pour se repérer en ville, mieux vaut disposer d'un bon plan.

Code de la route et consignes de sécurité
On roule à gauche à Maurice et à Rodrigues, et la priorité est accordée aux croisements aux véhicules venant de droite. La vitesse est limitée à 50 km/h en ville et à 80 km/h sur route. Le port de la ceinture de sécurité est obligatoire.

Attention aux jeunes enfants et aux animaux, susceptibles de traverser les routes à l'improviste, comme aux écarts des scooters qui transportent souvent plus de deux personnes. Les autocars roulent vite, même sur les petites routes, et leurs chauffeurs n'hésitent pas à mordre la ligne jaune. Éviter de conduire la nuit : les routes secondaires sont souvent truffées d'ornières, et de profondes rigoles non éclairées séparent la chaussée des plantations de cannes à sucre. Les mauriciens sont des conducteurs au goût du risque prononcé, la prudence est donc de rigueur !

En cas d'accident, il convient d'informer le commissariat le plus proche et d'attendre l'arrivée des agents : en effet, seul comptera le constat dressé par leurs soins s'il faut régler un contentieux ou obtenir une indemnisation.

Stationnement

Un véritable cauchemar à Port Louis. Mieux vaut se rendre directement au parking aménagé près du front de mer de Caudan. Les carnets de tickets de stationnement s'achètent dans les stations-service.

Louer une voiture ou une moto

Il faut avoir plus de vingt-trois ans et posséder un permis de conduire depuis plus d'un an pour pouvoir louer un véhicule. Les grandes agences ont un comptoir à l'aéroport international et dans les hôtels de standing. Les petites agences locales appliquent des tarifs plus attrayants, mais il convient de bien vérifier l'état du véhicule et d'étudier attentivement le contrat de location et la police d'assurance. Les motos doivent être louées avec un casque (port obligatoire).

Pour un court séjour, il est plus avantageux et moins éprouvant de louer un taxi à la journée.

Avis
Al-Madina Street, Port Louis,
tél. 208 1624, fax 211 1420,
avis@avismauritius.com
Budget Rent a Car
S. Venkatesananda Street, BP 125, Rose Hill,
tél. 467 9700, fax 454 1682,
budget@mauritours.net
Europcar
avenue Michael Leal, Les Pailles,
tél. 286 0140, fax 286 4705,
europcar@intnet.mu
Hertz Mautourco
Gustave Collin Street, Forest Side,
tél. 674 4301, fax 670 5910,
hertz@maurtourco.com
Société J.H.A. Arnulfry and Co
rue La Bourdonnais, Mahébourg,
tél. 631 9806, fax 631 9991

EN BUS

Le bus est un moyen de transport bon marché (entre 10-50 Rs et jusqu'à 60 Rs pour les services express) mais un peu lent, à Maurice comme à Rodrigues. Plusieurs compagnies se partagent les lignes. Les billets s'achètent à bord (penser à faire provision de monnaie). Prendre soin de vérifier la destination auprès du chauffeur. Avant l'arrêt choisi, actionner la sonnette située sur chacun des sièges.

À l'île Maurice, les bus circulent de 5h30 à 20h en ville et de 6h30 à 18h30 en zone rurale (à Rodrigues, le service cesse à 16h). Port Louis possède deux gares routières. Les bus à destination du sud et de l'ouest de l'île Maurice partent du terminal de Victoria Square, ceux qui desservent le Nord et l'Est, du terminal d'Immigration Square (*voir plan p. 104*). Il faut savoir que le dernier bus qui relie la capitale à Curepipe, Rose Hill, Quatre Bornes et Vacoas part de Victoria Square à 23h. La brochure *Île Maurice, Rodrigues, guide pratique* que l'on peut se procurer à l'office du tourisme détaille les lignes et les horaires.

Citirama (*tél. 212 2484*) propose des tours de trois heures de Port Louis, du lundi au samedi. Les autocars partent de l'office du tourisme, sur le Caudan Waterfront.

EN TAXI

Les taxis sont dotés d'une enseigne jaune et de plaques minéralogiques noires sur fond blanc (tandis que les véhicules privés présentent des plaques blanches sur fond noir). Ils sont en principe équipés d'un compteur, mais les chauffeurs l'utilisent rarement. Il faut donc négocier le prix de la course avant le départ. Les tarifs officiels doivent être affichés à l'intérieur du taxi et le pourboire n'est pas obligatoire. Les hôteliers ont souvent des arrangements avec des chauffeurs qui appliquent des tarifs raisonnables.

En cas de litige, s'adresser à la National Transport Authority, Victoria Square, en donnant le numéro d'immatriculation du véhicule, le nom du chauffeur et une description des problèmes rencontrés.

EN TAXI COLLECTIF

Des *taxis-trains*, ou taxis collectifs, suivent les mêmes itinéraires que les bus et stationnent près de leurs arrêts. Ils sont souvent bondés, mais rapides et pittoresques. Les passagers se partagent la course.

EN HÉLICOPTÈRE

Air Mauritius propose des transferts vers les principaux hôtels de Maurice et des survols de l'île en hélicoptère. Les tarifs varient selon la distance parcourue et le temps de vol. À titre indicatif, le transport de l'aéroport jusqu'au nord de l'île coûte 18 000 Rs (env. 600 €) par personne, et 15 000 Rs (env. 500 €) pour la côte ouest. On peut réserver son voyage en hélicoptère de chez soi, par l'intermédiaire d'une agence de voyages ou sur Internet.

Air Mauritius Helicopter Service
tél. 603 3754, fax 637 4104
helicopter@airmauritius.intnet.mu

EXCURSIONS ORGANISÉES

De très nombreux tour-opérateurs locaux proposent des visites guidées de l'île. Ils disposent de bureaux dans les grandes villes, à l'aéroport et dans les halls de la plupart des hôtels. Il faut compter de 25 à 45 € pour une excusion d'une journée, déjeuner compris.

Île Maurice

Grand Bay Travel and Tours
Route côtière, Grand'Baie, tél. 263 4705
Mauritours
5 Venkatasananda Street, Rose Hill, tél. 467 9700, fax 454 1682, www.mauritours.net
MTTB/Mautourco
Gustave Collin Street, Forest Side, tél. 670 4301, fax 674 3720, mtco@mttb-maurtourco.com
Summertimes
5 avenue Bernadin de Saint-Pierre, Quatre Bornes, tél. 427 1111, fax 427 1010, summer@summertimes.intnet.mu
White Sand Tours
DML Bldg, PO Box 738, M1 Motorway, Port Louis, tél. 212 3712, fax 208 8524, wstt@intnet.mu

Rodrigues

Ecotourisme Rodrigues
Complex La Citronelle, rue Max Lucchesi, Port Mathurin, tél. 831 2801, 2800ecotour@intnet.mu
Otourco
Place François Leguat, Port Mathurin, tél. 831 0747, fax 832 0747, mob. 875 6777, www.rotourco.com
Rodtours
Camp du Roi, Port Mathurin, tél. 831 2249, fax 831 2267, www.rodrigues-island.org/rodtours
2000 Tours
Rue Max Lucchesi, Port Mathurin, tél./fax 831 1894, 2000trs@intnet.mu

A mobylette ou à vélo

On peut louer une mobylette (port du casque obligatoire) ou un vélo à la journée à un prix raisonnable dans un hôtel ou une agence de voyages locale, plus facilement à Grand Baie et dans ses environs.

D'île en île

Certains tour-opérateurs organisent des croisières à Rodrigues et à la Réunion, mais la périodicité de celles-ci varie en fonction de l'état de la mer et de la demande.

Vous pouvez voyager à bord du *Mauritius Trochetia* qui effectue la liaison tous les vendredis au départ de la Réunion ou à bord du MS *Mauritius Pride*, un navire cargo qui relie Maurice à Rodrigues deux ou trois fois par mois et Maurice à la Réunion six fois par mois, il est préférable de réserver son billet dès son arrivée à Maurice, voire de chez soi auprès de :

– À Maurice
Mauritius Shipping Co. Ltd,
Nova Building, Military road, Port Louis, tél. 242 52 55 ou 241 25 50, fax 242 52 45 corpax@intnet.mu

– À La Réunion
SCOAM
4, avenue du 14 juillet 1789, Le Port tél. 0262 421 945, fax 0262 432 547, pax@scoam.fr

Pour visiter l'île aux Cocos et l'île aux Chats à partir de Rodrigues, se renseigner à son hôtel ou dans une agence de voyages locale (voir ci-contre). Là encore, il est préférable de réserver son billet, car ces croisières rencontrent un vif succès.

POUR MIEUX CONNAÎTRE MAURICE ET RODRIGUES

Géographie

L'île Maurice s'étend sur 1 865 km² et Rodrigues, sa petite dépendance ancrée à 560 km au nord-est, sur 110 km². Ces deux îles de l'archipel des Mascareignes sont situées au milieu de l'océan Indien, entre 19° et 22° de latitude sud et 55° et 64° de longitude est. Maurice se trouve à 900 km à l'est de Madagascar et à 220 km au nord-est de la Réunion.

Outre Rodrigues, le dernier de ses districts administratifs, Maurice possède plusieurs dépendances : les îles Agalega, à 1 000 km au nord, et les îles Cargados Carajos (ou archipel de Saint-Brandon), à 400 km au nord-est.

L'île de Tromelin, à 560 km au nord, est française, mais la République mauricienne la revendique périodiquement. En revanche, Diego Garcia, dans l'archipel des Chagos (à 1 200 km au nord-est), ne lui appartient plus : les Américains en ont fait l'une de leurs principales bases militaires dans l'océan Indien et ils en interdisent l'accès.

Climat

Maurice et Rodrigues jouissent d'un climat tropical tempéré, qui fait alterner deux saisons. Pendant l'été austral, saison chaude et humide qui s'étend de novembre à mai, les températures grimpent jusqu'à 35 °C sur le littoral, et le soleil ne disparaît qu'au profit de courtes mais violentes averses. De mai à octobre, c'est l'hiver austral : les températures diurnes ne dépassent pas 25 °C et les nuits sont fraîches, mais les précipitations restent faibles. La température de l'océan ne descend jamais au-dessous de 22 °C.

Les alizés du sud-est soufflent sur l'île toute l'année. S'ils apportent un peu de fraîcheur aux côtes sud et est en été, leur violence peut se révéler gênante le reste de l'année. Octobre et novembre, les mois les plus secs, sont ceux qui conviennent le mieux aux séjours axés sur le sport.

Le relief, la topographie et les vents produisent des microclimats. Sur le plateau central, souvent couvert d'un voile nuageux, le climat est plus humide et plus frais que sur les côtes, où le ciel reste dégagé. Les hauteurs de l'île recoivent ainsi 4 500 mm de précipitations annuelles.

La période des cyclones s'étend de novembre à avril. Les ouragans se forment à plusieurs centaines de kilomètres au nord-est de Maurice. Comme leur arrivée demande quelques jours et que plusieurs stations météorologiques suivent attentivement leur progression, l'alerte est toujours donnée à temps, et les informations divulguées régulièrement à la radio. Ils n'apportent le plus souvent que des torrents de pluie et des vents, qui finissent par dissiper la lourde humidité stagnante. Mais il peut leur arriver de tout balayer sur leur passage, aussi faut-il, en cas d'alerte, suivre scrupuleusement les consignes de sécurité.

Classification des cyclones

– « dépression tropicale » (*tropical depression*) : les vents ne dépassent pas 90 km/h.
– « dépression tropicale modérée » (*moderate tropical depression*) : les pointes de vents varient entre 135 et 179 km/h.
– « dépression tropicale forte » (*strong tropical depression*) : les vents atteignent 180 à 250 km/h.
– « cyclone tropical de forte intensité » (*tropical cyclone of strong intensity*) : les pointes de vents varient entre 251 et 335 km/h.
– « cyclone tropical de très forte intensité » (*tropical cyclone of very strong intensity*) : les vents dépassent 335 km/h.

Signalisation des cyclones

Des drapeaux rouges sont hissés au sommet des bâtiments publics de l'île à l'approche d'un cyclone. Leur nombre indique la violence de celui-ci :
– un drapeau rouge : alerte I, les vents ne dépassent pas 120 km/h ;
– deux drapeaux rouges : alerte II, le risque que les vents dépassent 120 km/h est plus grand ;
– trois drapeaux rouges : alerte III, le risque que les vents dépassent 120 km/h est confirmé ;
– quatre drapeaux rouges : alerte IV, des pointes de vents à plus de 120 km/h ont été enregistrées.

Numéros utiles

Informations météorologiques : *(230) 302 6071*
Informations concernant les cyclones : *96*

GOUVERNEMENT

L'île Maurice est une république unitaire et une démocratie parlementaire calquée sur le modèle britannique. Le président de la République est élu pour cinq ans par le Parlement (depuis 2002, il s'agit de Karl Offman). Le pouvoir exécutif est exercé par un cabinet ministériel, et le Premier ministre est le chef de la majorité parlementaire. Depuis 2003, Paul Bérenger est Premier Ministre de l'île Maurice.

POPULATION

Maurice est, avec 1,2 million d'habitants, l'un des pays les plus densément peuplées du monde. La population est composée à 68 % d'Indo-Mauriciens, à 26 ou 27 % de Créoles d'origine africaine, à 3 % de Sino-Mauriciens, et à 1 ou 2 % de Franco-Mauriciens.

Rodrigues ne compte que 37 000 habitants, pour la plupart d'origine africaine, malgache et/ou française.

LANGUES

La langue usuelle des Mauriciens est le créole. La langue officielle est l'anglais, mais la population parle plus volontiers le français. Certains groupes ethniques ont conservé la langue de leurs ancêtres : bhojpuri (créole dérivé de l'hindou), hindi, tamoul, ourdou, télougou, marathi, gujarati, mandarin et cantonnais.

CULTURE ET LOISIRS

MUSÉES ET MONUMENTS

Les horaires d'ouverture précisés ci-dessous sont susceptibles de changer.

A Port Louis

Citadelle (Fort Adélaïde)
Sebastopol Street
Ouv. tlj. 9h à 16h. Ne se visite pas, mais offre une vue magnifique.

Domaine Les Pailles
Au sud de la capitale, par la M2, tél. 286 4255
Ouv. tlj. 10h-17h30. Entrée payante, visites guidées toutes les 30 min.

Windmill Museum (Moulin à vent)
Caudan Waterfront
Ouv. du lun. au ven. de 10h à 18h. Entrée gratuite.

Mosquée Jummah
Royal Street
Visites tous les matins, sauf ven. et dim.

Museum of Photography
Old Council Street, tél. 211 1705
Horaires variables. Entrée payante.

Natural History Museum
La Chaussée, tél. 212 0639, mimuse@intnet.mu
Ouv. les lun.-mer., ven. 9h-16h. Entrée libre.
Blue Penny Museum
Caudan Waterfront
tél. 210 8176, www.bluepennymuseum.com
Ouv. du lun. au sam. 9h-17h. Entrée payante.
Postal Museum (Musée de la Poste)
Sir William Newton Street, tél. 208 2851
Ouv. du lun. au ven. 9h-16h, le sam. 9h-11h30. Entrée libre.

Dans le Nord

Jardin botanique Sir Seewoosagur Ramgoolam
Pamplemousses, tél. 243 3531
Ouv. tlj. 8h30-17h. Entrée libre. Visites guidées payantes.
L'Aventure du sucre
Beau Plan, Pamplemousses, tél. 243 0660
Ouv. tlj. 9h-18h. Entrée payante.

Dans l'Est

Biscuiterie H. Rault
Ville Noire, tél. 631 9559
Ouv. du lun. au ven. 9h-11h, 13h-15h. Entrée payante.
Domaine du Chasseur
Anse Jonchée, tél. 634 5097, dchasseur@intnet.mu
Ouv. tlj. 9h-17h. Entrée libre. Visites guidées payantes à 11h30 et 15h45.
Fort Frederik Hendrik Museum
Route Royale, Vieux Grand Port, tél. 634 4319
Ouv. du lun. au sam. 9h-17h, le dim. 9h-12h. Entrée libre.
Île aux Aigrettes
Pointe d'Esny, tél. 631 2396
Ouv. tlj. 9h-17h. Entrée payante.
Naval Museum (Musée naval)
Route Royale, Mahébourg, tél. 631 9329
Ouv. le lun., du mer. au ven. 9h-16h, les sam. et dim. 9h-12h ; fermé j.fér. Entrée libre.
Le Val Nature Park
Le Val, tél. 633 5051
Ouv. du lun. au ven. 9h-16h. Entrée payante.

Sur la côte sud

Maison coloniale
Saint-Aubin
Visites organisées par l'office du tourisme.
Musée de thé de Bois Chéri
Bois Chéri, Grand Bassin, tél. 626 1513
Visites du lun. au sam. 9h-15h30. Entrée payante.
Robert Edward Hart Museum
Souillac, tél. 625 6101
Ouv. le lun., du mer. au ven. 9h-16h, le sam. et dim. 9h-12h. Entrée payante.
La Vanille, Les Mascareignes Crocodile Park
Rivière des Anguilles, tél. 626 2503, www.tropicscope.com
Ouv. tlj. 9h-17h. Entrée payante.

Dans l'Ouest

Casela Nature and Leisure Park
5 km à l'est de Flic en Flac, tél. 425 0693
Ouv. tlj. 9h-17h. Entrée payante.
Chamarel Coloured Earth (Terres de sept couleurs)
Chamarel, tél. 622 6420
Ouv. tlj. 9h-17h. Entrée payante.

Sur le plateau central

Balfour Gardens
Beau Bassin
Ouv. du jeu. au mar. 6h-18h.
Maison créole « Eurêka »
Au nord de Moka, tél. 438 8477
Ouv. tlj. 10h-16h. Entrée payante.
Musée Comajora
La Brasserie Road, Forest Side, tél. 676 5388
Ouv. du lun. au ven. 8h-17h.
Musée de la « Special Mobile Force »
Gymkhana Road, Vacoas, tél. 686 1011
Ouv. du lun. au ven. de 9h à 16h.
Folk Museum of Indian Immigration
Mahatma Gandhi Institute, Moka, tél.454 7001
Ouv. du lun. au ven. 9h-15h30, le sam. 9h-12h. Entrée libre.
Floreal Textile Museum
Floreal Square, Floréal, tél. 638 8016
Ouv. du lun. au ven. 9h-17h, le sam. 9h30-13h. Entrée payante.

A RODRIGUES

Careca Workshop
Rue Max Lucchesi, Port Mathurin, tél. 831 1766
Ouv. du lun. au ven. 8h-15h, le sam. 8h-12h.

MUSIQUE

Les hôtels organisent des spectacles folkloriques et des concerts de séga (*voir p. 79*). Pour connaître l'actualité culturelle du moment, se renseigner à l'office du tourisme, à la réception de son hôtel et consulter la presse locale.

THÉÂTRE

Des spectacles de jazz, de chants et autres événements musicaux sont organisés par Otayo (*www.otayo.com*). La troupe théâtrale réunionnaise, le Centre Dramatique de l'Océan Indien, vient parfois se produire à l'un des deux théâtres.

Plaza Theatre
Esplanade centrale, Rose Hill
Théâtre de Port Louis
Intendance Street, Port Louis

CINÉMA

La plupart des films sont projetés en français, et certains en tamoul ou en hindi. Les programmes et horaires figurent dans la presse locale. Les nouveautés paraissent au **Caudan Waterfront**, à Port Louis. **Rose Hill** est aussi dotée d'un cinéma.

CASINOS

On peut tenter sa chance à la roulette, au black-jack ou aux machines à sous du casino du **Caudan Waterfront**, à Port Louis, comme au Casino de Maurice, à **Curepipe**. Les grands hôtels ont souvent leur propre casino. L'entrée de ces établissements est gratuite, mais il faut être correctement vêtu. Ils sont ouverts tous les jours de 10h à 4h.

BOÎTES DE NUIT

Le **Caudan Waterfront** a redonné un peu d'allant à la vie nocturne mauricienne. C'est là qu'on trouve les boîtes chic de l'île. D'autres, pas toujours très bien fréquentées, sont regroupées autour de **Grand Baie**.

ACHATS

Les centres commerciaux sont extrêmement bien approvisionnés : artisanat et autres produits locaux, et articles de luxe d'importation. Il ne faut pas hésiter à marchander sur les marchés. Dans les boutiques, en revanche, les prix sont en général fixes, mais on peut demander une ristourne si l'on compte effectuer de gros achats et les payer en espèces.

L'amateur d'art pourra acheter les productions des artistes locaux dans les **galeries d'art** de l'île.

Les **maquettes de bateaux** et les **objets en bois sculpté** (maquettes de cases créoles, boîtes, saladiers, miniatures de fruits tropicaux, ainsi que l'incontournable dodo) sont vendus un peu partout.

On peut acheter dans les boutiques et sur les marchés des **tissus indiens** en soie ou en coton au mètre. Les **vêtements** de confection locale, souvent bon marché, s'achètent à Port Louis, à Grand Baie et dans les villes du plateau central. On trouve aussi de beaux ouvrages de broderie (coussins, quilts, etc.). Les étals des marchés débordent de nappes, brodées à la main et aux couleurs chatoyantes. Sur les marchés sont également vendus des **paniers**, ou « tentes », tressés en raphia, feuilles de vacoas, d'aloès, en bambou ou en fibre de cocotier, et de bananier.

Les boutiques hors taxes vendent des **bijoux** alliant l'or et les pierres fines ou précieuses à des prix intéressants.

Les **épices**, le **sucre** et le **thé** de production locale font des cadeaux peu coûteux et délicieux. Les **fleurs exotiques coupées** vendues à l'aéroport résistent très bien au transport et permettent de rapporter quelques couleurs de l'île Maurice.

ARTICLES DÉTAXÉS

On peut acheter des parfums et produits cosmétiques, des appareils photo, des articles de sport, des chaussures et des bijoux (au moins 24 heures avant de repartir) dans les magasins de détaxe de l'île en présentant son passeport et son billet d'avion et en payant ses achats en devises, par carte de crédit ou en espèces. Ils sont livrés directement à l'aéroport.

Adamas Diamond Duty Free Boutique
Mangalkhan, Floréal,
tél. 686 5246, fax 686 6243
ATVA Gems Factory Showroom
32 Mon Désir, Bonne Terre, Vacoas,
tél. 425 7815 ou 425 7585, fax 425 7594
Caudan Waterfront
Port Louis, tél. 211 7294
Cledor
Mangalkhan, Floréal, tél. 686 7140, fax 698 8961
Mauritius Shopping Paradise
Centre commercial Paille-en-Queue,
John Kennedy Street, Port Louis,
tél. 211 6835, fax 211 6696
Poncini Duty Free Boutique
2, Jules Kœnig Street, Port Louis,
tél. 211 6551, fax 208 8850
Shiv Duty Free Jewellery
Le Pavillon Cinema Complex Shop C14, Port Louis,
tél. 211 7294
Tara Cashmere
– Grand Baie, tél. 263 6688
– Sunset Boulevard, Grand Baie, tél. 263 6699

LIBRAIRIES

Bookcourt Ltd
Caudan Waterfront, Port Louis, tél. 211 9262
Le Cygne
340 Royal Road, Rose Hill, tél. 464 2444
Cette librairie propose également de déguster une tasse de thé ou de café, tout en feuilletant les livres.
Librairie Allot
– Currimjee Arcade, Royal Road, Curepipe,
tél. 676 1253

– Sir William Newton Street, Port Louis, tél. 212 7132
Papyrus
Royal Road, Grand Baie, tél. 263 7070
Trèfles
Currimjee Arcade, Royal Road, Curepipe, tél. 676 3025

Vêtements et textiles

Floreal Textile Museum
Floreal Square, Floreal, tél. 698 8016
La boutique attenante au musée commercialise de beaux accessoires en cachemire, soie et coton.
House of Caustat
Chasteauneuf Street, Curepipe, tél. 676 1195, fax 686 5441
Il s'agit là, dit-on, du meilleur tailleur pour hommes de l'île Maurice.

SPORTS

Maurice et Rodrigues se prêtent à merveille à la pratique des sports nautiques et aquatiques : planche à voile, voile, ski nautique, kayak de mer, pédalo et plongée sous-marine (*voir pp. 93-97*).
Pour en savoir plus, consulter le site
www.mauritius-info.com/sports/

Plongée sous-marine

Quelque 30 centres ont leur siège dans les hôtels et proposent des plongées sur des épaves et autres sites. Les adresses suivantes offrent des prestations tant aux débutants qu'aux amateurs. Pour plus de détails, il faut contacter :
Mauritian Scuba Diving Association
tél. 454 0011, msda@intnet.mu

Quelques clubs de plongée à Maurice

Beachcomber Fishing Club
Le Morne, Black River, tél. 401 5050
tél. 265 71 86
Outre la plongée, ils oganisent des pêchent au gros.
Blue Water Diving Centre
Le Corsaire, Trou aux Biches, tél. 265 7186
Hugues Vitry, connu pour la qualité de ses photos sous-marines, travaille avec le centre. Il organise parfois des plongées au milieu des requins.
Paradise Diving Centre
Route côtière, Grand Baie, tél. 265 6070
La Pirogue Diving Centre
Wolmar, tél. 453 8441
Idéal pour les débutants.
Villas Caroline Diving Centre
Flic en Flac, tél. 453 8450
Ce centre, spécialisé dans les plongées nocturnes, satisfera les plongeurs les plus exigeants. Le propriétaire et directeur des lieux, Pierre Szalay, est président de la Mauritian Scuba Diving Association.

À Rodrigues

Bouba Dive Centre
Mourouk Ebony Hotel, Pâté Reynieux, tél. 832 3063, boubadiving@intnet.mu
Club Osmosis
Mourouk Ebony Hotel, tél. 832 3051, www.osmosis-rodrigues.com
Pour les kite-surfeurs.
Cotton Dive Centre
Cotton Bay Hotel, tél. 831 6000, cottonb@intnet.mu
Rodrigues Diving Centre
Pointe Venus Hotel, tél. 832 0104
Rodrigues Underwater Group
Pointe Monier-Rodrigues, tél. 831 2032

Pêche au gros

La saison de la pêche au marlin et au thon s'étend d'octobre à avril. Les parties de pêche en mer durent au moins 6 heures et chaque pêcheur peut mettre cinq lignes à l'eau. Le Centre de pêche de Rivière Noire organise un championnat du monde de pêche au Marlin en novembre.
Se renseigner à son hôtel, dans une agence de voyages locale ou auprès de :

Centre de pêche de l'île Maurice
Hotel Club, Rivière Noire, tél. 483 6522
Island Sports Club
La Balise, tél. 483 5353, islsprt@intnet.mu
Killer Fishing
Route côtière, Trou aux Biches, tél. 265 6595
Organisation de pêche du Nord
Corsaire Club, Royal Road, Trou aux Biches, tél. 265 5209
La Pirogue Big Game Fishing
Flic en Flac, tél. 453 8446
Surcouf
Trou d'Eau Douce, tél. 419 3198

À Rodrigues

BDPM Fishing Co Ltd.
Port Mathurin, tél. 831 2790
Rod Fishing Club
Port Mathurin, tél. 875 0616
Sailfish Ltd.
Port Mathurin, tél. 831 1623

NAUTISME

On peut louer de catamarans de sport et des dériveurs dans les stations balnéaires. Les compagnies suivantes proposent des excursions en voilier d'une demi-journée ou d'une journée.

Centre sport nautique
Angle de Sunset Bd et de Royal Road, Grand Baie, tél. 263 8017, fax 263 7479
Croisières à la journée à bord du *Coral Belle*. Location de catamarans, de kayaks de mer et de pédalos.

Croisières Australes
La Cuvette Road, Grand Baie, tél. 263 1670

Croisières Turquoises
Mahébourg, tél. 631 8347
Sorties en mer à la journée sur catamaran de croisière.

Exotic Cruise
Pointe aux Piments, tél./fax 261 1724
Escapade-déjeuner ou navigation au coucher du soleil sur catamaran de croisière, sur la côté nord et l'île Gabriel.

Océane Croisières
Trou d'Eau Douce, tél. 631 8347, fax 631 1544
Balade le long de la côte sud-est comprenant la visite de l'île aux Cerfs et une halte snorkling près de la barrière de corail.

SURF ET PLANCHE À VOILE

A Maurice

C'est sur la côte ouest, dans la baie de Tamarin et dans la péninsule du Morne Brabant que l'on trouve les meilleurs spots de surf. Il est possible de louer des planches à voile, des surfs ou des kite-surfs dans les hôtels sur place mais aussi au :

Centre sport nautique Ltd
Angle de Sunset Bd et de Royal Road, Grand Baie, tél. 263 8017, fax 263 7479

A Rodrigues

Osmosis
Hôtel Mourouk Ebony, Pâté Reynieux, tél. 832 3051
Location et cours de planche à voile et de kite-surf.

EQUITATION

Des randonnées équestres peuvent être organisées par votre hôtel, un tour operator ou bien encore par :

Mauritours
Tél. 467 9700, fax 454 1682
On peut également s'adresser aux centres suivants :

Horse Riding Delights
Mont Choisy, tél. 265 6159

Les Écuries de la Vieille Cheminée
Tél. 686 5027

GOLF

Plusieurs hôtels possèdent leurs propres parcours de golf, souvent accessibles aux non-résidents. Il est possible de louer le matériel sur place.

Parcours 18 trous

Belle Mare Plage Golf Hotel and Resort
Belle Mare, tél. 415 1083
Un 18 trous de compétition, le meilleur de l'île.

Île aux Cerfs
Le Touessrok Hotel, tél. 402 7400
Superbes parcours et magnifiques vues.

Prince Maurice
Choisy road, Poste de Flacq, tél. 413 9100
Un parcours agréable.

Le Paradis
Le Morne Brabant, tél. 450 5050, fax 450 5140, parahot@intnet.mu
Un 18 trous sur lequel se posent parfois des hélicoptères. Un peu dérangeant !

Parcours 9 trous

Coco Beach Hotel à Poste de Flacq ; Maritim Hotel à Balaclava ; Le Saint Géran Hotel à Pointe de Flacq ; Shandrani Hotel à Blue Bay ; Sofitel Impérial à Flic en Flac ; Trou aux Biches Hotel à Trou aux Biches (*voir rubrique « Où loger »*).

RANDONNÉE PÉDESTRE

Pour en savoir plus sur les itinéraires de randonnée tracés dans le parc et dans le reste de l'île, contacter :

National Parks and Conservation Service
Ministry of Agriculture and Natural Resources
Le Réduit, tél. 464 4016, fax 464 2993

Le Petrin Information Centre
Près de Grand Bassin
Ouv. tlj. 9h-16h
Renseigne sur les conditions des sentiers et promenandes dans le Black River Gorges National Park, tels que la randonnée en boucle de 7 km dans la forêt de Macchabe au départ de Le Pétrin offant de spectaculaires panoramas, ou bien encore celle menant aux chutes de Tamarin, près de Curepipe.

Black River Visitor Centre
Près des gorges de Black River
Ouv. tlj. 9h-16h

Espace Adventure
Tél. 670 4301, fax 674 3720
Parcours nature hors des sentiers battus pour les amoureux d'aventure en 4X4... mais avec guide. Certains parcours comprennent un déjeuner chez l'habitant.

Kart Loisir
La Jouliette Lane, Petite Rivière, tél. 233 2223, fax 233 2225, kartloisir@intnet.mu

Paul et Virginie Hotel **
tél. 288 0215, fax 288 9233,
www.veranda-resorts.com
Cet hôtel de charme dressé au bord d'une petite crique dispose de 81 chambres, de 2 piscines, de 2 restaurants, de 2 bars et d'une boutique. Tennis et sports nautiques. Orchestre ou spectacle folklorique le soir.

Trou aux Biches

Rocksheen Villa *
161 Morcellement Jubhoo, tél./fax 265 5043,
www.rocksheenvilla.com
À 300 m de la plage, ces 6 chambres climatisées et dotées de kichenettes, sont parfaitement entretenues par un couple vedette écossais-mauricien.
Trou aux Biches Village Hotel ***
tél. 204 6565, fax 265 6530
www.trouauxbiches-hotel.com
Cet hôtel propose des prestations dignes du groupe Beachcomber, auquel il appartient : 197 chambres, plusieurs restaurants, casino, terrain de golf, centre de plongée et un large éventail de sports nautiques.

Sur la côte est

Belle Mare/Palmar

Beau Rivage ****
tél. 402 2000, fax 415 2020, www.naiade.com
Une piscine gigantesque sur trois niveaux surplombe le lagon. L'hôtel dispose de : 174 chambres, dont 90 suites, 4 restaurants, 3 bars, plusieurs boutiques, dont une épicerie fine, un centre de soins et de remise en forme, un miniclub pour les enfants de 3 à 11 ans. Piscine et nombreuses activités sportives.
Belle Mare Plage Golf Hotel & Resort ****
Route côtière, Poste de Flacq, tél. 402 2600,
fax 402 2626, www.bellemareplage.com
Les 210 chambres sont confortables. L'hôtel dispose d'un golf 18 trous et d'un minigolf, d'une piscine, d'un miniclub et propose de nombreuses activités sportives.
Le Palmar **
Route côtière, tél. 415 1041, fax 415 1043,
www.veranda-resorts.com
Un petit hôtel chaleureux de 70 chambres climatisées ; 2 restaurants, 2 bars, une piscine, un miniclub pour les enfants de 4 à 12 ans, une belle plage de sable blanc et un centre de plongée.
La Résidence ****
Route côtière, Belle Mare, tél. 401 8888,
fax 415 5888, www.theresidence.com
L'hôtel de luxe par excellence et à grande échelle. Chaque hôte se voit attribué un majordome pour la durée de son séjour. Un détail fort apprécié des nombreuses têtes couronnées et stars anoblies, telle que feu Sir Peter Ustinov, venues se détendre. Toutes les suites et chambres luxueuses ont vue sur mer ; 3 restaurants, plusieurs boutiques, un centre de soins et de remise en forme, un miniclub et une grande piscine au cœur d'un parc de 6 ha dominant des plages immaculées.
Le Surcouf Village Hotel *
tél. 415 1800, fax 415 1860, www.surcouf.com
Chambres et appartements avec kitchenette en bungalow disséminés dans un parc donnant sur un lagon tranquille. Petite piscine.

Mahébourg

Le Preskil ***
Pointe Jérôme, tél. 604 1000, fax 631 9603,
www.lepreskil.com
Des bungalows confortables face à l'île aux Aigrettes dans un site isolé. Atmosphère calme, sympathique et détendue. Centre de plongée et sports nautiques.

Poste de Flacq

Coco Beach Hotel ***
tél. 415 1010, fax 415 1888, www.lecocobeach.com
Les 330 chambres colorées donnent sur la mer. Deux restaurants, une boîte de nuit. Nombreuses activités sportives. L'hôtel convient parfaitement aux familles avec enfants.
Le Prince Maurice ****
tél. 413 9100, fax 413 9129,
www.princemaurice.com
Cet hôtel tout aussi luxueux, sans doute le plus beau de l'île, donne sur une plage privée de sable blanc. Certaines des 89 suites ont leur propre piscine ; 2 restaurants, 3 bars, un terrain de golf, un centre de remise en forme et un miniclub pour les enfants de 4 à 10 ans. Petit-déjeuner uniquement.
Le Saint Géran ****
tél. 401 1688, fax 401 1668
www.oneandonlylesaintgeran.com
Un hôtel luxueux de 180 chambres, membre des Leading Hotels of the World. Casino, terrain de golf 9 trous, centre de plongée, 3 restaurants dont un gastronomique, 5 bars, des boutiques et un spa.

Trou d'Eau Douce

Silver Beach Hotel *
Tél. 480 2600 fax 480 2604, silverbeach@intnet.mu
Un petit hôtel sans prétention de 60 chambres face à une belle plage. Le personnel est nonchalant, ne pas s'attendre à un service rapide. La formule forfait pension complète fait beaucoup d'adeptes car elle est très pratique pour rallier l'Île aux Cerfs.
Touessrok ****
Tél. 402 7400, fax 419 2025,
www.oneandonlytouessrok.com
L'un des meilleurs hôtels de l'île, dans un parc de

Nautisme

On peut louer de catamarans de sport et des dériveurs dans les stations balnéaires. Les compagnies suivantes proposent des excursions en voilier d'une demi-journée ou d'une journée.

Centre sport nautique
Angle de Sunset Bd et de Royal Road, Grand Baie, tél. 263 8017, fax 263 7479
Croisières à la journée à bord du *Coral Belle*. Location de catamarans, de kayaks de mer et de pédalos.

Croisières Australes
La Cuvette Road, Grand Baie, tél. 263 1670

Croisières Turquoises
Mahébourg, tél. 631 8347
Sorties en mer à la journée sur catamaran de croisière.

Exotic Cruise
Pointe aux Piments, tél./fax 261 1724
Escapade-déjeuner ou navigation au coucher du soleil sur catamaran de croisière, sur la côté nord et l'île Gabriel.

Océane Croisières
Trou d'Eau Douce, tél. 631 8347, fax 631 1544
Balade le long de la côte sud-est comprenant la visite de l'île aux Cerfs et une halte snorkling près de la barrière de corail.

Surf et planche à voile

A Maurice

C'est sur la côte ouest, dans la baie de Tamarin et dans la péninsule du Morne Brabant que l'on trouve les meilleurs spots de surf. Il est possible de louer des planches à voile, des surfs ou des kite-surfs dans les hôtels sur place mais aussi au :

Centre sport nautique Ltd
Angle de Sunset Bd et de Royal Road, Grand Baie, tél. 263 8017, fax 263 7479

A Rodrigues

Osmosis
Hôtel Mourouk Ebony, Pâté Reynieux, tél. 832 3051
Location et cours de planche à voile et de kite-surf.

Equitation

Des randonnées équestres peuvent être organisées par votre hôtel, un tour operator ou bien encore par :

Mauritours
Tél. 467 9700, fax 454 1682
On peut également s'adresser aux centres suivants :

Horse Riding Delights
Mont Choisy, tél. 265 6159

Les Écuries de la Vieille Cheminée
Tél. 686 5027

Golf

Plusieurs hôtels possèdent leurs propres parcours de golf, souvent accessibles aux non-résidents. Il est possible de louer le matériel sur place.

Parcours 18 trous

Belle Mare Plage Golf Hotel and Resort
Belle Mare, tél. 415 1083
Un 18 trous de compétition, le meilleur de l'île.

Île aux Cerfs
Le Touessrok Hotel, tél. 402 7400
Superbes parcours et magnifiques vues.

Prince Maurice
Choisy road, Poste de Flacq, tél. 413 9100
Un parcours agréable.

Le Paradis
Le Morne Brabant, tél. 450 5050, fax 450 5140, parahot@intnet.mu
Un 18 trous sur lequel se posent parfois des hélicoptères. Un peu dérangeant !

Parcours 9 trous

Coco Beach Hotel à Poste de Flacq ; Maritim Hotel à Balaclava ; Le Saint Géran Hotel à Pointe de Flacq ; Shandrani Hotel à Blue Bay ; Sofitel Impérial à Flic en Flac ; Trou aux Biches Hotel à Trou aux Biches (*voir rubrique « Où loger »*).

Randonnée pédestre

Pour en savoir plus sur les itinéraires de randonnée tracés dans le parc et dans le reste de l'île, contacter :

National Parks and Conservation Service
Ministry of Agriculture and Natural Resources
Le Réduit, tél. 464 4016, fax 464 2993

Le Petrin Information Centre
Près de Grand Bassin
Ouv. tlj. 9h-16h
Renseigne sur les conditions des sentiers et promenandes dans le Black River Gorges National Park, tels que la randonnée en boucle de 7 km dans la forêt de Macchabe au départ de Le Pétrin offant de spectaculaires panoramas, ou bien encore celle menant aux chutes de Tamarin, près de Curepipe.

Black River Visitor Centre
Près des gorges de Black River
Ouv. tlj. 9h-16h

Espace Adventure
Tél. 670 4301, fax 674 3720
Parcours nature hors des sentiers battus pour les amoureux d'aventure en 4X4… mais avec guide. Certains parcours comprennent un déjeuner chez l'habitant.

Kart Loisir
La Jouliette Lane, Petite Rivière, tél. 233 2223, fax 233 2225, kartloisir@intnet.mu

Une piste de 900 m pour les amoureux de vitesse. Restaurant, piscine, bar et night-club.

Quad Biking
Domaine du Chasseur, Grand Port,
tél. 634 5097, fax 634 5261
Équipée sauvage en quad avec guide à la découverte de l'intérieur à travers les champs de canne à sucre.

Saint Felix Sugar Estate
Tél. 212 5016, fax 212 4513,
www.lescerfsvolants.com
Cette plantation de canne à sucre privée du grand sud propose des activités écologiques. Outre le tir à l'arc et les randonnées, on pourra se prendre pour Tarzan en passant au-dessus de la rivière des Galets suspendu à une liane, jouer à cache-cache sous les cascades, et se repaître d'un délicieux déjeuner mauricien dans un lodge rustique où on aura à préparer les chapatis.

Vertical World Ltd.
Tél. 254 6607, fax 395 3207
Spécialistes des randonnées, varape et canyoning.

Yanature
Tél. 785 6177, www.yanature.com
Organise des treks guidés aux gorges de Black River et dans la montagne. Bonne condition physique requise.

Yemana Adventures
Tél. 283 8187, fax 283 0180
Randonnées, mountain biking et kayak.

Ecotourisme

Mauritius Wildlife Foundation (*tél. 631 2396*) et **White Sand Tours** (*tél. 207 5424*) assurent la visite de l'île aux Aigrettes, en face de Mahébourg, sur la côte est. Cette réserve naturelle abrite une importante colonie de pigeons roses et de nombreux reptiles.

Pour visiter les fonds marins :

Captain Nemo's Undersea Walk
Grand Baie, tél. 263 7819
Marche sous-marine, à partir de 7 ans.

Aquaventure
Trou d'Eau Douce, Flacq,
tél. 480 2641, fax 415 1993
Une autre balade sous-marine.

Blue Safari Submarine
Royal Road, Grand Baie,
tél. 263 3333, fax 263 3334, www.bluesaf.com
À bord d'un sous-marin, visite de 1 heure sous les flots.

Le Nessee
Crosières Australes, La Cuvette Road, Grand Baie,
tél. 263 1670
Plongée d'une heure dans un semi-submersible, départ 4 fois par jour, à partir de 9h30, et une balade nocturne à 19h.

OÙ LOGER

Maurice dispose d'un vaste parc hôtelier, qui comprend aussi bien des palaces que de petites pensions de famille. Le camping est interdit à Maurice et il n'y a pas d'auberge de jeunesse. Les petits budgets s'orienteront plutôt vers la location, généralement moins onéreuse, surtout à plusieurs.

Hôtels

La plupart des hôtels sont en demi-pension et le prix de la chambre comprend la taxe gouvernementale de 12 %. Si le prix ne comprend que le petit déjeuner, cela est précisé. Cependant, quelques hôtels, notamment les plus chics, pratiquent des tarifs individuels, même si vous logez en chambre double, mieux vaut donc se renseigner directement auprès de l'hôtel, avant de réserver. Les tarifs sont souvent dégressifs en fonction du nombre de nuitées. Ils varient également selon la saison ; les tarifs indiqués ici, sont ceux de la haute saison. En basse saison, le tarif est de 5 à 40 % moins cher, selon les hôtels.

La plupart des hôtels mauriciens mettent des « miniclubs » à la disposition des enfants. Tous sont gardés et les non-résidents doivent montrer patte blanche au gardien pour pouvoir y pénétrer. Il faut parfois avoir réservé sa table pour pouvoir accéder au restaurant.

La plupart des activités sportives proposées aux clients des établissements de haut de gamme sont comprises dans le tarif, hormis la plongée et la pêche.

Pour tout renseignement, contacter l'office du tourisme mauritien dans son pays d'origine.

Gamme des prix

Gamme des prix pour une chambre double en demi-pension :

****	plus de 300 euros
***	de 200 à 300 euros
**	de 100 à 200 euros
*	moins de 100 euros

A Port Louis et sur la côte nord

Port Louis

Labourdonnais Waterfront Hotel ****
Caudan Waterfront, Port Louis,
tél. 202 4000, fax 202 4040,
www.labourdonnais.com
Un hôtel de 109 chambres luxueuses, à proximité des magasins, des cinémas et des restaurants du Caudan.

Restaurant, piscine, salle de gymnastique, centre de conférences, courts de tennis, etc. Seul le petit-déjeuner est compris dans le prix de la chambre

Hôtel Saint Georges **

19 Saint Georges Street, Port Louis, tél. 211 2581, fax 211 0885

Hôtel-restaurant de 60 chambres climatisées de style colonial dans un quartier calme. Très prisé des hommes d'affaires. La direction n'est, en revanche, pas particulièrement aimable. Seul le petit-déjeuner est compris dans le prix de la chambre.

Le Suffren Hotel & Marina ***

Caudan Waterfront, Port Louis, tél. 202 4900, fax 202 4999, www.lesuffrenhotel.com

Ce sistership du Labourdonnais Hotel offre une atmosphère tendance, un bar animé, une piscine et de belles vues sur la baie.

Balaclava

Maritim Hotel ***

Baie aux Tortues, tél. 204 1000, fax 204 1020 www.maritim.de

Un complexe luxueux et raffiné de 176 chambres, de 29 chambres « Prestige » et de 16 suites. Restaurants, parcours de golf 9 trous, centre de plongée, centre équestre, location de VTT et nombreuses excursions organisées. Miniclub ouvert de 9h à 16h aux enfants de 3 à 12 ans. Petit-déjeuner compris.

Oberoi ****

Turtle Bay, Pointe aux Piments, tél. 204 3600, fax 204 3625, www.oberoihotels.com

Ces superbes et luxueuses chambres et villas de plain-pied construites en roche volcanique nichées dans un beau parc conviendront parfaitement aux couples en lune de miel et aux cocooneurs. Piscine ornée de statues balinaises ; restaurant exclusivement réservé aux hôtes. Idéal pour des dîners en amoureux.

Villas Mon Plaisir *

Pointe aux Piments, tél. 261 7471, fax 261 6600, www.villamonplaisir.com

Installée sur la plage, à la sortie du village, une maison familiale entièrement restaurée. Jardin avec piscine.

Cap Malheureux

Coin de Mire Village Hotel *

Royal Road, Bain Bœuf, tél. 262 7302, fax 262 7305, www.veranda-resorts.com

Un excellent rapport qualité-prix. Petit hôtel-restaurant de 89 chambres en bungalow dans des jardins. Deux piscines, dont un petit bain pour les enfants. Mini-club, pédalo, bateaux fond de verre sur la plage.

Marina Resort **

Anse La Raie, tél.204 8800, fax 262 7650, www.marinaresort.hotelinmauritius.com

122 chambres tout confort en bungalow dans de très beaux jardins bordant trois criques. Deux restaurants, piscine, club pour enfants, activités sportives. Un bon choix pour les couples et les familles en quête de vacances tranquilles.

Hôtel Les Mascareignes *

Tél. 262 7373, fax 262 7372

Confortable complexe hôtelier avec piscine, inscrit dans des jardins dessinés. La plage se trouve de l'autre côté de la route.

Paradise Cove ***

tél. 204 4000, fax 262 7372, www.paradisecovehotel.com

Établissement intime et tranquille. 67 chambres tout confort, piscine, beaux jardins, plages privées et centre de plongée.

Grand Baie

Colonial Coconut Hotel *

Pointe des Canonniers, tél. 263 0291, fax 263 7116, www.blue-season-hotels.com

Ambiance d'antan dans cette charmante maison coloniale, entourée de bungalows à toit de chaume. Jolies vues, mais la plage ne figure pas parmi les plus belles. Buffet créole le mercredi.

Le Canonnier ***

Pointe aux Canonniers, tél. 209 7000, fax 263 7864, www.lecanonnier-hotel.com

Hôtel du groupe Beachcomber, installé dans une péninsule dotée de trois plages ; 173 chambres, restaurants, piscine, centre de plongée.

Royal Palm ****

Royal Road, Grand Baie, tél. 209 8300, fax 263 8455, www.royalpalm-hotel.com

Palace du groupe Beachcomber doté de 82 chambres et suites. Service personnalisé et attentionné, nourriture soignée et délicieuse. Habitué à recevoir des célébrités. Ce n'est, en revanche, pas le meilleur endroit pour les enfants. Petit-déjeuner uniquement.

Vérandah *

Coast Road, tél. 209 8000, fax 263 7369, www.veranda-resorts.com

Complexe conçu comme un village mauricien, avec son pub, sa boîte de nuit, ses restaurants, sa boutique et son centre de plongée. Ses 18 chambres, 8 appartements et 28 bungalows sont disséminés dans un magnifique jardin.

Grand Gaube

Calodyne sur Mer *

Mirabel Avenue, Route côtière, tél. 282 1590, fax 282 1363, www.calodynecarolinegroup.com

Entièrement équipés, les 56 bungalows de style colonial, cachés de la plage par une luxuriante frondaison, jouissent néanmoins de vues sur Coin de Mireisland. Possibilité de mélanger autonomie et prestations hôtelières. Club enfants, restaurant et bar.

Paul et Virginie Hotel **
tél. 288 0215, fax 288 9233, www.veranda-resorts.com
Cet hôtel de charme dressé au bord d'une petite crique dispose de 81 chambres, de 2 piscines, de 2 restaurants, de 2 bars et d'une boutique. Tennis et sports nautiques. Orchestre ou spectacle folklorique le soir.

Trou aux Biches

Rocksheen Villa *
161 Morcellement Jubhoo, tél./fax 265 5043, www.rocksheenvilla.com
À 300 m de la plage, ces 6 chambres climatisées et dotées de kichenettes, sont parfaitement entretenues par un couple vedette écossais-mauricien.
Trou aux Biches Village Hotel ***
tél. 204 6565, fax 265 6530 www.trouauxbiches-hotel.com
Cet hôtel propose des prestations dignes du groupe Beachcomber, auquel il appartient : 197 chambres, plusieurs restaurants, casino, terrain de golf, centre de plongée et un large éventail de sports nautiques.

SUR LA CÔTE EST

Belle Mare/Palmar

Beau Rivage ****
tél. 402 2000, fax 415 2020, www.naiade.com
Une piscine gigantesque sur trois niveaux surplombe le lagon. L'hôtel dispose de : 174 chambres, dont 90 suites, 4 restaurants, 3 bars, plusieurs boutiques, dont une épicerie fine, un centre de soins et de remise en forme, un miniclub pour les enfants de 3 à 11 ans. Piscine et nombreuses activités sportives.
Belle Mare Plage Golf Hotel & Resort ****
Route côtière, Poste de Flacq, tél. 402 2600, fax 402 2626, www.bellemareplage.com
Les 210 chambres sont confortables. L'hôtel dispose d'un golf 18 trous et d'un minigolf, d'une piscine, d'un miniclub et propose de nombreuses activités sportives.
Le Palmar **
Route côtière, tél. 415 1041, fax 415 1043, www.veranda-resorts.com
Un petit hôtel chaleureux de 70 chambres climatisées ; 2 restaurants, 2 bars, une piscine, un miniclub pour les enfants de 4 à 12 ans, une belle plage de sable blanc et un centre de plongée.
La Résidence ****
Route côtière, Belle Mare, tél. 401 8888, fax 415 5888, www.theresidence.com
L'hôtel de luxe par excellence et à grande échelle. Chaque hôte se voit attribué un majordome pour la durée de son séjour. Un détail fort apprécié des nombreuses têtes couronnées et stars anoblies, telle que feu Sir Peter Ustinov, venues se détendre. Toutes les suites et chambres luxueuses ont vue sur mer ; 3 restaurants, plusieurs boutiques, un centre de soins et de remise en forme, un miniclub et une grande piscine au cœur d'un parc de 6 ha dominant des plages immaculées.
Le Surcouf Village Hotel *
tél. 415 1800, fax 415 1860, www.surcouf.com
Chambres et appartements avec kitchenette en bungalow disséminés dans un parc donnant sur un lagon tranquille. Petite piscine.

Mahébourg

Le Preskil ***
Pointe Jérôme, tél. 604 1000, fax 631 9603, www.lepreskil.com
Des bungalows confortables face à l'île aux Aigrettes dans un site isolé. Atmosphère calme, sympathique et détendue. Centre de plongée et sports nautiques.

Poste de Flacq

Coco Beach Hotel ***
tél. 415 1010, fax 415 1888, www.lecocobeach.com
Les 330 chambres colorées donnent sur la mer. Deux restaurants, une boîte de nuit. Nombreuses activités sportives. L'hôtel convient parfaitement aux familles avec enfants.
Le Prince Maurice ****
tél. 413 9100, fax 413 9129, www.princemaurice.com
Cet hôtel tout aussi luxueux, sans doute le plus beau de l'île, donne sur une plage privée de sable blanc. Certaines des 89 suites ont leur propre piscine ; 2 restaurants, 3 bars, un terrain de golf, un centre de remise en forme et un miniclub pour les enfants de 4 à 10 ans. Petit-déjeuner uniquement.
Le Saint Géran ****
tél. 401 1688, fax 401 1668 www.oneandonlylesaintgeran.com
Un hôtel luxueux de 180 chambres, membre des Leading Hotels of the World. Casino, terrain de golf 9 trous, centre de plongée, 3 restaurants dont un gastronomique, 5 bars, des boutiques et un spa.

Trou d'Eau Douce

Silver Beach Hotel *
Tél. 480 2600 fax 480 2604, silverbeach@intnet.mu
Un petit hôtel sans prétention de 60 chambres face à une belle plage. Le personnel est nonchalant, ne pas s'attendre à un service rapide. La formule forfait pension complète fait beaucoup d'adeptes car elle est très pratique pour rallier l'Île aux Cerfs.
Touessrok ****
Tél. 402 7400, fax 419 2025, www.oneandonlytouessrok.com
L'un des meilleurs hôtels de l'île, dans un parc de

toute beauté, face à l'île aux Cerfs. L'hôtel compte 200 chambres luxueuses, une piscine, un miniclub pour les enfants (sur inscription), plusieurs restaurants et même une île privée à disposition des résidents et propose de nombreux sports nautiques, tels que la plongée, le kite-surf, la planche à voile, le pédalo et le kayak.

Le Tropical Hotel **

Tél. 480 1300, fax 480 2302,
www.naiade.com

60 chambres confortables en bungalow, dans un cadre tranquille, avec vue sur la baie et sur les montagnes. Restaurant et piscine. Navette gratuite pour l'île aux Cerfs. Spectacle de séga le jeudi soir. Pension complète.

Sur la côte sud

Bel Ombre

Heritage Golf & Spa ****

Tél. 601 1500, fax 601 1515,
www.veranda-resorts.com

Ce club-hôtel très exclusif propose des séjours qui comprennent les soins au spa African-Village, pension complète et bar à discrétion, dîner à la carte, une journée d'excursion et l'entrée au golf 18 trous adjacent.

Telfair Golf & Spa ****

La Carrière, Gentilly, Moka,
tél. 433 5500, fax 433 5555,
www.letelfair.com

Côté jardin, le regard embrasse les collines luxuriantes de la réserve naturelle et le golf 18 trous, tandis que côté cour, il se perd dans l'immensité des eaux turquoises de l'océan. Installé sur le Domaine de Bel Ombre, le Telfair demeure l'un des secrets les plus jalousement gardé.

Voile d'Or Spa Resort ****

Quatre Bornes, tél. 623 5000, fax 623 5001,
www.moevenpick-mauritius-voiledor.com

L'architecture de ce palace aux tons chatoyants de terre rappelle l'époque des comptoirs arabes et portugais. Outre la pléthore de prestations sportives, il offre également des cours de poterie et de parfums.

Blue Bay

Blue Lagoon Beach Hotel *

Tél. 631 9046, fax 631 9045

Un accueil chaleureux, des prix très raisonnables et un buffet dînatoire à ne pas manquer. Le tout à quelque pas de la plage et à 15 min de l'aéroport.

Shandrani ****

Tél. 603 4343, fax 637 4313,
www.shandranihotel.com

Cet hôtel luxueux est niché dans un parc de 45 ha, sur sa propre péninsule. Il dispose de 180 chambres spacieuses, de 4 restaurants, de 2 piscines, de boutiques et d'un centre de remise en forme. Golf 9 trous, location de bicyclettes, centre de sports nautiques et excursions organisées. À proximité de l'aéroport, mais sans les inconvénients.

Sur la côte ouest

Rivière Noire

Island Sports Club Hotel **

La Balise, tél. 483 5353, fax 483 6547,
islsprt@intnet.mu

66 chambres confortables, restaurants, bar, piscine. Fort apprécié des Anglais et bien situé pour les amateurs de pêche au gros.

Tamarin Hotel *

tél. 483 6581, fax 483 6337,
www.blue-season-hotels.com

Cet hôtel agréable, situé en bod de mer, dipose d'une piscine, d'une salle de cinéma, d'un club de sport, d'une bibliothèque et d'un mini-club pour les enfants.

Flic en Flac/Wolmar

Hilton Mauritius Resort ****

Wolmar, tél. 403 1000, fax 403 1111,
www.hilton.com

Hôtel de 193 chambres avec balcon et vue sur la mer; 4 restaurants, 3 bars, piscine, salle de musculation, spa, boutique d'artisanat. Miniclub pour les 4-12 ans. Nombreux sports nautiques.

Le Pearle Beach Hotel **

Tél. 453 8428, fax 453 8405,
www.pearlebeachhotel.com

Nouvellement restauré, face à la plage (petite, toutefois), l'hôtel possède un bon restaurant et une piscine.

La Pirogue ****

Wolmar, tél. 453 8441, fax 453 8449,
www.lapirogue.com
reservation.info@oneandonlyresort.com

Hôtel 4 étoiles du groupe Sun International : 246 chambres, 3 restaurants, 2 bars, casino, tennis, centre de plongée et nombreuses activités sportives... Les non-résidents doivent s'acquitter d'un droit d'entrée.

Sofitel Impérial ****

Wolmar, tél. 453 8700, fax 453 8320,
www.sofitel.com

Un complexe de 143 chambres en bungalow, 4 restaurants, 2 bars, 5 boutiques et une piscine spacieuse intégrés dans un parc de 6 ha planté de cocotiers. Miniclub pour les 4-11 ans et club « Sun Generation » pour les 12-18 ans.

Sugar Beach Resort ****

Tél. 453 9090, fax 453 9100,
www.sugarbeachresort.mu

Hôtel de style colonial appartenant au groupe Sun International. Chambres spacieuses, restaurants,

bars, des jardins manucurés et une piscine magnifique autour de laquelle se concentre l'activité nocturne. Là se trouve la plus grande plage de l'île, que protège une barrière de corail toute proche. Nombreuses activités sportives, comme la plongée sous-marine pour découvrir les récifs coralliens tous proches, le kite-surf et la planche à voile.
Villas Caroline **
tél. 453 8411, fax 453 8 44, www.carolinegroup.com
Un complexe agréable, composé de bungalows (dont certains avec kitchenette) donnant sur l'une des plus belles plages de l'île et d'un restaurant. Un bon endroit pour la plongée, avec bouteille ou masque et tuba. A 5 minutes à pied de la station de bus pour Port Louis et les villes du plateau central.

Morne Brabant

Berjaya Le Morne ***
Côte sud de la péninsule du Morne Brabant, tél. 450 5800, fax 450 5640, www.berjaya-mauritius.com
Ce complexe luxueux de style malaisien comprend 200 chambres, 2 restaurants, 2 bars, une boîte de nuit et un casino. Piscine, installations sportives, centre de plongée, miniclub, location de bicyclettes.
Le Paradis ****
Grande Case Noyale, tél. 4501 5050, fax 450 5140, www.paradis-hotel.com
Ce domaine de 150 ha appartient au groupe Beachcomber. On y trouve 293 chambres, 3 restaurants, un casino, une salle de remise en forme, un golf 18 trous et un grand choix de sports nautiques (kite-surf, plongée, kayak de mer etc.).
Les non-résidents ont également accès aux activités proposés par l'hôtel.
Les Pavillons Hotel ***
Le Morne Plage, tél. 401 4000, fax 450 5248 www.naiade.com
Cet hôtel de 149 chambres propose aussi des suites spacieuses et bien équipées, ainsi que 3 restaurants, 2 bars, une épicerie fine, un miniclub et des activités sportives, un spa. L'hôtel vous propose aussi un excellent spectacle de séga le lundi. Une base nautique sur la plage avec centre de plongée.

SUR LE PLATEAU CENTRAL

Quatre Bornes

Gold Crest Hotel *
Saint-Jean Road, tél. 454 5945, fax 454 9599, www.goldcresthotel.com
59 chambres confortables et d'un excellent rapport qualité-prix. Seul le petit-déjeuner est compris dans le prix de la chambre.
El Monaco Hotel *
Saint Jean Road, tél. 425 2608, fax 425 1072
Dans des jardins : 93 chambres, une piscine un bar, un restaurant et un centre de conférences.

Rose Hill

Auberge de Rose Hill *
275 Royal Road, tél. 466 5831, fax 466 58 31
À proximité du cinéma le Plaza, 26 chambres simples mais propres. Convient particulièrement aux petits budgets.

À RODRIGUES

Pointe Coton

Coton Bay Hotel *
Pointe Coton, tél. 831 8001, fax 831 8003, www.cottonbayhotel.biz
Le meilleur hôtel de Rodrigues. Ses 48 chambres confortables donnent sur l'une des plus belles plages de l'île. Restaurant, piscine, boutiques, locations de voitures, et de vélos, excursions organisées.
Escale Vacances **
Fond la Digue, Port Mathurin, tél. 831 2555, fax 831 2075, scal.vac@intnet.mu
L'hôtel le plus confortable de Port Mathurin : 23 chambres, un excellent restaurant de cuisine chinoise et locale et un accueil chaleureux.
Mourouk Ebony **
Pâté Reynieux, tél. 832 3351, fax 832 3355, www.mouroukebony
Au sommet d'une petite falaise qui domine le lagon : 30 chambres en bungalow, excellent restaurant, piscine. L'hôtel dispose d'un club de planche à voile. Ambiance chaleureuse.

LOCATIONS

A l'île Maurice

Souvent plus économiques que l'hôtel, les locations de studios, d'appartements, de bungalows et de villas connaissent un succès croissant auprès des touristes. Le forfait comprend parfois les services d'une femme de ménage, voire d'une cuisinière. On obtiendra de plus amples renseignements dans un office du tourisme mauricien à l'étranger. Il est préférable d'opter pour une location surveillée, voire en résidence hôtelière si l'on souhaite bénéficier d'animations et de services divers.

Sur place, en s'adressant à une agence de location, telles **Grand Baie Travel & Tours** (*tél. 263 4705, www.gbtt.com*) ou **Ocean Villas** (*tél. 263 6788, fax 263 3055, www.ocean-villas.com*) à Grand Baie, elle vous aidera à trouver des appartements ou des villas bon marché. Consultez aussi les petites annonces.

Il existe nombre de bungalows à louer à Flic en Flac, sur la côte ouest. Compter environ 200 euros par semaine pour 2 personnes, et autour de 300 euros pour un bungalow pouvant loger 5 personnes. On y trouve aussi des appartements et des studios en location dans les propriétés du front de mer. Contacter :

Office du tourisme de Flic en Flac
Royal Road, Flic en Flac,
tél. 453 9389, fax 453 8416, ffagency@intnet.mu
Autres adresses :
Jet's Villas www.jet-7.com
Mauritours *www.mauritours.net*
Elegant Destinations *www.elegantdestinations.co.uk*

À Rodrigues :

La résidence Tamaris à Camp du Roi (*tél. 831 2715, fax 831 2720, letamaris@intnet.mu*), à la sortie sud-ouest de Port Mathurin, se compose de 15 appartements à louer. Tous disposent d'une petite cuisine équipée et d'un poste de télévision, et sont entretenus tous les jours par une femme de ménage.

Chez l'habitant

Pour améliorer leurs revenus, de nombreux mauriciens louent un, voire deux, étages de leur domicile. Parfois, la maîtresse de maison vous offre ses services de cuisinière, un excellent moyen de découvrir les spécialités locales.

Loger chez l'habitant est sans aucun doute la façon la plus authentique et la plus économique de découvrir l'île Maurice. Contacter les différents offices de tourisme pour obtenir des adresses.

OÙ SE RESTAURER

Que manger ?

Les saveurs épicées de la cuisine mauricienne participent au dépaysement. On peut déguster les spécialités locales dans de nombreux restaurants, peu coûteux mais de bonne qualité. Le service se termine vers 23 heures, et il n'est pas nécessaire de réserver.

Les restaurants des hôtels servent souvent des plats à base de poisson, mais ils proposent aussi un grand choix de viande, du sanglier à l'agneau. Un buffet de spécialités mauriciennes vient généralement teinter la semaine d'exotisme. Les crevettes sauce rouge, les carris de poisson et les beignets de papaye comptent parmi les spécialités de l'île. La plupart des plats sont à base de piment mais on peut demander à alléger le sien.

Sur la plage et dans la rue, on peut grignoter, moyennant quelques roupies, des croquettes de poissons ou de pommes de terre, des galettes de pain indien aux lentilles (*dhollpuri*) et de délicieux fruits frais ou séchés comme la banane ou l'ananas.

Comme partout dans le monde, les enseignes de restauration rapide se sont installées dans certaines localités comme Port Louis et Grand Baie .

Boissons

Le rhum est l'alcool national, et le plus populaire le Green Island Rum. Autres marques, l'Old Mill et le Spiced Gold – ce dernier ressemble d'ailleurs à une liqueur. L'alcool importé est taxé à 300 %. Aussi, rares sont les bons crus qui figurent à la carte des vins des hôtels. Le vin provient en général d'Afrique du Sud, quand il ne s'agit pas de vin de table fabriqué sur place avec du raisin d'importation (le produit fini revenant moins cher). Les clients préfèrent boire de la bière, comme la Phoenix, la marque locale.

La citronnelle, une infusion à base de cannelle et de gingembre, se boit après le repas.

RESTAURANTS

Gamme des prix

Les fourchettes suivantes correspondent au prix moyen d'un repas pour une personne, comprenant généralement une entrée, un plat et un dessert. La plupart des restaurants n'ont pas de menus, l'addition dépendra donc de votre commande.

****	plus de 35 euros
***	de 20 à 35 euros
**	de 15 à 25 euros
*	moins de 15 euros

À Port Louis et dans le Nord

Port Louis

La Bonne Marmite **
18, Sir William Newton Street, tél. 212 2403
Installé dans une charmante maison créole dont il partage le rez-de-chaussée avec le pub Rocking Boat, le restaurant est très fréquenté à l'heure du déjeuner. Au menu, cuisine créole, indienne, chinoise et européenne. Fermé le week-end.

Le Boulevard *
Happy World House, Sir William Newton Street, tél. 208 8325
Un joyeux et bon maché bar à salades. Idéal pour un repas léger et pour les végétariens.

Ah Niong *
78, rue Dr Beauguard, tél. 210 5042
Cuisine ménagère et spécialités réunionaises de toute première classe concoctées dans cet établissement sans prétention, niché dans une ruelle. Réservation recommandée. Fermé le soir.

Keg & Marlin **
Les Docks Building, Caudan Waterfront, tél. 211 6821
Délicieux pub britannique comme on en trouve à Londres. Cuisine variée et savoureuse. Ouvert tous les jours de midi à tard le soir.
Lai Min ***
56-58 rue royale, tél. 242 8659
Symbole du métissage de lîle, le restaurant sert une cuisine chinoise excellente dans un décor exotique. Ouvert tous les jours de 11h30 à 14h30 et de 18h30 à 21h30.

Cap Malheureux

Coin de Mire **
Coast Road, tél. 262 8070
Situé dans un repaire de contrebandiers, ce petit restaurant créole dégage une atmosphère conviviale et offre de très beaux points de vue sur l'île Coin de Mire. Les plats sont simples mais la carte est fournie.

Grand Baie

Café de la Plage **
Sunset Boulevard, tél. 263 7041
Un endroit à la mode, où siroter un verre et déguster une salade ou un sandwich à midi. On peut aussi faire un agréable dîner dans cette paillote installée sur la plage.
Don Camillo **
Coast Road, tél. 263 8540
Pizzas, pâtes et pain à l'ail figurent à la carte de ce restaurant convivial. Goûter le gratin de fruits de mer et les délicieuses brochettes de poisson. Il vaut mieux réserver.
Happy Rajah **
Royal Road, tél. 263 2241
La table à ne pas manquer si vous êtes amateur de cuisine indienne authentique. Sa terrasse en fait également un lieu où il faut être pou voir et être vu. Une carte très variée proposant à la fois des plats de viande et pour végétariens. Fermé le dimanche midi.
La Pagode **
Coast Road, tél. 263 8733
Attablée sous la véranda, la clientèle se régale des plats traditionnels chinois, tels que les rouleaux de printemps et les crabes farcis. Excellent rapport qualité-prix. Très couru par les Mauriciens qui viennent volontiers en famille.
Sakura ***
Rue Royale, tél. 263 5700
Un élégant restaurant japonais qui sert des *teppan yakis* (viandes ou poissons frits), des tempuras (beignets de légumes et de crevettes) et des sushis. Certains plats, comme les fondues, doivent être commandés à l'avance. Réservation conseillée. Fermé le dimanche.

Domaine Les Pailles ****
Ce complexe installé dans la banlieue de Port Louis réunit quelques-uns des meilleurs restaurants de l'île, ouverts midi et soir : la **Cannelle Rouge**, créole, **La Dolce Vita**, italien, le **Fu Xiao**, chinois, et l'**Indra**, indien. Le cadre est agréable et il est préférable de réserver. Réservations centralisées au *286 4225* ou par fax au 212 4226.

Pereybère

Cafétéria Pereybère *
Coast Road, tél. 263 8539
Café-restaurant de plage, un cadre idéal pour prendre un verre ou pour déjeuner rapidement. Excellent poisson au gingembre.
Sea Lovers ***
Coast Road, tél. 263 3776
Un cadre sophistiqué, une vue qui se perd dans l'océan et une excellente cuisine de la mer.
Wang Thai **
Coast Road, tél. 263 9331
Dans cette salle immense climatisée avec terrasse vous pourrez goûter à une très bonne cuisine thaïe. Essayez le crabe et nouilles à la vapeur, ou sélectionnez un assortiment de petites ravioles et autres bouchées. Fermé le lundi.

Trou aux Biches

Coco de Mer **
Royal Road, tél. 505 0240
Vous ne regretterez pas le service un peu lent lorsque vous goûterez aux inhabituelles spécialités seychelloises, telle que le curry de poisson au lait de coco. Le samedi, jour du buffet « mangez tout ce que vous pouvez ». Réservation conseillée.
Florensuc Pâtisserie *
Trou aux Biches Road, tél. 265 5349
Vrais expresso et capuccino, pâtisseries fondantes et en-cas légers à petits prix. Fermée le soir.
Le Pescatore ***
Coast Road, tél. 265 6337
Une cuisine italienne et mauricienne aussi raffinée que le cadre est romantique. Bons vins et excellents fruits de mer. Réputé pour ses lasagnes aux fruits de mer.
Souvenir Snack *
Face au commissariat de police de Trou aux Biches, tél. 265 7047
Gargantuesques portions de *mine frite* (nouilles frites) ou de plats de riz servis dans un décor créole. Idéal pour une pause déjeuner, rapide et pas chère.

Sur la côte est

Anse Jonchée

Panoramour Restaurant ***
Domaine du Chasseur, tél. 634 5097

Un bon restaurant dans une réserve privée ouvrant sur Grand Port Sud Est. Les cuisinières indiennes préparent sous vos yeux des curries mauriciens. Réservation conseillée. Fermé le soir.

Belle Mare

Chez Manuel ***
Royal Road, village de Saint-Julien, tél. 418 3599, fax 418 3888
Le restaurant, bien que situé dans un petit village de l'intérieur, vaut le déplacement. Il propose de goûter une délicieuse cuisine créole et chinoise. Fermé le dimanche. Réservation recommandée.

Symon's Restaurant **
Coast Road, Pointe de Flacq, tél. 415 1135
Fruits de mer, spécialités créoles et chinoises. Très fréquenté par les pensionnaires des hôtels de la côte est, à midi comme le soir. Un savoureux mélange des différentes cuisines de l'île.

Trou d'Eau Douce

Restaurant Sept *
Sept Croisées, tél. 480 2766
Le cadre est simple, mais la cuisine créole savoureuse. Salle à l'étage. Ouvert tous les jours, midi et soir.

SUR LA CÔTE SUD

Riambel

Green Palm *
Coastal Road, tél. 625 5016
Cuisine créole authentique dans un cadre des plus simples.

Souillac

Le Batelage *
Port de Souillac, tél. 634 5643
Il s'agit de l'unique restaurant du village, situé dans l'entrepôt restauré en « village touristique », sur le port. Bonnes spécialités créoles et européennes, et plats de fruits de mer.

The Hungry Crocodile **
La Vanille, Réserve des Mascareignes, Rivière des Anguilles, tél. 626 2503
Ne manquez pas de goûter aux coquettes de crocodile ! Si le courage vous fait défaut, optez pour le coque-monsieur ou l'une des spécialités créoles, telles que les samousas. Accompagné votre choix avec un vin choisi parmi la belle carte.

SUR LA CÔTE OUEST

Chamarel

Le Chamarel ****
La Crête, Chamarel, tél. 483 6421
Cuisine créole et européenne servie sur une terrasse d'où l'on domine toute la côte ouest. Le midi, du lundi au samedi. Réservation conseillée.

La Varangue sur Morne ****
Chamarel, tél. 483 6610
Comme le Chamarel, ce restaurant vaut surtout pour son panorama, mais il n'en concocte pas moins des recettes françaises et créoles de bonne tenue. Réservation recommandée. Fermé le soir.

Black River

La Bonne Chute **
Sur le parking de la station-service Caltex, Tamarin, tél. 483 6552
Ne soyez pas rebuté par l'adresse. Ce vénérable établissement, accueillant souvent des mariages, prépare une excellente cuisine créole et euopéenne.

Jac's Kitchen and Bar *
Ruisseau Créole, tél. 483 8000
Une bonne adresse pour grignoter un en-cas, prendre un verre ou se repaître d'une généreuse salade après une journée de shopping au centre commercial adjacent.

Pavillon de Chine **
Village de Black River, tél. 483 5787
Cuisine créole goûteuse et vins d'Afrique du Sud de qualité servis dans une ambiance familiale. Regardez tourner le monde, confortablement installé sur la véranda.

Pavillon de Jade **
Royal Road, Trois Bras, Black River, tél. 483 6151
Vous apprécierez dans ce restaurant chinois coloré une très bonne et copieuse cuisine qui conviendra parfaitement aux randonneurs de retour de leur expédition aux gorges de Black River. Parking.

Grande Case Noyale

Les Tamariniers **
Coast Road, tél. 451 5907
Située en face de l'église, cette cantine familiale mijote une cuisine créole revue et corrigée à la galloise. Soirée animée le samedi soir. Fermé le lundi.

Flic en Flac

Domaine Anna ****
Morcellement Anna, tél. 453 9650
Fruits de mer et sa salade de cœurs de palmier, poisson sauce gingembre… Des mets succulents à des prix qui frôlent la folie. Mais cela vaut véritablement la chandelle. Un dîner original dans un cade qui l'est tout autant : un immense restaurant circulaire construits avec des matériaux locaux.

Mer de Chine **
Route côtière, tél. 453 8208
Bonnes spécialités chinoises et accueil chaleureux.

SUR LE PLATEAU CENTRAL

Curepipe

La Potinière **

Hillcrest Building, Sir Wilson Churchill Street, tél. 676 2648

Dans ce charmant restaurant, on sert à la fois des crêpes, des spécialités créoles et de la cuisine française traditionnelle. Un mélange étonnant !

Floréal

La Clef des champs ***

Avenue Queen Mary, tél. 686 3458

Cuisines française et créole servies dans le cadre chaleureux d'une maison coloniale. Un savoureux voyage dans le passé. Réservation recommandée.

Quatre Bornes

Restaurant Dragon Vert **

Saint-Jean Road, tél. 424 4564

La meilleure cuisine chinoise que l'on puisse déguster sur les hauteurs de l'île. Mais on y sert également des plats européens et créoles, le tout dans une ambiance détendue et conviviale. Réservations recommandées le week-end. Fermé le lundi.

Tannur **

Saint-Jean Road, tél. 465 3140

Un authentique restaurant indien dont les plats à base de poulet et les massalas sont savoureux. L'établissement ne sert pas d'alcool.

Rose Hill

École Hôtelière Sir Gaëtan Duval

tél. 465 8298

Des apprentis chefs préparent la cuisine, et des apprentis serveurs l'apportent. Deux services pour le déjeuner à 13h et à 14h. Une cuisine de qualité, raffinée, dans un cadre agréable. Réservation impérative.

A RODRIGUES

Port Mathurin

Le Capitaine **

Johnson Street, tél. 831 1581

Le restaurant fait aussi boîte de nuit. Fruits de mer, croquettes de poulet et plats du jour.

Le Paille-en-Queue **

Rue François Leguat, tél. 831 2315

S'il porte le nom de l'oiseau emblême de la Réunion, ce restaurant sert des spécialités rodriguaises.

La Mangue

John's Resto **

tél. 831 3306

Réputé pour la fraîcheur de ses plats de poisson et fruits de mer. Cuisine délicieuse et cadre agréable.

BIBLIOGRAPHIE

HISTOIRE, SOCIÉTÉ ET ÉCONOMIE

Arno (T.), Orian (Cl.), *L'Île Maurice, une société multiraciale*, L'Harmattan, Paris, 1986.

Bernardin de Saint-Pierre (H.), *Voyage à l'île de France : un officier du Roi à l'île Maurice, 1768-1770*, La Découverte, Paris, 1983.

Hazaressingh (K.), *Histoire des Indiens de l'île Maurice*, J. Maisonneuve, Paris, 1973.

Hein (P.), *L'Économie de l'île Maurice*, L'Harmattan, Paris, 1997.

Leguat (F.), *Les Naufragés de Dieu : aventure d'un protestant et de ses compagnons exilés en deux îles désertes de l'océan Indien*, Phébus, Paris, 1995.

Maestri (E.), *Les Îles du sud-ouest de l'océan Indien et la France de 1815 à nos jours*, Université de la Réunion, Faculté des lettres, Saint-Denis, 1994.

Martial (D.), *Identité et politique culturelle à l'île Maurice : regards sur une société plurielle*, L'Harmattan, Paris, 2002.

Pavard (Cl.), *Île Maurice, mémoires de couleurs*, Oasis Productions, Sèvres, 1994.

Piat (M.-A. et D.), *Sur la route des Épices, l'île Maurice : 1598-1810*, Éd. du Pacifique, Singapour, 1995.

Prosper (J.-G.), *L'Île Maurice : au sommet de la vague économique francophone*, L'Harmattan, Paris, 1993.

Toussaint (A.), *Histoire de l'océan Indien*, PUF, coll. « Que sais-je ? », Paris, 1981 ; *Histoire de l'île Maurice*, PUF, coll. « Que sais-je ? », Paris, 1974 ; *Histoire des îles Mascareignes*, Berger-Levrault, Nancy, 1972.

LANGUE ET LITTÉRATURE

Bernardin de Saint-Pierre (H.), *Paul et Virginie*, Flammarion, Paris, 1992.

Carpooran (A.), *Le Créole mauricien de poche*, Assimil, Paris, 2002.

Ile Maurice, des langues et des lois, l'Harmattan, Paris, 2003.

Chazal (M. de), *Sens plastique*, Gallimard, Paris, 1985 ; *Petrusmok*, La Table ovale, Maurice, 1983.

Collectif, *Littérature de l'océan Indien. I, les Mascareignes, Île Maurice*, Clef, 1980.

Collectif, *Littérature mauricienne*, Clef, 1993.

Devi (A.), *Soupir*, Gallimard, Paris, 2002 ;
Pagli, Gallimard, 2001 ; *L'Arbre fouet*, L'Harmattan, Paris, 1997 ; *Le Voile de Draupadi*, L'Harmattan, 1993.

Humbert (M.-Th.), *Le Chant du seringat la nuit*, Stock, Paris, 1997 ; *La Montagne des signaux*, Stock, 1994 ; *Un fils d'orage*, Stock, 1992 ; *Une Robe-d'écume et de vent*, Stock, 1989 ;

Le Volkameria, Stock, 1984; *À l'autre bout de moi*, Stock, 1979.
Le Clézio (J.-M. G), *La Quarantaine*, Gallimard, Paris, 1995; *Sirandanes* (suivies d'un) *Petit lexique de la langue créole et des oiseaux*, Seghers, Paris, 1990; *Voyage à Rodrigues : journal*, Gallimard, 1986; *Le Chercheur d'or*, Gallimard, 1985.
Masson (L.), *Les Tortues*, R. Laffont, Paris, 1985; *Les Anges noirs du trône*, R. Laffont, 1967; *Lagon de la miséricorde*, R. Laffont, 1964; *Le Notaire des Noirs*, R. Laffont, 1962.
Maunick (E. J.), *Anthologie personnelle : poésie*, Actes Sud, Arles, 1989; *Paroles pour solder la mer*, Gallimard, Paris, 1988.
Souza (C. de), *Les Jours Kaya*, Éd. de l'Olivier, Paris, 2000; *La Maison qui marchait vers le large*, Le Serpent à Plumes, Paris, 1996; *Le Sang de l'Anglais*, Agence de coopération culturelle et technique : Hatier, 1993.
Wachill (H.), *Jour après jour : poèmes*, Gallimard, Paris, 1987.

Architecture et art de vivre

La Cuisine Mauricienne, Orphie, Paris, 2002.
Claron (A.) *Carnets de recette exotique*, Aubanel, Paris, 2000.
Curpenen (L.), *La Cuisine de l'île Maurice*, Publisud, Paris, 1995.
Vaisse (Ch.), *Maisons traditionnelles de l'île Maurice*, Albin Michel, Paris, 1990.

Nature et sports

Cadet (T.), *Fleurs et plantes de la Réunion et de l'île Maurice*, Éd. du Pacifique, Singapour, 1993.
Harmelin-Vivien (M.), *Guide sous-marin de la Réunion et de l'île Maurice*, Delachaux et Niestlé, Neuchâtel, 1989.
Le Borgne (J.), *Climatologie du sud-ouest de l'Océan Indien*, Orstom, Paris, 1997.
Tyack (R.), Noel (B.), *Le Seigneur du lagon : les plus incroyables histoires de pêche au gros à l'île Maurice*, Éditions de l'océan Indien, 1994.

Beaux livres

Dehau (E.), *Ile Maurice*, Hermé, Paris, 2000.
Dorman (G.), *Maurice, vue du ciel*, Gallimard, Paris, 1991.
Mazin (R.), Coulon (G.), Lagesse (M.), *Maurice vue du ciel*, Éditions du Pacifique, Singapour, 1987.
Reymond (J.P), Hausherr (P.), *Maurice, perle sucrée de l'océan Indien*, Vilo, Paris, 2001.

AVANT LE DÉPART

Passeport et visa

Les Français et les citoyens de l'Union européenne peuvent se rendre à la Réunion munis seulement de leur carte d'identité. Mais pour gagner Maurice et Rodrigues, il leur faudra présenter un passeport valide six mois après la date de retour; conditions de passeport impératives pour les Canadiens. Aucun visa n'est requis pour les séjours touristiques de moins de trois mois. Il faut présenter son billet de retour aux douaniers et leur fournir l'adresse du lieu où l'on va résider. Aucune prolongation de visa pour motif touristique ne sera adressée. En cas de problèmes, s'adresser à :
Préfecture de Saint-Denis
Place du Barachois, 97400 Saint-Denis,
tél. 02 62 40 77 77, fax 02 62 41 73 74

Représentations diplomatiques

En Belgique
Consulat général de France
42 boulevard du Régent, Bruxelles 1000,
tél. (02) 548 88 11, fax (02) 548 88 10,
www.consulfrance-bruxelles.org
En Suisse
Consulat général de France, service des visas
15 rue Guillaume de Marcossay, Genève 1205,
tél. 022 319 00 00, fax 022 319 0072,
www.consulfrance-geneve.org
Au Canada
Consulat général de France
1501 Mc Gill Collège, 10e étage, bureau 1000,
Montréal H3A 3M8,
tél. 514-878 4385, fax 514-878 3981,
www.consulfrance-montreal.org

Offices du tourisme réunionnais

En France, consultez le Comité du tourisme de la Réunion (CTR). Ailleurs, les Maisons de la France fournissent toutes sortes d'informations précieuses.

En France
Comité du tourisme de la Réunion (CTR)
90, rue La Boétie, 75008 Paris,
tél. 01 40 75 02 79, fax 01 40 75 02 73
ctrparis@aol.com
En Belgique
Maison de la France
Avenue de la Toison-d'Or 21, Bruxelles 1050,
tél. 090 288 025, fax 02 505 38 29,
www.be.franceguide.com, info.be@franceguide.com,
Ouv. du lun. au ven. 9h-17h.

En Suisse

Maison de la France
11, rue de Lausanne, Genève,
tél. 044 217 46 00, fax 044 217 46 17,
www.ch.franceguide.com, info.ch@franceguide.com
Ouv. du lun. au ven. 8h30-18h, le sam. 10h-14h.

Au Canada

Maison de la France
1800 McGill College, suite 1010,
Montréal, Québec, H3A 3J6,
tél. 514-288 2026 fax 514-845 4868,
www.ca.franceguide.com,
info.ca@franceguide.com
Ouv. du lun. au ven. 9h-16h.

Quand partir ?

Les deux périodes les plus agréables pour se rendre à la Réunion sont avril-mai et septembre-octobre. Les trois premiers mois de l'année sont à éviter : ils coïncident avec les vacances scolaires locales (fin décembre à début février) et à la saison des cyclones.

Que faut-il emporter ?

Emporter des vêtements d'été, si possible larges et en coton, et un lainage ou un blouson léger pour les soirées fraîches et les salles climatisées. Veston et cravate ne sont requis des hommes que dans certains restaurants chic. Ne pas oublier de quoi se protéger des intempéries et… de la canicule : coupe-vent pour la montagne, parapluie ou imperméable léger, chapeau, lunettes de soleil, écran solaire. Se munir d'une protection dermique antimoustique pour le soir et d'un diffuseur électrique que l'on branchera dans sa chambre. Enfin, si l'on projette de visiter les cirques ou de faire l'ascension du Volcan, il convient d'emporter d'excellentes chaussures de marche.

Faire enfin provision de pellicules photo, car si l'on en trouve partout sur place, elles coûtent plus cher qu'en métropole.

Précautions sanitaires

La Réunion ne présente pas de risque de paludisme. Aucun vaccin n'est obligatoire, sauf pour les personnes provenant de régions où sévissent la fièvre jaune et le choléra. Concernant le virus du chinkungunya (*voir descriptif p. 355*), consultez, avant le départ, le site www.sante.gouv.fr, ou, sur place, appelez le 0800 110 000.

Il est préférable de contracter une assurance couvrant d'éventuels frais médicaux et de rapatriement sanitaire (s'ils ne sont pas compris dans le forfait d'un voyagiste ou déjà couverts par une police d'assurance ou son contrat de carte bancaire).

Décalage horaire

La Réunion vit à l'heure GMT + 4. Il faut ajouter trois heures à l'heure métropolitaine en hiver (été austral) et deux heures en été (hiver austral). Il fait jour, en moyenne, de 5h30 à 18h45 de novembre à avril, et de 6h45 à 17h45 de mai à octobre.

Téléphone

Pour appeler la Réunion de métropole, composer le numéro à dix chiffres du correspondant, qui commence par *02 62*.
Pour appeler de l'étranger, composer le *00* (indicatif international), le *262* (indicatif de la Réunion) et les 6 derniers chiffres du numéro.

SE RENDRE À LA RÉUNION

En avion

Le vol direct Paris-La Réunion dure environ 11 heures. Air France, Corsair et Air Bourbon assurent cette liaison. British Airways et Austrian Airlines relient également l'île à l'Europe, selon votre ville de départ.

Les liaisons interrégionales sont assurées par Air France pour l'île Maurice, les Seychelles et Madagascar, par Air Austral pour les Comores, le Kenya, Madagascar, Maurice, Mayotte et les Seychelles, par Air Mauritius pour l'île Maurice et par Air Madagascar pour Madagascar et Singapour.

Compagnies aériennes à Paris

Air France
tél. 0 820 820 820, www.airfrance.fr
16 vols par semaine, que départ de Roissy et Orly.
Corsair
tél. 0 820 042 042, www.corsairfly.com
Plusieurs vols par semaine au départ de Paris-Orly Sud, leur nombre variant en fonction des saisons. Un vol quotidien au départ de Lyon et de Marseille.
Air Austral
2, rue de l'Église, 92200 Neuilly-sur-Seine,
tél. 0825 013 012, fax 01 41 92 01 37,
www.air-austral.com
Cette compagnie propose des forfaits « Pass océan Indien » qui facilitent les déplacements interrégionaux.
Air Bourbon
tél. 0 820 890 290, www.air-bourbon.com
Comptoir à Orly, tél. 01 49 75 10 45
Trois vols hebdomadaires au départ d'Orly Sud, les lundi, mercredi et vendredi, et un vol, le samedi au départ de Lyon.

Compagnies aériennes à la Réunion

Air Austral
– 4 rue de Nice, 97400 Saint-Denis,
tél. 0825 013 012, fax 02 62 90 90 91
– Aéroports de Pierrefonds et Roland-Garros :
tél. 0825 013 012

Air France
– 7, avenue de la Victoire, 97400 Saint-Denis,
tél. 02 62 40 38 40, fax 02 62 40 38 40
– Aéroport Roland-Garros : 02 62 40 38 38

Air Madagascar
– 31, rue Jules Auber, 97400 Saint-Denis,
tél. 0892 680 014

Air Mauritius
– 13, rue Charles-Gounod, 97400 Saint-Denis,
tél. 02 62 94 83 83, fax 02 62 41 13 23
– Aéroport Roland-Garros : 02 62 48 80 18
– Aéroport de Pierrefonds : 02 62 96 80 18

Corsair
– 37, rue Juliette Dodu, 97400 Saint-Denis,
tél. 0820 042 042
– Aéroport Roland-Garros : 02 62 48 17 51

Air Bourbon
– Aéroport Roland-Garros, tél. 02 62 31 20 00

En bateau

L'*Ahinora*, catamaran d'une capacité de 200 personnes, assure une navette hebdomadaire entre la Réunion et l'île Maurice. La durée de la traversée (environ six heures) varie en fonction des conditions météorologiques.

Un paquebot, le *Mauritius Pride*, assure six liaisons mensuelles avec l'île Maurice. Le voyage dure environ 12 heures. Les enfants paient demi-tarif.
Renseignements et réservations auprès de
Pour tous renseignements, contacter :
– à la Réunion :
Scoam
4, av. du 14-Juillet-1789, 97420 Le Port,
tél. 0262 421 945, fax 0262 432 547, pax@scoam.fr
– à Maurice :
msc Coraline Ship Agency
Nova Building, 1 Military Road, Port Louis,
tél. 217 2285, fax 242 5245, msc@coraline.intnet.mu

Douanes

Il est interdit d'importer des fruits, des légumes et tout végétal, sous peine d'une lourde amende.

De l'aéroport à la ville

L'**aéroport international Roland-Garros** (*tél. 02 62 48 80 68 ; horaires des vols : 02 62 28 16 16*) se trouve à 10 km du centre de Saint-Denis, sur la côte nord de l'île. On y trouve un bureau d'information touristique, un bureau de poste (ouv. du lun. au ven. 9h30-12h30 et 13h30-16h30, le sam. 8h30-11h), un bureau de change (ouv. du lun. au ven. 10h-13h30 et 15h-18h30, le sam. 8h30-11h30) et un distributeur automatique de billets. On peut y louer une voiture (*voir p. 378*), y prendre un taxi ou un autocar.

Une course en **taxi** jusqu'au centre de Saint-Denis coûte entre 18 € et 25 € (majorée dim., j. fér. et après 20h). Toutes les voitures sont équipées de taximètre.

Les **cars jaunes** assurent une liaison régulière entre Roland-Garros et Saint-Denis en 15 min. Ils circulent entre 7h30 et 20h30. Compter 4 € le billet.

Taxe d'aéroport

Généralement comprise dans le prix du billet d'avion, elle se monte à 3,50 €.

À SAVOIR SUR PLACE

Adresses utiles

Consulat de Belgique
c/o Société Châtel, 72, avenue Eudoxie-Nonge,
97491 Sainte-Clotilde,
tél. 02 62 97 99 10, fax 02 62 29 16 64

Consulat de Suisse
107, chemin Crève-Cœur, 97460 Saint-Paul,
tél./fax 02 62 45 55 74

Monnaie

Comme les autres départements français, la Réunion est passée à l'euro depuis le 1er janvier 2002.

On peut changer des devises et des chèques de voyage dans les grandes banques, mais les taux de commission sont élevés. Les cartes de crédit sont acceptées dans la plupart des magasins, des hôtels et des restaurants. On trouve des distributeurs automatiques de billets dans toutes les villes du littoral, plus rarement dans les Hauts. Il faut penser à se munir d'espèces si l'on se rend dans les cirques, où il n'y a pas de banque. Attention, certains commerçants n'acceptent pas les chèques de métropole.

Jours fériés

Les services publics et la plupart des magasins sont fermés les jours fériés, qui sont les mêmes qu'en France métropolitaine. À la Réunion on célèbre en sus l'abolition de l'esclavage.
Les communautés indienne et chinoise observent leurs propres fêtes religieuses (*voir p. 356*).

En janvier : célébration du Nouvel An
Mars ou avril : Pâques
1er mai : fête du Travail
8 mai : célébration de l'armistice de 1945
9 mai : fête de l'Ascension
Mai : lundi de Pentecôte
14 juillet : fête nationale
15 août : fête de l'Assomption
1er novembre : Toussaint
11 novembre : célébration de l'armistice de 1918
20 décembre : commémoration de l'abolition de l'esclavage à la Réunion
25 décembre : Noël

Heures d'ouverture

Banques : du lun. au ven. 7h45-15h45 ou 8h-16h dans les grandes villes ; ailleurs, les agences ferment généralement entre 12h et 13h30.
Bureaux : du lun. au sam. de 8h à 18h, avec, le plus souvent, une pause de 12h à 14h30.
Bureaux de poste : du lun. au ven. 8h-17h et le sam. 8h-11h dans les grandes villes ; ailleurs, ils ferment entre 11h et 13h en semaine.
Magasins : du lun. au sam. de 9 h à 18 h ; beaucoup ferment de 12h à 14h30. Certains petits commerces d'alimentation ouvrent le dim. matin.

Courant électrique

Il est en 220 volts, comme dans le reste des Mascareignes.

Postes et télécommunications

Les bureaux des PTT des villes et des villages assurent les mêmes services qu'en France métropolitaine (vente de timbres, de cartes téléphoniques, envoi de fax, etc.).
Le **bureau de poste principal** de Saint-Denis fait l'angle de la rue du Maréchal-Leclerc et de la rue Juliette-Dodu.

On peut également acheter des timbres et des cartes de téléphone dans les bureaux de tabac et certaines boutiques.

On trouve des cabines à carte téléphonique ou bancaire un peu partout. Les communications coûtent moins cher de 12h30 à 13h30 et de 18h à 8h. Elles sont taxées dans les hôtels.

Pour appeler l'étranger de la Réunion, composer le 00, l'indicatif du pays (*1* pour le Canada, *32* pour la Belgique, *41* pour la Suisse) et le numéro du correspondant.
Appel local ou à destination de la métropole, composer le numéro à 10 chiffres du correspondant.
Renseignements nationaux : *12*
Renseignements internationaux : *00 262 12* + l'indicatif du pays.

Médias

Tous les programmes des chaînes de télévision hertziennes sont en français. Quelques radios diffusent des émissions en anglais et en créole. Les journaux locaux les plus répandus sont *Le Quotidien*, *Le Journal de l'île de la Réunion* et *Témoignages*. Les grands quotidiens, hebdomadaires et mensuels français sont vendus partout.

Sécurité, santé et urgences

En principe, les Réunionnais aident volontiers les touristes en difficulté. Pour ne pas s'exposer à un vol ou à une agression, on s'abstiendra d'exhiber ses bijoux et de grosses sommes d'argent, de laisser des objets de valeur en évidence dans son véhicule, d'accepter de monter le soir dans la voiture d'un inconnu et de se promener seul la nuit. Les femmes qui voyagent seules éviteront les tenues trop suggestives.

Numéros utiles

Samu : *15*
Urgences : *112*
Police : *17*
Pompiers : *18*
Secours en mer : *0262 43 43 43*
Secours en montagne : *0262 930 930*
SOS Médecin
Nord et Est : *0262 97 44 44*
Ouest : *0262 45 45 02*
Sud : *0262 35 02 02*

Hôpitaux et cliniques

Centre hospitalier départemental Félix-Guyon
Bellepierre, Saint-Denis,
tél. 02 62 90 50 50
Hôpital des enfants, association Saint-François d'Assise
60, rue Bertin, Saint-Denis,
tél. 02 62 90 87 00, fax 02 62 90 87 09
Centre hospitalier du Sud de la Réunion
Avenue du Président-Mitterrand,
Saint-Pierre,
tél. 02 62 35 90 00, fax 02 62 25 92 44
Clinique Sainte-Clotilde
127, route Bois-de-Nèfles,
Saint-Denis,
tél. 02 62 48 20 20, fax 02 62 48 20 80
Clinique Avicene
4, allée Avicene, Le Port,
tél. 02 62 42 41 60, fax 02 62 43 60 63

MARCHANDAGE ET POURBOIRE

Le marchandage n'a pas cours en dehors des marchés. Le pourboire n'est pas d'usage mais bienvenu.

OFFICES DU TOURISME SUR PLACE

La plupart des grandes villes disposent d'un office du tourisme qui, outre fournir cartes et plans, pourront vous aider à trouver un hébergement en gîte.

Le Nord

Office du tourisme de Saint-Denis
37, rue amiral-Lacaze, 97400 Saint-Denis,
tél. 02 62 41 83 00, fax 02 62 21 37 76
Ouvert du lun. au sam. de 8h30 à 18h
Gîtes de France et Maison de la Montagne
5, rue Rontaunay, 97400 Saint-Denis,
tél. 02 62 90 78 78, fax 02 62 41 84 29
Ouvert du lun. au jeu. de 9h à 17h, le sam. 9h-12h.
CTR
2, rue André-Lardy, 97438 Sainte-Marie,
tél. 02 62 41 00 41, fax 02 62 41 00 21
Office du tourisme de Sainte-Marie
5, rue Rontaunay, 97400 Saint-Denis,
tél. 02 62 53 84 25, fax 02 62 53 36 47
Ouvert du lun. au sam. 10h-12h30, 13h-18h.
Office du tourisme de Sainte-Suzanne
65, avenue Pierre-Mendès-France,
97441 Sainte-Suzanne,
tél. 02 62 53 84 25, fax 02 62 53 36 47
Ouvert du lun. au sam. 10h-12h30, 13h-18h.

L'Ouest

Office du tourisme de La Possession
24, rue Évariste-de-Parny, 97419 La Possession,
tél. 02 62 22 26 66, fax 02 62 22 25 17
Ouvert du lun. au ven. 8h30-12h, 13h-17h15, le sam. 8h30-12h30.
Office du tourisme de Saint Paul
1, place Paul-Julius-Bernard, Galerie Amandine,
97434 Saint-Gilles-les-Bains,
tél. 02 62 44 07 07, fax 02 62 55 01 02
Ouvert tlj. et j. fér. 10h-18h.
Office du tourisme de Saint-Leu
1, rue Le Barrelier, 97436 Saint-Leu,
tél. 02 62 34 63 30, fax 02 62 34 96 45
Ouvert le lun. 13h30-17h30, du mar. au ven. 9h-12h, 13h30-17h30, le sam. 9h-12h, 14h-17h.

Le Sud

Office du tourisme de L'Étang-Salé
74, rue Octave-Bénard,
97427 L'Étang-Salé-les-Bains,
tél. 02 62 26 67 32, fax 02 62 26 67 92
Ouvert du lun. au ven. 9h-17h, le sam. 9h-12h.
Office du tourisme d'Entre-Deux
9, rue Fortuné-Hoareau, 97414 Entre-Deux,
tél. 02 62 39 69 80, fax 02 62 39 69 83
Ouvert du lun. au sam. 8h-17h.
Office du tourisme de Saint-Pierre
Galerie Marchande,
Locaux 4-5, place Napoléon Hoarau,
Saint-Pierre,
tél. 02 62 25 02 36, fax 02 62 25 82 76
Ouvert avr.-oct. du lun. au ven. 8h30-17h15, le sam. 9h-12h30 et 13h-16h, le dim. 9h-11h30; nov.-mars du lun. au ven. 9h-17h45, le sam. 8h30-12h30et 13h-16h45, le dim. 9h-11h30.
Office du tourisme de Saint-Philippe
64, rue Leconte-Delisle, 97442 Saint-Philippe,
tél. 02 62 37 10 43, fax 02 62 37 10 97
Ouvert du mar. au ven. 10h-17h, le sam. 10h-16h, le dim. et j. fér. 9h-13h.
Office du tourisme de Saint-Joseph
3, rue Paul Demange, 97480 Saint-Joseph,
tél. 02 62 37 37 13, fax 02 62 37 37 15
Ouvert du lun. au ven. 9h-17h, le sam. 10h-16h, le dim. et j. fér. 9h-13h.
Office du tourisme de Grand-Anse
60, rue de Grand-Anse, 97429 Petit-Île,
tél. 02 62 31 27 73
Ouvert du mar. au ven. 10h-17h, le sam. 10h-16h, le dim. et j. fér. 9h-13h.

Les Plaines

Pays d'accueil des Hautes Plaines
Domaine des Tourelles,
97431 La Plaine-des-Palmistes,
tél. 02 62 51 39 92, fax 02 62 51 45 33
Ouvert les lun., mer., ven. 9h-18h, le mar. 9h-17h, les sam. et dim. 10h-17h.
Office du tourisme de La Plaine-des-Cafres
11, angle des rues du Volcan et des Genêts,
97418 La Plaine-des-Cafres,
tél. 02 62 59 09 82, fax 02 62 59 22 18
Ouvert le lun. 13h30-17h30, du ma. au sam. 8h-12h30 et 13h30-17h30, le dim. 8h30-12h30.

L'Est

Office du tourisme de Saint-André
25, Parc Nautique et touristique du Colosse,
Champ-Borne, 97440 Saint-André,
tél. 02 62 46 91 63, fax 02 46 52 16
Ouvert du lun. au ven. 9h-17h, le sam. 9h-16h.

Les Cirques

Maison du tourisme de Cilaos
2 bis, rue Mac-Auliffe, 97413 Cilaos,
tél. 02 62 31 71 71, fax 02 62 31 78 18
Ouvert du lun. au sam. 8h30-12h30 et 13h30-17h30, le dim et j. fér. 9h-13h.

Maison du tourisme de Salazie
Centre d'Artisanat d'Hell-Bourg,
47, rue du Général-de-Gaulle, 97433 Salazie,
tél. 02 62 47 89 89, fax 02 62 47 89 70
Ouvert du lun. au ven. 9h-17h.

COMMENT SE DÉPLACER

En voiture

Réseau routier

Si la route côtière qui fait le tour de l'île est bien entretenue, certaines routes des Hauts, souvent sinueuses et étroites, sont régulièrement endommagées par les pluies et les glissements de terrain. Quand les pluies sont particulièrement violentes, il leur arrive de couvrir en 10 minutes la route littorale entre Saint-Denis et La Possession.

Les embouteillages paralysent les entrées de la capitale de 7h à 9h et de 16h à 18h en semaine.

Pour connaître l'**état du réseau routier**, appeler le *02 62 44 44 44.*

Code de la route et consignes de sécurité

La vitesse est limitée à 50 km/h en ville et à 110 km/h sur les routes à quatre voies. Le port de la ceinture de sécurité est obligatoire. Il faut faire particulièrement attention aux piétons, nombreux à marcher sur la chaussée sur les départementales, voire sur les nationales. Gare aux conducteurs réunionnais qui ne respectent pas toujours le code de la route, notamment les feux tricolores ; les accidents sont fréquents. Enfin, sur les routes de montagne, prudence est synonyme de vitesse réduite.

Les stations-service sont nombreuses mais généralement fermées après 19 h en semaine et le dimanche.

Louer une voiture

Il faut avoir 21 ans révolus et détenir son permis de conduire depuis plus d'un an pour pouvoir louer un véhicule. Il faudra également laisser une empreinte de carte bancaire ou une caution, voire la régler la totalité de la location à l'avance.

Le contrat de location prévoit une assurance, mais il convient de le lire attentivement pour connaître la liste précise des dommages pris en charge. Pour plus de sûreté, on louera un véhicule à une des compagnies agréées par le CNPA (Conseil national des professions de l'automobile). Elles sont repérables au logo de l'association. Les agences de location ci-dessous y adhèrent toutes et disposent d'un comptoir à l'aéroport. D'autres sociétés ont des offres saisonnières souvent intéressantes.

Ada Location
38, rue Ruisseau Noir, Saint-Denis,
tél. 02 62 21 59 01, fax 02 62 41 89 40,
www.ada-reunion.com
Avis
83, rue Jules-Verne, 97821 Le Port,
tél. 02 62 42 15 99, fax 02 62 43 95 13,
aéroport 02 62 48 81 82,
www.avisreunion.com
Budget
2, rue Pierre-Auber, 97490 Sainte-Clotilde,
tél. 02 62 28 92 00, fax 02 62 28 93 00,
aéroport 02 62 28 01 95,
www.budgetreunion.com
Europcar
Gillot, La Ferme, 97438 Sainte-Marie,
tél. 02 62 93 14 15, fax 02 62 93 14 14,
aéroport 02 62 28 27 58,
www.europcar.com
ERL
128, avenue du Général-de-Gaulle,
Saint Gilles-les-Bains,
tél. 02 62 24 02 25, fax 02 62 24 06 02
ITC Tropicar
207, avenue du Général-de-Gaulle,
Saint Gilles-les-Bains,
tél. 02 62 33 18 28, fax 02 62 24 05 55,
www.itctopicar.com

En autocar

Le réseau départemental des **Cars jaunes** couvre l'ensemble de l'île. Les bus sont nombreux, confortables et bon marché. Ils circulent de 5h à 20h en semaine. Dans les zones rurales, certains cars s'arrêtent dès la tombée de la nuit. Il faut préparer sa monnaie et si possible faire l'appoint. Les arrêts étant facultatifs, il faut signifier au chauffeur (en claquant dans ses mains ou de vive voix) que l'on souhaite bientôt descendre. Pour connaître les trajets et les horaires, appelez les gares routières suivantes :

Saint-Denis	02 62 41 51 10
Saint-André	02 62 46 80 00
Saint-Benoît	02 62 50 10 69
Saint-Paul	02 62 22 54 38
Saint-Pierre	02 62 35 67 28
Saint-Joseph	02 62 56 03 90

En taxi

A la Réunion, les taxis sont une alternative coûteuse aux bus et aux voitures de location. Pour exemple, la course de Saint-Denis à Boucan-Canot (40 km), coûte 40 d'euros. Pour obtenir des tarifs intéressants, il est préférable de négocier les services d'un taxi à plusieurs pour une journée complète. Pourboire facultatif.

Les grandes villes sont dotées de stations de taxis. On peut aussi faire appeler une voiture par le réceptionniste de son hôtel. A l'aéroport, contactez le *02 62 48 83 83* pour commander un taxi.

EN TAXI COLLECTIF

Des taxis collectifs, moins chers et plus nombreux que les taxis particuliers, desservent les Hauts. Se renseigner dans les offices du tourisme et les gares routières.

TEMPS DES DÉPLACEMENTS MOTORISÉS

Ces estimations ne tiennent pas compte d'éventuels embouteillages :

Saint-Denis-côte ouest	40 à 80 km	40 à 65 min
Saint-Denis-Hell-Bourg	55 km	1h10
Saint-Denis-le Volcan	150 km	2h45
Saint-Denis-Cilaos	113 km	2h
Saint-Gilles-Hell-Bourg	100 km	1h30 à 2h
Saint-Gilles-le Volcan	100 km	2h
Saint-Gilles-Cilaos	75 km	1h30
Hell-Bourg-côte ouest	90 à 107 km	1h30
Hell-Bourg-le Volcan	135 km	2h à 2h30
Saint-Pierre-Hell-Bourg	96 km	2h
Saint-Pierre-côte ouest	40 à 54 km	30 à 45 min

EN HÉLICOPTÈRE

L'hélicoptère constitue un moyen de transport onéreux mais idéal pour admirer les paysages de l'île.

Helilagon
Altiport de l'Éperon, 97867 Saint-Paul,
tél. 02 62 55 55 55, fax 02 62 22 86 78,
www.helilagon.com
Comptez 260 euros par personne pour un vol de 45 min, comprenant le volcan, les trois cirques, le Trou de Fer et le littoral.
Corail Hélicoptères
Aéroport de Pierrefonds,
tél. 02 62 22 22 66, fax 02 62 26 76 70,
www.corail-helicopteres.com

VISITES GUIDÉES

De nombreux tour-opérateurs proposent des visites guidées de l'île, parfois un peu trop rapides. On peut se renseigner à son hôtel, ou contacter l'une des agences suivantes :

Atlas Voyages
104, rue du Général-de-Gaulle,
97434 Saint-Gilles-les-Bains,
tél. 02 62 33 02 20, fax 02 62 33 08 48
atlas@wanadoo.fr
Bourbon Tourisme
90, avenue de Bourbon,
97434 Saint-Gilles-les-Bains,
tél. 02 62 33 08 70, fax 02 62 33 08 79,
bourbon.tourisme@travel-run.com
Euro-Voyages Réunion
20, rue de l'Est, 97400 Saint-Denis,
tél. 02 62 21 89 00, fax 02 62 41 30 00,
eurovoyages@wanadoo.fr
Nouvelles-Frontières
Résidence Claire 1, 31, place Paul-Julius-Benard,
97434 Saint-Gilles-les-Bains,
tél. 02 62 33 11 99, fax 02 62 33 11 98,
receptive.run@nouvelles-frontières.fr
Objectif
28, rue Summer, 97434 Saint-Gilles-les-Bains,
tél. 02 62 33 08 36, fax 02 62 24 26 80,
objectif.Reunion@wanadoo.fr
Papangue Tours
5, rue de Nice, 97400 Saint-Denis,
tél. 02 62 41 61 92, fax 02 62 41 61 96
papangueprod@wanadoo.fr

POUR MIEUX CONNAÎTRE LA RÉUNION

GÉOGRAPHIE

L'île de la Réunion est la plus grande des Mascareignes. Située à 21° de latitude sud et 55° de longitude est. Elle est située à 220 km au sud-ouest de l'île Maurice, à 900 km à l'est de Madagascar et à 2 000 km au sud des Seychelles. De forme elliptique, elle a une superficie de 2 512 km^2.

CLIMAT

La Réunion jouit d'un climat tropical et ne connaît que deux saisons : l'été austral, une saison chaude et humide qui dure de novembre à avril, et un « hiver » austal plutôt frais et plus sec, de mai à octobre. Sur le littoral, les températures sont similaires à celles de l'île Maurice, avec des moyennes de 21 °C en hiver et de 28 °C en été.
Mais dans les Hautes Plaines et en montagne, elles oscillent entre 4 °C et 25 °C en fonction de l'altitude et de l'heure. Au-dessus de 2 000 m, elles peuvent tomber au-dessous de 0 °C la nuit.

De décembre à avril, le passage de dépressions tropicales plus ou moins violentes soumet l'île aux ravages de précipitations torrentielles et de cyclones. Ces phénomènes naturels sont plus dévastateurs à la Réunion qu'à l'île Maurice. En cas d'alerte, il convient de suivre scrupuleusement les consignes de sécurité.

– **Vigilance cyclonique** : un cyclone a été signalé dans la région. Les Réunionnais sont invités à faire des réserves de nourriture, d'eau potable et de bougies, et à écouter les bulletins d'informations de la radio ou de la télévision. Les randonnées en montagne et les sorties en mer sont à proscrire.
– **Alerte orange** : Le cyclone devrait toucher l'île dans les 24 heures qui viennent. Les écoles ferment, chacun doit mettre ses animaux à l'abri et calfeutrer les portes et fenêtres de son logis.
– **Alerte rouge** : Le danger est imminent. Il est formellement interdit de conduire, chacun doit rester à l'abri et suivre les bulletins d'informations radiophoniques.

On peut appeler le *08 97 65 01 01* pour obtenir des informations sur les cyclones. Des prévisions météorologiques sur vingt-quatre heures sont données au *08 92 68 00 00*. Enfin, des bulletins ajustés toutes les heures sont communiqués au *08 92 68 02 02*.

STATUT ADMINISTRATIF

La Réunion est un département d'outre-mer (DOM), administré par un préfet et un conseil d'élus. Le territoire est découpé en 24 communes et 47 cantons. Cinq députés et trois sénateurs représentent l'île à Paris.

ÉCONOMIE

La canne à sucre, qui représente encore 75 % des exportations, bénéficie de subventions françaises et européennes et d'un débouché assuré sur le marché national. Les autres cultures d'exportation (vanille, tabac, plantes à parfum comme le géranium et le vétiver) sont aussi en perte de vitesse.
L'élevage et les cultures maraîchères et fruitières se développent, mais l'économie ne se maintient qu'avec l'aide de la métropole et de l'Union européenne.
En 2006, le taux de chômage atteignait les 37 %. Des zones industrielles ont été créées au Port, à Saint-Denis et à Saint-Pierre, mais le tourisme est devenu le secteur économique phare, avec près de 430 000 visiteurs par an. Cependant, il a été sévèrement affecté en 2005 et 2006 par l'apparition du virus du chikungunya, transmis à l'homme par la piqûre du moustique.

POPULATION

L'île compte 766 200 habitants, dont 40 % sont des Créoles d'origine européenne, malgache ou africaine. Environ 25 % des Réunionnais descendent d'Indiens de confession hindoue immigrés au XIXe siècle pour travailler dans les plantations. Le reste de la population se compose de Français de métropole (environ 30 %), de Chinois (3 %) et d'Indiens de confession musulmane (2 %).

LANGUE

Le français est la langue officielle et la pratique du créole est largement répandue.

CULTURE ET LOISIRS

MUSÉES ET AUTRES LIEUX DE VISITE

Les horaires d'ouverture communiqués ci-dessous sont susceptibles de changer.

Saint-Denis

Artothèque
26, rue de Paris, tél. 02 62 41 75 50
Ouv. du mar. au dim. 9h-12h et 13h-18h. Entrée libre.
Grand Marché
2, rue du Maréchal-Leclerc
Ouv. tlj., 9h-18h.
Grande Mosquée
121, rue du Maréchal-Leclerc
Ouv. tlj. 9h-12h, 14h-16h. Entrée libre.
Jardin de Cendrillon
48, rue des Palmiers, La Montagne, Km 8, tél. 02 62 23 63 28
Visites guidée de 1 heure sur rendez-vous (4 personnes minimum). Entrée payante.
Jardin de l'État
1 rue Poivre
Ouv. tlj. 7h-18h30. Entrée libre.
Musée Léon-Dierx
28, rue de Paris, tél. 02 62 20 24 82
Ouv. du mar. au dim. 9h30-17h30. Entrée payante.
Muséum d'histoire naturelle
1, rue Poivre, Jardin de l'État, tél. 02 62 20 02 19
Ouv. du mar. au dim., 9h30-17h30. Fermé le 1er mai. Entrée payante.
Pagode chinoise
63, rue Sainte-Anne
Ouv. tlj. 8h-18h. Entrée libre.
Temple Kalikambal
261, rue du Maréchal-Leclerc
Ouv. tlj. 5h-19h. Entrée libre.

Sur le littoral nord-est

Coopérative de la Vanille
21, RN2, Bras-Panon, tél. 02 62 51 70 12
Ouv. du lun. au sam. 8h30-12h et 14h-17h. Visites guidées toutes les 30 min. Entrée payante.

Domaine du Grand Hazier
7, chemin du Grand-Hazier, 3 km de Sainte-Suzanne, tél. 02 62 52 32 81
Visite sur rendez-vous. Entrée payante.
Maison de la Vanille
466, rue de la Gare, Saint-André, tél. 02 62 46 00 14
Ouv. du mar. au dim. 9h-11h30 et 14h-17h30. Entrée payante.
Usine sucrière de Bois-Rouge
Bois-Rouge, près de Cambuston, 97440 Saint André, tél. 02 62 58 59 74, www.bois-rouge.fr
Ouv. du lun. au sam. Visites guidées seulement.

Sur le littoral sud-est

Jardin des Parfums et des Épices
7, chemin forestier de Mare-Longue, Saint-Philippe, tél. 02 62 37 06 36
Deux visites guidées par jour (10 h 30 et 14 h 30), commentées par un *guide péi*. Dégustation de fruits et initiation à la fécondation manuelle de la fleur de vanille (octobre à janvier). Réservation obligatoire auprès de l'office du tourisme de Saint-Philippe (*tél. 02 62 37 10 43*).

Sur la côte ouest

Aquarium de la Réunion
Port de Saint-Gilles-les-Bains, tél. 02 62 33 44 00
Ouv. du mar. au dim. 10h-18h30. Entrée payante.
Conservatoire botanique national de Mascarin
2, rue du Père-Georges, Colimaçons Saint-Leu, tél. 02 62 24 92 27
Ouv. du mar. au dim. 9h-17h. Visites guidées à 10h, 11h, 14h30 et 15h30. Entrée payante.
Croc Nature Parc
1 route forestière, 97427 Etang-Salé-les-Hauts, tél. 02 62 91 40 41
Ouvert tlj. 9h30-17h30. Entrée payante.
Ferme aux Autruches
Allée des Flamboyants, 97436 Le Piton-Saint-Leu, tél. 02 62 34 00 05
Ouv. tlj. 9h-17h. Entrée payante.
Kelonia (ancienne Ferme Corail)
Pointe des Châteaux, 97436 Saint-Leu, tél. 02 62 34 81 10
Ouv. tlj. 9h-18h. Entrée payante.
Jardin d'Éden
155, RN1, L'Hermitage, Saint-Gilles-les-Bains, tél. 02 62 33 83 16
Ouv. du mar. au dim. 10h-18h. Entrée payante.
Jardin Exotica
Route de l'Entre-Deux, Pierrefonds, CD26, tél. 02 62 35 65 45
Ouv. du mar. au dim. 9h-17h. Entrée payante.
Marché couvert de Saint-Pierre
Rue Victor-le-Vigoureux
Ouv. du lun. au sam. 7h30-18h, le dim. 7h30-12h.
Musée agricole et industriel Stella-Matutina
6, allée des Flamboyants, Le Piton-Saint-Leu, tél. 02 62 34 16 24
Ouv. du mar. au dim. 9h30-17h30. Entrée payante.
Musée historique de Villèle
Domaine de Villèle, CD6, Saint-Gilles-les-Hauts, tél. 02 62 55 64 10
Ouv. le lun. 9h30-12h, 14h-17h, du mar. au dim. 9h-17h30. Visite guidée. Entrée payante.
Observatoire astronomique de la Réunion
18, rue Georges-Bizet, Les Makes, La Rivière, tél. 02 62 37 86 83
Visites tlj. 10h30-14h30. Entrée payante.

Le volcan et les Hautes Plaines

Maison du Volcan
RN3, Bourg-Murat, Plaine des Cafres, tél. 02 62 59 00 26
Ouv. du mar. au dim. 9h30-17h30. Entrée payante.

Les Cirques

Chais de Cilaos
34, rue des Glycines, Bras-Sec, Cilaos, tél. 02 62 31 79 69
Ouv. du lun. au ven. 9h-12h, 13h30-16h. Entrée payante.
Établissement Thermal d'Irenée-Accot
Route de Bras-Sec, Cilaos, tél. 02 62 31 72 27
Ouv. du jeu. au mar. 8h-12h, 14h-17h, fermé en juin.
Villa Folio
20, rue de l'Amiral-Lacaze, Hell-Bourg, tél. 02 62 47 80 98
Ouv. tlj. 9h-11h30 et 14h-17h. Visites guidées. Entrée payante.
Maison de la Broderie
Rue des Écoles, CD240, Cilaos, tél. 02 62 31 77 48
Ouv. du lun. au sam. 9h-12h, 14h-17h, le dim. 9h-12h. Entrée payante.
Maison du Peuplement
5 bis, chemin du petit Séminaire, 97413Cilaos, tél. 02 62 31 88 01
Ouv. du lun. au sam. 10h-12h et 14h30-18h, le dim. 9h30-11h30 et 13h30-16h30. Entrée payante.
Parc de Madio
Roche-Plate, tél. 02 62 32 52 52
Ouv. tlj. 9h-17h. Entrée payante. Centre d'activités pour enfants et adultes.
Parc piscicole d'Hell-Bourg
Hell-Bourg, tél. 02 62 47 80 16
Ouv. tlj. 8h-18h.

Fêtes

Aux fêtes chrétiennes traditionnelles s'ajoutent diverses manifestations communautaires. Des marches sur le feu sont organisées en janvier, mars et juillet par les hindous (les dates varient). La communauté tamoule célèbre le Nouvel An en avril et la fête de la lumière (Divali) en octobre. La communauté chinoise fête son Nouvel An en février.

Des manifestations sportives (courses en montagne, compétitions de surf, etc.) et foires aux produits du terroir sont organisées à des dates variables. Pour en connaître le calendrier, consulter le site Internet *www.guetali.fr*.

MUSIQUE

Le **théâtre Palaxa**, à Saint-Denis, est un hangar reconverti en une salle de spectacle, qui peut accueillir trois cents personnes. S'y produisent jusque tard dans la nuit des orchestres jouant les musiques folkloriques de l'océan Indien. Renseignements au *02 62 21 87 58*.

THÉÂTRE ET DANSE

Diverses compagnies théâtrales réunionnaises, dont le **Centre dramatique de l'océan Indien**, donnent régulièrement des représentations au **théâtre du Grand Marché**, à Saint-Denis (*tél. 02 62 20 33 99*). Renseignements à l'office du tourisme ou à l'office départemental de la culture (*tél. 02 62 41 11 41, fax 02 62 41 55 71*). Consulter également le magazine gratuit *RUN* pour connaître l'actualité culturelle.

CASINOS, BARS ET BOÎTES DE NUIT

L'île compte trois casinos, ainsi que de très nombreux bars et boîtes de nuit, particulièrement à Saint-Denis et Saint-Gilles-les-Bains . Les boîtes de nuit ouvrent le vendredi, le samedi et la veille des jours fériés vers 22h, mais elles ne font le plein que vers minuit. Le droit d'entrée oscille entre 15 et 25 €.

ACHATS

Les produits de l'artisanat et de l'agriculture locaux sont plus chers qu'à Maurice. On peut marchander les prix sur les marchés, rarement dans les boutiques.

On trouve partout des **maquettes de cases créoles** en bois exotiques, des **huiles essentielles** (géranium, vétiver, citronnelle…) et des « tentes » (**vanneries** en fibre de vacoas ou de pandanus).

Les **spécialités culinaires** locales feront le bonheur des gourmets : confitures, compotes, bonbons et épices. Les amateurs d'**alcool** se tourneront vers le rhum, le punch, les liqueurs et le vin de Cilaos.

Les syndicats d'initiative et offices du tourisme locaux vendent les productions de l'artisanat local : produits à base de **vanille** à Bras-Panon, **chaises du Gol** à L'Étang-Salé-les-Bains (*voir p. 212*), **vin** et **lentilles** à Cilaos. On peut aussi goûter les vins locaux à la **maison des Vins du Chai de Cilaos** (*34, rue des Glycines, tél. 02 62 31 79 69*), du lundi au samedi.

Les religieuses de Cilaos confectionnent de très belles robes de baptême, nappes et serviettes brodées depuis plus d'un siècle qui coûtent cher car elles demandent de nombreuses heures de travail. On peut les acheter à la **maison de la Broderie** (*4, rue des Écoles, tél. 02 62 31 77 48*), tous les jours, où elles ont ouvert une école pour transmettre leur savoir-faire.

A Bourg-Murat, la **Boutique du Volcan**, mitoyenne de la maison du Volcan, vend un large choix de souvenirs liés au piton de la Fournaise : cartes postales, morceaux de lave, photographies, livres illustrés, etc.

Pour avoir un bon aperçu de la production locale, on visitera la **galerie artisanale Lacaze** (*5, rue de Rontaunay, Saint-Denis, tél. 02 62 21 55 47*), ou la galerie artisanale du supermarché Carrefour (*Espace Continent, Sainte-Clothilde, près de l'aéroport Roland-Garros*).

ACTIVITÉS SPORTIVES

Les côtes balayées par des vents réguliers et, plus encore, les montagnes de l'intérieur de l'île permettent la pratique d'un grand nombre d'activités sportives : parapente, canyoning, Deltaplane, varappe, randonnée, VTT, équitation, surf, voile, plongée, etc. La Réunion est un vrai terrain de jeu pour les amateurs de sensations fortes.

PARAPENTE, VOL LIBRE ET ULM

Austral Aventure
16, avenue Amiral-Lacaze,
Hell-Bourg, 97433 Salazie,
tél. 02 62 32 40 29, fax 02 62 32 34 04,
www.creole.org/austral-aventure
Deltaplane et parapente
Azurtech
3, impasse des plongeurs, 97436 Saint-Leu,
tél. 02 62 34 91 89, fax 02 62 38 01 86,
www.azurtech.com
Parapente et Deltaplane.
Bourbon Parapente Concept
1, rue du Père-Tabaillet, 97424 Le Piton-Saint-Leu,
tél. 06 92 87 58 74, www.bourbonparapente.com
Félix ULM Run
Base ULM de Cambaie, 97460 Saint-Paul,
tél. 02 62 45 58 38, fax 02 62 45 63 08,
www.felixulm.com

Les Passagers du Vent
Base ULM de Cambaie, 97460 Saint-Paul, tél. 02 62 42 95 95, www.ulm-reunion.com
Lit d'Air, école de parapente
36, allée de l'Ave Maria, 97400 Saint-Denis, tél. 02 62 24 78 17, fax 02 62 40 98 19
Parapente Réunion
103, montée des Colimaçons, 97436 Saint-Leu, tél. 02 62 24 87 84, fax 02 62 24 87 15 www.parapente-reunion.fr
Papangue ULM
Aérodrome de Roland-Garros, 97400 Saint-Denis, tél. 06 92 08 85 86, www.fransurf.com/papangue-ulm

VTT

Il y a près de 1 000 km de pistes cyclables balisées par la Fédération française de cyclotourisme. Les organismes suivants louent et/ou vendent l'équipement nécessaire et organisent des balades accompagnées. Si vous partez seul, les sentiers sont balisés, il vaut mieux se munir d'une carte.

Telenavette
146 bis, rue route de Crève-Cœur, Saint-Paul, tél. 02 62 21 11 11, www.descente-vtt.com
Rando Bike
100, route du Volcan, Plaine-des-Cafres, tél. 02 62 59 15 88
Run Évasion
23, rue du Père-Boiteau, Cilaos, tél. 02 62 31 83 57
VTT Réunion
35, rue Maximin-Lucas, Les Avirons, tél. 02 62 38 01 97

Équitation

Inutile d'être un cavalier chevronné pour monter un mérens, cheval très docile, et effectuer une randonnée équestre d'une heure, d'une demi-journée ou de plusieurs jours. Pour les randonnées équestres avec guide, contactez les agences suivantes :

Alti-Mérens
120, rue Maurice-Kraft, Km 26, 97418 La Plaine-des-Cafres, tél. 02 62 59 18 84
Centre équestre du Maïdo
350, route du Maïdo, 97423 Le Guillaume-Saint-Paul, tél. 02 62 32 49 15
Ferme équestre de Grand-Étang
RN3, Pont-Payet, 97470 Saint-Benoît, tél. 02 62 50 90 03
Centres d'équitation :
Centre Équestre de la Montagne
50, chemin Couilloux Saint-Bernard, La Montagne, 97400 Saint-Denis, tél. 02 62 23 62 51
Poney Club Equirun
37, allée Montignac, Étang-Salé, tél. 02 62 26 52 52

Randonnée pédestre

La maison de la Montagne se charge d'organiser des excursions qui durent d'une demi-journée à une semaine, sous la conduite de guides qualifiés. Elle aide les visiteurs à planifier leurs promenades et à réserver leurs nuitées en chambre d'hôtes ou dans un gîte de montagne. Elle recommande les services de guides *Pei* agréés, qui aiment faire partager leur connaissance de la nature et de l'histoire locale.
La maison de la Montagne
5, rue Rontaunay, 97400 Saint-Denis, tél. 02 62 90 78 78, fax 02 62 41 84 29
La Maison du Tourisme
2, rue Mac-Aciliffe, 97413 Cilaos, tél. 02 62 31 78 03 ou 02 62 90 78 78

Pour effectuer une randonnée accompagnée, on peut contacter, Loisirs, Réunion Sensations, Run Évasion, et :
Anne Le Garrec
Habitation Tourisme : HA 974 00 0003, 44, Lot des Pêcheurs, Saint-Leu, tél. 06 92 05 82 62
Austral Adventure
16, avenue Amiral-Lacaze hell-Bourg, Salazie, tél. 06 92 32 40 29, fax 02 62 32 34 04

Golf

Golf-Club de Bourbon
140, rue des Sables, 97427 L'Étang-Salé-les-Hauts, tél. 02 62 26 33 39, www.golf-bourbon.com
Golf 18 trous.
Golf-Club du Colorado
Zone de Loisirs du Colorado, La Montagne, tél. 02 62 23 79 50
Golf du Bassin Bleu
75, rue Mahatma Gandhi, Villèle, 97435 Saint-Gilles-les-Hauts, tél. 02 62 55 53 58, www.golfbassinbleu.com
Golf 18 trous.
Mini-Golf du Lagon
Plage de l'Hermitage, 3, allée des Îles-Éparses, 97435 Saint-Gilles-les-Hauts, tél. 02 62 22 92 98
Ouv. tlj. vac. scolaires, fermé mar. et ven. hors vac.

Sports nautiques

Les centres de plongée sont tous établis sur la côte ouest, face à la barrière de corail. Voici quelques adresses :

Abyss Plongée
17, boulevard Bonnier, 97436 Saint-Leu,
tél. 02 62 34 79 79, www.abyss-plongee.com
Le club vous propose d'essayer deux nouvelles techniques. La plongée au nytrox, de l'air enrichi pour plus de sécurité et une plongée avec un recycler d'air pour plus d'autonomie.
Aress
Centre de plongée Beuchat, 4 rue de Villèle
97434 Saint-Gilles-les-Bains,
tél. 02 62 24 23 30, www.aress.fr
Atlantis
3, impasse des Plongeurs, 97436 Saint-Leu,
tél. 02 62 34 77 47, www.atlantisplongee.com
Bleu Marine Réunion
Marina de Saint-Gilles, avant-port,
à côté du restaurant le Saint-Gilles,
97434 Saint-Gilles-les-Bains,
tél. 02 62 24 22 00 ou 06 92 85 80 83
www.bleu-marine-reunion.com
Corail Plongée
Port de plaisance, 97434 Saint-Gilles-les-Bains,
tél. 02 62 24 37 25, www.corail-plongee.com
Réunion Plongée
13 avenue des artisans, 97436 Saint-Leu,
tél./fax 02 62 34 77 77, www.reunionplongee.com

Pêche au gros

Les clubs organisent des parties de pêche toute l'année, mais la meilleure période s'étale d'octobre à mai. Les amateurs bénéficient alors du passage des bancs de thons et de marlins qui suivent la migration d'autres poissons. Les bateaux peuvent accueillir six pêcheurs amateurs à leur bord et leur fournir l'équipement nécessaire. Ils appareillent des ports de Saint-Gilles, de la pointe des Galets et de Saint-Pierre. Les boissons et la nourriture sont compris dans le forfait. On peut effectuer ses réservations auprès de l'un des centres suivants :
Réunion Fishing Club
10, Port de Saint-Gilles-les-Bains,
97434 Saint-Gilles-les-Bains,
tél. 02 62 24 36 10, fax 02 62 24 39 46,
www.reunionfishingclub.com
Membre de l'IGFA.
Réunion Pêche au Gros
Place du marché, 97434 Saint-Gilles-les-Bains,
tél. 02 62 33 33 99, fax 02 62 33 82 21
www.reunion-pecheaugros.com

Surf

Les surfeurs de tous pays se retrouvent entre mars et septembre pour glisser sur les énormes vagues de la côte ouest. Le meilleur spot de surf se trouve en face de Saint-Leu. Attention, il est réservé aux surfeurs expérimentés. Les vagues sont presque aussi belles à L'Étang-Salé. Le surf s'y pratique plutôt le matin. Les établissements suivants proposent des cours d'initiation de deux heures :
École de Surf et de Bodyboard des Roches Noires
4 bis, lot. des Charmilles, 97434 Saint-Gilles-les-Bains,
tél. 02 62 24 63 28
Agréée par l'École française de surf.
Billabong Surf School
97434 Saint-Gilles-les-Bains,
tél. 02 62 31 53 16

Autres sports nautiques

Batoloc
11 chemin des capucines, 97460 Saint Paul,
tél. 02 62 33 48 67
Blue Sail
Port de plaisance, 97434 Saint-Gilles-les-Bains,
tél./fax 02 62 33 17 39
Location de planches à voile, de kayaks et de catamarans de sport.
Saint-Gilles Nautiques
6, villa d'Este, 97434 Saint-Gilles-les-Bains,
Mob. 06 92 87 59 38
Location de bateaux.

Pour le ski nautique, s'adresser au :
Club de ski nautique de Saint-Paul
1, rue de la Croix, Étang de Saint-Paul,
97460 Saint-Paul,
tél. 02 62 45 42 87, mob. 06 92 85 14 96

Croisières et promenades en mer

On peut louer de petits catamarans ou se joindre à une sortie en mer, comme la balade qu'organise la compagnie des Alizés à bord du *Hnoss*, un ketch de 22 m. Mieux vaut choisir son jour, car l'océan peut être houleux. Voici quelques adresses :

Le Grand Bleu Croisières et Découvertes
Îlot du Port de Saint-Gilles-les-Bains,
97434 Saint-Gilles-les-Bains,
tél. 02 62 33 28 32, mob. 06 92 66 67 58,
www.reunioncroisieres.com
Visiobul Réunion
Port de Plaisance, 97434 Saint-Gilles-les-Bains,
tél. 02 62 24 37 04 ou 06 92 85 23 46
Observation des fonds marins en bateau bulle.

OÙ LOGER

HÔTELS

La plupart des hôtels réunionnais classés se trouvent à Saint-Denis et sur la côte ouest. Ils répondent tous aux normes internationales de confort. Mais l'accueil y est souvent moins chaleureux et le service moins attentif que dans les établissements mauriciens. La plupart pratiquent des prix pour une chambre double, mais certains, notamment les plus chics, ont des tarifs individuels. Il est plus prudent de se renseigner auprès de l'hôtel avant de réserver.
En raison du risque d'attaque de requins, notamment en fin d'après-midi, la plupart des plages sont surveillées. Il ne faut cependant pas trop s'éloigner du bord et faire attention aux enfants.

Gamme des prix

Les fourchettes de prix indiquées ci-dessous correspondent au prix d'une chambre double avec le petit déjeuner :

***	plus de 100 €
**	de 50 à 100 €
*	moins de 50 €

DANS LE NORD

Saint-Denis

Central Hôtel **
37, rue de la Compagnie,
97400 Saint-Denis,
tél. 02 62 94 18 08, fax 02 62 21 64 33
Un petit hôtel chaleureux de 57 chambres, à proximité des magasins du centre-ville.
Domaine des Jamroses ***
6, chemin du Colorado, 97417 La Montagne,
tél. 02 62 23 59 00, fax 02 62 23 93 37
Douze chambres confortables et un bon restaurant-dans une maison créole établie sur les hauteurs de Saint-Denis; piscine et équipements sportifs. Du domaine, on aperçoit la mer, à 8 km de là.
Mercure Créolia ***
14, rue du Stade-Montgaillard,
97400 Saint-Denis,
tél. 02 62 94 26 26, fax 02 62 94 27 27
Cet établissement moderne de 107 chambres bénéficie d'une très belle vue sur Saint-Denis. Restaurant gastronomique, piscine, sauna et court de tennis. Animation nocturne certains soirs.
Le Saint-Denis ***
2, rue Doret, 97400 Saint-Denis,
tél. 02 62 21 80 20, fax 02 62 21 97 41
Un hôtel 4 étoiles de 16 chambres face à la mer, à proximité des jardins du Barachois. Très apprécié des hommes d'affaires. Un casino et un bar.

SUR LA CÔTE EST

Saint-Benoît

Armony **
204, RN2, La Marine, 94740 Saint-Benoît,
tél. 02 62 50 86 50, fax 02 62 50 86 60
Cet hôtel de 50 chambres avec kitechenette constitue une base idéale pour entreprendre des excursions vers l'intérieur des terres (cirques de Salazie et de Mafate). Tarifs forfaitaires à la semaine et pour le week-end. Piscine et bon restaurant.
Hostellerie de la Confiance **
60, chemin de la Confiance, 94740 Saint-Benoît,
tél. 02 62 50 90 50, fax 02 62 50 97 27
L'hôtel, agrémenté d'un beau jardin centenaire, dispose de 7 chambres et d'une « suite nuptiale », d'un bon restaurant et d'une piscine.

SUR LA CÔTE SUD

Saint-Philippe

Le Baril **
Sur la RN2, à 5 km à l'ouest de Saint-Philippe,
tél. 02 62 37 01 04, fax 02 62 37 07 62
Treize chambres avec vue sur la mer ou le jardin. Une piscine et un bon restaurant. Location de VTT. Le petit-déjeuner n'est compris que dans la demi-pension. Comptez alors un supplément de 17 euros.

Saint-Pierre

Alizé Plage **
Boulevard Hubert-Delisle,
97410 Saint-Pierre,
tél. 02 62 35 22 21, fax 02 62 25 80 63
Six chambres avec terrasse. Excellent restaurant.
Démotel **-***
8, allée des Lataniers, Grand-Bois,
97410 Saint-Pierre,
tél. 02 62 31 11 60, fax 02 62 31 17 51
Trente chambres avec kitchenette en bungalow, entre les plages de Saint-Pierre et de Grand-Bois. Piscine, parcours de golf à proximité. Cuisine française et créole dans le restaurant en bord de mer.
Domaine des Pierres **
CD 26, 60, route de l'Entre-Deux,
97410 Saint-Pierre,
tél. 02 62 55 43 85
Joli hôtel de 41 chambres ouvrant sur la piscine. Pratique pour l'aéroport de Pierrefonds.
Le Sterne Beach ***
Boulevard Hubert-Delisle,
97410 Saint-Pierre
tél. 02 62 25 70 00, fax 02 62 25 70 66
Hôtel-restaurant de 50 chambres, sur le front de mer, à 10 min en voiture du Golf Club de Bourbon et de son parcours de 18 trous.

SUR LA CÔTE OUEST

Le Maïdo

Parc hôtel du Maïdo **

Route du Maïdo, 97423 La Petite-France,
tél. 02 62 32 52 52, fax 02 62 32 52 00
Chambres en bungalow dans un parc dominant la mer. Idéal pour explorer les sentiers de randonnée autour du Maïdo. Promenades équestres et location de VTT.

Saint-Gilles-les-Bains

Les Aigrettes **

Chemin Bottard, 97434 Saint-Gilles-les-Bains,
tél. 02 62 33 05 05, fax 02 62 24 30 50
Hôtel modéré donnant sur le port. Navette gratuite pour Saint-Gilles et les plages de Boucan-Canot.

Grand Hôtel des Mascareignes ***

Boucant-Canot, 97434 Saint-Gilles-les-Bains,
tél. 02 62 24 36 24, fax 02 62 24 37 24
Établissement de 152 chambres très apprécié des groupes. Il suffit de traverser la route pour rejoindre la plage de Boucan-Canot. Piscine, courts de tennis et activités nocturnes.

Maharani ***

28, route de Boucan-Canot, 97434 Saint-Gilles,
tél. 02 62 33 06 06, fax 02 62 24 32 97,
maharani@guetali.fr
Un hôtel doté de 55 chambres spacieuses (avec vue sur la mer) et de deux restaurants. Des divertissements nocturnes sont régulièrement organisés.

Marina **

6, allée des Pailles-en-Queue, lot Champagne,
97434 Saint-Gilles-les-Bains,
tél. 02 62 33 07 07, fax 02 62 33 07 00
Dix chambres à proximité de la plage de Boucan-Canot. Possibilité de louer une voiture sur place. Prix réduits si l'on séjourne plus d'une semaine.

Le Saint-Alexis ***

44, route de Boucan-Canot, 97434 Saint-Gilles,
tél. 02 62 24 42 04, fax 02 62 24 00 13,
L'un des hôtels les plus luxueux de la Réunion : 42 chambres, piscine, jacuzzi géant et restaurant panoramique avec vue sur la plage. Soirées organisées du jeudi au samedi.

Villas du lagon ****

28 rue du lagon, L'Hermitage
97434 Saint-Gilles-les-Bains,
tél. 02 62 70 00 00, fax 02 62 70 00 07
Un plaisant complexe hôtelier 4 étoiles, comprenant 23 villas et 174 chambres avec terrasses donnant sur le lagon. Une piscine, 3 restaurants, un mini-club pour les 3 à 12 ans et une base nautique qui propose différentes activités. Le site Internet permet de découvrir les lieux et de se faire une idée plus précise de la qualité des installations.

Saint-Leu

Apolonia ***

Boulevard Bonnier, 97436 Saint-Leu,
tél. 02 62 34 62 62, fax 02 62 34 61 61
Vaste hôtel-club proche de la plage. Ses 128 chambres sont un peu impersonnelles mais confortables. Un restaurant. Activités gratuites incluant surf, body-board, VTT et gymnastique aquatique. La réception se charge volontiers d'organiser des excursions.

Iloha **

Pointe des Châteaux, 97436 Saint-Leu,
tél. 02 62 34 89 89, fax 02 62 34 89 90
Soixante-quatre chambres simples ou en bungalow avec cuisine et vue sur la baie. Bar en plein air convivial, restaurant et piscine.

LE VOLCAN ET LES HAUTES PLAINES

Bourg-Murat

L'Auberge du Volcan *

PK 27, RN3, 97418 La Plaine-des-Cafres,
tél. 02 62 37 50 91, fax 02 62 59 17 21
À côté de la maison du Volcan. Peu onéreux. Accès facile aux sentiers de randonnée. Le restaurant sert une cuisine créole correcte.

L'Écrin *-**

PK 27, RN3, 97418 La Plaine-des-Cafres,
tél. 02 62 59 02 02, fax 02 62 59 36 10
Constitué de deux hôtels de style bungalow. Tarifs préférentiels pour les groupes de randonneurs.

Les Géraniums **

RN3, Km 24, 97418 La Plaine-des-Cafres,
tél. 02 62 59 11 06, fax 02 62 59 21 83
À côté de la maison du Volcan. Vue superbe sur le piton des Neiges. Une base idéale pour partir en excursion. Seize chambres et un bon restaurant.

Le Volcan *

PK 27, RN3, 97418 La Plaine-des-Cafres,
tél. 02 62 27 50 91, fax 02 62 59 17 21
Hébergement simple en bungalow, mais la situation de cet établissement est parfaite pour les observateurs et explorateurs de volcans. Organise aussi des sorties avec guides expérimentés. Bon restaurant.

La Plaine-des-Palmistes

Les Azalées *

80, rue de la République, Premier-Village,
97431 La Plaine-des-Palmistes,
tél. 02 62 51 34 24, fax 02 62 28 17 97
Bon rapport qualité-prix pour cet hôtel sans prétention de 42 chambres, situé à 1 100 m d'altitude. Terrain de jeux aménagé pour enfants. Prix dégressifs à partir de trois nuitées.

Hôtel de Plaines **

156, rue de la République, Deuxième-Village,
97431 La Plaine-des-Palmistes

tél. 02 62 51 31 67, fax 02 62 51 44 24
Un charmant petit hôtel-restaurant de style créole doté de 14 chambres spacieuses.

Dans les cirques

Cilaos

Hôtel du Cirque *
27, rue du Père-Boiteau, 97413 Cilaos,
tél. 02 62 31 70 68, fax 02 62 31 80 46
Trente-trois chambres avec balcon, donnant sur la rue principale. Tarifs préférentiels le week-end avec demi-pension.
Hôtel des Neiges **
1, rue de la Mare-à-Joncs, 97413 Cilaos,
tél. 02 62 31 72 33, fax 02 62 31 72 98
À l'ombre du piton de Neiges. Les 19 chambres sont simples mais spacieuses. Deux restaurants : Le Marla (*voir p. 391*) et La Grange.
Le Vieux Cep **
2, rue des Trois-Mares, 97413 Cilaos,
tél. 02 62 31 71 89, fax 02 62 31 77 68
Un hôtel bien situé de 55 chambres correctes ; le restaurant sert une excellente cuisine française et créole.

Salazie

Le Relais des Cimes **
Rue du Général-de-Gaulle, Hell-Bourg,
tél. 02 62 47 81 58, fax 02 62 47 82 11
Cette maison créole typique dispose de 18 chambres simples mais agréables. Le restaurant sert la meilleure cuisine créole du village. Le magasin installé en face de l'établissement, vend tous l'équipement nécessaire aux excursions en montagne.

Nuits en montagne

Certaines excursions durent plus d'une journée, et il faut alors passer la nuit en montagne dans un gîte d'étape, un gîte de montagne, un gîte rural, un abri, un refuge ou une chambre d'hôtes. Il est recommandé de demander conseil à :
La maison de la Montagne,
5, rue Montaunay, 97400 Saint-Denis,
tél. 02 62 90 78 78, fax 02 62 41 84 29
La maison du Tourisme
2 bis, rue Mac-Auliffe, 97413 Cilaos,
tél. 02 62 31 71 71, fax 02 62 31 80 54
Les gîtes d'étape : hébergement en dortoir. Ils sont équipés d'une cuisine où chacun peut préparer son repas. On y sert parfois le petit déjeuner.
Les gîtes de montagne : souvent sur des sites très isolés, ils disposent de dortoirs, de douches (parfois dotée d'eau chaude) sauf pendant la saison sèche, où les robinets sont parfois vides. Des repas sont servis à ceux qui les commandent à l'avance.
Les gîtes ruraux de petites maisons à la campagne, bien équipées, particulièrement adaptées aux groupes et aux familles.
Relais Départemental des Gîtes de France
5, rue Rontaunay, Saint-Denis,
tél. 02 62 90 78 78, fax 02 62 41 84 29
Les refuges des établissements privés dont le propriétaire prépare le dîner, parfois le petit-déjeuner.
Les chambres d'hôtes chambres chez l'habitant. Des repas sont servis quand le lieu fait également office de table d'hôte.
Les abris souvent réduits à un toit, ils sont destinés à ceux qui transportent leur propre matériel : sacs de couchage, nourriture, lampes de poche, etc…

Appartements à louer

Les voyageurs indépendants peuvent opter pour une location à la semaine. Les propriétaires passent leurs annonces dans le magazine *RUN*. On peut aussi consulter *Vacances en gîtes de France* et contacter l'association **Nature et Campagne :**
10, place du Barachois, 97400 Saint-Denis,
tél. 02 62 90 78 90, fax 02 62 41 84 29
www.reunion-nature.com

Camping

Il n'existe qu'un seul site officiel de camping. Il est toutefois possible de planter sa tente à proximité de certains gîtes, sur des fermes, ou même sur les terrains privés, moyennant une petite somme d'argent et l'accord préalable de leur propriétaire.
Camping d'Étang-Salé
Tél. 02 62 91 75 86
Camping à la Ferme
Chemin Bras-Sec, Îlet à Vidor,
tél. 02 62 47 83 06, mob. 06 92 08 85 86

Auberges de jeunesse

L'accès aux auberges de jeunesse nécessite une carte d'adhésion émise par une ligue ou une fédération nationale adhérente au Mouvement international des auberges de jeunesse. On peut se procurer cette carte à Saint-Denis, à la Fraj :
Association Auberges de Jeunesse
de l'Océan Indien
5, rue Rontaunay, 97400 Saint-Denis,
www.aioj-reunion.com
ou directement dans les auberges de jeunesse. La Réunion en compte trois :

– **Hell-Bourg**, *tél. 02 62 47 41 31*
– **Bernica**, *tél. 02 62 22 89 75*
– **Entre-Deux**, *tél. 02 62 39 59 20*

VILLAGES VACANCES FAMILLE

Il existe deux VVF sur l'île, qui proposent des formules peu coûteuses pour les familles ou les groupes. Les réservations se font directement sur place. On y loue un lit dans un dortoir, un studio ou un bungalow.
On doit s'acquitter d'environ 23 € avant de pouvoir effectuer une réservation.
VVF Le village Corail
80, avenue de Bourbon,
97434 Saint-Gilles-les-Bains,
tél. 02 62 24 29 39, fax 02 62 24 41 02
VVF Le Village des Sources
Rue des Fleurs-Jaunes, 97413 Cilaos,
tél. 02 62 31 71 39, fax 02 62 31 80 85

OÙ SE RESTAURER

RESTAURANTS

L'association Saveurs et senteurs de la Réunion, affiliée à la Corporation des restaurateurs français de province, réunit quelques-uns des meilleurs restaurants de l'île. Souvent rattachés à des hôtels, ces derniers servent souvent une nourriture française et créole à la fois typique et de bonne qualité (caris, chou-chous, brèdes, porc, poulet, plats à base de fruits de mer, etc.). Pour le déjeuner, la plupart des restaurants ouvrent de 12h à 14h30 et proposent des menus du jour à prix fixe. Il est souvent compliqué de trouver un restaurant ouvert l'après-midi et il faut alors attendre le soir ou se rabattre sur les snack-bars et les échoppes qui servent de petits en-cas (samousas, croquettes à base de viandes ou de poissons, etc.). De nombreux restaurants ferment le lundi. La rougail est une des spécialités culinaire réunionnaise. Ce plat coloré et savoureux, à base de tomate, d'ail, de safran et de riz peut accompagner saucisses, viandes et poissons.

FERMES AUBERGES, AUBERGES DE CAMPAGNE ET TABLES D'HÔTES

Le meilleur moyen de savourer la cuisine créole traditionnelle est de se rendre dans les fermes auberges, les auberges de campagne ou les tables d'hôtes. On s'y régale de mets traditionnels et l'on y partage parfois le repas avec le propriétaire des lieux.

On peut s'adresser à la maison de la Montagne (*voir p. 385*) pour connaître la liste complète de ces établissements. On peut également contacter la **Chambre d'agriculture** qui fournit la liste des seize fermes auberges de l'île :
24, rue de la Source, 97464 Saint-Denis,
tél. 02 62 94 25 94, fax 02 62 21 31 56

Auberges de campagne Elles proposent des formules proches de celles des fermes auberges. Leurs propriétaires servent jusqu'à quatre-vingts repas par jour, concoctés à base de produits frais.

Tables d'hôtes Elles proposent des plats traditionnels, que l'on partage autour de grandes tables accueillant jusqu'à une vingtaine de personnes.

Gamme des prix

Les fourchettes suivantes correspondent à un repas pour deux personnes, composé d'une entrée, d'un plat et d'un dessert, mais sans boisson. Certains restaurants n'ayant pas élaboré de menus, l'addition dépendra de votre commande.

***	plus de 30 €
**	de 15 à 30 €
*	moins de 15 €

DANS LE NORD

Saint-Denis

L'Hélios ***
88, rue Pasteur, tél. 02 62 20 21 50
Un restaurant de poissons décoré dans le style des films des années 1950. On y mange à l'intérieur ou sur la terrasse. Cuisine française et créole.
La Nouvelle-Orléans ***
12, rue de la Compagnie, tél. 02 62 20 27 74
Un très bon restaurant de cuisine française et créole. Très apprécié des hommes d'affaires et des gastronomes locaux à midi. Réservation recommandée.
Restaurant Sur Le Pousse *
21, rue Alexis-de-Villeneuve, tél. 02 62 21 42 13
Une cantine self-service tès courues par les habitants de la région. Si la formule est à volonté, ne manquez pas de goûter au porc au caramel ou le curry de tho. Fermé le lun.
Roland Garros ***
2, place du 20-Décembre, tél. 02 62 41 44 37
Brasserie au cadre agréable qui propose une bonne carte des vins. Cuisine de ménage et spécialités créoles. On peut aussi se contenter de prendre un verre en terrasse. Ouvert jusqu'à minuit.
La Terrasse **
39, rue Félix-Guyon, tél. 02 62 20 07 85
Délicieuses spécialités créoles, salades, grillades, pizzas et quelques plats corses. Le restaurant est installé dans une très belle maison créole.

SUR LA CÔTE EST

Saint-André

Beau Rivage ****
873, place Indira-Gandhi, Champ-Borne,
tél. 02 62 46 08 66

Plats chinois, français et créoles à prix raisonnables. Fermé le dimanche soir et le lundi et le jeudi soir.
Le Cantonnais **
620, rue de la Gare, tél. 02 62 58 39 13
Toujours bondé, ce restaurant proche de la Maison de Vanille propose une carte jouant entre les saveurs créole et chinoise.

Saint-Benoît
L'hostellerie de la Confiance **
60, chemin de la Confiance, tél. 02 62 50 90 50
Un cadre romantique, fort apprécié des amoureux en lune de miel. Réputé pour sa cuisine créole.

Piton-Sainte-Rose
Anse des Arcades **
Tél. 02 62 47 20 42
De bons plats chinois et créoles dans une ambiance détendue. À déjeuner seulement.

Sur la côte ouest

Saint-Gilles-les-Bains
Chez Loulou **
86, rue du général-Charles-de-Gaulle, tél. 02 62 24 46 36
La bonne adresse pour découvrir le *cabri massale*, le *rougail de saucisses*, le curry de homard et le punch local. Ambiance véritablement créole dans ce vénérable établissement.
Loïk-Olivier Pâtisserie **
5, rue de la Plage, tél. 02 62 24 33 73
Élu meilleur artisan-pâtissier de la Réunion, Loïk-Olivier réalise de délicieuses pâtisseries que vous pourrez déguster à toute heure de la jounée dans cette boutique qui domine le front de mer. Une bonne isée pour les petits déjeuners. Ouv. 6h30-19h.
La Massilia **-***
Plage de l'Hermitage, tél. 02 62 33 81 38
Restaurant sur la plage, remarqué pour sacuisine créole et française. À essayer : la bouillabaisse, les poissons du jou grillés et les coquillages.
Paul et Virginie *-**
15, rue de la Plage, tél. 02 62 33 04 53
La terrasse, située près de la plage, est très agréable. Spécialités de viandes et poissons grillés. Le chef Mauricien concocte également des plats créoles, mauriciens et réunionnais. Fermé le lundi.
Le Saint-Gilles **
Port de Plaisance, tél. 02 62 24 51 27
Ce restaurant, dont la vaste terrasse au premier étage offre une vue plongeante sur le port, se spécialise dans la cuisine de la me et les spécialité locales. Belle carte des vins.
San Remo **
1, place des Coquillages, Boucan-Canot, tél. 02 62 24 42 85
Tout à côté du Grand Hotel des Mascareignes se dresse cette pizzeria à l'ambiance bon enfant. Outre les pizzas, la carte affiche également un bon choix de pâtes maison, de viandes et de poissons grillés.
Le Tandjore ***
28, route du Boucan-Canot, tél 02 62 33 06 06
Cet élégant restaurant loge au sein de l'hôtel Maharani propose une carte mariant les cuisines indienne, française et créole. Si l'occasion se présente, commandez le homard, sinon ne manquez pas la soirée indienne du vendredi avec menu et spectacle indiens.

Saint-Leu
Le Lagon **-***
2 bis, rue du Lagon, tél. 02 62 34 79 13
Sur la plage, plats locaux, indiens et malgaches.
Le Palais d'Asie **
5, rue de l'Étang, tél. 02 62 34 80 41
Un restaurant chinois chaleureux qui sert aussi quelques snacks et des glaces, à emporter ou à déguster sur place. Fermeture à 21 h.

Sur la côte sud

Saint-Pierre
Le Cabanon **
28, boulevard Hubert-Delisle, tél. 02 62 25 71 46
Organisée autour d'une minuscule cour intérieure, cet agréable établissement, toujous bondé à l'heure du déjeuner, propose des mets français et créoles. Menu du jour autour de 10 euros. Fermé le lundi.
Le Latina Bar **
17, boulevard Hubert-Delisle, tél. 02 62 70 38 07
Située en front de mer, cette ancienne gare ferroviaire s'est métamorphosée en rendez-vous créole. On s'y donne rendez-vous, on vient y grignoter ou prendre un verre pour voir et être vu. La carte est simple mais fournie. Idéal pour une pause déjeuner, agrémentée du bruit des vagues.
Le Rétro ***
34, bd Hubert-Delisle, tél. 02 62 25 33 06
Le Rétro sert une cuisine créole et française aussi délicieuse que raffinée. Le menu "touristique" permet de découvrir les spécialités réunionnaises pour un prix raisonnable. Les prix son assez élevés mais ils sont justifiés par la qualité des plats.

Saint-Philippe
Chez Laurent *
26, rue Nationale 2, Le Baril, tél. 02 62 37 07 03
Chaleureux petit restaurantoù se régaler de plats créoles ou indiens à l'heure du déjeuner. Si le temps vous manque, emportez une baguette farcie.

Basse Vallée

Étoile de Mer ***
Basse Vallée,
tél. 02 62 37 04 60
L'adresse incontournable où vous appécierez le homard grillé avec l'océan en guise de décor. Carte créole donnant la part belle aux fruits de mer. Fermé le dimanche soir et le lundi.

LE VOLCAN ET LES CIRQUES

Salazie

P'tit Bambou **
Face à l'église de Salazie,
tél. 02 62 47 51 51
De délicieux produits frais concoctés à la sauce créole. Fermé le mercredi.
Le Relais des Cimes **
Rue du Général-de-Gaulle, Hell-Bourg,
tél. 02 62 47 81 58
Situé en altitude, ce restaurant propose de déguster une cuisine française ou de découvrir les spécialités locales, comme le cabri Massalé et le poulet coco. Un des meilleurs restaurants de la région avec une vue imprenable sur le cirque de Salazie. Il vaut mieux réserver le midi pour avoir une table avec vue sur la montagne.

Cilaos

Chez Noé **
40, rue du Père-Boiteau,
tél. 02 62 31 79 93
Cette ancienne maison créole a été délicieusment restaurée pour accueillir ce restaurant sans prétention aucune mais très réputé pour sa boucane aux lentilles. Atout supplémentaire, il est idéalement situé à proximité des sites. Fermé dimanche soir et lundi.
Le Marla ***
1, rue de la Mare-à-Joncs,
tél. 02 62 31 72 33
le Marla est le restaurant de l'hôtel des Neiges. Il sert une cuisine créole de bonne qualité. L'occasion rêvée de goûter aux lentilles et au vin de Cilaos et de finir, éventuellement, par un « gâteau banane ».

La Plaine des Cafres

Auberge du Volcan ****
Km 27, Bourg-Murat,
tél. 02 62 27 50 91
Le restaurant et le bar offrent une pause idéale après la visite du Volcan. On y sert une cuisine traditionnelle, créole et française dans une atmosphère animée. Choix entre la carte ou le menu du jour.
Ouvert tous les jours à partir de 6h30 pour les clients de l'hôtel, 8h pour le petit-déjeuner des autres randonneurs.

BIBLIOGRAPHIE

ARCHITECTURE ET ART DE VIVRE

Le Petit Livre d'or de la cuisine réunionnaise, Orphie, Paris, 1996.
Augeard (Y.), Barat (Ch.), Vaisse (Ch.), *Cases créoles de la Réunion*, Éd. du Pacifique, Singapour, 1993.
Hoareau (I.), *Les Jardins créoles : île de la Réunion*, Orphie, Paris, 1994.**Lavergne (R.)**, *Le Grand Livre des tisaneurs et plantes médicales indigènes de la Réunion*, Orphie, Paris, 2001.

HISTOIRE ET SOCIÉTÉ

Chane-Kune (S.), *Aux origines de l'identité réunionnaise*, L'Harmattan, Paris, 1993.
Collectif, *Le Monde rural à la Réunion*, L'Harmattan, Paris, 1997.
Fuma (S.), *L'Esclavage à la Réunion : 1748-1848*, L'Harmattan, Paris, 1993.
Ghasarian (Ch.), *Honneur, chance et destin, la culture indienne à la Réunion*, L'Harmattan, Paris, 1991.
Lacpatia (F.), *Les Engagés indiens*, Azalées Éd., Saint-Denis,1994.
Leguen (M.), *Histoire de l'île de la Réunion*, L'Harmattan, Paris, 1979.
Maestri (E.), *Les Îles du sud-ouest de l'océan Indien et la France de 1815 à nos jours*, Université de l a Réunion, Faculté des lettres, Saint-Denis, 1994.
Marimoutou (M.), *Les Engagés du sucre*, Éd. du Tramail, Saint-Denis, 1989.
Martin (J.), *L'Empire triomphant : 1871-1936. 2, Maghreb, Indochine, Madagascar, îles et comptoirs*, Denoël, coll. « L'Aventure coloniale », Paris, 1990.
Payet (J. V.), *Histoire de l'esclavage à l'île Bourbon (Réunion)*, L'Harmattan, Paris, 1990.
Pimont (Y.), *Les Territoires d'outre-mer*, PUF, coll. « Que sais-je ? », Paris, 1994.
Prudhomme (Cl.), *Histoire religieuse de la Réunion*, Karthala, Paris, 1984.
Scherer (A.), *La Réunion*, PUF, coll. « Que sais-je ? », Paris, 1994.
Toussaint (A.), *Histoire des îles Mascareignes*, Berger-Levrault, Nancy, 1972; *Histoire de l'océan Indien*, PUF, coll. « Que sais-je ? », Paris, 1981.
Vaxelaire (D.), *Le Grand Livre de l'histoire de la Réunion*, Orphie, Paris, 2000.

LITTÉRATURE

Bénard (J.), *Sitarane*, Azalées Éd., St-Denis, 1996.
Bory de Saint-Vincent (J.-B. M.), *Voyage à l'île de la Réunion*, Relation abrégée publ. [et préf.] par

Albert Lougnon, Larose, Paris, 1962.
Boyer (M.), *Métisse : récit réunionnais*, L'Harmattan, Paris, 1992.
Coll. (Sam-Long, Jean-François, dir.), *Anthologie du roman réunionnais*, Seghers, Paris, 1991.
Coll., *Littératures de l'océan Indien. 2, Les Mascareignes, La Réunion*, Clef, 1981.
Gauvin (A.), *Cravate et fils*, Seuil, Paris, 1996 ; *L'Aimé*, Seuil, 1990 ; *Faims d'enfance*, Seuil, 1987 ; *Quartier trois lettres*, L'Harmattan, Paris, 1980.
Hoarau (I.), *La Légende du dodo*, Orphie, Paris, 1995 ; *Le Peintre et la rose : conte*, Orphie, 1988 ; *Contes et légendes de l'île de la Réunion*, Orphie, 1987.
Houat (L. T.), *Les Marrons*, Éd. Aides, Piton-Sainte-Rose, 1998.
Lods (J.), *Le Bleu des vitraux*, Gallimard, Paris, 1987 ; *La Morte Saison*, Gallimard, 1980.
Lorraine (A.), *Jeamblon ou les petites libertés*, Karthala, Paris, 1996 ; *Dehors est un grand pays*, Paroles d'Aube, Vénissieux, 1993.
Sam-Long (J.-F.), *L'Arbre de violence*, Grasset, Paris, 1994 ; *La Nuit cyclone*, Grasset, 1992 ; *Madame Desbassayns*, Jacaranda, Schœlcher, 1985.
Vaxelaire (D.), *L'Affranchi*, Phébus, Paris, 1996 ; *Cap Malheureux*, Phébus, 1993 ; *Grand-Port*, Phébus, 1992 ; *Chasseur de Noirs*, Gallimard, Paris, 1988.

NATURE ET SPORTS

Barau (A.), Barret (N.), Jouanin (Ch.), *Les Oiseaux de la Réunion*, Éd. du Pacifique, Singapour, 1996.
Cadet (T.), *Fleurs et plantes de la Réunion et de l'île Maurice*, Éditions du Pacifique, Singapour, 1993.
Dehau (E.), *Ile Maurice, île de la Réunion*, Hermé, Paris, 2001.
Gomez (N.), *Un volcan sous surveillance : Le piton de la Fournaise*, PEMF, 1992.
Harmelin-Vivien (M.), *Guide sous-marin de la Réunion et de l'île Maurice*, Delachaux et Niestlé, Neuchâtel, 1989.
Hoareau (J.-M.) et Burglin (M.), *Guide des fruits tropicaux – Réunion, Maurice, Mayotte*, Azalées Éd., Saint-Denis, 1995.
Moyne-Picard (M.), *Fonds sous-marins de l'île de la Réunion*, Éd. Ouest-France, Rennes, 1997.
Pailler (T), Humeau (L.), et Figier (J.), *Flore pratique des forêts de montagne de l'Ile de la Réunion – Identification d'arbres, arbustes, arbrisseaux et lianes indigènes*, Azalées Éd., Saint-Denis, 1998.
Probst (J.-M.), *Animaux de la Réunion – Guide d'identification des mammifères, reptiles et amphibiens*, Azalées Éd., Saint-Denis, 1997.
Reynaud (L.), *Les Plus Beaux Paysages de la Réunion en 80 randonnées*, Orphie, Paris, 1997.

AVANT LE DÉPART

PASSEPORT ET VISA

Pour pouvoir entrer aux Seychelles, il faut présenter un passeport valide six mois après la date de retour prévue, un billet de retour ou de poursuite de son voyage et justifier de la possession de fonds suffisants pour couvrir ses frais de séjour. Un visa touristique de trois mois est alors délivré gratuitement par les services de police de l'aéroport. Si le séjour excède trois mois, il faudra demander un permis de séjour au service de l'immigration, moyennant une amende, qui sera délivré dans un délai d'une semaine environ.

Immigration Division
1st floor, Independence House, Victoria, Mahé,
tél. 61 11 10

REPRÉSENTATIONS DIPLOMATIQUES

France
Ambassade des Seychelles
51, avenue Mozart,
75016 Paris,
tél. 01 42 30 57 47, fax 01 42 30 57 40,
ambsey@aol.com
Belgique
Ambassade des Seychelles
Boulevard Saint-Michel 28,
1040 Bruxelles,
tél. 02 733 60 55, fax 02 732 60 22,
brussels@seychellesgov.com
Suisse
Consulat des Seychelles
Quai Général Guisan 22, 8002 Zurich,
tél. 01 285 79 29, fax 01 202 67 38,
info@ocmlaw.ch
Canada
Consulat des Seychelles
67, rue Sainte-Catherine Ouest,
Montréal, Québec H2X 1Z7,
tél. 514-284 04 41, fax 514-845 06 31

ADRESSES UTILES

Office du tourisme des Seychelles
France et Belgique
18, rue de Mogador,
75009 Paris,
tél. 01 44 53 93 20, fax 01 44 53 93 32
Suisse
Flughofstrasse 61,
CH-8152 Glattbrugg,
tél. 432 11 63 35, info@seychelles.ch

Sélection de sites Internet

www.seychelles.com
Le site officiel du ministère du tourisme.
www.ambafrance-sc.org/
La France aux Seychelles.
www.virtualseychelles.sc/
Site officiel du gouvernement des Seychelles.
www.seychelles.travel
Site officiel de l'office du tourisme des Seychelles.
www.directvoyages.com
Présentation générale avec des liens utiles.
www.nation.sc/
Site du journal La Nation seychellois.
www.diplomatie.gouv.fr/
Conseils aux voyageurs des Affaires étrangères.

QUAND PARTIR ?

Décembre-janvier et juillet-août sont les mois de plus grosse affluence, et les prix des hôtels et des forfaits de séjour sont alors plus élevés.

La meilleure période s'étend de mars à mai. De juin à octobre, les algues qui envahissent certaines plages rendent la baignade nettement moins agréable.

Les périodes mars-mai et septembre-novembre sont les plus propices à la plongée sous-marine, l'océan étant calme et les fonds limpides. Octobre-avril est la meilleure période pour la pêche. Les passionnés d'ornithologie doivent savoir que la saison de nidification des oiseaux s'étend d'avril à septembre. Octobre marque le début des migrations.

QUE FAUT-IL EMPORTER ?

Argent

Les notes d'hôtel et les prestations des agences de voyages locales se paient obligatoirement en devises. L'importation de ces dernières n'est donc pas limitée. Il est illégal d'entrer aux Seychelles ou de les quitter avec plus de 2 000 roupies sans autorisation.

Garde-robe

Les températures sont estivales toute l'année. Emporter des vêtements légers, de préférence en matières naturelles, mais ne pas oublier son parapluie ou une veste imperméable. Le port du maillot de bain sera réservé à la plage. Dans certains hôtels on demande aux hommes de dîner en pantalon (la veste et la cravate sont beaucoup plus rarement exigées). Le soir, la brise peut être fraîche : emporter un lainage, plus un coupe-vent pour les sorties en mer. Chapeau, lunettes filtrantes et écran solaire sont indispensables pour se protéger du soleil. Prévoir une paire de chaussures de marche pour les excursions dans les mornes (montagnes) et des sandales de plage en plastique pour se protéger des coraux (très coupants) et des oursins.

Appareils électriques

Aux Seychelles comme dans toutes les Mascareignes, le courant est en 220-240 volts, mais les prises sont du modèle anglo-saxon. Se munir d'un adaptateur pour prises à broches plates. Les prévoyants ajouteront à leurs bagages une lampe de poche, bien utile en cas de coupure de courant.

Photographie et vidéo

Les pellicules et les films, disponibles à Mahé ou dans les hôtels, coûtent plus cher qu'en Europe.

PRÉCAUTIONS SANITAIRES

Il n'y a pas de risque de paludisme aux Seychelles et aucun vaccin particulier n'est nécessaire pour pouvoir y entrer. Par précaution, vérifier que ses rappels de vaccination contre la diphtérie, le tétanos et la poliomyélite sont à jour. Il est prudent de contracter une assurance couvrant les frais médicaux et prévoyant un éventuel rapatriement sanitaire, après avoir vérifié qu'elle n'est pas comprise dans le forfait de son voyagiste ou dans ses polices d'assurance).
Europ Assistance
tél. 01 41 85 94 85, www.europ-assistance.fr
Mondial Assistance
tél. 01 42 99 82 81, www.mondial-assistance.fr/

DÉCALAGE HORAIRE

Les Seychelles vivent à l'heure GMT + 4. Le décalage horaire avec la France est de 3 heures de fin octobre à fin mars et de 2 heures de fin mars à fin octobre.

TÉLÉPHONE

Pour appeler les Seychelles de l'étranger
Composer le *00*, puis le *248* (indicatif national), suivi du numéro du correspondant.

SE RENDRE AUX SEYCHELLES

EN AVION

Air Seychelles
11, rue du Colisée, 75008 Paris,
tél. 01 42 89 86 83, www.airseychelles.fr
La compagnie propose cinq vols par semaine au départ de Roissy-Charles- de-Gaulle, en partenariat avec Air France. Il est possible d'effectuer des liaisons aériennes entre les Seychelles, les Maldives, et l'île Maurice
Air Austral
122, rue La Boétie, 75008 Paris,
tél. 01 41 92 01 30, www.air-austral.com
Cette compagnie propose des vols directs Paris-

Mahé. Formules « Pass » pour les déplacements dans tout l'océan Indien et en Afrique, comme au Kenya, aux Comores, à Madagascar, aux Seychelles, à la Réunion, à Mayotte et à l'île Maurice.

Air France

Tél. 0 802 820 820, www.airfrance.com

La compagnie dessert les Seychelles cinq ou six fois par semaine au départ de Roissy- Charles-de-Gaulle.

British Airways

Tél. 0 802 80 29 02, www.britishairways.com

Deux vols par semaine Paris-Mahé *via* Londres.

Douanes

On peut importer aux Seychelles sans devoir acquitter de droits de douane 200 cigarettes, 50 cigares ou 250 g de tabac, 1 l d'alcool, 2 l de vin ou de bière, 250 ml d'eau de toilette et 10 cl de parfum. L'importation, la détention et la consommation de stupéfiants sont prohibées, et les peines encourues par les contrevenants à la législation sont extrêmement lourdes (30 ans d'emprisonnement).

Afin de protéger les écosystèmes locaux, toute importation de plantes (même sous forme de tisane) est soumise à une autorisation sanitaire.

De l'aéroport à la ville

Tous les vols internationaux atterrissent à Mahé. L'aéroport international des Seychelles est situé à Anse Talbot, à 10 km de la capitale, Victoria. Les liaisons avec certaines îles se font dans des Twin Otter (20 sièges) d'Air Seychelles.

L'aéroport abrite un bureau de change, un distributeur automatique de billets, des boutiques et un bar.

La plupart des hôtels mettent des navettes à la disposition de leurs clients. Des taxis stationnent devant l'aéroport et des autobus le desservent toutes les 30 à 40 minutes en semaine.

Aéroport de Pointe la Rue : tél. 37 30 01

Aéroport de Praslin : tél. 23 32 14

Taxe de séjour

Depuis avril 2003, la taxe de séjour n'est plus à payer ni à l'arrivée ni à la sortie du territoire. Elle est désormais comprise dans le billet d'avion.

TVA

Un taxe générale sur les ventes, la GST (*General Sales Tax*), de 7 % est appliquée aux notes d'hôtels et de restaurants. La taxe sur les ventes, la Trades Tax, ajoutée à pratiquement tous les produits, n'est pas récupérable. Seuls les achats effectués au duty free shop de Victoria et à l'aéroport international sont hors taxe.

À SAVOIR SUR PLACE

Adresses utiles

Seychelles Tourism Marketing Authority

Bel Ombre Road, Bel Ombre, Mahé, tél. 62 00 00, fax 62 06 20

Ouv. du lun. au ven. 8h-16h et le sam. 9h-12h. Fermé j. fér.

Ambassade de France

Immeuble La Ciotat, Mont Fleuri, 1er étage, Victoria, Mahé, tél. 38 25 00, fax 38 25 10

Consulat de Belgique

BP 232, Bel Ombre, Mahé, tél. 34 45 51, fax 34 47 54

Consulat de Suisse

Kingsgate House, Suite 18, Victoria, Mahé tél. 32 21 14, fax 32 47 50, markplus@seychelles1.net

Argent

La devise locale est la roupie seychelloise (Rs). La roupie seychelloise est divisée en centimes. Il existe des pièces de 1, 10, et 25 centimes (cents), de 1 et de 5 roupies, ainsi que des billets de 10, 25, 50 et 100 roupies (attention, les coupures de 10 Rs ressemblent beaucoup à celles de 50 Rs !). Les devises les plus courantes, les cartes de crédit et les chèques de voyage sont acceptés dans les banques, les bureaux de change, la plupart des hôtels et certains magasins.

Il est strictement interdit de changer des devises ailleurs que dans les établissements officiels. Les banques proposent des taux de change plus avantageux que les hôtels. Le bureau de change Saymor de l'aéroport offre le taux le plus intéressant de Mahé. Le change roupies-devises est difficile car limité à la seule banque ayant réalisé la première opération de change. Pour pouvoir convertir son reliquat de roupies au moment de quitter les Seychelles, il faudra avoir conservé les reçus des diverses opérations de change effectuées au cours du séjour. En l'absence de convention pour la réception des mandats postaux entre la France te les Seychelles, il est préférable de privilégier les transferts bancaires.

Jours fériés

1er et 2 janvier Nouvel An
Mars-avril Vendredi Saint, lundi de Pâques
1er mai fête du Travail
Juin Corpus Christi (le jeu. après la Trinité)
5 juin fête de la Libération
18 juin fête de la Réconciliation nationale

29 juin fête de l'Indépendance
15 août Assomption
1er novembre Toussaint
8 décembre Immaculée Conception
25 décembre Noël
Les services publics sont fermés les jours fériés.

HORAIRES D'OUVERTURE

Administrations et bureaux
En règle générale, dans toutes les îles :
du lun. au ven. 8h-16h.
Banques
A VICTORIA : du lun. au ven. 8h30-14h30, et le sam. 8h30-11h.
A LA DIGUE : du lun. au ven. de 8h30-14h30.
A PRASLIN : du lun. au ven. de 8h30-14h, le sam. 8h30-11h30.
Magasins
A VICTORIA : du lun.au ven. 8h30 ou 9h-17h ou 17h30 (certains ferment à l'heure du déjeuner, entre 12h30 et 13h30), et le sam. 8h30 à 12h30.
Dans le reste de Mahé et les autres îles, les horaires sont plus aléatoires.

POSTES ET TÉLÉCOMMUNICATIONS

Courrier
On trouve des boîtes à lettres près des commissariats. Tous les hôtels vendent des timbres et se chargent d'expédier le courrier de leurs clients.

Bureau de poste principal
Independence Avenue, à proximité de la tour de l'Horloge (Clock Tower)
Ouv. du lun. au ven. 8h30-16h, et le sam. de 8h30 à midi.
Il y a aussi des bureaux de poste à Grand'Anse, dans l'île de Praslin et à La Passe, dans l'île de La Digue.

Téléphone
Les cabines publiques, installées dans presque tous les villages, fonctionnent avec des cartes (vendues par Cable and Wireless et dans les bureaux de poste). Il est bien plus coûteux de téléphoner d'un hôtel.

Pour téléphoner dans le monde entier et envoyer fax, télégrammes et télex :
Cable and Wireless
Mercury House, Francis Rachel Street, Victoria,
Ouv. du lun. au sam. 7h-1 h.

Téléphone portable
De nombreux tour-opérateurs incluent dans leurs forfaits le prêt d'un téléphone portable pendant toute la durée du séjour.

Pour téléphoner des Seychelles à l'étranger
Composer le *00*, puis l'indicatif du pays (*33* pour la France, *32* pour la Belgique, *41* pour la Suisse, *1* pour le Canada) et le numéro du correspondant.

Renseignements
Pour les Seychelles : *181*
Internationaux : *151*

MÉDIAS

Presse
Le quotidien gouvernemental *Seychelles Nation* publie des articles en français, en anglais et en créole. L'hebdomadaire *Regar*, organe de l'opposition, paraît le jeudi (la plupart des articles sont rédigés en anglais). Pour acheter des titres de la presse internationale, qui parviennent à Mahé avec quelques jours de retard :
Antigone Trading
Passage des Palmes, Victoria

Radio
Il n'existe que deux stations de radio locales : **Radio Seychelles**, la chaîne nationale, et **Paradise FM**, une chaîne privée. Mahé est équipée d'une station relais qui retransmet des bulletins de la **BBC**.

Télévision
La chaîne de télévision nationale, **Seychelles Broadcasting Corporation** (SBC), diffuse le matin des bulletins d'information en anglais de la BBC et de CNN. Beaucoup d'hôtels reçoivent des chaînes étrangères par satellite.

SANTÉ ET URGENCES

Les soins médicaux ne sont pas très onéreux aux Seychelles. Les dispensaires et services de consultation publics sont assez nombreux, en particulier à Mahé, mais il faut s'armer de patience car l'attente peut être longue. Les médecins, dont les honoraires restent raisonnables, reçoivent en consultation de 8h à 16h.

Numéros utiles
Commissariat central de Victoria à Mahé : *28 80 00*
Urgences police, pompiers, ambulances : *999*

Hôpitaux et cliniques
Victoria Hospital
Mont Fleuri, Mahé, tél. 38 80 00
Anse Royale Hospital
Anse Royale, Mahé, tél. 37 12 22
Hôpital de l'île de Praslin
Baie Sainte-Anne, tél. 23 23 33

Silhouette Hospital
Tél. 22 41 10

Cabinets médicaux

Dr Chetty
– Quincy Street, Victoria, tél. 32 19 11
– Le Niol, Mahé, tél. 26 66 70
Ouv. du lun. au ven. 8h-13h, 14h30-17h, le sam. 8h-12h. Pas de consultations le dimanche.
– Grand Anse Clinic, tél. 23 36 33
Dr Albert Maurice
– Le Chantier, Mahé, tél. 32 38 66
Ouv. du lun. au ven. 7h30-16h. Pas de consultations le week-end.
Le Chantier Medical Services
Le Chantier, Victoria, tél. 32 40 08
Ouv. du lun. au ven., 8h-13h et 14h-17h ; le sam. 8h-12h. Fermé le dimanche.
Oceangate Dental Clinic
Dr Derick Samsoodin
Oceangate House, Victoria, tél. 22 48 52
Mêmes horaires.

Pharmacies

Berham's Pharmacy
Victoria Arcade, Victoria, tél. 22 55 59
A Praslin
Faute de pharmacie, il faut se rendre au dispensaire.

Sécurité

Il n'y a pas de problème particulier de sécurité aux Seychelles. Néanmoins, face à une recrudescence des vols à la tire, des cambriolages et des agressions, il est recommandé de faire preuve de vigilance. Il est déconseillé de se promener seul la nuit. Avant de se rendre à la plage ou de partir en excursion, mieux vaut laisser ses papiers d'identité, chéquiers, cartes de crédit et bijoux de valeur dans le coffre de son hôtel. Il est prudent de signaler son itinéraire à son hôtel et d'emporter de l'eau.

Les plages des grands hôtels sont en général surveillées par des maîtres nageurs. Il faut tout de même se méfier des courants marins, des serpents de mer, des cônes, des poissons-pierre et des requins (surtout au-delà de la barrière de corail).

COMMENT SE DÉPLACER

En voiture

Code de la route et recommandations

La conduite à gauche peut poser des problèmes à ceux qui n'en ont pas l'habitude. La vitesse est limitée à 40 km/h en ville et à 65 km/h ailleurs, hormis sur l'axe qui longe la côte est de Mahé où l'on peut circuler à 80 km/h.

Les routes, souvent étroites et sinueuses, sont plutôt bien entretenues, sauf celle qui relie Anse La Blague à Anse Lazio dans l'île de Praslin. Éviter le centre de Victoria aux heures de pointe (8h et 16h). Il convient d'être extrêmement prudent – ce qui n'est pas le cas des automobilistes seychellois – et de faire attention aux piétons, surtout le week-end et les jours fériés, généralement bien arrosés.

Stationnement

Le stationnement n'est payant qu'à Victoria (mais un parking gratuit a été aménagé à proximité du stade, dans Francis Rachel Street).

Pour se garer dans la capitale, il faut acheter un ticket de stationnement (dans une épicerie), et ne pas oublier de le poser bien en évidence sur le tableau de bord : les agents de la circulation veillent !

Location de voitures

Le permis de conduire national suffit pour louer une voiture. Il convient de vérifier attentivement l'état du véhicule et les sinistres couverts par la police d'assurance. Certains loueurs ne proposent que des assurances au tiers (*Third Part*) et attendent de leurs clients qu'ils payent d'éventuelles réparations. Quand le véhicule est assuré tous risques (*Full Comprehensive Insurance*), la responsabilité civile du conducteur n'est engagée qu'à hauteur de la franchise qui figure sur le contrat. On peut réserver un véhicule de chez soi, par l'intermédiaire d'une agence de voyages, et se le faire livrer à l'aéroport de Mahé ou à son hôtel.

Avis
Shalom building, Le Chantier, Victoria, Mahé, tél. 22 45 11 www.seychelles.net/avis
Budget
Les Mamelles, Mahé,
tél. 34 42 80, ideal@seychelles.net
Europcar
Victoria, tél. 37 33 36

En autocar

Les bus sont nombreux et bon marché, mais leurs horaires et destinations sont davantage adaptés aux besoins des autochtones qu'à ceux des touristes. Ils s'arrêtent à la demande (il suffit de crier « Devant ! ») et les tickets s'achètent à bord.

A **Mahé**, les bus circulent de 5h30 à 20h. Mais ils sont fréquemment bondés, et l'on doit parfois les attendre longtemps aux arrêts, particulièrement les week-ends et jours fériés.

A **Praslin**, ils sont rares et circulent de 6h à 18h30. A **La Digue**, ils sont remplacés par des camions dont la benne est équipée de bancs et qui sillonnent l'île à des horaires variables.

Il n'y a pas de service de transports en commun dans les autres îles.

EN TAXI

À **Mahé** et **Praslin**, les taxis sont nombreux, mais leurs prix sont élevés. Bien s'assurer que le chauffeur met le compteur en service afin d'éviter toute déconvenue à l'arrivée.

Il y a deux stations de taxis à Victoria : l'une dans Albert Street, près de Camion Hall, l'autre sur Independence Avenue, près de la tour de l'Horloge.

Affréter un taxi à la journée est une solution à envisager – à condition d'en négocier le prix à l'avance –, car cette formule peut revenir moins cher qu'une location de voiture.

Les hôteliers ont souvent des arrangements avec des chauffeurs et savent conseiller utilement leurs clients.

A **La Digue**, la plupart des habitants se déplacent à vélo, et aux rares taxis locaux (sans compteur), les touristes préfèrent en général les chars à bœufs.

EN AVION ET EN HÉLICOPTÈRE

L'avion et l'hélicoptère sont les moyens de transport les plus rapides pour les liaisons interîles.

En avion

Air Seychelles (*tél. 38 10 00*) assure plusieurs liaisons quotidiennes entre Mahé et Praslin. Certains vols sont réservés aux clients et au personnel des hôtels (notamment de Frégate, Bird et Denis).

Islands Development Company (*tél. 22 46 40, fax 22 44 67*) assure le transfert des clients des hôtels de Desroches et d'Alphonse.

En hélicoptère

Les appareils de la société **Helicopter Seychelles** (*tél. 38 58 58, fax 37 30 55*) font la navette entre Mahé (héliports de l'aéroport, du Victoria Inter-Island Quay et du Plantation Club), Praslin (Amitié), La Digue (L'Union State), Denis, Félicité, Frégate, Silhouette et l'île du Nord.

Ces hélicoptères peuvent prendre quatre passagers à leur bord. Sauf dérogation préalable, le poids des bagages ne doit pas excéder 10 kg par personne.

EN BATEAU

Liaisons régulières

Elles s'effectuent entre Mahé (Inter-Island Quay à Victoria), Praslin (Baie Sainte-Anne) et La Digue (La Passe).

Le *Cat Cocos*, un catamaran de 25 m, relie Mahé à Praslin en une heure. Le salon de première classe (*Upper Deck Club Lounge*) peut accueillir 34 passagers, celui de seconde classe, 125. On peut aussi faire le voyage sur le pont supérieur.

Réservation (conseillée en semaine et impérative le week-end) :
A Mahé : *tél. 32 48 43*
A Praslin : *tél. 23 33 40*
A La Digue : *tél. 23 44 11*

Des **goélettes** font la navette entre Mahé, Praslin et La Digue du lundi au vendredi. Elles assurent le transport des personnes comme des marchandises et ne sont pas particulièrement confortables, mais leurs tarifs sont les plus abordables. Horaires et prix sont affichés au restaurant Le Marinier, sur l'Inter-Island Quay, à Victoria.

Les **ferries** qui relient Praslin à La Digue quittent Praslin à 7h, 9h30, 10h30, 14h30, et 17h. Les départs de La Digue ont lieu à 7h30, 10h, 11h30, 15h30, et 17h30. Arrivez 15 min avant de départ.

Réservation (impérative) : *tél. 23 23 29 ou 23 23 94*

En yacht ou en vedette

Pour rallier les autres îles, il faut louer un bateau ou se joindre à une excursion organisée. Se renseigner à l'office de tourisme ou auprès de **Marine Charter Association** (*tél. 32 21 26*).

POUR MIEUX CONNAÎTRE LES SEYCHELLES

GÉOGRAPHIE

Les Seychelles sont situées entre 4° et 11° de latitude sud, et entre 46° et 57° de longitude est. Les îles les plus peuplées, Mahé, Praslin et La Digue, sont ancrées à 1 600 km à l'est des côtes africaines et à 930 km au nord-est de Madagascar. La superficie totale émergée de l'archipel est seulement de 455 km², mais, compte tenu de la dispersion des îles, l'État dispose d'une zone économique exclusive de 1,3 million de kilomètres carrés.

On considère généralement que l'archipel regroupe 115 îles, mais la Constitution seychelloise en recense 155, réparties en cinq principaux groupes : îles Granitiques, Amirantes, groupes d'Alphonse, de Farquhar et d'Aldabra.

Les 41 **îles Granitiques**, ou îles intérieures, couvrent la moitié de la superficie de l'archipel et abritent la majeure partie de sa population. Cet ensemble qui forme la partie émergée de la plate-forme des Mascareignes, est constitué des seules îles océanes granitiques au monde et les plus vieilles de tous les océans. Il comprend **Mahé**, la plus grande île de l'archipel, où se situe son point culminant, le morne Seychellois (905 m), **Praslin**, **Silhouette**, **La Digue** et leurs satellites.

Les **îles Coralliennes** sont aussi appelées « îles extérieures » parce qu'elles sont plus isolées (hormis Bird et Denis, ancrées à moins de 100 km de Mahé). Les **Amirantes** (24 îles) et les trois îles du **groupe d'Alphonse** s'étendent à quelque 350 km au sud-ouest des îles granitiques. Providence, à 300 km au sud du groupe d'Alphonse, appartient au **groupe de Farquhar**. Ce dernier se compose de l'atoll de Providence (2 îles), de l'atoll de Farquhar (10 îles) et de l'islet Saint-Pierre.

Le **groupe d'Aldabra**, à l'ouest du précédent, comprend l'île d'Assomption et de trois atolls : Astove (une île), Cosmoledo (19 îles) et Aldabra (46 îles).

Climat

Le climat des Seychelles est de type tropical (chaud et humide toute l'année), avec des températures oscillant entre 24 °C et 30 °C. La pluviosité est forte, et de violentes pluies peuvent s'abattre sur l'archipel en toute saison, mais surtout quand souffle la mousson du nord-ouest, de novembre à avril, avec un pic entre la mi-décembre et la fin janvier.

De mai à octobre, quand soufflent les alizés du sud-est, le temps est plus frais et plus sec et les vents sont plus violents. La mer peut alors être agitée, surtout de juillet à septembre. Les îles coralliennes reçoivent dans l'ensemble moins de pluies que les îles granitiques. Les Seychelles sont situées juste à l'extérieur de la « ceinture des cyclones ». Néanmoins, de janvier à mars, il arrive qu'un ouragan touche le groupe de Farquhar, faisant souffler des vents très violents et s'abattre des pluies torrentielles sur le reste de l'archipel.

Gouvernement

L'État seychellois est une république unitaire. Le président et l'Assemblée nationale sont élus au suffrage universel. Le chef de l'État nomme les ministres qui composent son gouvernement.

Les principaux partis politiques sont le Seychelles People's Progressive Front (SPPF), le Seychelles Democratic Party (DP), et le Seychelles National Party (SNP). Les élections ont lieu tous les cinq ans.

Economie

Le tourisme est la principale source de revenus nationale (30 %), avec 125 000 visiteurs par an. Viennent ensuite la pêche industrielle au thon, pratiquée par des navires étrangers, et l'industrie de la conserverie. Victoria est le port thonier le plus actif de l'océan Indien.

Même si les îles exportent encore un peu de cannelle (jadis la principale ressource avec le coprah et le thé), l'agriculture est aujourd'hui sur le déclin.

L'économie nationale souffre depuis une dizaine d'années d'un manque de rentrées de devises. Après la dissolution de l'Union soviétique, les Américains fermèrent la station d'observation satellite de Mahé qui leur permettait d'épier les mouvements de la flotte « ennemie » dans l'océan Indien.

Les Seychelles perdirent ainsi leur deuxième source de revenus après le tourisme. La zone franche créée en 1995 pour attirer les investissements étrangers constitue aujourd'hui la troisième source de revenus de l'État. On encourage également les petites industries de transformation pour tenter de réduire les importations.

Population

Elle se compose d'environ 81 000 habitants, dont 61 000 vivent à Mahé, 6 000 à Praslin, 2 000 à La Digue, 200 à Silhouette. Les quelques centaines restantes sont dispersées sur les nombreuses autres îles.

Langue

Trois langues officielles : le créole, le français et l'anglais. Tous les Seychellois parlent créole. Un institut créole a été créé pour préserver la langue.

CULTURE ET LOISIRS

Musées et curiosités touristiques

Les horaires d'ouverture, susceptibles de changer, ne sont donnés qu'à titre indicatif.

Île Mahé

Musée national d'histoire des Seychelles
State House Avenue, Victoria
Ouv. du lun., mar., jeu.-ven. 8h30-16h30, le sam. 9h-13h. Entrée payante.
Musée national d'histoire naturelle
Independence Avenue, Victoria
tél. 32 13 33, seymus@seychelles.net
Ouv. du lun. au ven. 8h30-16h30 et les sam. 8h30-12h. Entrée payante.
Jardin botanique
Mont Fleuri Road, Victoria,
tél. 22 46 44, boga@seychelles.net
Ouv. tlj. 8h-18h. Entrée payante.
Musée historique du SPUP
Francis Rachel Avenue, Victoria

Ouv. du lun. au ven. 8h-16h et le sam. 9h à 12h. Un musée à la gloire du parti fondé par le président René. Documents et photos sur le coup d'État de 1977 et l'indépendance. Entrée libre.

Institut créole (*lenstiki kreol*)
Domaine du Val des près, Saint-Joseph, tél. 37 63 51, kreolins@seychelles.net
Ouv. du lun. au ven. 8h-16h. Entrée libre.

Village artisanal
Anse aux Pins, tél. 37 61 00
Ouv. tlj. 9h-17h. Reconstitution de trois pièces d'une maison de planteur des années 1870.

Écomusée de La Plaine Saint-André
La Plaine Saint-André, tél. 37 18 78
Ouv. du mar. au ven. 10h-17h, sam. et dim. 13h à 17h. Entrée payante.

Jardin du Roi
Domaine de l'enfoncement, Anse Royale, tél. 37 13 13, brymich@seychelles.net
Ouv. tlj. 10h-17h30. Entrée payante.

Seychelles Tea & Coffee Company
Parc national du Morne Seychellois
Ouv. du lun. au ven. 8h30-12h. Visites guidées uniquement.

La Bastille
Après Pointe Conan, à l'entrée de Victoria
Jardins ouverts au public du lun. au ven. 9h-16h.

Praslin

Doctor's House
Parc national marin de Curieuse
Ouv. tlj. 9h-17h.

Praslin Ocean Farm Aquarium
Au bout de la piste de l'aéroport, sur le littoral
Ouv. tlj. sauf sam. après-midi et dim. de 9h à 16h. Entrée payante.

Vallée de Mai National Park
À mi-chemin de Baie Sainte-Anne et de Grand'Anse
Ouv. tlj. 8h-17h30. Visites guidées de 60 à 90 min. Entrée payante.

Aride

Réserve naturelle
Une partie de l'île (itinéraires balisés)
Les visiteurs sont admis, d'oct. à avr., les dim., lun. et mer. seulement, de 10 h à 15 h. Les visites guidées sont obligatoires et comprises dans le prix d'entrée sur l'île. Gratuit pour les moins de 16 ans

La Digue

Réserve naturelle de la Veuve
Anse La Réunion
Ouv. du lun. au ven. 8h-12h et 13h-16h. Entrée libre.

L'Union Estate
Anse Union, tél.23 42 40
Ouv. tlj. 7h-17h. Entrée payante.

Festival

Le Festival kréol

La principale manifestation culturelle de l'année, consacrée à la défense et à la promotion de la culture créole, a lieu vers la fin du mois d'octobre. Elle réunit à Victoria des écrivains et artistes seychellois, mauriciens, réunionnais et antillais. Danses, représentations théâtrales, concerts, défilés, expositions et rencontres diverses rythment la semaine. Le programme figure sur le site Internet d'Air Seychelles (*www.air-seychelles.fr*). Pour de plus amples détails, contacter le comité d'organisation du festival.

Festival kréol
Ministère de l'Éducation, Mont Fleuri, Mahé, tél. 22 54 77

Sorties

Casinos

Casino des Seychelles
Beau Vallon Bay Hotel, Mahé, tél. 24 72 72

Planter's Casino
Plantation Club, Baie Lazare, Mahé, tél. 36 13 61

Casino des îles
Côte d'Or (Anse Volbert), près de l'hôtel Archipel-Praslin, tél. 23 25 00

Boîtes de nuit

La vie nocturne seychelloise ne sort guère du cadre des hôtels. Signalons deux boîtes de nuit à Mahé :

Katiolo Club
Anse Faure, au sud de l'aéroport, tél. 37 54 53
Boîte de nuit créole. Entrée gratuite pour les dames le vendredi soir avant 23h. Buffet le samedi soir, à l'issue duquel on peut danser à l'extérieur, si le temps le permet jusqu'à 3h du matin.

ACHATS

Art et artisanat

Galeries d'art

Atelier de Michael Adam
Anse aux Poules Bleues, Mahé
Ouv. du lun. au ven. 9h-18h et le sam. 9h-12h.

Atelier de Colbert Nourrice
Village artisanal, Anse aux Pins, Mahé

Atelier de Tom Bowers
Chemin les Cannelles, Anse à la Mouche, Mahé

Atelier de Gérard Devoud
Les Mamelles près du Plantation Club, Mahé

Atelier de Donald Adelaïde
Baie Lazare, près du Splash Café, Mahé
Atelier de Barbara Jenson
La Passe, Praslin

Batik

Atelier de Ron Gerlasch
Plage de Beau Vallon, Mahé
Ron Gerlasch utilise la technique traditionnelle d'impression du batik indonésien pour signer des pièces uniques, robes de plage, jupes, etc.

Bijoux

Kreolor
Camion Hall, Albert Street, Victoria, tél. 32 22 68
Beaux bijoux alliant l'or et la nacre. Kreolor commercialise aussi des objets décoratifs confectionnés avec des matériaux insolites : granit, graines et même arêtes d'espadon qui, une fois travaillées, ressemblent à de l'ivoire.
Praslin Ocean Farm
Face à l'aéroport, tél. 23 31 50
www.blackpearlseychelles.com
Cette entreprise qui a introduit la culture des huîtres perlières aux Seychelles a ouvert sa boutique, Black Pearls of Seychelles. Les perles, noires, grises, bleutées, vertes, dorées ou d'un bel orient classique, sont vendues brutes ou montées en colliers ou en bagues. La boutique est ouverte tous les jours sauf le samedi après-midi et le dimanche, de 9h à 16h.

Cocos-fesses

Forestry Station
Fond B'Offay, à Praslin
Ouvert du lundi au vendredi de 8h à 16h.

On en trouve aussi dans quelques magasins de souvenirs. Ne pas oublier de réclamer un certificat d'exportation, sous peine de s'exposer à la confiscation de son achat par les douaniers au moment du départ.

Essences florales

Kreol Fleurage
Entre North East Point et Pointe Cèdre, tél. 24 13 29
Ouvert tous les jours de 9h à 17h. Cette distillerie utilise une trentaine de plantes et de fleurs locales pour concocter trois parfums, vendus un peu partout dans l'archipel, et chez Harrod's à Londres.

Maquettes de bateau

Ateliers La Marine
Près de l'écomusée de La Plaine Saint-André
Superbes maquettes réalisées avec un remarquable souci du détail. Les plus belles, véritables pièces de musée, valent presque aussi cher que le séjour.

Produits dérivés du cocotier

Maison Coco
Village artisanal, Anse aux Pins, Mahé
Des paniers et sacs en palmes tressées aux bougeoirs ou ronds de serviettes découpés dans des coques de noix de coco, en passant par les lotions et savons à l'huile de coco, on trouvera ici tout ce qui peut être tiré de l'inépuisable cocotier.

Souvenirs et cadeaux divers

Sunstroke Gallery
Market Street, Victoria
Maillots de bain, paréos, nappes et coussins. Galerie d'art à l'étage.
Codevar Craft Centre
Camion Hall, Albert Street, Victoria
Studio Pineapple
Anse aux Poules Bleues
Ouv. du lun. au ven. 9 h-16h30 et exceptionnellement sur demande. Paréos teints à la main, présentés dans des sacs de jute, poissons naturalisés montés en tableaux, noix de coco peintes.
Wild Ginger
Près de Boat House, Mahé
Poteries, lithographies, sculptures et mobiles.

Vitraux et verrerie

Thoughts
Chemin Sans Souci, Mahé, tél. 22 40 60
Les et Sharon Masterson réalisent de très beaux objets en verre teinté et cloisonné : lampes, panneaux décoratifs, vitraux (leurs œuvres sont aussi vendues à l'hôtel Fisherman's Cove). C'est Sharon qui a conçu les vitraux de la cathédrale Saint-Paul et de l'église apostolique de Victoria.

Thé et épices

Sir Selwyn Clarke Market
Market Street, Victoria
Du lundi au vendredi de 6 h 30 à 17 h et le samedi de 6 h 30 à midi. On y achète des gousses de vanille ou des bocaux de petits piments appelés « feu de l'enfer ». Le thé de production locale, aromatisé à la cannelle, à l'orange ou à la vanille, est vendu dans tous les magasins d'alimentation.

SPORTS ET LOISIRS DE PLEIN AIR

Ornithologie

Scientifiques et ornithologues amateurs viennent aux Seychelles observer certaines espèces très rares ou assister au prodigieux spectacle qu'offre la nidification de centaines de milliers d'oiseaux de mer à Bird, à Cousin et à Cousine, d'avril à septembre. Aride abrite également d'impressionnantes colonies. Ces quatre îles ont d'ailleurs été érigées en réserves naturelles et leur accès est strictement réglementé.

À Mahé, les marais voisins de l'Inter-Island Quay accueillent des échassiers migrateurs comme le drome ardéole. Les marécages voisins de La Passe et la mangrove de la baie Lazare constituent l'ultime refuge du blongios de Chine, tandis que les abords du Parc national de la Vallée de Mai, dans l'île de Praslin, sont celui du perroquet noir.

Contacter l'office du tourisme des Seychelles pour connaître les coordonnées d'agences de voyages étrangères ou locales spécialisées si l'on compte consacrer tout ou partie de son séjour à l'observation des oiseaux.

PÊCHE AU GROS

Les agences et certains hôtels de Mahé, de Praslin, de La Digue et des plus petites îles organisent des parties de pêche au gros à la journée et, plus rarement, des « campagnes » de trois jours et plus pour des groupes qui ne dépassent généralement pas six personnes (*voir aussi pp. 276-277*).

Marine Charter Association
P.O. Box 204, Victoria, Mahé,
tél. 32 21 26, fax 22 46 79
Membre de l'International Game Fishing Association (IGFA), Marine Charter Association dispose d'un vaste parc de bateaux à louer pour des parties de pêche au gros. Le prix comprend les services d'un skipper, les boissons fraîches et le déjeuner servis à bord. On peut partager le bateau avec d'autres amateurs pour réduire les frais. Les prix sont assez élevés mais varient d'une entreprise à l'autre.
Island Charters
Victoria, Mahé,
tél. 32 37 90, fax 32 40 56, portable 51 20 00
Marlin Charter
Mahé,
tél. 37 34 39, fax 37 36 32, marlin@seychelles.net
Striker
Beau Vallon, Mahé,
tél. 24 78 48, fax 24 77 97, portable 51 19 58
The Boat House
Beau Vallon, Mahé
tél. 24 78 98, fax 24 79 55, portable 51 02 69
Inter-Island Ferry Service
Praslin et La Digue, tél. 23 23 74

Les pêcheurs qui le désirent peuvent participer au concours annuel organisé en avril par le Rotary Club de Victoria (*tél. 22 52 26*).

PLONGÉE SOUS-MARINE

Les Seychelles sont l'un des rendez-vous de prédilection des amateurs de plongée, néophytes ou confirmés (*voir pp. 271-275*). La meilleure période pour pratiquer cette activité s'étend de mars à mai et de septembre à novembre.

Association of Professional Divers (APDS)
Underwater Centre Seychelles
P.O. Box 384, Victoria,
tél. 34 54 45, fax 34 42 23
www.diveseychelles.com.sc ; divesey@seychelles.net

Principaux centres de plongée à Mahé :
Big Blue Divers
Vacoa village hotel, Beau Vallon,
tél. 26 11 06, bigblue@seychelles.net
Coral Strand Hotel
Beau Vallon, tél. 24 73 57

Principaux centres de plongée à Praslin :
Bleu Marine Diving Centre
La Vanille Hotel, Anse La Blague, tél. 23 21 78
Octopus
Anse Volbert, tél. 23 23 50
Paradise Sun Hotel
Anse Volbert, tél. 23 22 55

Contacter l'office du tourisme de Victoria pour obtenir la liste complète des centres.

Photographie sous-marine

Le festival de photographie sous-marine **Subios** a lieu chaque année en novembre. Les hôtels de Mahé et de Praslin y participent. Pour toute information concernant cet événement, contacter :

Ministère du Tourisme des Seychelles
Independence House, Victoria, tél. 22 40 30
Under-Water Centre Seychelles
tél. 34 54 45, divesey@seychelles.net

Bateaux à fond de verre

Teddy's Glass Bottom Boat
Coral Strand Hotel, Beau Vallon, Mahé
tél. 26 11 25

CROISIÈRES

La meilleure manière de découvrir ce pays constitué d'une constellation d'îles est bien évidemment de naviguer de l'une à l'autre. La croisière permet d'en visiter un grand nombre, sans avoir à changer d'hôtel, et d'éviter les plages les plus fréquentées pour se baigner dans de petites anses désertes.

Les uns se contenteront d'admirer la mer et le paysage, les autres axeront leur croisière sur la pêche, la voile, la plongée ou autres sports nautiques.

Les bateaux à louer sont pour la plupart amarrés le long de l'Inter-Island Quay de Victoria ou à proximité. Mais beaucoup n'ont qu'un permis de navigation restreint, limité aux îles les plus proches. Renseignements sur les disponibilités :

Seychelles Marine Charter Association
tél. 32 21 26

Il faut acquitter un droit d'entrée pour pouvoir naviguer dans les parcs marins nationaux des Seychelles et jeter l'ancre dans les eaux des îles classées réserves naturelles.

Les meilleures saisons pour naviguer

La mousson du sud-est, qui souffle de mai à octobre, s'accompagne de vents réguliers. En juillet-août, ces vents forcissent, au point de rendre la navigation difficile. À moins d'être un marin chevronné, on ne choisira pas cette période pour se risquer au large. Des croisières dans les eaux abritées – notamment celles de Praslin – restent possibles en cette saison. La mousson du nord-ouest, de novembre à avril, se caractérise par des vents irréguliers, avec de fortes rafales de la mi-décembre à fin janvier.

Activités à bord

Tous les bateaux-charters mettent à la disposition de leurs passagers masques, tubas et palmes. Les plus gros sont équipés pour l'exploration sous-marine avec bouteilles et proposent des forfaits comprenant jusqu'à quatre plongées (les skippers sont alors des moniteurs qualifiés). On peut parfois mettre à profit la croisière pour s'adonner au ski nautique, à la planche à voile, etc. Certains bateaux sont équipés pour la pêche à la traîne.

Indian Ocean Explorer
tél. 58 05 34
L'*Indian Ocean Explorer* est dédié aux croisières de plongée. Il est aussi le seul à rallier régulièrement les îles du groupe d'Aldabra d'octobre à avril.
Le reste de l'année, il vogue vers les Amirantes ou emmène ses passagers à la rencontre des requins-baleines.

Silhouette Cruise Ltd
tél. 32 40 26, cruises@seychelles.net
La compagnie possède deux goélettes à deux mâts, construites aux Pays-Bas, la *Sea Shell* et la *Sea Pearl,* qui peuvent embarquer chacune 18 passagers. Les croisières, de cinq ou six jours, se limitent aux îles granitiques, mais elles permettent de pratiquer la pêche, la plongée et d'autres sports aquatiques.

Sunsail Seychelles Ltd
tél. 22 57 00
Cette compagnie possède plus de 650 bateaux dans le monde. Sa flotte seychelloise comprend de nombreux monocoques et un catamaran, à louer avec ou sans skipper, pour une journée ou davantage.

VPM Yacht Carter
tél. 32 23 62 ou 34 47 19
Cette autre compagnie internationale propose les mêmes services que Sunsail.

Water World Pty Ltd
tél. 37 37 66, wworld@seychelles.net
Cette société loue un luxueux bolide des mers doté de trois cabines, le *Shamal* ; il vogue à la vitesse de 24 nœuds, avec des pointes à 31 nœuds. La flotte comprend de plus petits bateaux à louer pour des croisières à la journée.

VOLS PANORAMIQUES

Helicopter Seychelles
tél. 37 39 00
Propose des survols de Mahé et des îles voisines. Les hélicoptères peuvent embarquer quatre passagers. Ils décollent du Victoria Helistop, à proximité de l'Inter-Island Quay, à Mahé (horaires et durée du vol variables), mais aussi de Praslin et de La Digue le vendredi et le dimanche (vols de 30 min).

RANDONNÉE ÉQUESTRE

A Mahé

Il faut environ deux heures pour parcourir à cheval la côte ouest de Mahé. Les randonnées dans les collines de l'intérieur durent un peu plus longtemps : il faut compter une journée, pause déjeuner comprise. Toutes les promenades sont guidées, et les centres équestres sont ouverts tous les jours quand les conditions météorologiques le permettent. Pour tous renseignements, contacter l'office du tourisme.

A La Digue

L'Union Estate
On y loue des chevaux à l'heure, pour se promener dans la propriété.

RANDONNÉE PÉDESTRE

Le ministère du Tourisme seychellois édite une série de brochures consacrées aux sentiers de randonnée de Mahé, de Praslin et de La Digue. Les sentiers sont bien balisés, et les brochures apportent suffisamment d'informations précises sur la flore et la faune pour transformer la promenade en une passionnante découverte de la nature. À Mahé, la plupart des itinéraires sont tracés dans le Parc national du Morne

Seychellois, où les pentes sont parfois assez raides : une ascension à réserver plutôt aux mois de juin à septembre, relativement frais. De la mi-décembre à fin janvier, les pluies diluviennes rendent les sentiers boueux et glissants, voire dangereux. En mars et avril, la chaleur moite et l'absence de brise rendent la moindre grimpée harassante.

Quelle que soit la saison, il est recommandé de partir aux premières heures de la matinée ou après 16 h, sans oublier que la nuit tombe vers 18 h 30. Mieux vaut faire provision d'eau que de boire celle des sources, susceptible de contenir des parasites. Dès que l'on quitte le couvert protecteur de la forêt, il faut se protéger du soleil. Il est déconseillé de s'aventurer seul hors des sentiers balisés.

Basil Beaudouin
Mahé, tél. 24 17 90
ou tous les lundis à 18 h à l'hôtel Coral Strand
Randonnées d'une durée et d'une difficulté variables. Le tarif comprend un panier-repas, le transport jusqu'au lieu de départ, avec en prime les explications d'un guide qui connaît parfaitement l'île.

Golf

Lemuria Resort
Anse Kerlan, Praslin, tél. 28 12 81
Le parcours de golf 18 trous est accessible aux non-résidents de l'hôtel.

OÙ LOGER

Le **camping** est interdit dans tout l'archipel. La catégorie des *guesthouses*, ou **pensions de famille**, en plein développement, regroupe de petits hôtels d'un confort satisfaisant (l'hébergement se fait généralement en bungalows équipés d'une kitchenette, mais l'établissement est aussi doté d'un restaurant) comme de véritables chambres d'hôtes.
Réservations :
Small Hotels and Guesthouses Association
tél. 32 41 31, fax 32 41 45
www.seychelles-resa.com

La plupart des **hôtels** seychellois sont des établissements de taille moyenne, campés dans un cadre idyllique (presque tous en bord de mer), très confortables mais chers. Aussi est-il préférable de passer par l'intermédiaire d'une agence de voyages si l'on veut profiter de prix intéressants.

Les prix sont plus élevés en haute saison (Noël et Nouvel An, Pâques et juillet-août). De nombreux hôtels ne prennent les réservations qu'à partir de quatre nuitées consécutives. Les frais de séjour se règlent obligatoirement en devises convertibles, par carte de crédit, chèque de voyage ou en liquide.

Les prix indiqués ci-dessous sont ceux d'une nuit en chambre double avec petit déjeuner pour deux personnes en haute saison (hors Noël et Pâques).

****	plus de 300 €
***	de 200 € à 300 €
**	de 100 € à 200 €
*	moins de 100 €

Mahé

Anse Forbans

Allamanda *
tél. 36 62 66, fax 36 61 75, amanda@seychelles.net
Charmant petit hôtel de style colonial. Dix chambres confortables, toutes climatisées. Le restaurant propose le dimanche un déjeuner-buffet fort apprécié des habitants de Mahé.

Anse Intendance

Banyan Tree Resort ****
tél. 36 65 57, fax 38 36 00, www.banyantree.com
Dans un site isolé, les 38 villas de ce club-hôtel, dont une présidentielle, sont serties dans un cadre luxuriants à flanc de collines dominant une magnifique plage.

Anse à la Mouche

Blue Lagoon Chalets*
tél. 37 11 97, fax 371 565
www.seychelles.net/bluelagoon
Quatre grandes villas aménagées. Chacune dispose de deux grandes chambres, d'une salle de bain, d'une cuisine, d'une salle-à-manger et d'une terrasse. Les villas sont situées à proximité de la plage, où il est possible de pratiquer la plongée. Le personnel ne parle pas très bien français.

Anse Soleil

Anse Soleil Beachcomber **
tél. 36 14 61, fax 36 14 60, www.beachcomber.sc
Mer, silence et repos dans ce petit hôtel-restaurant de 8 chambres niché dans la verdure. Un peu isolé mais on ne peut plus romantique. Réservation impérative.

Baie Lazare

Plantation Club ***
tél. 38 68 68, fax 38 68 83,
www.plantationclub.com
Établissement de 200 chambres luxueuses. Trois restaurants, dont le Lazare's, délicieux mais cher. Piscine, tennis, centre de plongée et casino. La plage est jolie, mais la baignade s'avère parfois dangereuse.

Barbarons

Château d'eau ***
Domaine de Barbarons,
tél. 37 81 77, fax 37 83 88
Petit hôtel de 5 chambres spacieuses et climatisées, avec loggia particulière, donnant sur une petite plage peu fréquentée.

Le Méridien Barbarons Hotel **
tél. 67 30 00, fax 67 33 80,
www.lemeridien-barbarons.com
reservation.barbarons@lemeridien.sc
Un grand hôtel de 124 chambres situé près de la plage. Troid restaurants, piscine, centre de plongée et excursions organisées.

Beau Vallon

Beau Vallon Bay Beach Resort & Casino **
Plage de Beau Vallon, tél. 28 72 87, fax 24 79 43
www.berjayaresorts.com
L'un des premiers grands complexes hôteliers des Seychelles ouverts dans les années 1970.
230 chambres bien équipées, 3 restaurants, un casino. Courts de tennis, parties de pêche en haute mer et sports nautiques variés.

Coral Strand Hotel **
tél. 62 10 00, fax 24 75 17, mail@coralstrand.sc
140 chambres et suites sur la plage de Beau Vallon. Centre de plongée, pêche en haute mer, voile, excursions en bateau à fond de verre, 3 restaurants et service de massage.

Fisherman's Cove Hotel ****
tél. 67 70 00, fax 62 09 00
www.lemeridien-fishcove.com
Luxe, raffinement et calme : 62 chambres et suites avec terrasse privée et accès direct à la plage de Beau Vallon… une piscine, un centre de remise en forme et de thalassothérapie, des courts de tennis et l'un des meilleurs restaurants de l'île.

Bel Air

Bel Air Hotel *
tél. 22 44 16, fax 22 49 23,
www.seychelles.net/belair
Ce petit hôtel de 7 chambres apprécié des hommes d'affaires est installé dans une demeure des années 1930 rénovée avec goût. Ambiance chaleureuse et restaurant de spécialités créoles.

Eden's Holiday Resort
tél. 37 83 33, fax 37 81 60, www.seychelles.net/eden
Pension composée de bungalows parfaitement équipés, dans les beaux paysages de la côte ouest.

Bel Ombre

Le Petit Village ***
tél. 28 49 69, fax 24 77 71,
www.seychelles.net/lepetit
De spacieux bungalows climatisés avec kitchenette, face à la mer. Cette résidence hôtelière dispose d'une petite base nautique sur la plage où on peut faire du kayak de mer et de la plongée avec tuba. Des excursions sont également organisées. Le personnel ne parle pas très facilement français.

Glacis

Northolme Hotel ****
tél. 29 90 00, fax 29 90 01,
www.thenortholmehotel.com
Abritées sur les flancs de la colline dominant Silhouette et North Island, les 40 luxueuses villas invitent au calme et à la sérénité – d'ailleurs, seuls sont acceptés les enfants au-dessus de 13 ans. Les piscines à débord se fondent dans le panorama ouvert sur l'océan. Certaines prestations incluses dans le séjour comprennent les transports vers les centres de sports nautiques et de plongée.

Sunset Beach Hotel ***
tél. 26 11 11, fax 26 12 21,
www.sunset-beach.com
Idéalement situé sur un promontoire rocheux, ce luxueux hôtel de style espagnol a été rénové en 2002. Il compte aujourd'hui deux villas en duplex, avec jacuzzi et jardin privé, 17 chambres et 8 suites. Superbes terrasses ombragées. Mais les enfants de moins de 12 ans ne sont pas admis.

Port Glaud

Mahé Beach Hotel **
tél. 37 84 51, fax 37 81 17,
www.berjayaresorts.com
Ce grand hôtel de style paquebot des années 1970 a été rénové et doté d'un casino. Chambres confortables, très beaux jardins et équipements sportifs très complets (avec tennis, squash, salle de fitness, sauna etc.). L'hôtel est situé près d'une petite plage. Il vaut mieux emprunter la navette pour rejoindre la grande plage publique.

Praslin

Anse de Bois Rose

Coco de Mer & Black Parrot Suites ***-****
tél. 29 05 55, fax 29 04 40,
www.cocodemer.com
Cette superbe partie de la côte sud-ouest accueille en front de mer 52 chambres et suites spacieuses, chacune ouvrant de la véranda sur l'océan et le coucher du soleil. Les prestations comprennent les sports nautiques, un mini-golf et une excellente randonnée nature. Les bicyclettes et le matériel de plongée se loue à des prix très raisonnables. L'hôtel peut également vous organiser des parties de pêche au gros et des sorties en mer vers les îles alentour.

Anse Gouvernement

L'Archipel ***
tél. 28 47 00, fax 23 20 72, www.larchipel.com
Belle architecture de style colonial pour cet hôtel de 30 chambres, qui donne sur une plage idéale pour les jeunes enfants. Les enfants de moins de 3 ans ne sont pas admis. 2 restaurants et 2 bars. Sports nautiques (planche à voile, canoë) et excursions à l'islet Saint-Pierre organisées tous les jours.

Anse Kerlan

Lemuria Resort ****
tél. 28 12 81, fax 28 10 01, www.lemuriaresort.com
Au cœur d'un domaine de 150 ha, entouré de trois plages, ce Relais & Châteaux possède 88 élégantes suites junior, 8 suites senior, 8 luxueuses villas et une villa présidentielle exceptionnelle. Le tout à moins de 150 m de la plage. Restaurants, parcours de golf 18 trous (tarifs réduits pour les résidents), sauna, jacuzzis, observation des oiseaux, salle de remise en forme, centre de plongée, VTT, etc.

Anse la Farine

New Emerald Cove Hotel **
tél. 23 23 23, fax 23 23 00, www.emerald.sc
On ne peut accéder que par bateau à cet hôtel-restaurant d'une cinquantaine de chambres, réparties dans huit cottages disséminés dans la verdure le long d'une splendide plage de sable. Piscine, plage, restaurants, centre de plongée et boutique de souvenirs.

Anse Petite Cour

La Réserve ****
tél. 23 22 11, www.lareserve-seychelles.com/
Luxueuses suites réparties dans une quinzaine de bungalows et quatre villas disséminés le long de la plage. Centre de plongée, kayak de mer et tous loisirs nautiques. Les réservations ne sont acceptées que pour des séjours de 5 jours minimum.

Anse Saint-Sauveur

Villa Flamboyant *
tél./fax 23 30 36, vila@seychelles.net
Pension agréable installée dans un magnifique parc de 2 ha en partie planté d'arbres fruitiers. Cuisine familiale, à base de produits biologiques du jardin. De juin à septembre, la plage est envahie par les algues et peu propice à la baignade.

Anse Volbert

Acajou Hotel ***
tél. 23 24 00, fax 23 24 01, www.acajouhotel.com
Les 28 chambres, spacieuses, confortables et climatisées, sont réparties dans deux bâtiments en acajou et toutes agrémentées d'un balcon donnant sur la mer. Piscine. Demi-pension uniquement.

Paradise Sun Hotel ***
tél. 23 32 93, fax 23 20 19, www.paradisesun.com
Hôtel confortable de 80 chambres, particulièrement bien équipé pour la pratique des sports nautiques, qui possède son propre centre de plongée. Demi-pension uniquement dans les deux restaurants.

Praslin Beach Resort **
tél. 28 62 82, fax 23 22 44, www.berjayaresorts.com
Hôtel moderne, confortable et bien équipé avec près de 80 chambres. Courts de tennis,billard et tennis de table. L'hôtel dispose de 2 restaurants, dont une pizzeria.

Grand'Anse

Hôtel Marechiaro ***
tél. 28 38 88, fax 23 39 93, www.seychelles.ne/marechiaro
À 6 minutes du Parc national de la Vallée de Mai, 25 bungalows en granit et bois tropical, sur la plage. Tennis et centre de plongée.

Indian Ocean Lodge ***
tél. 23 33 24, fax 23 39 11
Cet hôtel rénové en 1999 dispose de 16 chambres et 8 suites aménagées dans de charmants bungalows autour d'un restaurant réputé de style créole. Centre de plongée et piscine (bienvenue en hiver, car la plage de Grand'Anse est souvent envahie par les algues entre juin et octobre).

Maison de Palmes **
tél. 23 34 11, fax 23 38 80, www.hotelmaisondespalmes.com
Un petit hôtel accueillant regroupant 24 bungalows en bordure de la plage de Grand'Anse. Restaurant, piscine, canoë, planche à voile et excursions dans les îles avoisinantes.

Pointe Cabris

Château de Feuilles ****
tél. 29 00 00, fax 29 00 29, www.chateau.com.sc
Ce petit hôtel luxueux, affilié à la chaîne Relais & Châteaux, héberge souvent des célébrités. 9 suites et une superbe villa en granit et feuilles de latanier. Héliport privé et voiture de location comprise dans le prix du séjour. Navette vers les plages de l'île privée Grande Sœur. Restaurant réputé pour ses crabes et ses langoustes grillés.

LA DIGUE

Anse La Réunion

Château Saint-Cloud **
tél. 23 43 46, fax 23 45 45, stcloud@seychelles.net
Au pied de la seule montagne de l'île et à moins de 10

minutes de la plage, la maison de maître d'une ancienne plantation de vanille a été transformée en hôtel. Piscine, restaurant qui propose des buffets et des plats créoles. Forfaits demi-pension à prix intéressants.
La Digue Island Lodge ****
tél. 29 25 25, fax 23 41 32,
www.ladigue.sc
35 « cabanes » de charme disséminées dans la végétation tropicale ou au bord de la plage, auxquelles s'ajoutent 15 chambres et 9 suites, dont 4 dans une demeure coloniale magnifiquement restaurée, la « Maison jaune ». Excursions en mer chaque matin. Demi-pension uniquement.

Anse Patate

Hôtel Océan **
tél. 23 41 80, fax 23 43 08,
www.hotelocean.info
Séjour au calme dans ce petit hôtel de 8 chambres offrant l'une des plus belles vues de l'île, au fond d'une crique ourlée de sable fin. Située à 2 minutes à pieds, la plage offre un des plus beaux sites de plongée de l'île. Un séjour en demi-pension est également possible.
Patatran Village ***
tél. 23 43 33, fax 23 43 44,
www.the-seychelles.com/patatran
Atmosphère conviviale et chambres simples mais confortables dans cet hôtel de 12 bungalows dressés parmi les énormes blocs de granit qui dégringolent jusqu'à la plage (d'où ce nom de Patatran). Restaurant de cuisine créole.

La Passe

Villa Authentique *
tél. 23 44 13, fax 23 44 13, www.hotelocean.info
Six chambres climatisées, dont deux avec kichenette, à seulement deux minutes de la plage. Ambiance familiale très chaleureuse.

L'Union

Paradise Flycatcher's Lodge ***
tél. 23 44 22, fax 23 44 23
À quelques minutes de la plage, ces 4 grands chalets doubles (2 chambres, séjour et véranda) sont tout indiqués pour un séjour en famille. On peut, au choix, y préparer ses repas ou bien dîner au restaurant.

Les autres îles

Aldabra

Aldabra Research Station ***
Demandes de séjour à adresser à :
Seychelles Islands Foundation,
La Ciotat Building, Mont Fleuri,
tél. 32 17 35, fax 32 48 84, www.sif.sc
Faute de liaison maritime régulière entre Aldabra et les îles granitiques, il faut organiser son transfert par soi-même. Sur place, on dort dans des chambres assez spartiates mais équipées de toilettes et de douches. L'eau est parfois rationnée.

Alphonse

Alphonse Island Lodge ****
– Victoria, tél. 29 28 00, fax 29 28 99
– Alphonse, tél. 22 90 30, fax 22 90 34,
www.alphonse-resort.com
25 chalets spacieux, 5 villas de luxe et une villa « présidentielle ». Air conditionné, lits à baldaquin dotés d'une moustiquaire et grande véranda. Pension complète uniquement. L'hôtel dispose d'une base nautique où il est possible d'observer les oisseaux, de faire de la planche à voile, de la pêche au gros, du fly fishing, du snorkling, de la plongée et, pour les moins téméraires, du pédalo.

Bird

Bird Island Lodge ***
– Mahé, tél. 22 49 25, fax 22 50 74
– Bird, tél. 32 33 22, www.birdislandseychelles.com
Une vingtaine de cottages de 65 m², confortablement équipés, entre la piste d'atterrissage et les colonies d'oiseaux. Restaurant, billard, bibliothèque et centre de plongée. Pension complète uniquement.

Cousine

Cousine Island Chalets ****
tél. 32 11 07, fax 32 38 05, www.cousineisland.com
Réserve naturelle, l'île accueille au maximum dix hôtes payants, logés dans les suites des 4 « cabanes » de style colonial dispersées dans la verdure, à 130 m de la plage, et parfaitement équipées, du réfrigérateur au jacuzzi, sans oublier la bouteille de champagne de bienvenue. La tranquilité et la beauté ont évidemment un prix… plus de 1 200 € par jour.

Denis

Taj Denis Island ****
tél. 32 11 43, fax 32 10 10, www.tajhotels.com
Séjour de trois nuits minimum pour les 25 bungalows érigés sur la plage. Équipement confortable et air conditionné en option sans supplément. Excellent restaurant et nombreuses activités, la pêche et la plongée étant privilégiées. Pension complète uniquement.

Desroches

Desroches Island Lodge ****
– Mahé, tél. 22 90 09,
– Desroches, tél. 22 90 03, fax 22 90 02,
www.naiade.mu
22 bungalows pour jouer les Robinson, perdus sur

la petite île de Desroches. L'hôtel est le seul de l'île, et le séjour est en pension complète. Sur la plage de sable blanc qui entoure l'île, on peut pratiquer la plongée, la planche à voile et la pêche au gros.

Frégate

Frégate Island Private ****

tél. 67 01 00, fax 67 09 00, www.fregate.com

Situé dans une île paradisiaque, l'hôtel compte 16 villas de 185 m² dont 14 perchées sur la falaise et ayant une vue imprenable sur le lagon. de nombreuses activités sont proposées aux hôtes, comme la plongée, la pêche, le VTT, le Hobbie Cat…Mais le paradis a un coût : il faut compter environ 1 900 € pour une nuit auxquels il faut ajouter 750 € de transfert en avion depuis Mahé.

North Island

North Island ****

tél. 9 31 00, fax 29 31 50, www.north-island.com

Conçu tel une arche de Noë, ce projet environnemental a permis à des espèces en voie de disparition de se régénérer. Les 11 vastes villas privées jouissent d'une merveilleuse intimité dans un cadre exceptionnel.

Île au Cerf

Cerf Private Lodge ***

tél. 29 45 00

Sur la côte nord-ouest, 5 luxueux bungalows en bois tropical couverts de feuilles de palmier offrent un dépaysement total à une quinzaine de minutes de bateau seulement de Victoria.

Silhouette

Silhouette Island Lodge ****

Anse La Passe, tél. 22 40 03, fax 22 48 97

Douze bungalows, bien équipés, pour les amoureux de nature sauvage et de solitude. Plongée, pêche, randonnées en montagne et excursions en mer.

OÙ SE RESTAURER

La cuisine seychelloise est délicieuse. Les hôtels servent des repas variés et dressent souvent des buffets, mais c'est dans les restaurants créoles et non dans les hôtels que l'on goûtera les véritables spécialités locales. Il est préférable de réserver sa table pour le dîner (servi de 18h30 à 22h30). Le curry seychellois – ou cari – étant particulièrement relevé, on peut demander que la sauce soit servie à part.

Les prix ci-dessous représentent un repas pour une personne. Ils sont indiqués en roupies seychelloises, car les notes de restaurant, contrairement aux notes d'hôtel, se règlent souvent dans la monnaie locale.

****	plus de 400 Rs
***	de 300 à 400 Rs
**	de 200 à 300 Rs
*	moins de 200 Rs

A Mahé

Victoria

Kaz Zanana Café **

Revolution Avenue, tél. 32 41 50

Coquette maison en bois où l'on peut savourer des sandwichs, des salades et d'excellentes pâtisseries.

Le Marinier *

Inter-Island Quay, tél. 22 49 37

Les odeurs émanant de la conserverie de thon juste en face ne font pas du Marinier un lieu de détente rêvé, mais il est idéal pour un petit en-cas, léger ou roboratif, en attendant le ferry.

Pirates Arms **

Independence Avenue, tél. 22 50 01

Le rendez-vous à la mode. Sandwichs, plats simples mais savoureux et menu renouvelé tous les jours.

Rendezvous ***

Victoria House, Francis Rachel Street, tél. 32 35 56

Au 1er étage de la Victoria House, la salle ouvre sur la tour à l'Horloge. Cette adresse réputée est toujours bondée à l'heure du déjeuner, les hommes d'affaires venant se repaître de bons petits plats. Beaucoup plus tranquille le soir.

Sam's pizzeria **

Maison Suleman, Francis rachel street,
tél. 34 42 99

Un excellent restaurant aux tarifs raisonnables. Une ambiance conviviale et des menus vaiés. Au 1er étage, on domine la rue principale, assez encombrée.

Anse à la Mouche

Anchor Café *

à côté du Blue Lagoon
tél. 37 12 89

Face à la plage : saucisses, hamburgers, *fish and chips*, snacks divers et glaces. Ferme à 21 h.

Anse aux Pins

Vye Marmit Restaurant ***

Village artisanal, tél. 37 61 55

Un endroit très agréable, où l'on déguste une excellente cuisine créole sous la véranda. Le restaurant sert aussi une cuisine internationale.

Anse aux Poules Bleues

La Sirène ***

tél. 36 13 39

Ce petit restaurant de plage sert de savoureux plats créoles. À déjeuner uniquement. Le personnel n'est pas très pressé.

Anse Boileau

Chez Plume ***
tél. 35 50 50
Un excellent restaurant de poisson. Délicieux desserts à base de fruits exotiques.

Anse Intendance

Jolie Rose Café**
tél. 22 54 51
Près de la plage, sous les cocotiers. Nourriture correcte, mais sans grande originalité.

Anse Royale

Kaz Kreol **
tél. 37 16 80
Sur la plage, un grand choix de plats bon marché : pâtes, caris, salades et *fish and chips.*

Le Jardin du Roi **
tél. 37 13 13
Ce restaurant sert une cuisine délicieuse à des prix raisonnables dans un cadre rehaussé de plantes et d'arbustes ornementaux. Le dimanche, buffet proposant toutes sortes de caris. Les desserts sont exquis. Mieux vaut réserver.

Beau Vallon

Baobab Pizzeria *
tél. 24 71 67
Une véritable institution seychelloise où l'on vient manger en plein air une pizza ou des pâtes. Généralement bondé après 19 h et le week-end.

The Boat House **
tél. 24 78 98
Réputé pour ses poissons grillés. Buffet créol tous les soirs. Réservation indispensable. Ouvre à 19h30. Fermé le lundi.

Mahek Restaurant **
tél. 62 18 35
Sans doute aucun, voici le meilleur restaurant indien des Seychelles. Tous les plats sont préparés à votre convenance, question épices.

La Perle Noire ***
tél. 62 02 20
À deux pas de l'hôtel Coral Strand, ouvert seulement le soir. Cuisine internationale, italienne et créole.

Bel Ombre

La Scala ****
tél. 24 75 35
Plats italiens, créoles, français, avec une dominante de poissons, servis à des prix raisonnables. Le soir seulement, du lundi au samedi. Réservation conseillée.

Le Corsaire ****
tél. 24 71 71, mob. 51 51 71
Dans le cadre romantique d'une maison de bois de style créole qui domine l'océan , on peut déguster une délicieuse cuisine créole, mais aussi italienne, et internationale. Le restaurant ouvre à 19h30 et est fermé le lundi. Il est conseillé de réserver.

Saint-Louis

Marie-Antoinette ***
Tél. 26 62 22
Ce restaurant installé dans une ancienne plantation, au pied de Signal Hill, sert sans doute la meilleure cuisine créole de l'île : steak de thon, vivaneau bourgeois grillé, cari de poulet ou poisson en cassolette à faire suivre d'une salade de fruits accompagnée d'un sorbet et d'un délicieux café. Réservation conseillée.

A PRASLIN

Amitié

Touchdown Restaurant **
tél. 23 36 55
L'aérodrome n'est sans pas votre cadre rêvé pour un dîner en amoureux, mais il conviendra parfaitement pour un repas convivial autour d'une cuisine simple mais délicieuse, notamment les gâteaux, tout en regardant décoller et atterrir les petits avions. Prix très raisonnables.

Anse La Blague

Vanille Beach Bar **
tél. 23 21 78
Agréable terrasse donnant sur la mer et cuisine de qualité, caractérisée par des spécialités de poissons.

Anse Bois de Rose

Black Parrot ***
tél. 23 39 00
Décor de rêve dominant une jolie baie, cuisine de la mer excellente.

Anse Lazio

Bonbon Plume ****
tél. 23 21 36
À l'ombre des parasols, face à une plage d'une exceptionnelle beauté, les connaisseurs viennent ici déguster une cuisine française riche de tous les parfums des îles, avec une dominante de crustacés. Réservation conseillée.

Anse Volbert

Tante Mimi ****
Casino des îles, tél. 23 25 00
Cuisine inventive et d'une qualité exceptionnelle, dans un décor de style colonial. Le service est irréprochable, comme il se doit de l'un des meilleurs restaurants de l'archipel. Le soir, des navettes raccompagnent les clients à leur hôtel respectif. Le dimanche, déjeuner-buffet sur la terrasse. Réservez !

La Goulue café **
tél. 23 22 23
Un restaurant simple et calme, sur la plage. On y sert une cuisine créole de qualité, ainsi que quelques spécialités locales et des snacks. Ouvert de 12h à21 h. Fermé le dimanche. Réservation conseillée.

Grand'Anse

Britannia Restaurant **
tél. 23 32 15
Cuisine créole de grande classe. Avec un peu de chance, on voit passer les rarissimes perroquets noirs qui nichent dans les arbres voisins.
Capri Restaurant ***
tél. 28 38 88
La meilleure table de Grand'Anse. Cuisine méditerranéenne aux accents créoles que l'on déguste dans un ravissant jardin. Réservation conseillée.

Grosse Roche, La Pointe

Les Rochers ****
tél. 23 30 34
Cuisine de grande classe et prix à l'avenant. Le restaurant est très réputé pour ses fruits de mer que l'on peut déguster face à la mer. Il est conseillé de réserver.

A La Digue

Grand'Anse

Loutier Bar & Restaurant **
(pas de téléphone)
L'adresse indispensable pour ceux qui visitent ce côté de l'île ! Plats créoles, omelettes et délicieux sandwichs à des prix raisonnables servis sous une paillote au bord de la plage. Fermé le soir.

Anse la Réunion

Zerof Restaurant and Takeaway **
tél. 23 44 39
Situé à l'opposé de la Réserve de Vev' Nature, le restaurant propose une cuisine créole locale et des plats locaux. Le Zerof ferme à 21h30. Réservation conseillée.

Îles satellites

Les restaurants situés sur les îles satellites de Mahé, tels que le **Kapok Tree** sur l'île au Cerf, le **Jolly Roger Bar & restaurant** sur l'île Moyenne, **Chez Gaby**, sur Round Island, ou **Thérèse Island Restaurant** et **Piment Vert** sur Anonyme Island, sont ouverts uniquement pour les touristes en excursions, organisées par une agence de voyage locale. Ils servent un buffet simple mais garni, avec notamment de la viande grillée. A déguster dans un décor de rêve.

BIBLIOGRAPHIE

Histoire et société

Filliot (J.-M.), *Histoire des Seychelles*, ministère de l'Éducation et de l'Information, République des Seychelles/ministère des Relations extérieures, France, 1982.
Koechlin (B.), *Les Seychelles et l'océan Indien*, L'Harmattan, Paris, 1984.
Toussaint (A.), *Histoire de l'océan Indien*, PUF, coll. « Que sais-je ? », Paris, 1981.

Langue et littérature

Anthologie de la poésie seychelloise, Presses du Développement, Saint-Leu, 1984.
Abel (A.), *Contes et poèmes des Seychelles*, P.-J. Oswald, Paris, 1977 ;
Coco sec, P.-J. Oswald, 1977 ;
Une Tortue se rappelle, P.-J. Oswald, 1977.
Bollée (A.), *Le Créole français des Seychelles, esquisse d'une grammaire, textes, vocabulaire*, Tübingen, Max Niemeyer Verlag, 1977.
Carayol (M.) et Chaudenson (R.), *Lièvre, Grand-Diable et autres contes de l'océan Indien*, Edicef, Paris, 1979.
Prudent (L.-F.), « Seychelles », *in Anthologie de la nouvelle poésie créole*, Éditions Caribéennes/ACCT, Paris, 1984.

Nature

Collectif, *Guide nature de l'Océan Indien, Madagascar, Comores, Seychelles, Maurice, Réunion*, Institut royal de sciences naturelles de Belgique, Duculot, Paris, 1982.
Friedmann (F.), *Flore des Seychelles, dicotylédones*, Orstom Éditions, Paris, 1994 ;
Fleurs et arbres des Seychelles, Delroisse, Paris, 1986.
Peny (M.), *Birds of Seychelles*, Collins, Londres, 1992.
Skerett (A.), Bullock (I.) & Disley (T.), *Birds of Seychelles*, A & C Black, 2000.

Beaux livres

Amin (M.), Skerett (A. & J.) & Willet (D.), *Aldabra, World Heritage Site*, Camerapix, Nairobi, 1995.
Amin (M.), Skerett (A. & J.) & Willet (D.), *Journey through Seychelles*, Camerapix, Nairobi, 1994.
Pavard (Cl.), *Les Seychelles à vol d'oiseau*, Oasis Productions, Sèvres, 1999.

PETIT LEXIQUE CRÉOLE

Bonjour	Bonzour
Bon après-midi/Bon soir	Bonswar
Comment…	Kouman…
...vous appelez-vous ?	…ou apélé ?
Je m'appelle	Mo apel
Comment allez-vous ?	Konman sava ?
Je vais bien, merci	Mon byen mersi
S'il vous plaît	Silvouplé
Merci	Mersi
D'accord	Korek
Excusez-moi	Eskiz
Qu'est-ce que c'est ?	Ki sa ?
Où ?	Ki koté ?
Quand ?	Kiler ?
Tout à l'heure	Taler
À bientôt	Oplezir
Maintenant	Konmela
Plus tard	Plitar
Aujourd'hui	Ozordi
Demain	Demen
Je séjourne dans un hôtel	Mon resté lotel
Je ne sais pas	Mon pa konnen
Je ne comprends pas	Mon pa konpran
Parlez plus lentement, s'il vous plaît	Kozé pli lantman, silvouplé
Où puis-je trouver…	Koté mon kapab ganny…
…un taxi ?	…en taksi ?

URGENCES

Appelez une ambulance	Apel lanbilans
Appelez la police	Apel lapolis !
Au feu !	Difé !
Au secours !	Sékour !
Je ne me sens pas bien	Mon pa byen
Ils ont eu un accident	Zot in ganny en aksidan
Il nous faut un docteur	Nou bezwen en dokter
Où puis-je trouver…	Koté mon pou ganny…
…un téléphone ?	…en telefonn ?
Où est la clinique…	Kote klinik pli pré…
…la plus proche SVP ?	…silvouplé ?

ACHATS

Ouvert	Ouver
Fermé	Fermen
Avez-vous... ?	Eski ou annan... ?
Combien cela vaut-il ?	Konbyen sa ?
Acceptez-vous…	Eski ou pran…
…les cartes de crédit ?	…kart kredi ?
Je ne fais que regarder	Mon pé rodé selman
Je prendrai celui-ci	Mon pran sa enn.
C'est trop cher	I tro ser
Marché	Bazar
Argent	Larzan
Journal	Gazet
Bureau de poste	Lapos
Magasin	Laboutik
Où puis-je trouver une banque ?	Koté labank ?

SITES

Aéroport	Erport
Arrêt de bus	Bestop
Banque	Labank
Case/Kaz/Lakaz	Maison
Cascade	Kaskad
Église	Légliz
Jardin	Zarden
Lac	Lak
Montagne	Montanny
Rivière	Larivyer
Ville	Lavil
Village	Vilaz

À L'HÔTEL

Chambre	Lasanm
Lit	Lili
Petit déjeuner	Ti dézennen
Piscine	Pisin

AU RESTAURANT

Repas	Manzé
Déjeuner	Dezenen
Dîner	Dinen
Menu	Meni
Addition	Kont
Produits de base	
Diri	Riz
Dipen	Pain
Diber	Beurre
Disel	Sel
Dipwav	Poivre
Lasos piman	Sauce piment
Viandes	
Cabri	Chevreau
Cochon marron	Sanglier
Dizef	Œufs
Kannar	Canard
Lavyann koson	Porc
Poul	Poulet
Boissons	
Ayskrim	Glace
Delo mineral	Eau minérale
Delo gazé	Eau gazeuse
Diven	Vin

Labyer	Bière
Zifri	Jus de fruit
Dilé	Lait
Disik	Sucre
Dité	Thé
Dité lavani	Thé à la vanille
Kafé	Café
Ronm	Rhum

Fruits et légumes

Brèdes	Feuilles de plantes potagères
Brenzel	Aubergine
Chouchou	Cucurbitacée proche de la courgette
Fri	Fruit
Friyapen	Fruit à pain
Giraumon	Citrouille
Grains	Légumes secs
Limon	Citron
Pistache	Cacahuète
Pois	Fèves, haricots, lentilles

Poisson et fruits de mer

Bichiques	Alevins
Bourgeois/Bourzwa	Vivaneau bourgeois
Camaron/Kanmaron	(Grosses) Crevettes
Cateau	Poisson-perroquet
Coco-cono	Bulot
Cordonnier	Poisson-chirurgien
Krab	Crabe
Oumar	Homard
Ourite/Zourit	Poulpe
Zob	Vivaneau ou chien vert

Spécialités mascareignes

Achards : légumes émincés et confits dans du vinaigre épicé.
Bol renversé : viande épicée et riz.
Bonbon/gâteau piment : beignets pimentés à base de gros pois.
Bouchon : boulette de viande enrobée de pâte de riz.
Cari : viande ou poisson mijoté dans une sauce à base de condiments et d'épices.
Chatini/chutney : mélange d'épices et de condiments écrasés.
Meefoon : vermicelle.
Mine frit : nouilles frites.
Rougail : condiment à base de piment, de gingembre, de safran, d'ail et, au choix, de tomates, de citron, de cacahuètes, etc.
Samoussa : beignet farci à la viande, au poisson ou aux légumes.

Spécialités seychelloises

Kari koko zourit : cari de poulpe au lait de coco.
Ladob : dessert crêmeux à la banane et à la patate douce.
Tektek : coquillage qui ressemble au bigorneau.

MARIAGES DE RÊVE

L'océan, les plages de sable blanc, les palmiers et les couchers de soleil... les îles de l'Océan Indien constituent le décor idéal pour un mariage romantique. Cependant, il ne faut pas négliger les quelques formalités pour que tout soit parfait.
Mieux vaut laisser à l'agence de voyages spécialisée l'organisation de la noce. Il faut compter un délai de **6 mois** pour les réservations comme pour la préparation des actes de mariage.

FORMALITÉS

Il faut envoyer des photocopies des documents suivants **10 semaines** avant le jour J et penser à apporter ensuite les originaux sur place :
- certificats de naissance ;
- passeports ;
- acte de divorce si l'un des futurs conjoints est divorcé ;
- en cas de décès du (de la) précédent(e) conjoint(e), son certificat de décès et le premier certificat de mariage ;
- en cas de changement du nom de famille, le document officiel attestant de la légalité de ce changement ;
- le certificat d'adoption si l'un des deux conjoints a été adopté ;
- les certificats de baptême pour un mariage religieux.

SUR PLACE

Délais

Maurice les couples doivent être sur place au moins 24 heures avant le mariage civil et 15 jours avant le mariage religieux.
Seychelles il leur faut être sur place au moins 11 jours avant la date du mariage. Mais ce délai peut être ramené à 3 jours moyennant le versement de 100 Rs (somme souvent comprise dans le forfait du TO).

Préparatifs de dernière minute

Il faut se rendre au bureau local de l'état civil (Civil Status) pour s'assurer que tous les papiers sont en règle, puis à la Cour suprême, où seront délivrés les certificats de mariage.

A l'île Maurice

Registrar of Civil Status
7e étage, Emmanuel Anquetil Building,
Sir S. Ramgoolam Street, Port Louis,
tél. (230) 201 17 27

Aux Seychelles

The Registrar, Civil Status Office
PO Box 430, Victoria, Mahé, tél. (248) 22 40 30

Couverture
Petit voilier de pêche
de Rodrigues
© Philippe Royer/Hoa Qui

AKG London 50-51, 62, 245
N. Akhoun/Office du tourisme de la Réunion 184g, 217, 230
J. L. Allegre/Office du tourisme de la Réunion 182
Jane Anderson 111, 324
Heather Angel 86
The Art Archive 242, 244
Axiom/Chris Caldicott 48-49, 76, 334
Mike Birkhead/Oxford Scientific Films 267g
Chris Caldicott 68-69, 70-71, 85, 146
Camerapix 16-17, 18, 20, 40, 41, 84, 147, 154, 256, 257, 258g, 258d, 259, 260g, 262, 272, 273, 275, 293h, 295h, 296, 299, 300, 301, 302, 304, 305, 310, 323, 326h, 333h, 338, 346h, 351
Marina Carter 19, 55, 58, 61, 64, 67, 250
Cephas/Top/Daniel Czao 238, 280
Gerald Cubitt 130, 143, 352
Michael Dick/OSF 129h
Tony Disley 321
H. Douris/Office du tourisme de la Réunion 183
David B. Fleetham/OSF 42
Ffotograff 65, 66, 87, 90, 96, 106h, 107, 110, 113, 126, 154h, 158h, 162, 174, 180, 264, 313, 322, 322h, 331
Glyn Genin 8-9, 24-25, 28, 31, 144
Max Gibbs/OSF 270
Giraudon 54, 56, 57, 59, 60, 247, 248d
Michel Gotin 22, 23, 26, 30, 78, 79, 82, 106, 108, 116, 133, 136, 140, 149, 153, 172, 176, 194, 195, 199, 204, 207, 215, 216, 220, 221, 231
Emily Hatchwell 35, 105h, 115h, 119, 125, 125h, 141, 143h, 146h, 148, 175, 199h, 206h, 210, 219, 221h, 228, 228h
Henon-Hilaire/Office du tourisme de la Réunion 184d
Richard Herrmann/OSF 97, 276
Les Holliday 43, 94, 319h, 343, 345
Andrew Holt 4-5, 294h
Dave G. Houser 290h, 295
Michael Jenner 291, 292
Tom Leach/OSF 265
Fred Mawer 37, 119h, 214
Buddy Mays/Travel Stock 281, 297, 319
Sheila McKinnon 303
National Maritime Museum 246
NHPA/Daniel Heuclin 179
NHPA/Dave Watts 91
NHPA/Julie Meech 268
NHPA/Martin Harvey 200
NHPA/Patrick Fagot 327h
Stan Osolinski/OSF 308h
Popperfoto 252
Michael W. Richards/OSF 325
Eric Roberts 14, 21g, 32, 52, 75, 83, 88, 89, 98-99, 100, 102, 103, 105, 109, 112, 115, 117, 117h, 118, 121, 123, 127, 128, 129, 131, 134, 135, 135h, 137, 145, 149h, 150, 151, 156, 157, 159, 160, 161, 161h, 163, 170, 171, 173, 177, 181, 185, 186, 187, 190-191, 192, 201, 205, 206, 208, 209, 211, 212, 213, 213h, 214h, 222, 222h, 224, 225, 227, 227h, 229
David Sanger 21d, 74, 77, 109h, 120, 122, 153h, 155
Seychelles Underwater Centre 271
Adrian Skerrett 236-237, 243, 248g, 249, 251, 266, 267d, 269, 294, 297h, 298h, 303h, 308, 311, 317, 339, 341h, 346, 351h
Richard Paine Smith 263, 291h, 298, 307, 317h, 318
Still Pictures 166-167, 168, 178, 223
Soames Summerhays/Biofotos 38-39
Nigel Tisdall 334h, 340, 340h, 341
Ian Took/Biofotos 274
Topham Picturepoint 253
Paul Turcotte 4b, 6-7, 12-13, 27, 29, 33, 34, 36, 92, 234-235, 240-241, 254-255, 260d, 261, 277, 278, 279, 282-283, 289, 293, 301h, 309, 314, 315, 320, 328, 330, 333, 335, 336, 337, 342, 344h, 347, 348, 349
Nigel Westwood 132
Duncan Willetts/Camerapix 232-233
Marcus Wilson-Smith 10-11, 72, 93, 95, 306, 312, 327
W. Wisniewski/OSF 329

Pages 46-47
– Haut, de gauche à droite : **Michael Jenner, Cephas/Alain Proust, Michel Gotin, Paul Turcotte**
– Milieu, de gauche à droite : **Adrian Skerrett, Adrian Skerrett, NHPA/N. A. Callow**
– Bas, de gauche à droite : **Paul Turcotte, Heather Angel, G. I. Bernard/OSF, Adrian Skerrett**

Pages 80-81
– Haut, de gauche à droite : **David Sanger, Michel Gotin, Ffotograff, Chris Caldicott**
– Milieu, de gauche à droite : **Emily Hatchwell, Eric Roberts, Ffotograff**
– Bas, de gauche à droite : **Michel Gotin, Ffotograff, David Sanger, Ffotograff**

Pages 138-139
– Haut, de gauche à droite : **Densey Clyne/OSF, Eric Roberts, Eric Roberts, Glyn Genin**
– Milieu, de gauche à droite : **Ffotograff, Eric Roberts, Michel Gotin**
– Bas, de gauche à droite : **David Sanger, Roger Viollet/Cap-Viollet**

Pages 188-189
– Haut, de gauche à droite : **Serge Gelabert, Eric Roberts, Eric Roberts, Office du tourisme de la Réunion**
– Milieu, de gauche à droite : **Heather Angel, Robert Harding**
– Bas, de gauche à droite : **Emily Hatchwell, Marcus Wilson-Smith, Eric Roberts, Eric Roberts**

Cartes
Colin Earl

Édition : **Zoë Goodwin**

Conception graphique
Carlotta Junger, Graham Mitchener

Recherche iconographique
Hilary Genin, Monica Allende

Fabrication
Stuart A. Everitt

INDEX

A

Abolition de l'esclavage, 63, 250
Adams (Michael), 263, 297
African Banks (Sey), 346
Aigrettes, île aux (Mau), 90, **129**
Aigrettes, réserve naturelle de l'île aux (Mau), 32
Aldabra, archipel d'(Sey), 240, 350
Aldabra, atoll d' (Sey), 30, 241, 269, 275, 329, 343, **350**
Aldabra, râle d', voir Râle d'Aldabra
Aldabra, réserve d' (Sey), 265
Aldabra, station de recherche (Sey), 343
Aldabra, tortue d', voir Tortue terrestre géante
Alexandra, chutes (Mau), 147
Allée Tamarin (Rod), 160
Alphonse, atoll d' (Sey), 33, 275, 276, 277, 347
Alphonse, groupe d' (Sey), 240, 347
Ambre, île d' (Mau), 120
Amirantes, groupe des (Sey), 240, 241, 344
Amitié (Sey), 319
Andrea (Mau), 136
Anglais, cap (Réu), 187
Anglais, puits des (Réu), 209
Anse à la Mouche (Sey), 297
Anse aux Anglais (Rod), 159
Anse aux Poules Bleues (Sey), 297
Anse Banane (Sey), 335
Anse Bateau (Sey), 319
Anse Boileau (Sey), 298
Anse Bois de Rose (Sey), 319
Anse Boudin (Sey), 318
Anse Bouteille (Rod), 162
Anse Citron (Sey), 319
Anse Cocos (Sey), 33, 335
Anse Consolation (Sey), 319
Anse Étoile (Sey), 302
Anse Fourmis (Sey), 335
Anse Gaulettes (Sey), 335
Anse Georgette (Sey), 33, 318
Anse Gouvernement (Sey), 296
Anse Grosse Roche (Sey), 335
Anse Intendance (Sey), 33, **296**
Anse Kerlan (Sey), 33, 319
Anse La Blague (Sey), 317
Anse La Farine (Sey), 317
Anse La Réunion (Sey), 332
Anse Lascars (Sey), 313
Anse Lazio (Sey), 33, 36, 318
Anse Major (Sey), 301
Anse Marie-Louise (Sey), 319
Anse Mondon (Sey), 313
Anse Patates, La Digue (Sey), 335
Anse Patates, Silhouette (Sey), 313
Anse Possession (Sey), 317
Anse Royale (Sey), 295
Anse Saint-José (Sey), 322
Anse Sévère (Sey), 335
Anse Soleil (Sey), 33, **297**
Anse Source d'Argent (Sey), 33, 36, **334**
Anse Takamaka, Mahé (Sey), 296
Anse Takamaka, Praslin (Sey), 318
Anse Victorin (Sey), 33, 309
Anse Volbert, ou Côte d'Or (Sey), 317
– galerie des Arts, 263
Arc-en-ciel, cascade de l' (Réu), 206
Architecture créole, 175
Aride (Sey), 247, 265, 328, 329
Arsenal (Mau), 115
Arsenal, baie de l' (Mau), voir Baie aux Tortues
Assomption (Sey), 33
Assomption (Sey), 351
Astove, île d' (Sey), 275, 351
Auberge de Bougainville (Sey), 175
Aurère (Réu), 187
Ave Maria (Sey), 275
Avirons, Les (Réu), 212

B

Baie Cipailles (Sey), 313
Baie du Cap (Mau), 131
Baie du Tombeau (Mau), 113
Baie Laraie (Sey), 322
Baie Lazare (Sey), 296
Baie Sainte-Anne (Sey), 315
Baie Ternay (Sey), 271, 299
Balaclava (Mau), 115
Baladirou (Rod), 160
Bambous (Mau), 141
Bambous, rivière (Sey), 309
Baril, Le (Réu), 209
Basse-Vallée (Réu), 187, 209, 220
Bassin Blanc (Mau), 91, 132
Bastille, la (Sey), 302
Beau Bassin (Mau), 151
Beau Vallon (Sey), 33
Beau Vallon, baie de (Sey), 277, 301
Bébour, forêt de (Réu), 179, 187
Bébour-Bélouve (Réu), 185
Bébour-Bélouve, forêt de (Réu), 222
Bel Air (Mau), 136
Bel Ombre (Mau), 131, 302
Bélier, Le (Réu), 187
Bélier, îlet du (Réu), 227
Bellecombe, pas de (Réu), 187, 217, 219
Belle Mare (Mau), 123
Bellevue, col de (Réu), 223
Bélouve, camp de (Réu), 222
Bénitiers, île aux (Mau), 149
Bernardin de Saint-Pierre, Henri, 61, 120
Biberon, cascade (Réu), 222
Bijoutier (Sey), 348
Bird, ou île aux Vaches (Sey), 241, 269, **339-340**
Blue Bay (Mau), 129
Boileau, anse (Sey), 296
Bois Chéri, manufacture de thé de (Mau), 135
Bois-Blanc (Réu), 208
Bois-Court (Réu), 223
Bois-Rouge (Réu)
– Cascade de, 187
– Usine sucrière de, 205
Bonaparte, île (Réu), 62
Bonnet de Prêtre, col du (Réu), 231
Bory, cratère (Réu), 220
Both (Pieter), 58, 113, 128
– Rocher de Pieter Both, 121
Boucan-Canot (Réu), 214
Boudeuse (Sey), 344, **346**
Bourbon, île (voir aussi La Réunion), 59, 60, 62, 246, 247
Bourg-Murat (Réu), 217
Bowers (Tom), 263, 298
Brabant, morne (Mau), 144, **149**
Branles, lande des (Réu), 187

Bras-Panon (Réu), 206
Bras-Sec, forêt de (Réu), 231
Brissare Rocks (Sey), 275
Britannia (Mau), 135
Brûlé, Le (Réu), 200
Buse, la, ou Olivier Le Vasseur, 159, 174, 214, 215, 245, 246, 302

C

Cachée, île (Sey), 304
Cafres, plaine des (Réu), 183, 217, 221, 223
Camp Frigate (Sey), 351
Camp Mamode (Réu), 186
Candos, colline du (Mau), 153
Canon, pointe (Rod), 160
Cap Malheureux (Mau), 118
Carana, anse de (Sey), 302
Cascade (Sey), 294
Cascades, anse des (Réu), 207
Casela, jardin aux Oiseaux de (Mau), 144
Cavadee, ou Thai Poosam (fête hindoue, Mau), **80-81**, 153, 174
Caverne Patate (Rod), 161,162
Caverne Provert, plage de (Rod), 159
Caves, anse aux (Rod), 159
Caves, pointe aux (Mau), 141
Cendrillon, jardin de (Réu), 200
Centre de Flacq (Mau), 123
Cerf, île au (Sey), 303
Cerfs, île aux (Mau), 125
Chamarel (Mau), 147
– cascade, 147
– terres de sept couleurs de, 147
Chamouny (Mau), 132
Champ-Borne (Réu), 206
Chapelle de Rosemont (Réu), 220
Chasseur, domaine du (Mau), 126
Château Saint-Cloud (Sey), 175, **333**
Chaudron, cascade du (Réu), 200
Chauve-Souris, île (Sey), 317
Chemin Bois Rouge (Réu), 200
Chemin Grenier (Mau), 132
Chicots, plaine des (Réu), 179, 180
Cilaos (Réu)
– bourgade de, 187, 229
– cirque de, 183, 185, 187, 225, **229**
– maison de la Montagne, 183, 184, 186, 230
Cimendef (Réu), 227
Citrons, rivière (Mau), 115
Climat, 32
Coco de mer, **320**, 321
Coco-fesses, voir Coco de mer
Cocos, île (Sey), 336
Cocos, île aux (Rod), 162
Cocos, pointe (Sey), 319
Code noir, 61
Coin de Mire (Mau), 118
Colimaçons, ravine des (Réu), 212
Colimaçons-des-Hauts (Réu), 213
Colorado, parc de loisirs de (Réu), 200
Colosse, Le (Réu), 206
– Temple tamoul, 206
Commerson, cratère (Réu), 219
Compagnie anglaise des Indes orientales, 245, 311
Compagnie française des Indes orientales, 59, 60, 103, 121, 153, 157, 171, 195, 198, 210, 214, 215, 228, 246, 247
Compagnie hollandaise des Indes orientales (VOC), 58, 113, 126
Cônes, 44
Conservatoire botanique national de Mascarin (Réu), 213
Corail, ferme (Réu), 212
Corniche, route (Réu), 215
Corps de Garde, montagne du (Mau), 141, 153
Cosmoledo, 275, 351
Côte d'Or, voir Anse Volbert
Cousin (Sey), 325, 326
– Réserve naturelle de, 265
Cousine (Sey), 326, **327**
Crabe violoniste, 322
Crécerelle de Maurice, 88, 91
Crécerelle des Seychelles, 268
Créole, 20, **23**, 143, 171, 258, 261, **410**
– Institut créole (Sey), 295
Croc Parc (Réu), 212
Cuisine
– Mau, 83-85
– Réu, 176-177
– Sey, 279-281
Curepipe (Mau), **154**, 175
– jardins botaniques de, 46
Curieuse, île (Sey), 317, 320, **322**, 325
– Parc national marin, 271, 322

D-E

D'Arros (Sey), 28, 343, **346-347**
Dame Le Roi, chemin (Sey), 297
Danzilles (Sey), 301
Daros (Sey), 326
Darwin (Charles), 344
Dauban (Auguste), 311
Dauban, mont (Sey), 311
Decaen (Charles), 62, 127
Denis (Sey), 36, 241, 276, **340**
Desnœufs (Sey), 344, **346**
Desroches (Sey), 33, 36, 275, 276, 343, **344**, 345
Desroches Drop (Sey), 275, 345
Deux-Bras (Réu), 187
Deuxième-Village (Réu), 221
Digue, La (Sey), 35, 247, 276, 277, **331-336**
– Barbara Jensen Studio, 263
Digue Rock, La (Sey), 333, 334
Divali (fête hindoue, Mau), 80
Dodo de Maurice, 58, **67**, 91, 162, 199
Dolomieu, cratère (Réu), 220
Dos-d'Âne (Réu), 187
Dufour, caverne (Réu), 187, 229
Dufresne d'Arsel (Guillaume), 59
Écho, l' (Réu), 221
Enchaing, piton d' (Réu), 229
Enclos Fouqué (Réu), 187, 188, 217
Ennerdale, épave de l' (Sey), 275
Escalier (Mau), 136
Étang-Salé-les-Bains, L' (Réu), 211
Étang-Salé-les-Hauts, L' (Réu), 212
État, jardin de l' (Réu), 46
Étoile (Sey), 344, **346**
Eurêka, maison (Mau), **153**, 175
Expédit, saint (Réu), 208, 223

F

Farquhar (Robert), 62
Farquhar, archipel de (Sey), 33, 240, **349**

Farquhar, atoll de (Sey), 241, 350
Faune, 38-40, **41-45**
– Mau, **67**, **87-91**, 97
– Réu, **179-181**
– Sey, 236-237, **265-269**, **271-274**, 276-277, 304, 313, 315, 321, 325, **327**, **329**, 336, 341, 343, 345
Flore, **46-47**
– Mau, **90**, 120
– Réu, **181**, 200, 221, 223
– Sey, **269**, 294, **320**
Félicité (Sey), 28, 335, **336**
Fenêtre, La (Réu), 211
Ferme, La (Rod), 161
Fêtes indo-mauriciennes (Mau), 80-81
Flacq, plaine de (Mau), 123
Flic en Flac (Mau), 29, 93, **141**
Floréal (Mau), 155
Florentin (Sey), 346
Foc-Foc (Réu), 187
Foc-Foc, plateau de (Réu), 220
Folio, villa (Réu), 228
Fond de l'Anse (Sey), 319
Forest Side (Mau), 155
Formica Léo (Réu), 219
Fort-Dauphin (Madagascar), 59
Fouche, La (Sey), 336
Fourche, morne de (Réu), 227
Fournaise, piton de la (Réu), 183, 184, 187, **188-189**, **217**, 218
Français, puits des (Réu), 209
France, île de (voir aussi Île Maurice), 60, 246, 247, 249
Frégate (oiseau), 328, **329**, 351
Frégate (Sey), 28, 36, 276, **307-309**, 326

G

Gabriel, îlot (Mau), 119
Galets, rivière des (Réu), 215
Ganesha Chaturthi (fête hindoue, Mau), 80
Gecko, 181, 268
Glacis (village, Sey), 241, 302
« Glacis » (relief, Sey), 302, 318
Goélette (Sey), 350
Goodlands (Mau), 119
Gorges de la rivière Noire, Parc national des (Mau), 46, 87, 89, 89, 90, 91, 131, 132, 145, **146**, 148, 155
Gorgone, 43, 274
Gouffre, le (Réu), 212
GR R1 (sentier de grande randonnée, Réu), 186, 226, 227, 227, 229, 231
GR R2 (sentier de grande randonnée, Réu), 186, 187, 231
Grand'Anse (Rod), 162
Grand'Anse, Frégate (Sey), 309
Grand'Anse, La Digue (Sey), 33, 334
Grand'Anse, Mahé (Sey), 298
Grand'Anse, Praslin (Sey), 319
Grand Baie (Mau), 29, 93, 94, 95, **117**
Grand Baie (Rod), 159
Grand Bassin (lac, Mau), 81, 87, **148**
Grand-Bassin, vallée de (Réu), 223
Grand Bénare (Réu), 226
Grand Brûlé (Réu), 207
Grand-Coude (Réu), 209
Grande Case Royale (Mau), 146
Grande-Chaloupe, La (Réu), 215
Grande Rivière Noire (village, Mau), 97, **145**
Grande Rivière Noire (rivière, Mau), 146
Grande Rivière Nord-Ouest (village, Mau), 141
Grande Rivière Sud-Est (village Mau), 125
Grande Rosalie (Mau), 121
Grande Sœur (Sey), 336
Grandes Pentes (Réu), 220
Grand Étang (Réu), 221, 222
– ferme équestre du (Réu), 185, 222-223
Grand Fond, morne (Sey), 318
Grand Gaube (Mau), 118
Grand Hazier, domaine du (Réu), 205
Grand Matarum, forêt du (Réu), 231
Grand Port (Mau), 125
Grand Rein, sommet du (Réu), 187
Grand Terre (Sey), 350
Grand-Îlet (Réu), 227
Grand-Place (Réu), 187
Gris-Gris, Le (Mau), 134
Gros La Tête (Sey), 328
Gros Morne (Réu), 186, 227

H

Harmonie, L' (Mau), 145
Hart (Robert Edward), 133
Hautes Plaines (Réu), 183, 220
Hell-Bourg (Réu), 175, 187, **228**
– *Folio*, villa, 228
Henrietta (Mau), 155
Hermitage, île de l' (Rod), 162
Hermitage-les-Bains, L' (Réu), 213
Heureuse, vallée (Réu), 220
Hodoul (Jean-François), 294, 313
Holi (fête hindoue, Mau), 80-81
Huîtres, baie aux (Rod), 160

I-J

Îles extérieures (Sey), 275, **343-351**
Îles intérieures (Sey), 240, 272
Îlet-à-Cordes (Réu), 231
Îlet-à-Vidot (Réu), 229
Îlet-Fleurs-Jaunes (Réu), 185, 231
Îlets-du-Bois-Rouge (Réu), 185, 231
Îlot, l' (Sey), 275
Industrie sucrière, 138-139, 212
Jardin d'Éden (Réu), 213
Jardin des Parfums et des Épices (Réu), 208
Jardin du Roy (Sey), 247, **295**

K-L

Kali, temple de (Réu), 205
Kaya, voir Topize (Joseph Reginald)
Kerveguen, Gabriel Le Coat de, 223
Krafft (Maurice et Katia), 218
L'Union Estate (Sey), 333
La Bourdonnais, îles de (Sey), 246
La Bourdonnais, voir Mahé de La Bourdonnais
La Caille (abbé de), 61
La Gogue, chemin (Sey), 303
La Misère, chemin (Sey),
La Mort, canal (Sey), 348
La Nicolière, lac de (Mau), 121
La Pérouse (Jean François de Galaup, comte de), 61
La Vanille Crocodile Park (Mau), 136

Langevin, morne (Réu), 220
Laval (père), 78, 110
Le Clézio (J.-M. G.), 153
Le Vasseur (Olivier), voir Buse, la
Leguat (François), 59, 157, 159, 160, 162
Les Cannelles, chemin (Sey), 297
Limon, mont (Rod), 160
Longue, île (Sey), 304

M

Ma Flore, pointe (Rod), 335
Macchabee Forest Trek, sentier (Mau), 146
Mafate (Réu), 184, 187, 200
Mafate, balcon sur (Réu), 227
Mafate, cirque de (Réu), 183, **187**, **225**, 231
Maha Shivaratree (fête hindoue, Mau), 81, 148
Mahé (Sey), 35, 60, 241, 245, 246, 249, **289-304**
Mahé de La Bourdonnais (Bertrand François), **60**, 103, 195, 197, 246, 247
Mahébourg, baie de (Mau), 58
Mahébourg (Mau), 60, 62, **127-128**
Maheswarnath (temple hindouiste, Mau), 115
Maïdo 1500, parc de loisirs (Réu), 227
Maïdo, piton (Réu), 184, **226**
Makes (Réu), 211
Malabar (Sey), 350, 351
Malenga (Mau), 121
Malheureux, cap (Mau), 118
Manapany-les-Bains (Réu), 209
Maniquet, cascade (Réu), 200
Manouilh, source (Réu), 187, 229
Mare Anglaise (Sey), 301
Mare aux Vacoas (Mau), 155
Mare-à-Vieille-Place (Réu), 227
Mare-Longue, forêt de (Réu), 208
Mare Soupape, La (Sey), 334
Maria (Réu), 226
Mariamen Kovil (temple hindou, Mau), 135
Marianne, île (Sey), 275, 336
Marie-Louise (Sey), 346
Marsouins, rivière des (Réu), 206
Mascareignes, les, 27, **53-67**, 57, 79, 103, 246, 249
Mascareignes, plateau des, 96
Masque (musée du), 110
Mât, rivière du (Réu), 227
Maurice, île (voir aussi Île de France), 27, 28, 53, 57, 63, 64, 65, **73**, **162**, 101, 246, 249
Michel James, 243, 253
Moka (Mau), 152
– *Eurêka*, maison, **153**, 175
Moka, rivière (Mau), 153
Mon Plaisir, maison (Mau) 121
Montagne, La (Réu), 200
Montagne, maison de la (Réu), 183, 184, 186, 230
Montagne, route de la (Réu), 200
Montagne Posée, chemin (Sey), 298
Mont Choisy (Mau), 116
Mont Kanaka (Mau), 148
Mont Lubin (Rod), 160
Mont Thabor (Mau), 151
Morne Brabant, péninsule du (Mau), 97, **149**
Morne Seychellois, Parc national du (Sey), 265, 299
– chemin Sans Souci, 299
– ruines de la Mission, 299
Morne, le (Mau), 149
Morphey (Corneille Nicolas), 247
Moyenne, île (Sey), 304
Musique et danse, 79, 174, 262

N

Neiges, piton des (Réu), 180, 183, 186, 187, 217, 223, 225, 227, 229, 231
Nez Coupé de Sainte-Rose (Réu), 220
Nez Coupé du Tremblet (Réu), 187, 220
Nez de Bœuf (Réu), 209, 219
Nid d'Aigles, montagne du (Sey), 333
Niagara, cascade (Réu), 205
Noddi, 180
Noire, gorges de la rivière (Mau), 36, 91, 147
Noire, rivière (Mau), 145
Nord, île du, ou North Island (Sey), 240, 301, 313, 350
North Island, voir Nord, île du
Notre-Dame-des-Laves (Réu), 207
Nouvelle, La (Réu), 226

O-P

Observatoire astronomique de la Réunion (Réu), 211
Observatoire volcanologique de la Réunion (Réu), 218
Offman Karl, 55, 66
Paille-en-queue, voir Phaéton « paille-en-queue »
Pailles, domaine des (Mau), 110
Palmiste-Rouge (Réu), 230, 231
Palmistes, plaine des (Réu), 183, 221
Pamplemousses, jardin botanique de (Mau), 46, 47, 115, **120**
Parakeet Trek, sentier (Mau), 146
Passe, île de la (Mau), 129
Passe, La, La Digue (Sey), 331
Passe, La, Silhouette (Sey), 312
Pêche à la mouche, 276, 277, 343, 348
Pêche au fond, 277
Pêche au gros, 97, 276, 341, 345
Pereybère (Mau), 118
Perruche de Maurice, 88, 91, 179
Petite Anse Kerlan (Sey), 318
Petite Anse, La Digue (Sey), 335
Petite Anse, Mahé (Sey), 297
Petite Anse, Praslin (Sey), 317
Petite France, La (Réu), 226
Petite-Île (Réu), 180
Petite-Plaine, La (Réu), 222
Petite Rivière Noire, piton de la (Mau), 144, 147
Petite Sœur (Sey), 336
Petit Gravier (Rod), 162
Pétrin (Le) (Mau),
– centre d'accueil du, 148
– jardin botanique du, 46, 148
Phaéton à brins rouges, 89, 329
Phaéton « paille-en-queue », 89, 180, 269
Phoenix (Mau), 154
Picard (Sey), 350, 351
Picault (Lazare), 60, 246, 307
Pieter Both, rocher de (Mau), 121
Pigeonnier, îlot (Mau), 119
Pigeon rose, 88, 91, 179
Pigeons, cascade (Rod), 89
Pistache, cascade (Rod), 161
Piton-Sainte-Rose (Réu), 207
Plaine Champagne (Mau), 146
Plaine-des-Cafres, La (Réu), voir Vingt-Troisième, Le
Plaine-des-Palmistes, La (Réu) 221

Plaine Saint-André,
écomusée de La (Sey), 295
Plantation House (Sey), 309
Plate, île (Mau), 89, **119**
Plongée, 45, 93-96, 271-272,
275, 341
Point du Jour, belvédère du
(Réu), 227
Pointe aux Canonniers,
péninsule de (Mau), 116
Pointe aux Piments (Mau), 115
Pointe aux Sables (Mau), 141, 145
Pointe Cèdre (Sey), 302
Pointe Conan (Sey), 302
Pointe Coton (Rod), 162
Pointe d'Esny (Mau), 129
Pointe Maravi (Sey), 296
Pointe Ramasse Tout (Sey), 312
Poiret (Pierre Louis), 249
Poisson-pierre, 95
Poivre (Pierre), 61, 121, 128,
198, **247**, 346
Poivre, atoll (Sey), 345
Poivre, île (Sey), 343, 346
Police Bay (Sey), 296
Polymnie (Sey), 350, 351
Pomponnette (Mau), 132
Population, **19-22**, 64, 75-78,
171-174, 257-262
Port Glaud (Sey), 298
Port Launay,
Parc national marin de (Sey),
271, 298
Port Louis (Mau), 61, 62, **103-110**, 113, 119
– Aapravasi Ghat, 108
– Amicale de Port Louis, 109
– Baie de, 58
– Caserne, 110
– Cathédrale Saint-Jacques, 107
– Cathédrale Saint-Louis, 107
– Caudan, 105
– Champ de Mars, 107
– Citadelle, 109
– Église et tombe du père Laval,
110
– Front de mer, 105
– Hôtel du Gouvernement, 106
– Hôtel Labourdonnais, 105
– Jardin de la Compagnie, 107
– Maisons coloniales, 107
– Marché central, 108
– Monument à Marie Reine de la
Paix, 110
– Mosquée Jummah, 109
– Moulin à vent, 105
– Musée d'Histoire naturelle, 106
– Musée de la Photographie, 107
– Musée de la Poste, 105
– Musée du Blue Penny, 105
– Office du tourisme, 105
– Palais de l'évêché, 107
– Place d'Armes, 106
– Plaine Verte (quartier
musulman), 109
– Quartier chinois, 108
– Temple chinois, 109
– Temple de Guan Di, 105
– Théâtre municipal, 107
– Trésor, 106
Port Mathurin (Rod), 157
Port Sud-Est (Rod), 162
Port-Impérial (Mau), 62
Port-Napoléon (Mau), 62
Port-Nord-Ouest (Mau), 60
Possession, La (Réu), 215
Poste Lafayette (Mau), 120
Pot à Eau (Sey), 313
Pouce (Mau), 151
Poudre d'Or (Mau), 119
Praslin (Sey), 35, 247, 276, **315-322**
Premier-Village (Réu), 221
Preneuse, La (Mau), 145
Providence, atoll de (Sey), 349
Providence, La (Réu), 186
Puits arabe (Réu), 208
Quartier-Français (Réu), 205
Quatre Bornes (Mau), 153
Quéau de Quinssy (Jean-
Baptiste), 248, 249, 292, 307

R

R1, voir GR R1
Râle d'Aldabra, 351
Ramgoolam (sir Seewoosagur),
66
Ravaton (Alphonse, dit Ti-Frère),
79
Réduit, le, château (Mau), **152**,
175
Rémire (Sey), 346
Rempart, montagnes du (Mau),
144
Rempart des Sables, crête du
(Réu), 219
Remparts, rivière des (Réu), 209,
219, 223
René, France Albert, 243, **252**,
261, 297, 334, 346
Requin-baleine, 271
Réunion, île de la
(voir aussi Île Bourbon), 27,
30, 57, 62, 63, 64, 65, **169-231**
Riambel (Mau), 132
Riche en Eau (Mau), 128
Rivière Noire, montagne (Mau),
141
Roche Bois (Mau), 113
Roche Écrite, la (Réu), 179, **186**,
200, 227
Roche Merveilleuse, la (Réu),
231
Roche qui Pleure, la (Mau), 134
Roches Noires (Mau), 120
Roches Noires, plage des (Réu),
213
Roches, pointe aux (Mau), 132
Rochester, chutes de (Mau), 134
Rodrigues, 27, 31, 53, 57, 96, 97,
157-162
Ronde, île (Mau), 89, 90, 119,
304
Rose Hill (Mau), 151, 175
Rousserolle de Rodrigues, 89
Rousserolle des Seychelles, 265,
268, 325, 326, 327, 329
Ruines de la Mission (Sey), 299

S

Sables, plaine des (Réu), 219
Saint-André (Réu), 206
Saint-Aubin (Mau), 135
Saint-Aubin, domaine de (Mau),
175
Saint-Benoît (Réu), 206, 221
Saint-Denis (Réu), 175,
195-200
– Ancien hôtel de ville, 197
– Artothèque, 198
– Avenue de la Victoire, 197
– Barachois, 195
– Case de la Montagne, 197
– Cathédrale, 197
– Cimetière de l'Est, 200
– Église Saint-Jacques, 200
– Grand marché, 199
– Grande mosquée, 200
– Hôtel de la préfecture, 197
– Hôtel de ville, 175
– Jardin de l'État, 198
– Maison de la Montagne, 196
– Monument aux Morts, 197
– Musée Léon-Dierx, 198
– Muséum d'histoire naturelle,
179, 199

– Office du tourisme, 196
– Pagode, 200
– Petit marché, 200
– Restaurant Roland Garros, 196
– Rue de Paris, 198
– Statue de Mahé de La Bourdonnais, 197
– Temple de Kalikambal, 200
Sainte-Anne (Réu), 207
Sainte-Anne (Sey), 303, 304
Sainte-Anne, Parc national marin de (Sey), 271
Sainte-Rose (Réu), 207
Sainte-Suzanne (Réu), 205
Saint-François (Rod), 162
Saint-François, atoll (Sey), 33, **348**
Saint-François, lagon (Sey), 276, 343, 348
Saint-Gabriel (Rod), 160
Saint-Gilles-les-Bains (Réu), 180, **213**
Saint-Gilles-les-Hauts (Réu), 214
Saint-Joseph (Réu), 209, 219
Saint-Joseph, atoll (Sey), 343, 346, **347**
Saint-Leu (Réu), 212
– Conservatoire de Saint-Leu, 46
Saint-Louis (Réu), 211
Saint-Martin (Réu), 227
Saint-Paul (Réu), 214
Saint-Philippe (Réu), 208
Saint-Pierre (Réu), 209
Saint-Pierre (Sey), 349
Saint-Pierre, islet, Praslin (Sey), 317, 325
Salazie (Réu), 184, 186, 200
Salazie, cirque de (Réu), 183, **187**, 225
Salazie, village de (Réu), 227
Salines (Mau), 145
Sand Cay (Sey), 347
Sans Souci, chemin (Sey), 299
Sarda Garriga, 63
Scout, sentier (Réu), 187
Sculptures, jardin des (Réu), 208
Séga, 79
Sel, pointe au (Réu), 212
Serpents, île aux (Mau), 119
Serré, belvédère du (Réu), 209
Settlement (Sey), 345
Seychelles (îles), 27, 28, 60, **239-351**
Seychelles Tea & Coffee Company (Sey), 299
Shama des Seychelles, 265, 268, 326, 327
Shark Bank (Sey), 275
Signal Rock (Sey), 309
Signaux, montagne des (Mau), 110
Silhouette (Sey), 240, 241, 276, 301, **311-313**
Solitaire, 59
Solitude, forêt de (Rod), 89, 160
Souffleur (Mau), 136
Soufrière (Réu), 220
Souillac (Mau), 132
South Island (Sey), 345
Stella-Matutina, musée agricole et industriel de (Réu), 212
Sterne fuligineuse, 89, 328, 340, 346
Sud, île du (Sey), 350
Surcouf (Robert), 61, 128

T

Table, pointe de la (Réu), 208
Taïbit, col du (Réu), 187, 227
Takamaka (Réu), 208, 218
Tamarin, chutes de (Mau), 145, 155
Tampon, Le (Réu), 223
Tasman, forêt de (Rod), 162
Teemeedee (fête hindoue, Mau), 81
Terre-Plate (Réu), 187
Terre-Plate, plateau de (Réu), 229
Thai Poosam, voir Cavadee
Thérèse, île (Sey), 298, **304**
Ti-Frère, voir Ravaton (Alphonse)
Tombeau, baie du (Mau), 113
Topize (Joseph Reginald), 66, 76, 79, 113
Tortue géante terrestre (d'Aldabra), 88, 121, 266, 309, 312, 322, 351
Tortue imbriquée, 267, 274, **327**, 339
Tortue verte, 267, 274
Tortues, baie aux (Mau), 115
Tourelle du Tamarin, montagne (Mau), 141
Tourisme, 27-33
Traversé, passe (Sey), 348
Tremblet, abri du (Réu), 208
Triolet (Mau), 115
Trois Cascades (Réu), 185, 229
Trois Mamelles (Mau), 141
Trois Salazes (Réu), 226
Trois-Bassins (Réu), 213
Trou aux Biches (Mau), 97, 115
Trou aux Cerfs (Mau), 155
Trou d'Argent (Rod), 162
Trou d'Eau Douce (Mau), 123

V

Vaches, île aux (Sey), voir Bird
Vacoas (Mau), 154
Vallée de Mai (Sey), 265, 269, 320, **321-322**
–Vallée de Mai, Parc national de la, 30, 267
Val Nature Park (Mau), 128
Vanille, 47
Vanille, coopérative de la (Réu), 206
Vanille, maison de la (Réu), 206
Varangue Sur Morne (Mau), 36
Vénus, pointe (Rod), 159
Veuve, Réserve naturelle de la (Sey), 332, 265,
Victoria (Sey), 248, 251, 263, **289-294**
– Bibliothèque nationale, 302
– Cable & Wireless, 292
– Cathédrale anglicane St Paul, 291
– Cathédrale catholique de l'Immaculée Conception, 291
– Cimetière de Bel Air, 294
– Colbert Nourrice, atelier de, 263
– Freedom Square, 293
– Galeries Gérard Devoud, 263
– Inter-Island Quay (embarcadère), 293
– Jardin botanique, 293
– Kaz Zanana (« maison de l'Ananas »), 291
– Kenwyn House, 292
– Maison Coco (atelier), 263
– Maison des Capucins, 291
– Mausolée de Quéau de Quincy, 292
– Monument Zomlib, 293
– Musée national d'histoire des Seychelles, 290, **291**– Muséum national d'histoire naturelle des Seychelles, 292
– Natural Art Gallery, 263
– Office du tourisme, 292
– Palais de justice, 291

– Palais présidentiel, 292
– Rade de (Sey), 303
– Sir Selwyn Clarke Market, 291
– Tour de l'Horloge, 290
– Trwa Zwazo (monument aux Seychellois), 293
Vierge au Parasol (Réu), 208
Vieux Grand Port (Mau), 103, **126**, 127
Vieux Grand Port, baie de (Mau), 127
Villa Folio, (Réu) 175
Village artisanal (Sey), 295
Villèle, musée historique de (Réu), 214
Ville Noire (Mau), 128
Vingt-Quatrième, Le (Réu), 223
Vingt-Septième, Le (Réu), 218
Vingt-Troisième, Le (Réu), 223
Voile de la Mariée, cascade du (Réu), 227Volcan (voir aussi Piton de la Fournaise, Réu), 186
Volcan, gîte du (Réu), 208, 219
Volcan, maison du (Réu), 188, **218**
Volcan, route du (Réu), 218

W-Z

Warwijck (Wijbrand Van), 57
Wilhems, plaines (Mau), 151
Wolmar, Réserve naturelle de (Mau), 143
Ylang Ylang, domaine de l' (Mau), 126
Zanguilles (Sey), 317
Zavé, îlot (Sey), 336
Zeng Zeng, pointe (Sey), 313